알고 대처하면 힘이 되는

법률상식 콘서트

■ 머리말

법은 만인을 위해 만들어졌고 만인을 위해 존재한다. 그럼에도 불구하고 대부분의 일반인들은 이해하기 어렵고 다루기 힘든 것이라고 생각하고 외면해 왔다. 법이 전문가들만의 특수한 분야라고 생각하기 때문이었을 것이다

사실 우리의 일상생활 대부분은 법과 관련되어 있다. 간단하게는 백화점에 가서 물건 사는 일에서 크게는 아파트를 구입하는 문제까지, 어느 하나 법률적 문제와 연관되지 않는 것이 없다. 그러면서도 법에 대해 무심하게 지내온 것이다.

21세기! 날로 복잡해지는 현대사회에서 우리를 둘러싼 법률문제도 점점 복잡해져서, 법과 우리는 원하든 원하지 않든 더욱 밀접한 관계로 접근하고 있다. 사실상 '법률생활'은 결국 '일상생활'의 또 다른 표현이기 때문이다. 이러한 사회현상은 일반인들을 무관심했던 법 앞으로 한걸음 다가서게 했고, 보다 쉬운 이해를 위한 생활법률서적 발간의 필요성 또한 생겨났다.

즈음하여 법률출판사에서는 그 동안 독자들의 넘치는 사랑을 받아왔던 '상식보다 쉬운 법률이야기'의 개정작업을 시작하여, 분야별 일선 변호사들의 자문·감수를 바탕으로 쉬우면서도 생동감 있는 법률상식 시리즈로 개편하게 되었다.

이번 개정판에는 그 동안의 법령 개폐로 달라진 내용이 모두 반영되었음은 물론 민사·형사·상사·행정·세법 등 법률 전반에 걸친 모든 문제를 망라하고, 새롭게 대두되고 있는 컴퓨터관련범죄, 신용카드범죄, 자동차등불법사용죄 등이 추가되었다. 또한 가등기담보와 명의신탁 등에 관한 법률적 문제도 새롭게 구성하여, 가등기담보 등에 관한 법률의 시행에 의해 기존의 판례이론의 수정된 부분도 반영하였으며, 가족법의 일부 조문들이 헌법재판소의 헌법불합치결정을 받은 관계로 그 개정안의 내용을 첨부하여 독자들의 궁금증을 해결하는 데 주력했다.

앞으로도 판을 거듭하면서 개정되는 법령의 내용을 충실히 반영할 것은 물론이며, 사회 변화에 따라 새롭게 부각되는 법률적 문제를 조명하여 해설해 나갈 것을 약속드린다.

2025. 4.
저자 김동근 최나리

■『법률상식콘서트』를 펴내며

바야흐로 법의 대중화 시대가 활짝 열렸다. '유전무죄 무전유죄'라는 시니컬한 유행어가 시사하듯, 법이 힘있는 자나 가진 자의 입장에서 입법되고, 이현령비현령식으로 운용되어 온 것도 부인할 수 없는 지난날의 현실이었다.

그러나 이제는 세상만사가 순리대로, 그리고 말 그대로 법대로 움직이는 사회가 되어가고 있으며, 머지 않은 장래에 우리 사회도 구미선진국 수준의 법치사회가 될 것임을 믿어 의심치 않는다.

이제 법은 치자나 법률가들만의 요괴스러운 판도라의 상자가 아니라, 국민 모두가 알고 지켜야 할 생활필수품이 되었다.

이 책은, 법조계의 유일한 전문지 역할을 해 온 법률신문에 서울지검송무부가 제공한 「알아두어야 할 법률상식」을 절찬리 연재하였던바, 이를 단행본으로 엮어 '법률상식 다이제스트'로 출간한 뒤 수차례 개정을 거쳐 '상식보다 쉬운 법률이야기'로 개정판을 출간했고, 작금에 대대적으로 확대개편된 법률환경에 부응하기 위해 전면개정을 통해 새 이름으로 펴내게 된 것이다.

여기에다 당사에서는 독자들이 내용상 어려운 부분을 더욱 쉽게 이해하도록 하기 위하여 관련 법규와 필수 법률용어의 해설을 곁들여 관련사항을 상호 입체적으로 파악할 수 있게 하였으며, 또한 법률삽화가로 명성이 높은 이화춘 화백의 삽화를 함께 실어 독자를 위한 배려를 아끼지 않았다.

차례에서 훑어보아도 알 수 있듯이, 일반인에게는 알아두면 실생활에 요긴하게 쓰일 법률상식을, 법학도에게는 상아탑에서 배우는 교과서적 지식의 바탕 위에 살아있는 법률실무지식을 보태줄 것이며, 실무가에게는 자신의 전공 이외의 법분야까지 폭넓게 이해할 수 있는 기회를 줄 것으로 확신한다.

끝으로 많은 독자들이 이 책을 통해 법률의 생활화를 이루기를 바라며, 오류나 법률의 개정에 따른 내용변경은 판을 거듭하면서 보완해서 알찬 내용으로 다듬어 갈 것을 약속드린다.

발행인 김용성

제1편 _ 민사일반

제2편 _ 가족법

제3편 _ 민사소송법

제4편 _ 상사문제

제5편 _ 형사문제

제6편 _ 교통사고

제7편 _ 일반행정

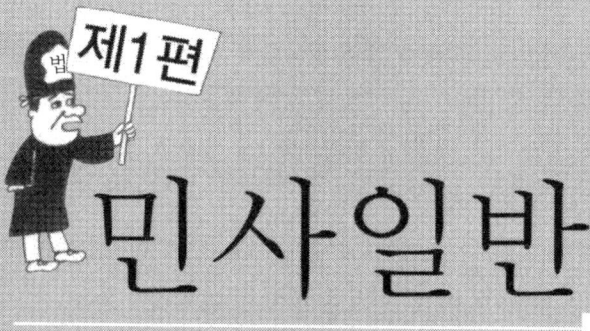

제1편

민사일반

1. 권리남용

– 남을 해할 목적의 권리행사는 무효이다

❑ 권리남용의 뜻

권리의 남용이라 함은 외형상으로는 권리의 행사인 것 같이 보이나, 구체적인 경우에 실질적으로 검토할 때에는 권리의 공공성·사회성에 반하는, 권리 본래의 사회적 목적을 벗어난 것이어서 정당한 권리의 행사로서 인정될 수 없는 행위를 말한다.

우리 민법 제2조에도 '권리의 행사와 의무의 이행은 신의에 좇아 성실히 하여야 하며, 권리는 남용하지 못한다'고 규정하고 있다. 이러한 권리남용금지의 법이론적 근거는 권리의 사회성·공공성에 있다.

❑ 권리남용에 해당되는 경우

권리남용이 어떠한 경우에 해당되는지 그 요건을 살펴보면 다음과 같다.

① 권리의 행사라고 볼 수 있는 행위가 있어야 하고,

② 그 권리가 인정되는 사회적 이유에 반하는 행사이어야 한다. 바꾸어 말하면 권리 본래의 사회적 목적에 부합하지 않는 행사로서 신의칙 위반·사회질서 위반·정당한 이익의 흠결, 권리의 경제적·사회적 목적에의 위반, 사회적 이익 균형의 파괴 등이 있을 때 이를 인정할 수 있고,

③ 굳이 권리자의 가해의 의사나 목적이 있어야 하는 것은 아니나, 이러한 의사나 목적이 있으면 권리남용이 인정된다.

❑ 권리남용으로 발생하는 법률효과

이러한 권리남용이 인정될 경우 그 효과는 권리의 정당한 행사로서의 법

률효과가 발생하지 않음은 물론이나, 구체적으로 발생하는 효과는 권리의 종류와 남용의 결과로서 일어나는 사태에 따라 다르다.

① 그 권리가 청구권이면 법은 이에 조력하지 않으며,

② 형성권이면 본래 발생하여야 할 효과가 발생치 않고,

③ 남용의 결과 타인에게 손해를 주면 위법한 행위로서 손해배상의 책임을 지게 되며,

④ 법률의 규정이 있는 경우에는 권리가 박탈될 수 있는데, 우리 민법상 친권남용의 경우 친권 상실선고를 할 수 있도록 되어 있다.

❏ 구체적인 기준

이러한 권리남용의 구체적 기준으로서 우리 판례가 적시하고 있는 것을 보면

① 권리의 행사가 사회생활상 도저히 인용될 수 없을 때,

② 권리의 행사가 사회적 한계를 초과하였다고 인정되는 때,

③ 권리행사의 형식만 가질 뿐이지 실질에는 부당한 이익을 얻기 위한 방편에 지나지 않는 때

④ 형식적으로는 권리행사라 하여도, 그 권리행사로써 사회적 관념과 권리의 감정으로서 도저히 인용할 수 없는 정도의 막대한 손해를 상대방에게 입히게 한다거나, 그 권리행사로 사회질서와 신의에 어긋나는 결과를 사회에 초래케 한다거나 또는 권리자에게 아무 이익이 없음에도 불구하고 오로지 상대방에게 손해와 고통을 줄 목적으로서만 행사할 경우 등이다.

❑ 판례

원고 소유의 토지를 점유해서 그 지상에 주택(시가 금 17만 6천원)을 지어 소유하고 있는 피고에게 그 건물의 철거와 대지의 명도를 청구한 사안에서 '건물이 이미 세워져 있는 토지를 매수하여 시가 금 2만 4천원 상당의 토지 소유권을 행사하기 위하여 그 보다 7배 남짓한 건물의 철거를 요구하고, 원고들이 매도한 인접 토지가격보다 2배 이상이 되는 가격에 피고에게 본건 토지를 매수할 것을 요구함은 소유권을 빙자하여 폭리를 도모하는 것이라 아니할 수 없고, 폭리행위는 법이 허용하지 않는 바이므로 원고들의 본건 청구는 특별한 사정이 인정되지 않는 이상 권리의 남용으로서 인용될 수 없다'는 판례가 있다.

참조사항

● 관련 법규 : 민법 제2조
● 형성권 : 권리자의 일방적인 의사표시에 의하여 법률관계의 발생 · 변경 · 소멸을 초래하는 권리

2. 태아의 법률상의 지위

– 태아도 일정한 경우에는 권리능력을 갖는다

❏ '태아'의 법률적 의미

태아란 임신 후 자연적인 분만기까지의 생명체를 말하며, 사산인 경우는 민법상 문제되지 않는다. 즉 장차 자연인으로 출생할 것이 기대되는 것으로 족하고 출생 후의 능력 등은 묻지 않는다.

민법 제3조에 의하면 사람의 권리능력의 시기는 출생할 때이므로, 태아는 권리능력을 취득하지 못함이 원칙이다. 그러나 만약 이 원칙을 관철하면 태아의 이익과 사회의 법감정에 반하는 사태가 생길 수 있다.

예컨대 부의 사망 후 몇 시간 후에 출생한 자는 재산상속권이 없게 되고, 태아로 있는 동안 부가 살해되었다 해도 출생한 후에 손해배상청구권이 없다는 불합리한 결과가 야기된다. 여기서 태아의 지위를 법적으로 보호할 필요가 있게 되는데, 이를 어떻게 보호할 것이냐에 관하여는 로마법이래 일반적 보호주의와 개별적 보호주의가 대립되어 있다.

❏ 입법주의의 형태

(1) 일반적 보호주의

태아가 출생할 것을 조건으로 태아의 이익을 위하여 모든 법률관계에 있어서 일반적으로 이미 출생한 것으로 보고 권리능력을 인정하는 주의로서, 태아의 이익을 망라적으로 보호하는 장점이 있으나, 구체적인 경우에 있어 적용범위가 명확치 않아 법률관계의 복잡성을 초래하는 단점이 있다.

(2) 개별적 보호주의

상속 등 태아의 이익에 중요한 법률관계에 관하여서만 개별적으로 이미 출생한 것으로 보는 입법주의로서 법률관계가 명료하다는 장점은 있으나, 태아의 이익보호에는 불충분하다.

(3) 우리 민법

개별적 보호주의를 취하여

① 태아로 있는 동안 부모가 타인의 불법행위로 인하여 사망한 경우의 손해배상청구권,
② 상속에 있어서의 태아의 상속순위,
③ 상속에 있어서의 대습상속,
④ 태아가 유증과 사인증여에 관한 효력을 받는 경우 등에 한하여 예외적으로 태아의 권리능력을 인정하고 있다.

□ 학설

위와 같이 일정한 경우에 태아를 이미 출생한 것으로 보아 권리능력을 인정하는데 있어서도 그 출생까지의 법률적 구성을 어떻게 하느냐에 관하여는 견해가 나뉘어져 있다.

(1) 정지조건설

태아 중에는 권리능력을 취득하지 못하나, 후일에 살아서 출생한 때에는 그 권리능력 취득의 효과가 문제의 사실이 발생한 시기까지 소급하여 생

긴다는 설, 즉 태아의 출생을 정지조건으로 하여 권리능력을 인정하는 입장이다.

(2) 해제조건설

태아는 이미 출생한 것으로 보는 범위에서 문제된 사실이 발생한 때로부터 제한적인 권리능력을 가지지만, 후일에 사산한 경우에는 그 때에 소급하여 권리능력을 상실한 것으로 해석하려는 설, 즉 태아의 사산을 해제조건으로 하여 권리능력을 인정하려는 입장이다.

(3) 우리민법

판례(1976.9.14. 76다1965)에서는 정지조건설을 취하고 있으나, 민법의 입법취지상 상대방이나 제3자의 이익보다 태아의 그것을 존중하려고 하는 것이 명백하며, 또한 출산율은 사산율에 비하여 압도적으로 높기 때문에 해제조건설을 취함으로써 상대방이나 제3자에게 손해를 줄 가능성은 정지조건설을 취함으로써 태아에게 불이익을 줄 가능성보다 훨씬 적다는 것을 고려하면 해제조건설이 무난하다고 할 것이다.

참조사항

- 관련 법규 : 민법 제3조 · 제762조 · 제1000조제3항 · 제1001조 · 제1064조 · 제562조
- 대습상속 : 추정상속인이 상속개시 전에 사망 또는 상속결격으로 인하여 상속권을 상실한 경우에 그 자의 직계비속과 배우자가 그 자에 갈음하여 재산을 상속하는 것.

❑ 부재자의 생사를 오랫동안 알 수 없는 경우

부재자의 생사를 오랫동안 알 수 없는 경우에 이를 방치하면 그 부재자의 법률관계의 불확정으로 인하여 이해관계인에게 불이익을 준다.
여기서 민법은 일정한 요건하에 법원이 실종선고를 하고 일정시기를 표준으로 하여 사망과 동일한 법률효과를 생기게 하고 있다.

❑ 실종선고의 요건

생사불명의 상태가 일정한 기간(이를 실종기간이라 한다)동안 계속된 후에 이해관계인이나 검사가 가정법원에 청구를 한다. 실종기간은 보통의 경우 부재자의 생존을 증명할 수 있는 최후의 시점에서 5년이고, 특별한 경우에는 1년인데, 민법은 특별실종으로서 전지에 임한 자, 침몰한 선박 중에 있던 자, 추락한 항공기 중에 있던 자, 기타 사망의 원인이 될 위난을 당한 자의 4가지를 들고 있다. 이 경우 각 전쟁이 종지한 때, 선박이 침몰한 때, 항공기가 추락한 때, 위난이 종료한 때로부터 1년의 기간을 기산한다.

❑ 실종선고의 절차

가정법원은 6개월 이상의 기간을 정하여 그 기간내에 부재자 본인이나 부재자를 아는 자에 대하여 신고하도록 공고하고, 그 기간내에 신고가 없을 때에는 실종을 선고한다.

❑ 실종기간이 만료한 때 사망한 것으로 본다

실종선고를 받은 자는 실종기간이 만료한 때 사망한 것으로 본다. 따라서 상속이 개시되고, 유언이 효력을 발휘하며, 혼인은 해소된다.

❑ 실종선고의 취소

실종선고를 받은 자가 생존하고 있는 사실 또는 선고에 의하여 사망 간주된 시기와 다른 시기에 사망한 것으로 밝혀지면, 본인 또는 이해관계인의 청구로 가정법원은 선고를 취소하여야 한다. 이 경우 실종선고를 믿었던 사람에게 뜻하지 않은 손실을 줄 우려가 있어 민법은 일정한 제한을 두고 있다. 즉,

① 선고 후 그 취소 전에 선의로 한 행위는 그 효력에 변함이 없다.
② 선고를 직접원인으로 하여 재산을 얻은 자는 그가 선의인 경우에는 이익이 현존하는 한도에서 반환하여야 하나, 악의인 경우에는 받은 이익에 이자를 붙여서 반환하고, 그 밖의 손해가 있으면 그것도 배상하여야 한다.

참조사항

- 관련 법규 : 민법 제27조 · 제28조 · 제29조
- 간주와 추정 : 추정은 법률상 일단 가정한 것으로서 만일 반증을 들면 그 가정된 효과는 번복되지만, 간주는 반증을 들어도 법규가 의제한 효과를 뒤집을 수 없다.

4. 불공정한 법률행위

– 폭리행위의 무효는 선의의 제3자에도 대항할 수 있다

❑ 불공정한 법률행위의 뜻

불공정한 법률행위란 자기의 급부에 비하여 현저하게 균형을 잃은 반대급부를 하게 하여 부당한 재산적 이익을 얻는 행위를 말하며, 폭리행위라고도 한다. 민법 제104조는 '당사자의 궁박 · 경솔 · 무경험으로 인하여 현저하게 공정을 잃은 법률행위는 무효로 한다'고 규정하고 있다.

구민법은 폭리행위에 관한 규정을 두고 있지 않았으며, 다만 타인의 경솔 · 무경험 또는 궁박을 이용하여 부당한 이익을 얻는 행위는 사회질서에 반하는 것으로서 무효라는 것이 종래의 판례였다. 그러던 것을 현행 민법은 독일 민법 등을 본받아 폭리행위를 금지하는 명문의 규정을 두고 있다.

그 입법이유로는

① 법은 거래에 있어서 상호간 교환가치가 거의 동등한 급부를 할 것을 이념으로 하고 있기 때문에 이 이상에서 현저히 거리가 먼 거래는 불공정 · 불균등한 행위로서 그 결과에 대하여 법은 조력할 수 없다는 것이고,

② 법은 법률관계가 당사자의 자유스러운 판단으로써 실현됨을 이상으로 하는데, 당사자 일방이 궁박 · 경솔 · 무경험 등의 이유로 정당한 판단을 못할 때에는 이와 같은 이상은 도달할 수 없는 것이므로 이런 거래행위는 무효로 할 필요가 있다는 것이다.

❑ 폭리행위가 되려면

① 급부와 반대급부와의 사이에 객관적으로 현저한 불균형이 있어야 한다. 어느 정도의 차이가 있을 때에 불균형이 있다고 보느냐에 관하여는 일정한 표준이 있을 수 없고, 구체적인 경우에 법관의 재량으로 결정되겠지만, 민법 제103조의 선량한 풍속, 기타 사회질서가 그 추상적 표준이 된다고 할 것이다. 양도담보로 공급한 목적물의 가격이 채무액의 3·4배에 달하는 경우에는 폭리가 된다는 판례가 있으나, 3·4배의 차이가 있다고 해서 언제나 폭리가 된다고는 할 수 없을 것이고, 급부의 가액에 따라서는 배액이나 그 이하이더라도 폭리를 인정할 수 있을 것이다. 그리고 위와 같은 불균형을 판정하는 시기는 계약체결시, 즉 행위시이냐 또는 이행시이냐도 중요한 문제이나 행위시를 표준으로 하여야 한다고 본다.

② 위와 같은 균형을 잃은 급부가 피해자의 궁박·경솔 또는 무경험을 이용한 것이어야 한다. 궁박이라 함은 반드시 경제적일 필요는 없고, 궁박의 상태는 계속적인 것이든, 일시적인 것이든 어느 것이나 무방하다. 경솔은 의사를 결정할 때에 그 행위의 결과나 장래에 관하여 보

통인이 베푸는 고려를 하지 않는 심적상태를 말한다. 무경험은 일반적인 생활체험이 불충분하다는 것을 의미한다.

③ 폭리자가 피해자에게 위와 같은 사정이 있음을 알고 그것을 이용하려는 의도, 즉 악의를 가지고 있어야 한다.

□ 불공정한 법률행위 내지 폭리행위는 무효

이상의 요건을 갖춘 불공정한 법률행위 내지 폭리행위는 무효이다.
그리고 그 무효의 주장에는 제한이 없으므로 선의의 제3자에 대하여도 주장할 수 있다. 불공정한 법률행위에 기한 의무를 이행한 경우에는 일반적으로 불법원인은 상대방에게만 있는 것이라 할 것이므로 민법 제746조 단서에 의하여 피해자는 급부한 것의 반환을 청구할 수 있다고 한다.

참조사항

● 관련 법규 : 민법 제104조 · 제103조 · 제746조 등
● 법률행위 : 일정한 법률 효과의 발생을 목적으로, 하나 또는 다수의 의사표시 및 기타 요건으로 성립된 것으로서, 법률요건의 가장 중요한 예이다.

5. 착오에 의한 법률행위

– 중대한 과실없이 중요부분에 착오가 있어야 취소할 수 있다

❏ 착오에 의한 법률행위

사람이란 실수를 하기 마련이고, 한편 우리의 법체계는 대부분의 개인 생활을 개인이 스스로가 원하는 바에 따라 형성하도록 되어 있기 때문에 착오의 이론을 알아둘 필요가 있다. 어떤 집에서 살 것이가, 어떤 음식을 사먹을 것인가, 어떤 옷을 사입을 것인가는 각 개인이 결정할 문제이다. 법률적으로 말하면 개인은 자신의 생활을 영위하기 위하여 매일매일 수많은 법률행위를 하지 아니하면 안 되는 것이다. 우리들의 생활은 취직을 위한 근로계약, 살 집을 마련하기 위한 부동산 매매계약, 생활용품 구입을 위한 상품구입계약 등 수없이 많은 법률행위들로 이루어져 있다. 그런데 이러한 법률행위에 실수, 즉 착오가 발생하였을 때에는 어떻게 하여야 할 것인가 하는 점이다.

위에서 말한 바와 같이 사람이라면 누구나 실수, 즉 착오가 있을 수 있기 때문에, 어느 법제도에서나 여기에 무관심할 수는 없으며, 우리 법률에도 이에 대한 규정을 두고 있다.

❏ 법률행위의 중요부분에서 착오가 발생한 경우

우리 민법에서는 착오는 법률행위의 중요부분에서 발생한 경우에 한하여 취소할 수 있으나, 착오자에게 중대한 과실이 있으면 취소하지 못한다고 규정하고 있다(민법 제109조 제1항). 또 착오에 의한 취소는 선의의 제3자에게 주장하지 못한다고 규정하고 있다(민법 제109조 제2항).

어떤 계약을 체결하고 나서, 즉 착오를 발견한 경우에는 위 규정에 따라 그 착오가 그 계약의 중요한 부분에 대한 것인가, 또 그 착오가 본인의

중대한 과실로 인한 것인가를 살펴보아야 그 계약을 취소할 수 있는 것인지 알 수 있다. 그러나 착오가 있었다고 하더라도 그것이 계약의 중요한 부분에 대한 착오였는지 또는 착오자에게 중대한 과실이 있었는지는 구체적인 상황에 따라 다르므로 착오를 이유로 계약을 취소하고 싶은 사람은 법률전문가에게 자문을 구해보는 것이 좋을 것이다.

☐ 착오에 의한 법률행위는 취소할 수 있다

① 착오에 의한 법률행위는 위 요건에 해당할 경우 취소할 수 있다. 즉 당연하게 무효가 되는 것은 아니고 상대방에게 취소의 의사표시를 하여야 하는 것이다. 착오가 위 요건에 해당한다고 하여 가만히 있으면 그 행위는 유효하게 되고, 일정한 기간이 지나면 취소할 수도 없게 된다. 착오로 인한 계약의 효력을 없애려고 한다면 반드시 취소의 의사표시를 하여야 한다는 사실을 기억해야 할 것이다. 물론 소송을 제기하면서 취소의 의사표시를 할 수도 있겠지만, 취소권은 추인할 수 있는 날로부터 3년 내에 법률행위를 한 날로부터 10년 내에 행사하여야 하므로 가능한 한 빨리 행사해야 할 것이다.

② 착오에 의하여 취소하더라도 그 효력을 주장할 수 없는 경우가 있다. 즉 매도인이 어떤 부동산을 착오에 의하여 매수인에게 팔고나서 매수인이 선의의 제3자에게 팔아버린 경우 매도인은 착오에 의하여 취소하더라도 위 선의의 제3자에게 반환을 청구할 수 없다. 중요한 계약에서 취소권을 행사하여 소기의 목적을 거두려면 빠른 행사가 필요한 것이다. 증인을 데리고 가서 구두로 취소할 수도 있고, 내용증명의 우편으로 취소할 수도 있으므로 어느 방법에 의하든 취소권의 행사기간이 도과하기 전, 선의의 제3자에게 넘어가기 전에 취소권을 행사하여야 한다는 점을 잊어서는 아니 될 것이다.

6. 복대리인

– 대리인이 다시 대리인을 선임한 경우

❑ 복대리인의 뜻

복대리인이란 대리인이 자기의 이름으로 선임하여 그의 권한 내의 행위를 하게 하는 본인의 대리인이다. 대리인이 복대리인을 선임할 수 있는 권한을 복임권이라 하고, 그 선임행위를 복임행위라 한다.

복대리인도 역시 대리인이므로 스스로 의사를 결정하여 표시하는 것이고, 대리인의 단순한 사자는 아니다. 대리인은 물론 사자 기타 보조자를 사용할 수 있지만, 그 책임은 일반적 원칙에 의할 것이고, 민법 제120조(임의대리인의 복임권) 이하의 규정이 적용되는 것은 아니다.

복대리인은 대리인이 자기의 이름으로 선임한 자이다. 따라서 대리인의 복대리인 선임행위는 대리행위는 아니다. 또한 복대리인은 본인의 대리인이지 대리인의 대리인은 아니다. 이 점은 민법 제123조 제1항이 '본인을 대리한다'고 규정하고 있는 것으로 보아 명백하다. 그리고 복대리인을 선임한 뒤에도 대리인은 본래의 대리권을 잃지 않는다.

❑ 복임권

대리인이 복대리인을 선임할 수 있는 권능을 복임권이라 하는데, 그 성질은 본인·대리인 사이의 내부관계로부터 발생한 대리인이 가지는 법률상 일종의 권능이다. 임의대리인은 본인의 승낙이 있거나 부득이한 사유가 있는 때에 한하여 복임권을 가지며, 임의대리인이 복대리인을 선임한 때에는 본인에 대하여 그 선임 및 감독에 대하여 책임을 져야 한다. 그러나 본인의 지명에 의하여 복대리인을 선임한 때에는 그 책임은 경감되어, 본인이 지명한 자가 부적임 또는 불성실함을 알고 본인에게 대한 통지나 그 해임을 게을리 한 경우에만 책임을 진다. 이에 대하여 법정대리인은 항상 복임권을 가지며, 법정대리인은 복대리인의 행위에 대하여는 자기에게 선임·감독상의 과실이 있든 없든 모든 책임을 져야 한다. 다만, 부득이한 사유가 있어서 복대리인을 선임할 때에는 임의대리인과 동일하게 그 책임이 경감된다.

❑ 복대리인의 권한

복대리인은 대리인의 대리권에 기하여 선임된 자이므로 대리인의 감독을 받을 뿐만 아니라, 그 대리권은 대리인의 대리권의 존재 및 범위에 의존한다.

따라서 대리인의 대리권보다 그 범위가 넓을 수 없고, 대리인의 대리권이 소멸하면 복대리인의 대리권도 소멸한다. 그러나 복대리인의 선임으로 대리인의 대리권이 소멸하는 것은 아니며, 대리인·복대리인 모두 본인을 대리하게 된다. 또한 복대리인은 본인의 대리인이므로 제3자에 대한 관계에 있어서는 대리인과 같다. 즉 본인의 이름으로 대리행위를 하고, 그 밖에 민법 제115조 · 제116조 등의 적용을 받는다. 그리고 복대리인이 다시 복대리인을 선임할 수 있는가 하는 문제에 관하여는, 이를 적극적으로 해석하는 것이 통설이다.

☐ 복대리권의 소멸

복대리권은 그 성질상
① 대리인 · 복대리인 간의 수권관계의 소멸,
② 대리인이 가지는 대리권의 소멸,
③ 대리권 소멸의 일반적 사유, 즉 본인의 사망과 복대리인의 사망 · 성년후견의 개시(금치산) 및 파산 등의 원인으로 소멸한다.

참조사항

- 관련 법규 : 민법 제120조 이하
- 대리인 : 대리를 할 수 있는 자로, 대리인은 스스로 의사표시를 하므로(대리행위) 의사능력이 있음을 요하지만, 그 행위의 효과는 본인에게 귀속하고 대리인이 불이익을 받는 일이 없으므로 무능력자라도 무방하다. 이에는 임의대리인과 법정대리인이 있다.

7. 자기계약 · 쌍방대리의 금지

– 본인의 이익을 해할 염려가 없는 경우에는 허용된다

❏ 자기계약 · 쌍방대리의 뜻

대리인이 한편으로는 본인을 대리하고 다른 한편으로는 상대방의 자격으로 자기 혼자서 본인 · 대리인 사이의 계약을 맺는 것을 자기계약 또는 쌍방대리라고 한다. 예컨대 갑의 대리인 을이 본인인 갑과 자기 사이의, 즉 갑 · 을 사이의 계약을 맺는 것과 같다. 한편 쌍방대리라 함은 대리인이 한편으로는 본인을 대리하고, 다른 한편으로는 상대방을 대리하여 혼자서 쌍방의 계약을 맺는 것이다. 예컨대 갑의 대리인 을이 한편으로는 병의 대리인으로서 갑 · 병 사이의 계약을 맺는 것과 같다.

❏ 자기계약 · 쌍방대리의 금지이유

위와 같은 자기계약과 쌍방대리는 원칙적으로 금지되는데, 그 이유는 본인의 이익의 보호에 있다. 원래 대리에 있어서 3면관계가 생긴다는 것은 현실적으로 세 사람의 인격자를 필요로 한다는 의미가 아니라, 법률상의 세 주체를 요한다는 것을 의미할 뿐이다. 그러므로 이론상으로는 자기계약과 쌍방대리도 성립할 수 있다. 그러나 본래 대리인은 다소간 자기의 자유재량에 의하여 본인의 권리 · 의무를 결정하는 것이므로 위의 두 모습은 대리인의 자의로 본인(자기계약의 경우)의 또는 일방의 본인(쌍방대리에는 본인이 2인 있게 되므로)의 이익을 해할 염려가 있게 되는 까닭에 원칙적으로 금지하는 것이다.

❏ 자기계약 · 쌍방대리가 허용되는 경우

그러나 자기계약 · 쌍방대리이더라도 당사자 사이에 이해의 충돌이 없어

본인의 이익을 해할 염려가 없는 경우에는 이를 특별히 금지할 이유가 없게 된다. 그리하여

① 본인이 미리 자기계약 또는 쌍방대리를 위임하거나 대리권의 수여로 허락한 경우에는 그러한 대리는 유효하며,

② 채무의 이행에 있어서도 자기계약·쌍방대리는 허용된다. 채무의 이행은 그것에 의하여 새로운 이해관계가 창조되는 것이 아니고, 이미 성립하고 있는 이해관계의 결제에 지나지 않기 때문이다. 따라서 채무의 이행과 동일시 할 수 있는 경우에는 모두 허용된다고 하여야 한다. 그러나 다툼이 있는 채무의 이행이나 대물변제 등은 성질상 이를 하지 못한다.

❑ 자기계약 · 쌍방대리의 효과

이와 같은 자기계약 및 쌍방대리는 이론적으로 불가능한 것이 아니며 또 그 행위 자체가 반사회성을 띠게 되는 것은 아니다. 따라서 절대 무효인 것이 아니라 일종의 무권대리행위가 되며, 본인의 추인이 있으면 완전히 유효한 대리행위로 된다고 해석하여야 할 것이다.

❑ 판례의 태도

판례는 자기계약 · 쌍방대리 금지의 취지를 확장하여 자기계약이나 쌍방대리가 아닌 경우에도 금지하는 경우가 있다. 예컨대 당사자 일방이 미리 대리인의 선임을 백지위임장으로 위임한 경우가 그것인 바, 이는 장래의 다툼에 대비하여 상대방의 궁박을 이용하여 자기에게 유리한 대리인을 선임할 권리를 부여받아 그 대리인과 상의 · 협정케 하는 것으로 쌍방대리 금지의 법리를 적용하여 무효라고 한다.

참조사항

- 관련 법규 : 민법 제124조
- 대리 : 타인(대리인)이 본인의 이름으로 법률행위(의사표시)를 하거나 또는 의사표시를 수령함으로써 그 법률효과가 직접 본인에게 발생하도록 하는 제도

8. 무효와 취소

– 무효와 취소의 같은 면 그리고 다른 면

□ 법률행위의 무효와 취소

우리들은 일상생활에서 매매계약이나 소규모 공사 도급계약 등 어떤 법률행위를 해놓고 분쟁이 발생하면 '무효다', '취소한다'라는 말을 흔히 한다. 그러면서도 이 무효와 취소에 대한 정확한 법률개념은 알지도 못한채, 위와 같은 말로써 무효나 취소가 되면 모두 법률적인 효력이나 의무가 없어지는 것처럼 생각하기가 쉽다. 그러나 법률적으로 무효나 취소는 같은 면도 있지만, 그 요건과 효력에서 다른 면이 있다는 것을 알아둘 필요가 있다.

□ 무효와 취소의 같은 면

법률행위가 무효로 되거나 취소가 이루어지면 원래대로의 효력발생이 일어나지 않는다. 원래 우리나라의 사법제도하에서는 사적자치의 원칙 (개인 상호간의 권리 의무관계는 개인들이 임의로 규정할 수 있다는 뜻)이 적용되어 법률행위의 내용대로 효력이 발생하며, 무효나 취소가 되는 것은 예외적인 현상이라 할 수 있다. 즉 매매계약을 체결하면 그 계약대로 매수인은 매도인에게 대금을 지불하여야 하고, 매도인은 물건을 매수인에게 인도하여야 하는 것이다. 그러나 그 계약 속에 정당하지 못한 상황이 개재되어 있다면 그 계약대로 효력을 발생케 함이 정의에 반하기 때문에, 일정한 요건하에서 그 법률행위의 효력을 없앨 수 있게 한 법률제도가 무효와 취소인 것이다.

❏ 무효와 취소의 다른면

무효는 '무효다'라고 말이나 서면으로 표현하지 아니 하여도 언제라도 주장할 수 있는 반면, 취소는 취소하는 그 상대방에 대하여 말이나 서면으로 '취소한다'라는 의사표시를 하여야 한다. 즉 취소는 법률행위가 취소되기 전까지는 유효하기 때문에 취소권자가 취소하지 않고 있다가 취소기간이 지난 후에 '취소한다'라고 주장하여도 이는 인정되지 않는다는 것이다. 그렇기 때문에 법률행위의 효력을 없애고 싶은 사람은 그 법률행위가 무효인 법률행위인지 취소할 수 있는 법률행위인지를 확인하여, 무효인 법률행위라면 아무런 문제가 없으나, 취소할 수 있는 법률행위에 불과한 때에는 반드시 그 상대방에게 내용증명의 우편이나 증인 입회하에 구두로 '취소한다'라는 의사를 통보해 주어야 한다.

효력상의 차이로서 무효는 대부분(전부는 아님) 제3자에게도 무효임을 주장할 수 있지만, 취소의 경우에는 선의의 제3자에게는 그 취소사실을 주장할 수 없다. 즉 매도인과 매수인이 어떤 물건에 대하여 매매계약을 체결하고 나서 매수인이 그 물건을 선의의 제3자에게 매각한 후, 위 매도인과 매수인의 계약이 취소된 경우에 매도인은 제3자에게 그 물건을 돌려 달라고 요구할 수 없다는 것이다.

❏ 무효와 취소의 예

그러면 어떤 법률행위가 무효이고, 어떤 법률행위가 취소할 수 있는 행위인지 알아보자. 근본적으로 어떤 법률행위를 무효로 할 것인지, 취소할 수 있는 행위로 할 것인지는 입법자가 어떻게 규정하느냐에 따라서 다른데, 우리 민법에서는

① 의사무능력자의 법률행위, 실현불가능한 법률행위, 강행법규에 위반하는 법률행위, 반사회질서의 법률행위, 불공정한 법률행위, 진의 아닌 의사표시의 예외인 경우, 허위표시 등은 무효로 하고 있고,

② 제한능력자(행위무능력자)의 법률행위, 착오에 의한 의사표시, 사기·

강박에 의한 의사표시 등은 취소할 수 있는 법률행위로 하고 있다. 어떤 법률행위의 효력을 없애고 싶은 사람은 법률전문가에게 문의하여 그 법률행위가 어디에 해당되는 것인지, 어떻게 효력을 없앨 수 있는지 알아 본 후에 대처함이 바람직하다.

무　　효	취　　소
특정인의 주장을 필요로 하지 않으며, 당연히 효력이 없다.	취소권자의 주장이 있어야 비로소 효력이 없게 된다.
처음부터 효력이 없으므로, 누구든지 효력이 없는 것으로서 다루게 된다.	취소를 하기 전에는 일단 효력이 있는 것으로서 다루어진다.
시간의 경과에 의하여 효력에 변동이 생기지 않는다.	일정한 시간이 경과하면 취소권은 소멸하고, 따라서 유효한 것이 되어 버리나, 취소되면 처음부터 효력이 없었던 것으로 된다.

참조사항

- 관련 법규 : 민법 제137조 이하
- 의사표시 : 일정한 법률효과를 발생시키고자 하는 내적의사를 외부에 나타내는 행위로, (ⅰ)일정한 법률효과의 발생을 목적으로 하는 의사, 즉 효과의사의 결정, (ⅱ)이 의사를 외부에 증명하려는 의사, 즉 표시의사의 매개, (ⅲ)일정한 행위로서 외부에 나타나는 표시행위의 3단계를 거쳐 성립하게 된다.

9. 소멸시효

– 법적 안정성을 위해서는 '시간이 약'일 수도 있다

❏ 시효의 뜻

시효란 간단히 말해서 '시간의 경과'에 법적인 효력을 부여하는 제도이다. 원래 법이란 정의에 부합하게 적용되어야 함이 원칙이나, 일정한 사실상태(주로 부정의한 상태)로 상당한 기간이 경과하면 그 사실 상태에 법적인 효력을 부여하고자 하여 생긴 것이 시효제도인 것이다.

즉 시효란 위법한 상태라도 그 상태가 오래 지속이 되면 그 상태를 유지하도록 하는 효력을 부여하는 것이기 때문에 정의에는 반하는 것이다. 타인으로부터 빌린 돈을 갚지 아니하는 상태(위법한 상태)로 일정한 기간이 지나면 법은 그 돈을 갚을 의무를 면제해 주는 것이다.

정의를 추구하는 법이 위법, 부정의한 상태에 법적인 효력을 주는 것은 법이 추구하는 또 하나의 목적이 있기 때문이다. 즉, 법적안정성이 그것이다.

비록 위법, 부정의한 상태라도 그것이 오랫동안 장기화되면 이를 기초로 하여 수많은 법률관계가 형성되는 것이다. 이러한 사실상태를 무시하고 원래의 정의대로 법률관계를 원상회복 시킨다면 사회의 혼란이 가중되어 또 다른 부정의가 형성될 수 있기 때문이다.

부정의하게 보이지만 많은 효용을 가지고 있는 제도가 시효제도이므로 법률문제가 발생하였을 때는 반드시 시효의 경과 유무를 살펴보는 습관을 기르는 것이 좋다.

❏ 소멸시효와 취득시효

시효는 그 부여하는 법적인 효력에 따라서 크게 소멸시효와 취득시효로 나누어진다. 소멸시효는 일정한 기간의 경과로 권리가 소멸하는 것이고, 취득시효는 일정한 기간의 경과로 권리를 취득하는 것이다. 취득시효에 대하여는 뒤(17. 취득시효)에서 설명하기로 하고, 여기서는 소멸시효에 대하여 살펴보겠다.

❏ 소멸시효의 기간

소멸시효는 권리를 가지고 있는 자에게 있어서는 늘 관심을 두어야 하고, 의무를 부담하고 있는 자는 소송시 이를 원용할 것인가를 고려해 보아야 할 것이다. 소멸시효에 있어서 중요한 것은 시효의 기간과 시효의 진행을 중단시키는 방법이다. 시효의 기간은 권리의 종류에 따라서 다른데

① 법에 특별한 규정이 없는 재산권은 20년이고,

② 채권은 10년이 지나면 소멸한다.

③ 그 외 3년의 소멸시효에 걸리는 권리는 이자 · 부양료 · 급료 · 사용료, 기타 1년 이내의 기간으로 정한 금전 또는 물건의 지급을 목적으로 하는 채권, 의사 · 조산원 · 간호사 및 약사의 치료 · 근로 및 조제에 관한 채권, 상인이 판매한 상품의 대가 등이 있고,

④ 1년의 소멸시효에 걸리는 권리는 숙박료 · 음식료 · 대석료 · 입장료 등이 있다.

⑤ 국가에 대한 금전채권은 국가재정법에 따라 5년이 지나면 소멸한다.

❏ 소멸시효의 중단

권리를 가지고 있는 자는 소멸시효의 진행을 막는 방법을 강구하여야 한다. 법률용어로 이를 '소멸시효의 중단'이라고 하는데 여러 가지 방법이 있다. 소멸시효를 중단시키는 방법은 크게 세 가지로 분류할 수 있는데,

① 소를 제기하는 방법

② 최고장을 보내는 방법

③ 채무승인을 받는 방법이다.

이 중에서 채무승인을 받는 것이 제일 좋은 방법이나, 이는 채무자가 응하지 아니하면 불가능하다. 최고장을 보내는 방법은 가장 쉬운 방법이나 최고 후 6개월 이내에 압류 · 가압류 · 가처분 등의 방법을 취할 때 제대로 그 중단의 효력이 발생한다. 결과적으로 시효를 중단시키는 궁극적인 방법은 '소의 제기'라고 알고 있으면 되겠다.

타인에게 돈을 빌려 주었다든지 권리를 가지고 있는 사람은 자신의 권리가 시효에 걸릴 위험이 있는지 여부를 살펴보고, 그 위험이 있으면 시효를 중단시키는 방법을 강구하여야 할 것이다. 또 의무이행을 추궁당하는 채무자로서는 시효를 원용하여 그 의무를 면할 적법한 방법이 있는지 살

펴보아야 하겠다. 법은 잘 활용하면 불편한 것이 아니라 생활의 지혜인 것이다.

참조사항

- 관련 법규 : 민법 제162조 이하
- 채무승인 : 이미 있는 채무관계를 청산하고 새로운 일정한 채무를 승인하는 계약, 그 효과로서 독립한 무인채권을 발생시킨다.

10. 채권의 소멸시효

– 채권소멸시효 기간과 진행 그리고 중단

❑ 권리를 일정 기간 동안 행사하지 않으면 소멸한다

채권이란 다른 사람에게 일정한 행위 또는 일정한 물건의 급여를 요구할 수 있는 권리로서 오랜 기간 동안 이를 행사하지 않으면 그 권리가 소멸한다. 이를 채권의 소멸시효라 한다. 이러한 소멸시효를 인정하는 이유는

① 오랜 기간동안 채권을 행사하지 않는 상태가 계속될 때 다른 사람이 이를 기초로 새로운 법률관계를 맺게 되므로 이러한 다른 사람의 신뢰를 보호할 필요가 있으며,

② 오랜 기간동안 권리를 행사하지 않으면 권리관계에 대한 증거가 없어지기 쉬운 바, 증거보전의 곤란을 구제하기 위한 것이고,

③ 권리 위에 잠자고 있는 자를 보호할 가치가 없다는 데 있다.

❑ 원칙적 소멸시효기간

채권의 소멸시효기간은 원칙적으로 10년이다. 다만 상사로 인하여 생긴 채권은 5년이다.

❑ 3년의 소멸시효기간

① 이자·부양료·급료·사용료 기타 1년 이내의 정기적인 채권, 예를 들면 월급 등

② 의사·조산원·간호사 및 약사의 치료·근로 및 조제에 관한 채권

③ 도급받은 자, 기사, 기타의 설계 또는 감독에 종사하는 자의 공사에 관한 채권

④ 변호사 · 변리사 · 공증인 · 공인회계사 및 법무사에 대한 직무상 보관한 서류의 반환을 청구하는 채권

⑤ 위 변호사 등의 직무에 관한 채권

⑥ 생산자 및 상인이 판매한 생산물 및 상품의 대가

⑦ 수공업자 및 제조업자의 업무에 관한 채권

☐ 1년의 소멸시효기간

① 여관 · 음식점 · 대석 · 오락장의 숙박료 · 음식료 · 대석료 · 입장료와 소비물의 대가 및 체당금의 채권

② 의복 · 침구 · 장구 기타 동산의 사용료 채권

③ 노역인 · 연예인의 임금 및 그에 공급한 물건의 대금채권

④ 학생 및 수업자의 교육 · 의식 및 유숙에 관한 교주 · 숙주, 교사의 채권 등

❏ 소멸시효의 진행

채권의 소멸시효는 채권의 이행기간이 도래된 때로부터 진행하나, 기한이 정해 있지 않은 채권의 경우에는 채권이 발생한 때부터 진행한다. 그리고 조건부채권인 때에는 그 조건이 달성된 때부터 소멸시효가 진행한다.

소멸시효가 완성되기 전에 법원에 소송을 제기하면 소멸시효의 진행은 중단된다. 그러나 확정판결을 받고도 이를 집행하지 아니하고 그대로 방치하면 그 때부터 새로이 소멸시효가 진행된다.

이와 같이 판결에 의하여 확정된 채권은 그것이 원래 위에서 설명한 단기의 소멸시효에 해당하는 것이라도 그 소멸시효는 10년이다. 소송의 제기 이외에도 채권의 이행을 촉구하는 행위로써도 시효는 중단되나, 이 때에는 그 때로부터 6월 이내에 소송을 제기하는 등 재판상청구를 하여야 한다.

참조사항

- 관련 법규 : 민법 제162조 이하
- 확정판결 : 당해 절차에 있어서 판결의 취소 또는 변경을 위한 불복신청을 할 수 없는 상태에 있어서의 판결, 기판력 · 집행력 · 형성력 외에 부수적 효력을 갖는다.

❑ 소멸시효와 제척기간

소멸시효는 권리자가 그의 권리를 행사할 수 있음에도 불구하고 일정한 기간 동안 그 권리를 행사하지 않는 상태가 계속된 경우에 그 자의 권리를 소멸시키는 제도이고, 제척기간은 일정한 권리에 관하여 법률이 예정하는 존속기간이다. 소멸시효가 완성하면 시효의 이익을 받을 자에게 권리부인권이 생기고 이 권리부인권을 행사하면 권리가 소멸하며, 제척기간이 경과하면 권리가 소멸하게 되므로 양자는 일정한 기간이 경과함으로 인하여 권리소멸의 결과를 가져온다는 점에서 유사하다.

❑ 양자의 차이

① 소멸시효제도를 인정하는 취지는 일정한 사실상태가 오랫 동안 계속된 경우에, 이 사실상태가 정당한 권리관계에 부합하느냐의 여부를 묻지 않고 이것을 그대로 법률관계로 하여서 사회의 법률관계의 안정을 기하고, 오랜 세월의 경과로 인하여 생긴 당사자의 입증곤란을 배제하려는 것이다. 한편 제척기간을 인정하는 것은 권리관계를 속히 확정하려는 데 있다. 그러나 당사자의 입증곤란을 구제하려고 하는 취지는 제척기간에는 없다.

② 소멸시효가 완성하고 당사자가 이를 원용하면 그 효력은 소멸시효기간의 기산일에 소급하지만, 제척기간에 의한 권리의 소멸은 기간이 경과한 때로부터 장래에 향하여 발생할 뿐이다.

③ 소송상 소멸시효는 당사자의 원용이 있어야 재판의 기초로 삼을 수 있는데 비하여, 제척기간은 당사자의 원용이 없더라도 법원은 직권으

로써 이를 고려하여야 한다.

④ 소멸시효의 기초인 사실상태와 맞지 않는 사실이 생기면 소멸시효는 그것으로써 중단되고, 소멸시효가 완성할 무렵에 권리자가 중단행위를 하는 것이 불가능가거나 또는 대단히 곤란한 사정이 있으면 소멸시효는 정지된다. 이에 비하여 제척기간에는 중단이나 정지라는 것이 없다.

⑤ 소멸시효에는 시효기간 완성 후에 시효이익을 포기할 수 있는 제도가 있으나 제척기간에는 없다.

⑥ 소멸시효는 법률행위에 의하여 이를 단축 또는 경감할 수 있으나, 제척기간은 이를 자유로이 단축시킬 수 없다.

⑦ 법률에 기간에 관한 규정이 있는 경우에 그것이 소멸시효기간인가 제척기간인가를 무엇을 표준으로 구별할 것인가에 관하여는, 일반적으로 법조문에 '시효'라는 문자가 없을 때에는 제척기간으로 해석하면 된다. 그러나 구체적인 경우에 따라서는 위와 같은 시효제도의 취지나 그 효력 등에 비추어 '시효'라는 문자가 없더라도 소멸시효기간으로 해석하여야 할 경우도 있음에 유의하여야 한다.

참조사항

● 관련 법규 : 소멸시효(민법 제162조 이하), 제척기간(민법 제146조 · 제204조 제3항 · 제205조 제3항 · 제573조 · 제575조 제3항 · 제819조 이하 · 제889조, 민사소송법 제396조 · 제444조 · 제456조, 형사소송법 제249조 · 제358조 · 제374조, 상법 제376조 제1항 등)

● 권리 : 권리의 개념에 관하여는 의사설 · 이익설 · 권리법력설(통설)이 대립하는데, 통설에 의하면 '일정한 이익을 향수케 하기 위하여 법이 인정하는 힘'이라 한다.

12. 소멸시효의 중단

– 효과적인 소멸시효 중단 방법은

❏ 소멸시효의 중단의 뜻

소멸시효는 권리를 행사할 수 있음에도 불구하고 권리불행사의 상태가 일정한 기간 동안 계속됨으로써 권리소멸의 효과가 생기는 것을 말하는데, 한편 소멸시효의 기초가 되는 권리의 불행사라는 사실상태와 부딪치는 사실이 생기면 소멸시효의 진행이 중단되고 이미 경과한 시효기간의 효력은 소멸되고 마는데 이러한 소멸시효의 진행을 방해하는 것이 이른바 소멸시효의 중단이다.

❏ 소멸시효 중단사유

우리 민법에 소멸시효 중단의 효력이 생기는 사유로서 들고 있는 것은 청구, 압류 · 가압류 · 가처분 및 승인 등이다.

① 청구라 함은 권리를 행사하는 것을 말하는데, 권리자가 시효의 완성으로 이익을 얻는 자에 대하여 그의 권리내용을 주장하는 것이며, 재판상의 것이든 또는 재판 외의 것이든 이를 묻지 않는다. 따라서 재판상의 청구, 파산절차 참가, 지급명령신청, 화해를 위한 소환, 임의출석, 최고 등이 이에 해당한다. 그러나 재판상의 청구가 있더라도 소의 각하, 기각 또는 취하가 있으면 시효중단의 효력은 없고, 다만 소의 각하, 기각 · 취하가 있더라도 6월 내에 재판상의 청구, 파산절차 참가, 압류 또는 가압류 · 가처분을 한 때에는 시효는 최초의 재판상의 청구로 중단된 것으로 간주된다. 또한 최고라 함은 채무자에 대하여 이행을 청구하는 채권자의 의사의 통지인 바, 최고 후 6월 내에 재판상의 청구 등이나 압류 · 가압류 · 가처분과 같은 방법을 취하지 않

으면 중단의 효력은 생기지 않는다.

② 압류는 확정판결 기타의 집행권원에 기하여 행하는 강제집행이며, 가압류·가처분은 강제집행을 보전하는 수단이다. 다만 압류·가압류·가처분의 명령이 권리자의 청구에 의하여 또는 법률의 규정에 따르지 않았기 때문에 취소된 때에는 시효중단의 효력이 없다.

③ 승인이라 함은 시효의 이익을 받을 당사자가 시효로 말미암아 권리를 잃는 자에 대하여 상대방의 권리를 인정한다고 표시하는 것을 말한다.

❑ 소멸시효 중단의 효과

위와 같은 사유로 시효가 중단되면 그 때까지 경과한 시효기간은 산입하지 않는다. 시효가 중단된 후에 그 시효의 기초가 되는 사실상태가 다시 계속되면 그 때부터 새로이 시효기간이 진행한다. 또한 시효중단의 효력은 당사자 및 승계인 사이에만 효력이 있다. 그리고 소멸시효의 중단에 관한 규정은 취득시효에 준용한다.

❑ 시효의 정지와의 차이

시효의 중단과 유사한 것으로 시효의 정지가 있는데, 이는 시효의 중단과 달리 그 시효기간의 진행을 일시적으로 멈추게 하고 그러한 사정이 없어졌을 때에 다시 나머지 기간을 진행시키는 것을 말한다.

참조사항

● 관련 법규 : 민법 제168조
● 집행권원 : 일정한 사법상의 급부청구권의 존재 및 범위를 표시하고 강제집행에 의해 이를 실현시키는 집행력을 법률상 인정하는 공적인 문서

13. 간접점유

❏ 간접점유의 뜻

간접점유란 물건에 대한 사실상의 지배를 하고 있지는 않으나, 점유매개관계에 기하여 직접점유를 하는 자에 의하여 매개되는 점유를 의미한다. 우리 민법은 점유보조자와는 달리 간접점유자에게 점유권을 인정하고 있다(제194조).

이와 같이 간접점유자에게도 점유권을 인정하는 이유는 타인을 통해서 물건에 대한 사실상의 지배를 행사하는 자에게도 법률에 의하여 보호될 만한 가치가 있는 이익이 있다고 법이 인정하기 때문이다.

❏ 간접점유가 성립하기 위한 요건

간접점유가 성립하기 위한 요건은 다음과 같다.

① 점유매개자의 직접점유가 있어야 하고, 직접점유자는 타주점유를 하여야 한다.

② 직접점유자의 점유권은 간접점유자로부터 전래한 것이어야 한다. 즉 직접점유자와 간접점유자 사이에는 일시적으로 타인으로 하여금 점유할 수 있는 권리 · 의무를 발생케 하는 법률관계(점유매개관계)가 있어야 하며, 이러한 법률관계에는 지상권 · 전세권 · 질권 · 사용대차 · 임치 · 도급계약 · 유치권 · 파산재단의 관리 등을 들 수 있다. 또한 간접점유자의 권리는 직접점유자의 권리보다 포괄적이어야 하고, 간접점유자는 점유매개자인 직접점유자에 대하여 반드시 채권적 반환청구권을 가져야 하지만, 점유매개관계가 반드시 유효할 필요는 없다. 왜냐하면 점유를 매개하는 관계가 유효하지 않는 경우에는 부당이득

의 법리에 의하여 반환청구권이 발생하기 때문이다.

❏ 간접점유자의 권한

간접점유자도 점유권을 가지기 때문에 직접점유자가 그 점유를 침탈당하거나 방해당하고 있는 경우에는 간접점유자도 점유보호청구권을 가지나, 직접점유자에 의하여 간접점유가 침해된 경우에는 간접점유자의 점유보호청구권은 인정되지 아니 한다. 직접점유자가 물건의 반환을 받을 수 없거나 또는 받기를 원하지 않을 때를 제외하고는 점유물을 침탈당한 경우에도 간접점유자는 침탈자에 대하여 자기에게 반환할 것을 청구할 수 없고 오직 직접점유자에게 반환할 것을 침탈자에게 청구할 수 있을 뿐이다.

간접점유자는 직접점유자에 대한 침해가 있더라도 자력구제권은 인정되지 아니하며, 직접점유자에 대한 관계에 있어서는 간접점유자의 점유보호청구권이나 자력구제권을 행사할 수 없고, 다만 간접점유의 기초가 되

는 법률관계나 또는 물권에 기한 청구권을 행사할 수 있을 뿐이다. 그러나 한편 직접점유자는 간접점유자에 대하여 간접점유의 기초가 되는 법률관계에서 발생하는 청구권을 행사할 수 있을 뿐만 아니라 점유보호청구권과 자력구제권도 행사할 수 있다.

점유매개관계에 의거하여 직접점유를 타인에게 취득시킴으로써 간접점유의 설정이 가능하며, 점유개정, 목적물반환청구권의 양도에 의한 간접점유의 양도가 가능하다.

간접점유는 직접점유자가 점유를 상실하거나 또는 직접점유자가 점유매개자의 역할을 그만두는 경우에 소멸한다.

참조사항

- 관련 법규 : 민법 제194조
- 점유개정 : 의사표시만으로 이루어지는 점유이전 방법의 하나로, 목적물을 양도한 후에도 그 목적물을 양도인이 계속해서 점유하는 경우, 점유이전의 합의만으로 점유는 이전되고, 양수인은 양도인을 직접점유자로 하여 스스로 간접점유를 취득하게 된다.

14. 저작인격권

– 공표권 · 성명표시권 · 동일성 유지권 등이 있다

❑ 저작인격권의 뜻

저작인격권이란 저작자가 자기의 저작물에 대하여 갖는 정신적 · 인격적 이익을 법률적으로 보호하는 권리이다. 저작자는 저작물의 복제 등 경제적 이용을 허락하는 권리인 저작재산권 외에 일신전속적인 저작인격권을 가지고 있다. 여기에는 공표권 · 성명표시권 · 동일성 유지권 등이 있다.

❑ 공표권

저작권은 저작을 한 때로부터 자동적으로 발생하며 어떠한 절차나 형식의 이행을 필요로 하지 않는다. 저작물을 완성한 경우 그 저작물을 공표할 것인가의 여부, 공표의 시기, 공표의 방법(공연 혹은 전시, 방송 등)은 저작자만이 결정할 수 있는데 이를 공표권이라고 한다. 공표권은 미발표 저작물에 관하여만 행사할 수 있으며, 미공표 저작물의 저작자가 저작재산권을 양도한 경우 등에는 상대방에게 그 공표를 동의한 것으로 본다. 미술 · 건축 · 사진저작물의 원작품의 저작자가 양도한 경우에도 그 상대방은 원작품의 전시방법에 의한 공표권을 가진다.

❑ 성명표시권

저작자는 자신의 작품에 고유의 예명이나 실명 · 별명 등 원하는 대로의 표시를 할 수 있으며 아울러 아무런 표시를 하지 아니 할 수 있다.
저작물의 이용자는 저작자의 특별한 의사표시가 없을 때에는 저작자가 자신의 저작물을 표시한 바에 따라 표시하여야 한다. 우리나라에 만연되어 있는 대작(흔히 유명인사들이 타인의 노력을 빌어 마치 자신의 작품인 것처럼 하는 경우)을 자칫 저작인격권 중 이 성명표시권의 침해라고 오해하기도 하는데, 대작은 대작자와 상호 합의에 의한 것이어서 성명표시권 침해에 해당되지 않는다. 다만 대작은 저작권법 제99조 제1호 소정의 저작자사칭죄(비친고죄)에 해당된다고 할 것이다.

표절행위는 저작재산권의 침해인 동시에 성명표시권의 침해이기도 하다. 이 침해행위에 대하여 저작권법은 3년 이하의 징역 또는 3천만원 이하의 벌금에 처하도록 하고 있다.

현행법상 저작물 자유이용시 출처명시 위반의 죄를 따로 규정하고 있으므로 출처명시 위반은 성명표시권 침해로는 되지 아니 한다.

❏ 동일성 유지권

저작물의 내용·형식·제호 등의 동일성을 유지할 권리, 즉 무단히 이들의 변경·절삭·개변 등을 당하지 아니할 권리 등을 동일성 유지권이라고 한다. 무단변경 후에 원작품보다 내용·형식 등에 있어서 개선이 되었다 할지라도 저작자의 동의가 없을 경우 본권리의 침해가 된다. 다만 저작권법은 일정한 경우(학교 교육상, 건축물의 증·개축, 변경 등)에는 본질적인 내용의 변경을 가하지 않는 범위 내에서 변경은 허용된다. 기술적인 제약 때문에 불가피한 것은 논외로 치더라도 임의로 작품을 단축·재편집, 변색 등을 하거나 작품의 제목을 임의로 바꾸는 행위(특히 외국 영화의 상영의 경우 우리나라에서는 작품의 본래의 제목과는 동떨어진 제목을 붙이는 것이 상례처럼 되어 있다)는 본권의 침해가 된다.

일본에서는 일러스트레이터가 제작한 광고회사가 일러스트레이터의 승낙없이 작품 중 바다의 색을 바꾸어 칠한 경우 본권리의 침해라고 판시한 사례가 있다.

❑ 일신전속성

저작인격권은 일신전속적인 것이 되어 양도나 상속 등 권리의 이전은 불가하다. 저작인격권은 저작자의 사망 등과 동시에 소멸한다. 공동저작물인 경우는 저작자 전원의 합의에 의하여 본권리를 행사할 수 있으며, 그 대표자를 선출할 수도 있다. 저작자 사후에도 저작자 혹은 그 유족의 명예 등을 위해 저작물의 동일성을 임의로 침해하지 못하며 침해의 경우 구제수단이 있다.

참조사항

● 관련 법규 : 저작권법 제11조 이하
● 저작재산권 : 저작권 중 저작인격권 이외의 것, 즉 복제권·공연권·방송권·전시권·배포권·2차적 저작물의 작성권 등

15. 법정지상권

– 전세권·저당권의 실행 등으로 토지와 건물의 소유자가 달라졌을 때

❏ 법정지상권의 뜻

토지와 그 지상건물이 동일한 소유자에게 속할 경우에 그 어느 하나에만 제한물권을 설정하였는데, 그 후 토지와 그 지상건물이 어떤 사정으로 각각 소유자를 달리하게 된 때에는 건물소유자를 위하여 지상권이 설정된 것으로 본다. 이처럼 법률상 당연히 인정되는 지상권이 이른바 법정지상권인데, 현행법상으로는 민법 제305조와 제366조 그리고 「입목에 관한 법률」제6조에 의하여 각각 일정한 요건하에 법정지상권이 성립하는 것으로 되어 있고, 그 밖에 종래 판례를 통하여 일정한 경우에 인정되는 것으로 확립되어 있는 이른바 관습법상의 법정지상권이라는 것도 있다.

❏ 법정지상권의 인정

법정지상권은 건물이 토지와는 별개로 독립된 부동산으로 취급되는 법제에서만 인정된다. 즉 건물은 그 성질상 토지의 이용을 수반하지 않고는 존립할 수 없으므로 토지와 그 지상건물이 소유자를 달리하게 되는 경우에는 법률이 그 토지이용관계를 조절하여 줌으로써 건물을 독립한 부동산으로 취급하는 우리 법제에서 건물소유자가 지상권을 설정할 수 없는 경우에 발생하는 특수함을 시정하려는 것이 법정지상권제도인 것이다.

❏ 법정지상권의 성립

① 민법상 인정되는 법정지상권은 전세권 또는 저당권의 설정 당시에는 토지와 건물이 동일 소유자에게 속하였다가 그 후 소유권이 이전되거

나 경매됨으로써 양자가 각각 그 소유자를 달리하게 된 때에 성립된다.

② 판례는 전세권 또는 저당권설정의 경우가 아니라도 동일인 소유의 토지와 건물이 매매 또는 그 밖의 사유로 인하여 그 소유자가 다르게 된 경우에 그 건물을 철거한다는 특약 등이 없으면 그 건물소유자는 관습에 의한 법정지상권을 취득한다는 입장을 취한다. 이 경우에도 건물의 존속을 합법화할 토지이용관계의 설정은 필요하기 때문이다.

③ 저당권 실행의 경우 법정지상권이 인정되기 위하여서는 저당권설정 당시 이미 토지 위에 건물이 축조되어 있어야 한다. 왜냐하면 당초 건물없는 토지에 설정되었던 저당권이 그 설정 후에 축조된 지상건물을 위한 지상권에 의하여 제약을 받는다면 목적물의 교환가치의 파악을 목적으로 하는 저당권의 효능이 크게 감쇄될 것이기 때문이다. 그러나 일단 저당권설정시 건물이 존재하였으면 그 후 개축되어도 무방하며, 또 저당권설정 당시 건물의 축조가 명백하였거나 축조중이었을 때에도 법정지상권은 성립한다고 볼 수 있다.

❑ 법정지상권의 내용

법정지상권도 지상권이므로 타인의 토지에서 건물 기타의 공작물이나 수목을 소유하기 위하여 그 토지를 사용하는 것을 내용으로 할 것이나, 그 성질상 주로 건물소유를 목적으로 한다.

법정지상권은 법률행위에 의하여 설정되는 것이 아니고 법률의 규정에 의하여 설정되는 것이므로 등기를 요하지 아니 한다. 법정지상권은 당사자의 합의로써 설정되는 것이 아니므로 원칙상 존속기간의 정함이 없는 경우에 해당하여 최단 존속기간 제한의 규정(민법 제281조)만에 의해 그 존속기간이 결정된다. 한편 지료는 우선 당사자의 협의에 의하며 그것이 불가능하면 법원이 결정하게 되는데, 법원이 결정한 지료는 법정지상권의 성립시에 소급하여 효력이 발생하며, 토지 소유자의 지료청구의 의사표시는 요하지 아니 한다.

참조사항

- 관련 법규 : 민법제305조 · 제366조, 입목에관한법률 제6조
- 제한물권 : 소유권에 대한 제한 위에 성립하고, 또 그 내용도 제한되는 물권, 이에는 용익물권(지상권 · 지역권 · 전세권등)과 담보물권(유치권 · 질권 · 저당권)이 있다.

16. 분묘기지권

❏ 분묘기지권의 뜻

분묘기지권이란 타인의 토지에서 분묘라는 특수한 공작물을 설치한 자가 있는 경우에 그 자가 그 분묘를 소유하기 위하여 분묘의 기지 부분인 타인 소유의 토지를 사용할 수 있는 권리로서 지상권과 유사한 성질을 갖는 일종의 물권인 바, 판례에 의하여 인정되고 있다.

이는 조상숭배라는 미풍양속에 따라 일단 설치된 분묘를 함부로 철거하거나 손상한다면 조상숭배라는 전통적 가치관에 어긋나는 것이라는 데에서 인정된 것이다. 그런데 구「장사 등에 관한 법률」시행일인 2001. 1. 13. 이후에 설치된 분묘에 대해서는 분묘기지권이 인정되지 않는다.

❏ 판례에 의하여 인정된 분묘기지권

판례에 의하여 인정된 분묘기지권의 요건을 살펴보면 다음과 같다.

① 토지소유자의 승낙을 얻어 그의 소유지 안에 분묘를 설치한 때에 인정된다.

② 타인 소유의 토지에 그의 승낙없이 분묘를 설치한 경우에는 20년간 평온·공연하게 그 분묘의 기지를 점유함으로써 분묘기지권을 시효로 취득한다. 이 때 분묘기지권을 취득할 수 있는 자는 그 분묘의 소유자에 한한다.

③ 자기 소유의 토지에 분묘를 설치한 자가 후에 그 분묘기지에 대한 소유권을 보류하거나 또는 분묘도 함께 이전한다는 특약을 함이 없이 토지를 매매 등으로 처분한 때에는 그 분묘를 소유하기 위하여 분묘기지권을 취득하게 된다.

이러한 분묘기지권은 등기 없이도 제3자에게 대항할 수 있는 것이 우리의 관습이라고 구법시대의 판례는 판시하고 있다. 다만 분묘가 평장된 것으로 외부에서 인식할 수 없는 경우에는 분묘기지권의 취득은 부인된다.

❏ 권리의 내용

분묘기지권의 권리의 내용을 보면 권리의 효력이 미치는 범위는 분묘를 수호하고 봉사하는 목적을 달성하는데 필요한 범위 내이다. 따라서 분묘가 설치된 기지에 국한되는 것이 아니고 분묘의 보호 및 제사에 필요한 주위의 빈 땅에도 미치게 된다.

❏ 지료

분묘기지의 사용대가인 지료는 원칙적으로 무료라 할 것이다. 즉 토지소유자의 승낙을 얻어서 분묘를 설치한 경우에는 당사자 사이에 지료에 대한 약정이 있으면 그에 따르게 됨은 물론이나, 약정이 없는 때에는 무료이고, 분묘기지권을 시효취득한 경우에는 역시 무상이다. 다만 자기 토

지 내에 분묘를 가지고 있던 자가 그 토지를 처분하여 분묘를 취득하게 되는 때에는 지료를 지급하여야 하며, 당사자 사이에 협의가 이루어지지 않으면 법원이 이를 결정한다고 보아야 할 것이다.

☐ 존속기간

분묘기지권의 존속기간은 토지소유자의 승낙을 얻어서 분묘를 설치한 경우에는 존속기간을 당사자가 약정할 가능성은 있으나, 그 밖의 경우에는 존속기간을 약정할 가능성이 없는데 이러한 경우에는 권리자가 분묘의 수호와 봉사를 계속하고 있는 한, 그 분묘가 존속하고 있는 동안은 분묘기지권은 존속한다고 보아야 할 것이다.

참조사항

- 지상권 : 타인의 토지에서 건물 기타의 공작물이나 수목을 소유하기 위하여 그 토지를 사용할 수 있는 물권(민법 제279조)

17. 취득시효

– 부동산의 점유에 의한 취득시효완성시에는 바로 등기를 하여야 한다

❑ 취득시효의 뜻

취득시효도 앞(9. 소멸시효)에서 살펴 본 소멸시효와 그 존재이유는 같으나, 그 효과로 권리가 소멸하는 것이 아니라 그 권리를 취득한다는 점에서 다르다. 새로운 권리가 생성되면 그 반사적인 효과로 구권리가 소멸되기는 하나, 이는 소멸시효의 요건과 효과에 기인하는 것이 아니고 취득시효에 의하여 취득한 새로운 권리와 양립하지 못하기 때문일 것이다 (그러나 이는 입법자의 의도일 뿐이고 소송상에 있어서는 크게 차이가 나지 아니 하며 법률전문가가 아닌 사람은 같게 생각해도 무방할 것이다).

❑ 취득할 수 있는 권리

취득시효에 의하여 취득할 수 있는 권리는 소유권 · 어업권 · 광업권 · 지식재산권 등이 있는데, 그 특징으로서 모두 점유 또는 준점유가 가능한 권리이다. 채권이나 저당권 등 점유가 필요하지 아니한 권리에 대하여는 취득시효가 적용되지 아니한다. 간단히 말해서 물건(동산이든 부동산이든 모두 가능)이나 어떤 권리를 소유의 의사로서 장기간 점유 또는 준점유하였다면 그 물건에 대한 소유권 또는 준점유하였던 권리를 취득하였을 가능성이 있는 것이다.

❑ 시효기간

시효기간은 대상물에 따라서 다른데, 부동산의 경우에 점유에 의한 취득시효기간은 20년, 점유와 등기에 의한 취득시효기간은 10년이다. 동산에 대한 취득시효기간은 일반적으로 10년이고, 점유 개시가 선의 · 무과

실에 의하여 이루어진 경우에는 5년이다. 자기에게 소유권 등이 있다고 하여 물건 또는 권리에 대하여 점유 또는 준점유가 위와 같은 기간 이상 계속되었을 때에는 일단 취득시효의 주장을 고려해 보아야 한다.

그러나 취득시효의 세부적인 요건은 복잡하고 까다롭기 때문에 그 주장을 법원에 제출할 때에는 법률전문가와 상의를 하여야 할 것이다.

❏ 취득시효의 완성과 등기

부동산에 대한 점유취득시효의 경우에서는 취득시효가 완성되었다고 판단이 되면 등기명의자를 상대로 취득시효를 주장하여 이전등기를 필해 두어야 한다. 취득시효기간이 완성되었다고 하더라도 취득시효를 주장할 자가 등기를 하기 전에 전등기명의자가 이를 제3자에게 팔아버리면 취득시효를 주장할 자는 제3자에 대하여 취득시효를 주장할 수 없기 때문이다.

참조사항

- 관련 법규 : 민법 제245조 이하
- 취득시효 : 물건 또는 권리를 점유하는 사실상태가 일정기간 동안 계속되는 경우에, 그것이 진실한 권리관계와 일치하는가의 여부를 묻지 않고 권리취득의 효과가 생기게 하는 시효제도

18. 부동산소유권의 취득시효

– 점유를 개시한 때에 소급하는 원시취득이다

□ 부동산소유권의 취득시효의 뜻

부동산소유권의 취득시효제도로서 우리 민법은 이른바 '점유 취득시효'와 '등기부 취득시효'의 두 가지를 인정하고 있다. 즉 20년간 소유의 의사로 평온·공연하게 부동산을 점유한 자는 등기함으로써 그 소유권을 취득하며(점유 취득시효), 부동산의 소유자로 등기한 자가 10년간 소유의 의사로 평온·공연하게 선의이며 과실없이 그 부동산을 점유한 때에는 소유권을 취득한다(등기부 취득시효).

□ 점유가 일정 기간 동안 계속되어야

모든 취득시효에 공통적으로 요구되는 요건은,
① 일정한 요건을 갖춘 '점유'이다. 그 점유는 소유의 의사를 가지고 하는 이른바 '자주점유'이어야 하고, 또한 '평온·공연한 점유'이어야 하는데, 모든 점유자는 소유의 의사로 평온·공연하게 점유한 것으로 추정된다.
② 위와 같은 점유가 일정 기간(시효기간) 동안 계속되어야 하는데, 이 시효기간은 점유 취득시효와 등기부 취득시효에 있어서 상이하다. 즉 점유 취득시효의 경우에는 점유는 20년간 계속되어야 하나, 등기부 취득시효의 경우에는 점유는 10년간 계속되면 된다.

그 밖에 등기부 취득시효의 경우에는 점유자의 선의·무과실도 요구되는데, 이때에 점유자의 선의는 추정되나 무과실은 추정되지 않는다. 한편 선의·무과실은 점유 개시시에만 있으면 족하고, 전시효기간을 통해서 계속되어야 하는 것은 아니다.

등기부 취득시효에 있어서는 이미 시효취득자가 등기부상의 명의인으로 되어 있으므로 등기는 그 요건이 아니나, 점유 취득시효에 있어서는 등기부상의 권리자와 시효취득자는 부합하지 않으므로 시효취득자의 명의로 등기를 하여야 확정적으로 소유권을 취득하게 된다.

□ 소유권 취득의 효과는 점유를 개시한 때에 소급한다

위와 같은 요건을 갖추어 취득시효에 의한 소유권 취득을 하게 되면 그 소유권 취득의 효과는 점유를 개시한 때에 소급한다. 또한 취득시효에 의한 소유권의 취득은 원시취득이다. 따라서 전소유주의 권리에 존재하였던 모든 제한은 취득시효의 완성과 더불어 소멸하게 된다.

참조사항

- 관련 법규 : 민법 제245조
- 자주점유 : 소유의 의사, 즉 소유자와 같은 배타적 지배를 사실상 행사하려는 의사를 가지고 하는 점유
- 원시취득 : 어떤 권리를 타인의 권리에 의하지 않고 독립해서 취득하는 것. 승계취득에 상대되는 개념이다.

19. 명인방법

❑ 관습법상 인정되는 공시방법

명인방법은 부동산의 부착물을 거래하는 공시방법으로서 관습법상 발달되어온 제도로, 독립하여 거래의 객체가 되는 수목의 집단과 과목의 열매 등 미분리의 과실에 관한 물권변동에 대하여 관습법상 인정되는 공시방법을 말한다. 본래 물건이 독립한 물권의 객체가 되기 위하여서는 반드시 거래상 독립한 물건으로 취급할 만한 경제적 가치가 있는 동시에, 법률상으로도 특정되어서 독립된 공시를 할 수 있는 물건이라야 한다. 그러나 현행 부동산등기법에 의하면 토지와 건물만을 독립한 별개의 부동산으로 취급하여 등기할 수 있게 하였으므로 수목의 집단과 벼·엽연초·과수의 열매 등은 원물인 토지 또는 과목의 구성부분이 되고 독립한 부동산은 되지 못한다. 이와 같이 독립되지 않은 부동산이라도 거래상 독립의 부동산으로 취급할 만한 경제적 가치가 있고, 특히 당사자가 이러한 것들을 토지로부터 분리하여 거래의 목적으로 만들려고 할 때에는 독립의 공시방법을 갖추도록 하여도 무방할 것이다. 따라서 이러한 경제적 거래의 수요에 의하여 인정된 것이 명인방법이다.

❑ 입목에 관한 법률

명인방법에 의하여 물권이 변동될 수 있는 것은 종래의 판례에 의하여 수목의 집단과 미분리의 과실·입도 등으로 인정되어 왔다. 그러나 1973년에 제정된 「입목에 관한 법률」은 수목의 집단을 독립한 부동산으로 보고 그 공시방법을 등기로 하고 있으므로 명인방법에 의하여 거래될 수 있는 대상은 등기되지 아니한 수목의 집단, 미분리의 과실이라 할 수 있다.

❏ 명인방법의 수단

명인방법의 수단은 수목 또는 미분리의 과실이 지반상의 소유자 혹은 기타의 권리자 이외의 사람에게 귀속하고 있음을 제3자가 명확히 인식할 수 있는 수단이어야 하는데, 수목의 경우에는 보통 그 수목의 주위에 현재 매수하여 소유하고 있다는 뜻의 묵서된 표목 또는 표석을 여러 곳에 세우거나, 그 이외에도 수목 자체의 껍질을 벗겨 소유자의 성명을 명료하게 묵서하든지 소인을 누르는 방법, 제탄 설비를 갖추어 벌채에 착수하는 것 등이며, 미분리의 과실은 논이나 밭의 주위에 새끼줄을 둘러치고 소유자의 성명을 묵서한 목찰을 세우는 따위의 방법이 많이 행하여진다.

❏ 명인방법으로 공시되는 물권변동

명인방법으로써 공시되는 물권변동은 물권에 대한 소유권의 이전·보류 및 이와 동시할 해제 및 취소 등으로 인한 소유권의 복귀에 한한다. 따라서 저당권의 설정 등에는 적용되지 않는다. 이것은 명인방법이 등기부처럼 권리의 내용을 상세하게 공시하기에 적당하지 않기 때문인데, 다만 양도담보를 설정하는 것은 가능하다.

참조사항

- 미분리의 과실 : 원물에서 분리하기 전의 천연과실. 이는 원물에 부착되어 있는 천연과실이므로 원물인 부동산 또는 동산의 일부이다.

20. 부동산등기부

❑ 부동산 등기부

부동산(토지와 건물)의 권리관계를 모든 사람에게 알려주기 위한 방법으로
등기관이 그 권리관계를 기재하도록 하여 놓은 것이 부동산등기부이다.

❑ 한 개의 부동산

우리나라는 부동산 1개마다 등기부 1개씩을 작성하고 있는데, 토지의 경
우 1필지를 1개의 부동산으로 보는 것이 보통이며, 건물의 경우는 일반
관념에 따라 결정하게 된다. 다만 최근 아파트 등 집합건물이 많이 생겨
외관상 1개의 건물이라도 각 세대를 기준으로 구별하여 독립된 소유권
(구분소유권)을 인정하고 있다.

❑ 부동산등기의 효력

부동산등기는 부동산에 관한 권리관계 변동을 일반인에게 공시하는 기
능을 가지고 있다. 따라서 물권행위와 그것에 대응하는 등기가 있으면
부동산에 관한 물권의 변동(예 : 소유권이전등기의 경우 소유권 이전)이라는
효력이 생기는데, 이를 등기의 변동적 효력이라 하고, 이것이 등기의 효
력 중에서 가장 중요하다.

그런데 이 물권변동은 등기를 신청한 때가 아니라 실제로 등기부에 기재
된 때에 일어나게 된다. 따라서 등기관이 등기신청을 접수하였고, 등기
필증까지 교부하였더라도 실제로 등기부에 기재되지 않은 경우에는 등
기의 변동적 효력은 발생하지 않는다. 즉 소유권 이전 등의 효과가 일어
나지 않는 것이다. 동일 부동산에 관하여 등기된 수개의 권리순위는 법

률에 다른 규정이 없으면 등기의 선후에 의하여 정하여진다.

이를 등기의 순위확정적 효력이라고 한다. 또한 부동산의 소유자로 등기되어 있는 자가 10년 동안 소유의사로 평온·공연하게 선의이며 과실없이 점유를 한 때에는 소유권을 취득하는데, 이는 마치 등기가 동산취득시효에 있어서의 점유와 같은 효력을 가진다고 할 수 있다. 이를 등기의 점유적 효력이라고 한다(민법 제245조 제2항).

또한 등기에는 어떤 등기가 있으면 그에 대응하는 실체적 권리관계가 존재하는 것으로 추정케 하는 효력이 인정된다. 이를 등기의 추정적 효력이라 하는데, 이 추정의 효과는 등기부상의 법률관계가 일단 진정한 것으로 다루어진다는 것일 뿐이므로 반대의 증거가 있으면 이 추정을 뒤집을 수 있음은 물론이다. 그리고 소유권이전등기가 마쳐진 경우, 그 등기명의자는 전소유자에 대하여서도 적법한 등기원인에 의하여 소유권을 취득한 것으로 추정된다. 등기가 진실한 권리관계에 부합하지 않더라도 그 등기를 진실하게 믿은 경우에 이를 보호하는 것이 등기의 공신력이라고 하는데 현행 우리 민법에서는 이를 인정하고 있지 않다. 그 이유는 진실된 등기가 이루어지고 있다는 확실한 보장이 없어 거래의 안전보다는 실체적 권리보호에 가치를 부여한 것이다. 따라서 실체관계에 부합하지 않은 등기는 무효이며 그 이후 이를 믿고 한 등기도 무효가 된다.

환매특약·지상권·지역권·전세권·저당권·임차권 등을 등기하는 경우에, 등기를 하지 아니하면 당사자 사이에 채권적 효력이 있을 뿐인 일정한 사항도 등기를 하는 경우에는 제3자에게 대항할 수 있는 바, 이는 등기가 대항요건으로서의 효력을 갖기 때문이다.

❏ 등기부의 구조와 등기부를 보는 방법

등기부는 토지와 건물을 구분하여 따로 작성하게 되어 있다. 표시란에는 토지나 건물의 지번·면적·용도·구조 등이 변경된 순서대로 기재되며, 사항란 중 갑구는 소유권에 관한 사항이, 을구는 소유권 이외의 권리 즉 저당권·지상권 등이 기재된다.

참조사항

● 관련 법규 : 부동산등기법, 부동산등기특별조치법

❑ 본등기의 순위를 보전하기 위하여 미리하는 등기

등기부를 보면 가등기가 흔히 발견된다. 이는 채권의 담보를 목적으로 하는 경우도 있고, 본등기를 하는데 필요한 요건을 갖추지 못한 경우에 장래의 본등기 순위를 보전하기 위하여 하는 경우도 있다. 여기에서는 후자의 경우를 다루어 보기로 한다. 따라서 여기에서의 가등기라 함은 본등기의 신청에 필요한 절차상의 요건인 요식서류 또는 등기의무자의 협조가 불비한 때, 부동산물권 또는 부동산임차권의 변동을 목적으로 하는 청구권을 보전하려고 할 때, 이들 청구권이 시기부 또는 정지조건부 기타 장래에 확정될 것인 때 장래의 본등기의 순위를 보전하기 위하여 미리하는 등기를 말한다.

❑ 가등기의 신청

가등기의 신청은 대부분의 등기신청이 그러하듯이 등기권리자와 등기의무자가 공동으로 신청하는 것이 원칙이다. 그러나 가등기의무자의 승낙서를 첨부하거나 또는 가등기를 명하는 가처분명령의 정본을 첨부하여 가등기권리자가 단독으로 신청할 수도 있다(부동산등기법 제89조).

❑ 가등기의 효과

가등기를 한 후에 본등기를 하면 본등기의 순위는 가등기의 순위에 의한다(부동산등기법 제91조). 이것이 가등기의 가장 본질적인 효과이다.

예컨대 갑으로부터 을에게 소유권 이전의 청구권을 보전하기 위한 가등기가 있은 후에, 갑으로부터 병에게로의 소유권 이전 등기가 있고, 그 후에 갑으로부터 을에게로의 소유권 이전의 본등기가 행해진 경우 을에게로의 이전등기가 병에게로의 이전등기에 우선하게 된다. 여기서 순위에 의한다 함은 단지 등기의 순위만 가등기의 순위로 소급한다는 것이고, 물권변동의 효력이 가등기를 한 때에 소급한다는 것은 아니다. 가등기를 하였다고 하더라도 가등기에 기한 본등기가 없는 한 가등기 자체로서는 아무런 실체법상의 효력이 없다.

즉 가등기만으로는 물권변동의 효력은 생기지 않으므로 가등기를 하였다 하더라도 가등기의무자인 본등기 명의인은 그 부동산을 처분할 권리가 있다. 가등기 자체는 위와 같이 물권변동에는 아무런 영향을 미치지 않으나, 순위보전의 효력이 있기 때문에 가등기 자체로서 제3자에게 가등기권자의 권리를 공시하여 제3자에게 경고하는 효력이 있고, 채권담보의 수단으로 많이 이용되고 있다. 채권담보의 목적으로 이용되는 가등기는 이른바 담보가등기라 하여 「가등기담보 등에 관한 법률」의 적용을 받게 된다.

참조사항

- 관련 법규 : 부동산등기법
- 물권변동 : 물권의 발생 · 변경 · 소멸을 말하는 바, 물권의 주체를 중심으로 말할 때에는 물권의 취득 · 상실 · 변경이라 한다.

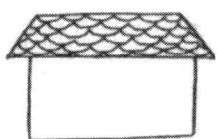
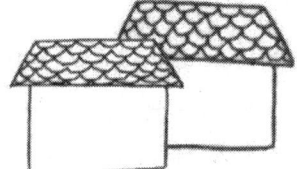

22. 부동산등기 특별조치법

– 부동산 매매시는 사실대로 60일 이내에 등기를 하여야 한다

❏ 부동산등기 특별조치법

부동산등기 특별조치법이 1990년 8월 1일 공포되어 동년 9월 2일부터 시행되고 있다. 이 법으로 인하여 우리의 부동산매매에 새로운 제도들이 여러 개 도입되었으므로 그 내용을 간단히 살펴보고자 한다. 위 법은 잘 알다시피 부동산 투기가 극성을 피우는데도 이를 금지할 법적 장치가 미비하여 이에 대한 대책으로 만들어졌다. 따라서 이 법의 주요내용은 부동산매매에 대한 규제와 금지조치이다. 즉 이 법은 부동산소유권이전 등기신청을 의무화하고 허위부실 등기신청 행위와 명의신탁 등 편법 탈법 행위 등을 금지하고 있는 바, 세분해서 살펴보면 다음과 같다.

❏ 주요내용

(1) 소유권이전등기 신청의 의무화

부동산의 소유권이전을 내용으로 하는 계약을 체결한 사람은 등기를 신청할 수 있는 때로부터 60일 이내에 소유권이전등기를 신청하여야 한다. 소유권보존등기가 되어 있지 않은 부동산을 매입하였을 경우에는 보존등기를 할 수 있게 된 때로부터 60일 이내에 보존등기를 신청하여야 한다. 이와 같은 등기신청 의무를 위반한 때에는 등록세액의 5배 이하에 상당하는 금액범위 내의 과태료를 물어야 한다.

과태료는 원칙적으로 매수인에게 부과하나, 매도인 때문에 등기신청을 못한 경우에는 매도인에게 부과한다. 이 규정은 1991년 1월 1일부터 시행되므로 이 때부터 60일이 경과된 1991년 3월 1일부터 등기의무 불이행을 이유로 과태료가 부과되고 있다.

⑵ 등기원인 등을 허위로 기재하는 행위의 금지

부동산의 소유권이전을 내용으로 하는 계약을 체결한 사람은 등기원인을 허위로 기재하여 등기신청을 하여서는 아니된다. 즉 매매계약을 체결한 사람이 등기원인을 증여로 기재하거나, 증여하려는 사람이 등기원인을 매매로 하여 등기신청을 하여서는 아니된다.

또 부동산의 소유권이전을 내용으로 하는 계약을 체결한 사람이 가등기와 같이 소유권이전등기 이외의 등기를 신청해서도 아니된다. 이와 같은 행위를 하는 때에는 3년 이하의 징역이나 1억원 이하의 벌금형에 처해진다. 이 규정은 1990년 9월 2일부터 시행되고 있다.

⑶ 투기목적 등을 가진 미등기 전매행위

부동산소유권의 이전을 받을 것을 내용으로 하는 계약을 체결한 사람이 조세부과를 면하려 하거나, 다른 시점간의 가격변동에 따른 이득(시세차익)을 얻으려 하거나, 소유권 등 권리변동을 규제하는 법령의 제한을 회피할 목적으로 그 등기를 하지 아니한 채 그 부동산을 전매하여서는 아니 된다. 이러한 경우에는 3년 이하의 징역이나 1억원 이하의 벌금형에 처해진다. 이 규정은 또한 1990년 9월 2일부터 시행되고 있다.

⑷ 미검인 전매행위의 금지

이 법은 부동산소유권이전을 내용으로 하는 계약을 체결한 사람은 등기신청시에 거래내용을 기재한 계약서에 관할 시장 등의 검인을 받아 제출하여야 한다고 규정하고 있다. 따라서 그러한 검인계약서가 없는 경우에는 등기신청이 이루어지지 않는다. 이와 아울러 부동산소유권을 이전받을 것을 내용으로 하는 계약을 체결한 사람은 그 계약서에 검인을 받지 않은 상태에서는 다시 그 부동산에 대하여 제3자와 소유권이전을 내용으로 하는 계약이나 계약당사자의 지위를 이전하는 계약을 체결하여서는 아니된다. 이러한 경우 1년 이하의 징역이나 3천만원 이하의 벌금형에 처해진다.

(5) 기타

이와 같이 과태료나 형벌로 금지하는 사항 이외에도 이 법은 등기원인에
대하여 행정관청의 허가 등을 받아야 하거나 행정관청에 신고하여야 할
경우에는 등기신청시에 그 허가 등을 증명하는 서면을 제출하도록 강제하
고 있다. 따라서 이러한 증명서가 없으면 등기신청이 이루어지지 않는다.
결국 부동산을 매매하였을 때는 반드시 60일 이내에 소유권이전등기를
하여야 하며, 부동산매매시 사실과 다르게 증여한 것처럼 등기하거나,
가등기 등을 하면 처벌을 받도록 한 것이다. 다만, 이미 즉 1990년 9월
2일 이전에 사실과 다르게 경료된 등기에 관하여는 처벌할 수 없도록 되
어 있다.

참조사항

- 관련 법규 : 부동산등기 특별조치법
- 등기원인 : 등기하는 것을 정당하게 하는 법률상의 원인, 즉 권
  원. 등기를 할 때에는 등기원인을 증명하는 서면을 첨부하여야 한
  다(부동산등기법 제40조).

23. 임차권등기명령제도 1

– 임차인이 임대인의 협조없이 단독으로 임차권등기를 할 수 있는 경우

❏ 임차권등기명령제도의 의의

임차권등기명령제도가 실시되기 전에는 주택임차인이 임차권(전세 등)을 등기하려면 임대인의 도움이 필수적이었기 때문에 미등기 임차인이 대항력을 상실할 경우 임차보증금을 보전받지 못하는 경우가 종종 있었다. 임차권등기명령절차는 임대차 종료 후 보증금을 반환받지 못한 임차인에게 임대인의 협조 없이 단독으로 임차권 등기를 경료할 수 있도록 함으로써 자유롭게 주거를 이전할 수 있는 기회를 보장하기 위한 절차로 1999년 1월 21일 개정된 주택임대차보호법에 임대차가 종료되고 보증금을 반환받지 못한 임차인을 위해 신설된 제도이다. 즉 임차인이 일정한 사항을 구비하여 관할 법원에 임차권등기명령을 신청하여 임차권등기가 이루어지면 그 후에 임차인이 대항력이나 우선변제권을 상실하더라도(다른 곳으로 이사를 하더라도) 종전의 대항력이나 우선변제권이 사라지지 않는 제도이다.

❏ 임차권등기명령신청서류

임차권등기명령신청시 필요한 서류는,

(1) **임차권등기명령신청서(소정양식)**

(2) **첨부서류**

① 임대인의 소유로 등기된 주택에 대한 등기사항신청서, 단 임대인의 소유로 등기되지 아니한 주택에 대하여는 건축물관리대장 등 즉시 임대인의 명의로 소유권보존등기를 할 수 있음을 증명할 서면

② 임대차계약의 체결사실 및 그 계약내용을 증명하기 위한 임대차계약

서 사본

③ 임차인이 신청 당시에 대항력이나 우선변제권을 취득한 사실을 증명하는 서류, 이때 주택의 인도와 주민등록이전에 의한 대항력은 주택임대차보호법 제3조 제1항에서 임차인은 주택의 인도와 주민등록이전을 마친 날의 익일부터 대항력을 취득한다고 규정하고 있으므로 이를 증명하는 서류를 말하는데 이는 주민등록등본으로 갈음할 수 있으며, 우선변제권의 경우는 동법 제3조의2 제2항에서 임대차계약증서상 확정일자를 갖춘 임차인은 우선변제권을 갖는다고 규정하고 있으므로 이를 증명하는 서류로는 확정일자가 찍힌 임대차계약서를 말한다.

④ 임대차계약체결시부터 현재까지 주거용으로 사용하고 있음을 증명하는 서류, 이는 건물사진 등 이용현황을 증명할 수 있는 자료이면 족하다.

⑶ 소송대리인을 표시한 서면

소송대리인이 있는 경우에는 신청서에 그의 성명 등을 기재한 후 위임장, 등기부등본 등 그 자격을 증명하는 서면 등이다.

❑ 임차권등기명령 신청시의 비용

⑴ 신청서 제출시

임차권등기명령 신청서를 제출할 때에 2,000원의 인지대와 당사자 1인당 3회분의 송달료(5,200원×3회=15,000원)를 법원 구내의 은행출장소에 납부하고 인지대 납부확인서와 송달료 납부영수증을 받아 신청서에 첨부하여야 한다.

⑵ 임차권등기촉탁에 필요한 비용

임차권등기명령에 의한 등기촉탁에 필요한 비용으로 등기신청 수수료 3,000원과 등록세 7,200원(지방교육세 1,200원 포함)을 납부하여야 한다. 이때 등록세액은 차임이 있는 임차인의 경우에는 월 차임액의 1000분의

2(단 등록세액이 3,000원 미만인 경우에는 3000원), 주택임대차보호법 제12
조의 등기하지 아니한 전세계약의 경우에는 3,000원이 된다.

❑ 임차권등기명령신청의 접수 법원

임차권등기명령신청은 임차주택의 소재지를 관할하는 지방법원·지방법
원의 지원 또는 시·군법원에 접수시키면 된다.

❑ 임차권등기명령절차의 진행

임차권등기명령절차는 임차인이 임대차계약이 종료된 후 보증금을 반환
받지 못한 경우에 법원에 임차권등기명령신청을 하면 법원에서 먼저 서
면심리방식에 의하여 임차권등기명령의 발령여부를 심리하여 그 신청이
이유있다고 인정되면 임차권등기명령을 발령하고, 법원은 이 명령이 효
력을 발생하면 임차주택의 소재지를 관할하는 등기소에 재판서의 등본
을 첨부하여 임차권등기를 촉탁하고, 등기관이 건물등기부에 임차권등
기를 기입하게 된다.

❑ 임차권등기의 효과

임차권등기가 경료되면 주택에 대한 점유와 주민등록의 요건을 후에 상
실하더라도(즉 다른 곳으로 이사를 가더라도) 이미 취득한 대항력과 우선변
제권은 유지되어 임차보증금을 보장받을 수 있다. 그런데 여기서 주의할
점은 임차권등기명령신청 후 다른 곳으로 이사하거나 전출하여서는 안
되고 반드시 등기가 완료된 사실을 확인하고 이사하거나 전출하여야만
주택임대차보호법의 보호를 받을 수 있다는 것이다.

24. 임차권등기명령제도 2

– 임차권등기명령신청서의 작성방법

❑ 임차권등기명령신청서 작성방법

임차권등기명령신청서(양식참조)의 작성란은 크게
① 당사자란, ② 신청취지란, ③ 신청이유란 등으로 구성되어 있다.
그 작성방법을 살펴보면,

❑ '당사자'란

'신청인(임차인)'란에는 성명 · 주민등록번호 · 주소와, 연락할 전화(휴대
폰, fax 또는 호출번호)를 생략함이 없이 정확하게 기재하여야 한다. 특히
연락할 전화는 향후 법원이 신청인에게 연락할 때 필요하므로 항상 연락
받을 수 있는 전화번호를 기재한다.
'피신청인(임대인)'란에는, 임대인의 성명 또는 명칭, 주소 또는 사무소
소재지를 확인하여 정확하게 기재한다.

❑ '신청취지'란

'신청취지'란에는 신청인이 임차권등기명령신청에 의하여 어떠한 내용의
임차권등기명령을 구하는지의 여부를 명확하게 기재하여야 한다.
구체적으로,
① '임대차계약일자'란에는 계약서상의 계약일자를 기재한다.
② '임차보증금액'란에 기재하는 금액은 계약시에 임대인에게 지급한 금
   액이 아니라 임차권등기명령신청당시까지 임대인으로부터 반환받지
   못한 잔존 임대보증금액을 말한다.
③ '차임'란에는 주택임대차보호법 제12조의 등기하지 아니한 전세계약

의 경우에는 이 란은 공란으로 한다.

④ 주택의 일부에 대한 임차권등기명령신청을 하는 경우에는 신청서상의 "별지목록 기재 건물에 관하여…" 부분을 "별지목록 기재 건물 중 별지 도면표시 ㉠, ㉡, ㉢, ㉣, …, ㉠의 각점을 순차로 연결한 선내부분 방 ○○㎡에 관하여…" 라고 바꾸어 임대차의 목적물을 특정하여 기재하고 그 목적 부분을 표시한 건물도면을 첨부하여야 한다.

⑤ 그 외에 '주민등록일자', '점유개시일자', '확정일자' 등은 각각 주민등록등본의 전입일자, 실제점유개시일자, 임대차계약서의 확정일자를 기재하면 된다.

☐ '신청이유'란

'신청이유'란의 기재내용은 신청인이 제기한 임차권등기명령신청의 타당성 여부를 판단하는 중요한 자료이므로 임차권등기명령의 발령을 구하는 이유를 간결하고 구체적으로 기재하여야 하는데 흔히 "별지와 같다" 라고 기재한 후 별도의 용지에 현재까지의 경과를 날짜순으로 구체적이고 상세하게 기재한 다음 신청서 바로 뒤에 첨부한다. 별지에는,

① 임대차계약의 체결일자, 임차보증금액, 차임 등
계약내용과 임대차기간의 만료 등 그 계약이
종료한 원인사실을 기재하고,

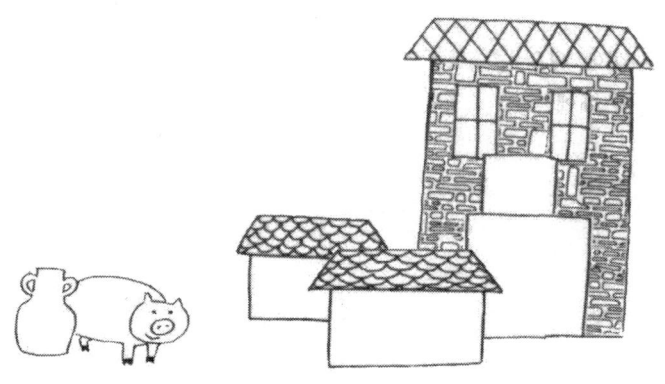

② 임차인이 신청 당시에 이미 주택임대차보호법 규정에 의한 대항력을 취득한 경우에는 주택을 점유하기 시작한 날과, 주민등록을 마친 날을 기재하고,
③ 우선변제권을 취득한 경우에는 임차주택을 점유하기 시작한 날, 주민등록을 마친 날과 임대차계약서상의 확정일자를 받은 날을 기재한다.

이렇게 신청서의 각란을 정확하게 기재한 후 나머지 서류를 첨부하여 법원에 제출하면 된다.

참조사항
● 관련 법규 : 주택임대차보호법 제3조의3

임차권등기명령신청서 양식

주택임차권등기명령신청서

신청인(임차인)　　성명:　　　　　　(　　　－　　　)
　　　　　　　　　　주소:
　　　　　　　　　　연락 가능한 전화(FAX 또는 호출)번호:

피신청인(임대인)　　성명:
　　　　　　　　　　주소:

신청취지

별지목록 기재 건물에 관하여 아래와 같은 주택임차권등기를 명한다 라는 결정
을 구합니다.

아래

1. 임대차계약일자　: 20 . . .
2. 임차보증금액　　: 금　　원,　차임 : 금　　원
3. 주민등록일자　　: 20 . . .
4. 점유개시일자　　: 20 . . .
5. 확정일자　　　　: 20 . . .

신청이유

별지기재와 같다.

첨부서류

1. 건물등기부등본
2. 주민등록등본
3. 임대차계약증서 사본

20 . .
신청인　　　　　(인)

○○지방법원　○○지원 귀중

※　1. 이 신청서를 접수할 때에는 당사자 1인당 3회분의 송달료를 현금으로 송달료수납은행에
　　　납부하시기 바랍니다.
　　2. 임차보증금액란에 신청 당시까지 반환받지 못한 금액을 기재하고, 주택임대차보호법
　　　제12조의 등기하지 아니한 전세계약의 경우에는 차임란을 공란으로 하여 주십시오.
　　3. 주택의 일부에 대한 임차권등기명령신청을 하는 경우에는 예컨대 별지목록 기재 건물에
　　　관하여… 부분을 별지 목록 기재 건물 중 별지 도면표시, ㉠,㉡,㉢,㉣ …,㉠의 각점을
　　　순차로 연결한 선내부분 방○○m2에 관하여… 라고 임대차의 목적을 특정하여 기재하고,
　　　그 목적인 부분을 표시한 건물도면을 첨부하셔야 합니다.

25. 금전거래에서 유의할 점

– 돈을 빌릴 때와, 빌려줄 때 유의할 점

☐ 거래는 명확히

① 금전거래는 불화의 근원이란 말이 있다. 가까운 친구나 친척 사이가 불명확한 돈거래로 인하여 사이가 나빠지는 경우가 흔하기 때문이다. 거래 관계는 명확해야만 분쟁을 예방할 수 있는 것이다.

② 상세한 문서를 작성하여 교환하는 것이 거래관계를 명확히 하는 가장 좋은 방법이다. 계약시에는 반드시 계약서를, 돈을 주고 받을 때는 영수증을 반드시 작성하고 즉석에서 확인하는 관행은 부끄러운 일이 아니라 문화인의 행위이다.

☐ 상대방의 확인

① 모르는 사람끼리 돈거래가 이루어 질 때에는 상대방의 직업과 주소 · 성명 등을 주민등록증 등에 의하여 반드시 확인하여야 한다.

② 상대방의 재력과 신용은 스스로 확인하여야 한다. 은행에 거래상황을 조회해 보는 것도 한 방법이 될 수 있다.

③ 미성년자에게 돈을 빌려줄 때는 보호자(부모)의 동의가 있어야 한다. 만일 동의가 없으면 미성년자의 보호자가 계약을 취소할 수 있으므로 손해를 볼 경우가 생긴다.

④ 법인 즉 회사 등과 거래를 할 경우에는 상대방이 그 회사를 대표하는 정당한 권한이 있는지를 확인하여야 하며, 단지 그 회사의 임직원과 개인적으로 돈거래하는 형식의 계약서를 만들면 손해를 보는 경우가 생긴다.

❑ 돈을 빌려줄 때 유의할 점

① 금전소비대차의 경우 반드시 계약서로 작성해야 성립하는 것은 아니지만 법률분쟁의 발생을 방지하기 위하여 계약의 내용을 기재한 금전소비대차계약서를 작성하는 것이 좋다. 나아가 계약서 대신 차용증을 사용하는 것도 좋은 방법이며 차용증은 돈을 빌려주었다는 증거로 사용이 가능하다.

② 돈을 빌려줄 때는 상대방의 재력과 신용을 확인하는 것이 특히 중요하다. 상대방의 신용과 재력이 의심스러울 때는 회수 확보를 위한 담보를 취득하여야 한다.

③ 담보에는 인적담보와 물적담보가 있다. 인적담보는 제3자로 하여금 보증이나 연대보증을 서도록 하는 것인데, 이 경우 제3자의 재력 등도 확인하여야 한다.

④ 물적담보로는 흔히 부동산에 저당권이나 가등기를 설정하는 방법, 소유권이전등기를 받는 방법 등이 있고, 동산이나 유가증권을 담보로 받아두는 경우도 있다.

⑤ 흔히 전세보증금을 담보로 하는 경우가 있는데, 이 때는 반드시 전세보증금 반환채권의 양도계약을 하고, 집주인을 만나 승낙을 얻거나

채무자로 하여금 집주인에게 서면통지를 하도록 조치하여야 효력이 있는 것이다. 단지 채무자의 전세계약서를 받아놓는 것만으로는 아무런 효력이 없음에 유의하여야 한다.

⑥ 가정주부에게 돈을 빌려줄 때는 그 돈이 자녀들의 학비나 식비 등 일상가사비용으로 사용된다면 그 남편에게도 변제책임이 있으나, 일상가사와 관계없이 주부가 계를 한다든지 사치나 유흥비로 쓴다든지 하는 경우는 남편이 별도로 보증을 서지 않는 한 단지 그러한 사실을 알고 있었다는 것만으로는 변제책임이 없음에 유의하여야 한다.

⑦ 약속어음을 할인하는 형식으로 돈을 빌려줄 때에는 약속어음의 배서가 연속되는가를 확인하여야 하고, 배서인이나 발행인이 아니면 어음상의 책임을 지지 아니하므로 반드시 채무자의 배서를 받아야 한다.

⑧ 수표는 부도를 내는 경우에 형사처벌까지 받게 되므로 백지 수표(주로 발행일자)를 담보로 돈을 빌려줄 때가 많은데, 발행일자를 기재하지 않고 제시를 하거나, 기재한 발행일자보다 10일이 넘은 후에 제시하여 부도가 난 경우는 발행인의 형사책임이 면제되므로 이에 유의하여야 한다.

⑨ 도박이나 강도와 같은 범죄에 제공될 자금인 줄 알면서 돈을 빌려 준 경우는 상대방이 임의로 갚아주면 좋으나 갚지 않으면 법률상 청구할 수가 없는 것이므로 나쁜 일에는 돈을 빌려주지 말아야 한다.

❏ 돈을 빌릴 때 유의할 점

① 일반적으로 돈을 빌리는 사람은 다급하기 때문에 이자나 담보관계 등에 있어서 채권자의 요구에 따라 가혹한 조건을 강요당하는 경우가 흔하나, 계약서의 내용을 상세히 파악하여야 한다.

② 원금이나 이자를 갚으면 반드시 영수증을 받아야 하고 원리금을 완전히 변제한 경우는 미리 교부해 주었던 차용증서나 어음·수표 등을 회수하지 않으면 나쁜 채권자에게 이중으로 변제하여야 할 위험성이 크다.

③ 악덕 사채업자 중에는 비싼 담보물을 헐값에 취득할 목적으로 변제기일에 일부러 만나주지 않거나 변제기일을 연기해 주겠다고 속여 안심시킨 후에 변제기를 넘겨 담보물을 처분하는 경우가 있으므로 이럴 때에는 지체없이 공탁절차를 밟아야 한다.

④ 이자는 약정이 없는 한 갚을 필요가 없으나 변제기가 경과된 경우에는 연 5푼의 지연손해금을 지급하여야 한다.(상인들 간이면 연 6푼)

❑ 기타

① 채무자가 사망한 경우 채무도 상속되므로 채권자는 그 상속인에게 변제를 청구할 수 있다. 상속인이 채무를 면하려면 상속을 포기하거나 상속의 한정승인을 하여야 한다.

② 채무자가 약속대로 변제를 하지 아니한다면 채권자는 결국 법절차에 따라 재판과 강제집행의 방법으로 변제를 받을 수 밖에 없다. 그러한 경우에 앞서 설명한 대로 충분한 변제확보 방법을 강구해 놓지 못한 채권자는 손해를 볼 가능성이 많다.

③ 그리고 실제로 불성실한 채무자가 재산도피 등의 방법으로 강제집행을 면탈하는 경우에도 증거가 부족하여 채무자의 형사처벌(형법 제327조 : 강제집행면탈)이 불가능한 때가 대부분이다.

참조사항

- 관련 법규 : 민법 제373조 이하
- 공탁 : 변제 · 담보 · 보관 등의 목적으로 금전 · 유가증권 기타의 물건을 각 지방법원에 두는 공탁소에 임치하는 것
- 한정승인 : 상속인이 상속으로 인하여 얻은 재산의 한도에서 피상속인의 채무와 유증을 변제하는 상속 또는 그와 같은 조건으로 상속을 승인하는 것(민법 제1028조)

❑ 분할변제 약정

금전대차를 하는 경우에 당사자 특히 차용인의 편의를 위하여 원금을 '매월 얼마씩' 또는 '몇 달에 얼마씩'하는 식으로 분할하여 변제하도록 하는 약정을 하는 경우가 많다.

❑ 기한의 이익

변제기한을 약정하면 대주는 그 약정에 구속을 받아서 나중에 다른 사정이 없는 한 일괄하여 변제하라고 요구할 수가 없게 되는데, 이것을 '기한의 이익'이라고 부른다. 따라서 약정된 분할변제기에 채무자가 변제를 하지 않는다고 하더라도 채권자는 그 사유만으로 대여금 전체에 대하여 일괄하여 변제하라고 청구할 수는 없다.

❏ 일괄변제 특약조항

변제기를 약정할 때에는 위와 같은 '기한의 이익'에 유의할 필요가 있고, 만약 중간에 일괄변제를 청구하고 싶을 때에는 '대주에게 필요가 있을 때에는 차주는 대주의 청구가 있은 후 며칠 내에 미반환 원금 전액을 일시에 변제하여야 한다'라든지, '차주가 분할변제금의 지급기일을 단 1회라도 어기는 경우, 차주는 즉시 기한의 이익을 상실하고 대주의 청구가 있는 즉시 잔금을 일시에 변제하여야 한다'는 등의 문구를 계약서에 명시하여야 한다.

❏ 전액변제 청구사유

이러한 특약이 없는 경우라도
① 채무자가 담보를 감소하거나 멸실한 때,
② 채무자가 담보를 제공할 의무를 진 경우에 그 담보를 제공하지 않은 때,
③ 채무자가 파산선고를 받았을 때 등의 경우에는 대주는 차주에게 채무의 변제기가 도래했는지 여부와 관계없이 대여금 전액의 변제를 청구할 수 있다.

참조사항

● 변 제 : 채무의 내용인 급부를 실현시키는 채무자 내지 기타의 자의 행위로서, 변제에 의해 채권자는 목적을 달성하게 되어 채권이 소멸된다. 변제는 급부행위와 구별되는 바, 후자는 전자의 구성요소에 지나지 않는다.

27. 이 자

– 임의로 지급한 초과이자와 지연손해금

☐ 초과이자

현재 이자제한법(2014. 1. 14)에서의 최고이자율은 연 2할(이자제한법 제
2조 제1항의 최고이자율에 관한 규정)이다. 계약상의 이자로서 연 2할을 초
과하는 부분은 무효로 하고 있다. 임의로 지급한 초과 이자는 원본에 충
당하며, 원본이 소멸한 때에는 그 반환을 청구할 수 있게 되었다.

그리고 변제된 금전이 원금과 이자를 전부 소멸시킬 수 없는 경우에는
당사자간의 특별한 약정이 없으면 비용, 이자, 원본의 순서로 변제에 충
당하여야 한다.

☐ 이자약정이 없는 경우

당사자간에 이자를 약정하지 않았다면 어떻게 되는가? 이 경우는 원칙
적으로 이자를 청구할 수가 없다. 그러나 반환기한이 정해져 있고, 그 기
한이 경과하여도 갚지 않는 경우에는 채무불이행이 되므로 민사법정이
율인 연 5푼의 지연손해금을 받을 수 있게 된다.

그러나 당사자가 상인인 경우에는 이자에 관하여 특별한 약정이 없더라
도 상사법정이율인 연 6푼의 이자를 받을 수 있다.

☐ 지연손해금

이자와 관련하여 원금 변제기한을 도과하고도 이를 갚지 못하는 경우에
는 지연손해금을 어떤 비율로 물어야 하는가? 이자를 약정하였다면 그
약정이율에 따른 지연손해금(지연이자라고도 한다)을 물어야 하며, 만약
이자를 약정하지 않았다면 앞서 설명한 바와 같이 연 5푼(상인들 간이면

연 6푼)의 비율에 의한 지연손해금을 물어야 한다. 그러나 채무자가 소장 또는 이에 준하는 서면을 받은 후에도 돈을 갚지 않으면 이자약정 지연 손해금을 물도록 되어 있다. 이는 고의적으로 채무변제를 지체하는 채무 자를 보호할 필요가 없기 때문이다.

참조사항

- 관련 법규 : 민법 제379조, 상법 제54조
- 이자 : 금전 기타의 대체물의 사용의 대가로서 원본액과 사용기간 에 비례하여 지급되는 금전 기타의 대체물로서, 당사자 사이에 특 약이 있거나(약정이자), 법률의 규정이 있는 때(법정이자) 발생한다.

28. 채권담보제도

– 채권을 확보하는 여러 가지 방법

❑ 채권담보제도

채무자의 일반재산은 모든 채권자가 그것으로부터 평등한 지위에서 각각의 채권액에 비례하여 변제를 받을 뿐만 아니라, 그것 자체가 수시로 증감 변경이 가능한 것이기 때문에 채무자의 일반재산만으로 특정의 채권을 담보한다는 것이 극히 불충분하고도 불안전하다. 여기서 채무자의 일반재산보다도 강력한 변제수단을 확보할 필요가 있는데, 이 필요에 의한 제도가 채권담보제도이다.

❑ 인적담보와 물적담보

채권을 확보하는 방법은 크게 인적담보제도와 물적담보제도로 나눌 수 있다. 전자는 채권자가 채무자 이외의 자의 일반재산으로부터 변제를 받을 수 있는 것으로 보증채무와 연대채무가 그 주요한 것이다.

후자는 채무자 또는 제3자의 일정한 재산에 의하여 우선적으로 변제받는 것을 인정하는 것으로서 유치권·질권·저당권과 같이 제한물권의 법리에 의한 것, 양도담보·가등기담보와 같이 소유권이전의 법리에 의한 것과, 기타 환매·전세권과 같이 실질적으로 물적담보제도로 이용되는 경우가 있다. 인적담보제도는 담보하는 자의 불특정한 일반재산 상태에 의하여 좌우되기 때문에 담보로서의 효력이 불확실한데 반하여, 물적담보제도는 담보목적물의 객관적 가치에 의하여 담보되는 것이므로 채권자의 지위를 안전하고도 확실하게 한다. 여기서는 유치권과 질권에 관하여만 간략히 설명한다.

❑ 유치권

유치권은 예컨대, 시계를 수선한 자가 수선료를 지급받을 때까지 그 시계의 인도를 거절할 수 있는 것과 같이, 타인의 물건 또는 유가증권을 점유한 자가 그 물건이나 유가증권에 관하여 생긴 채권을 가지는 경우에 그 채권의 변제를 받을 때까지 그 물건 또는 유가증권을 유치할 수 있는 권리를 말하는 것이다.

유치권은 당사자의 특약 없이도 일정한 조건만 갖추면 법률상 당연히 발생하나, 점유가 부적법한 상태라든지 유치권 배제의 특약이 있는 경우는 유치권이 발생하지 않는다. 그러므로 임차인이 임차한 건물에 유익비나 필요비를 지급할 경우, 그 지급채권을 확보하기 위하여는 과연 유치권 배제약정유무(임대차 종료시 건물 등을 원상복구하여 또는 아무런 조건 없이 임대인에게 반환키로 한 경우는 판례상 유치권 배제약정이 있는 것으로 해석된다) 등을 사전에 확인하여야 한다. 한편 점유를 상실하면 점유가 유치권의 성립 및 존속요건이므로 유치권도 상실되는 점에 유의하여야 한다.

❑ 질권

질권은 채권자가 그 채권의 담보로서 채무자 또는 제3자로부터 받은 물건 또는 재산권을 채무의 변제가 있을 때까지 유치하면서 목적물로부터 우선 변제를 받을 수 있는 권리이다. 이에는 동산질·권리질이 있고, 전세권에도 우선변제권이 인정되므로 부동산질로서 작용을 한다고 할 수 있다.

참조사항

● 채권 : 특정인(채권자)이 다른 특정인(채무자)에 대하여 일정한 급부(작위 또는 부작위)를 청구하는 것을 내용으로 하는 권리. 대표적 채권 발생원인으로는 계약·사무관리·부당이득·불법행위가 있다.

29. 저당권

– 저당권의 종류와 그 효과

❏ 저당권의 뜻

저당권은 채권자가 채무자 또는 제3자가 채무의 담보로 제공한 부동산을 질권과 같이 담보제공자로부터 점유를 빼앗지 아니 하고, 그 사용수익에 맡겨 놓고서 채무의 변제가 없는 경우에 그 부동산의 가액으로부터 우선적 변제를 받을 수 있는 담보물권이다.

❏ 저당권자의 지위

저당권자는 일반채권자나 후순위 저당권자보다 저당목적물로부터 우선변제받을 수 있음은 물론이다. 현행법상 전세권자에게도 우선변제권이 인정되므로 담보권실행을 위한 경매·강제경매의 구별없이 저당권자와 전세권자의 우선순위는 등기 선후에 의해 결정된다.

조세채권(국세, 지방세)과 저당권, 전세권, 주택·상가임대차(대항요건과 확정일자를 갖춘 경우)의 선후는 조세채권의 법정기일과 저당권 등의 설정등기일 또는 확정일자의 선후에 의하여 정해진다.

한편 목적물에 유치권자가 있을 경우는 그에게도 실질적으로 우선변제권이 인정되며, 매수인은 유치권자에게 유치권으로 담보된 채권을 변제하지 아니하면 경매의 목적물을 수취할 수 없어 매수신고가격 결정시에 유치권으로 담보된 채권가액을 고려할 것이므로 유치권을 행사하고 있는 부동산에 저당권을 설정할 때에는 이 점을 고려하여야 한다.

❏ 공동저당

한편 저당목적물의 가액이 피담보채권에 미달하는 때에 동일한 채권의 담보로서 수개의 부동산 위에 저당권을 설정하는 경우가 있는데, 이를 공동저당이라고 한다. 물론 이 경우 저당권은 각 부동산마다 1개의 저당권이 인정되나, 각 부동산의 소유자, 후순위 저당권자 등과의 관계에서 그들의 지위를 보호하기 위하여 각 저당목적물에 대한 채무부담의 안분에 관한 규정을 두고 있다.

❏ 근저당권

계속적인 거래관계로부터 발생하는 다수의 불특정 채권을 장래의 결산기에 일정한 한도까지 담보하려는 경우 근저당권을 설정하게 된다. 이때 담보될 채권의 최고액은 반드시 등기를 하여야 하는데, 위 담보채권에는 원본·이자·위약금·지연배상금(통상의 저당권과는 달리 원본의 이행기일을 경과한 후의 1년분의 지연배상에 국한되지 아니 한다) 등이 포함되고, 이들 채권은 근저당권에 의하여 우선변제받을 수 있다.

나아가 채권발생의 기초가 되는 계속적인 거래계약에 의하여 발생하는 채권뿐만 아니라, 당사자 사이에서 발생하는 현재 및 장래의 일체의 채권을 일정 한도액까지 담보하는 소위 포괄근저당권이 있는데, 당사자 상호간의 합의가 있는 한 이 포괄근저당의 약정도 유효한 것이다.

참조사항

- 관련 법규 : 민법 제356조 등
- 우선변제권 : 담보물권 실행의 경우에 채무의 담보로 제공한 물건에 대하여 다른 채권자보다 우선적으로 변제를 받는 담보물권자의 권리

30. 근저당

❑ 근저당의 뜻

근저당이란 당좌대월계약, 상호계산계약 등과 같은 계속적 거래관계에서 생기는 수많은 채무를 그때마다 저당권을 설정하는 번거로움을 피하기 위하여 장래의 결산기에 있어서 일정한 한도액까지 담보하려고 하는 저당권이다. 따라서 근저당은 피담보채권이 장래 증감변동하는 것을 예정하고 있으며, 채권의 결산기에 있어서의 총액을 일정한 한도까지 담보하는 점에 그 특질이 있는데, 채권이 존재하지 않더라도 근저당권의 존재는 인정된다.

❑ 근저당의 설정

근저당도 일종의 저당권이므로 당사자의 합의에 의하여 성립하며 등기함으로써 그 효력이 발생한다. 다만 계약과 동시에 당좌대월계약 등이 함께 행하여지는 것이 보통이며, 등기에는 근저당이라는 취지와 담보하는 채권의 최고액을 명시하여야 한다. 담보하는 채권의 최고액에는 피담보채권의 이자를 포함한다.

❑ 근저당의 효력

(1) 피담보채권의 범위

피담보채권의 범위는 근저당계약에 정한 최고액을 한도로 하여 그 결산기에 현실적으로 존재하는 채권액의 전부에 미친다. 이때 채무의 이자는 최고액에 산입한 것으로 간주되므로 원본과 이자를 합한 것이 최고액을 넘으면 그 초과부분은 담보되지 못한다.

(2) 근저당을 실행할 수 있는 시기

근저당을 실행할 수 있는 시기는 피담보채권이 확정되고, 그 채권의 변제기가 도래한 때이다. 이 확정시기까지 채권이 소멸되거나 이전되더라도 근저당에 아무런 영향을 미치지 않는다.

❏ 근저당의 소멸

근저당은 피담보채권이 소멸하더라도 그에 의해서 소멸되지 아니하고, 피담보채권의 발생가능성이 확정적으로 없게 된 때에 비로소 근저당권이 소멸한다. 또한 근저당권의 기간을 약정하지 아니 한 때에는 당사자는 상당한 기간을 정하여 해지의 통고를 할 수 있으며, 이러한 기간의 만료로 근저당은 소멸한다고 보아야 할 것이다.

참조사항

- 관련 법규 : 민법 제357조
- 당좌대월계약 : 당좌계정 거래에 수반하여 체결되는 계약으로서, 특정 은행과 당좌계정을 갖고 있는 거래처가 그 특정 은행에 대하여 갖고 있는 당좌예금 잔고를 초과하여 수표를 발행한 경우에, 그 은행은 일정한 한도까지 그 수표의 지급을 약정하고 지급금액은 후에 보상하기로 약정하는 계약

31. 가등기담보제도

– 소액 채무 때문에 고액 부동산을 잃는 일이 없도록

❏ 가등기담보 등에 관한 법률

우리가 돈을 빌려 쓰고자 할 때 돈을 빌려주는 사람은 만일 돈을 갚지 못하면 채무자의 부동산을 넘겨받기로 약속하고 이를 가등기해 두는 일이 많다. 그런데 종래 채무원리금보다 훨씬 고가인 가등기 부동산을 사채업자들이 제소전 화해를 이용하여 이전등기를 해 버려 소액채무를 변제하지 못하였다는 이유로 고액 부동산을 잃어버리는 폐단이 있었다. 이런 폐단을 방지하기 위해 1983년 '가등기담보 등에 관한 법률'을 제정하여 채권자가 가등기된 채무자의 부동산을 넘겨받지 못하게 규정하여 선의의 채무자를 보호하게 되었다. 즉 채무원리금 보다 부동산의 계약 당시의 평가액이 더 많을 경우 담보를 목적으로 설정된 가등기를 '담보가등기'(담보할 목적으로 소유권이전등기를 한 경우에는 담보가등기와 동일)라고 규정하여 합리적으로 규제하고 있다.

❏ 담보권의 내용과 그 실행방법

가등기담보 등에 관한 법률에서는 채권자가 채권담보의 목적으로 가등기만을 경료한 경우(가등기담보)와 소유권이전등기를 경료한 경우(양도담보)의 둘을 예정하고 이를 규율하고 있다.

⑴ 가등기담보의 경우
① 저당권자와 유사한 지위
　가등기담보권의 실행에는 '권리취득에 의한 실행'과 '경매에 의한 실행'으로 나눌 수 있는데 특히 후자에 있어서 가등기담보권자는 목적

부동산의 경매를 청구할 수 있고, 이 경우 가등기담보권을 저당권으로 본다(가등기담보등에관한법률 제12조 제1항).

② 권리취득에 의한 실행

비전형담보의 사적 실행에 따른 청산방식은 채권자가 목적물의 가액에서 채권액을 공제한 나머지를 반환하고 그 목적물의 소유권을 취득하는 형태인 '귀속청산'과, 제3자에게 목적물을 처분하여 그 환가대금에서 자기채권의 만족을 취하는 '처분청산'의 두 가지 방식이 있다. 그러므로 가등기담보권자는 귀속청산과 처분청산 중 어느 방법에 의할 것인지를 선택할 수 있다(대판 1988.12.20. 87다카 2685). 다만 여기서의 처분청산은 경매를 통한 공적실행의 처분청산을 의미하며 사적실행으로서의 처분청산(담보권자가 임의로 매각하는 등의 방법으로 처분하여 대금으로부터 우선변제 받는 것)을 의미하는 것은 아니라는 것이 통설이다. 동법에서는 이 중 귀속청산의 방식만을 인정하고 있다.

(2) 양도담보의 경우

양도담보의 경우 담보권의 내용과 그 실행방법에 관하여 가등기담보 등에 관한 법률은 제4조 제2항의 규정만을 두고 있다. 즉 '채권자는 담보부동산에 관하여 이미 소유권이전등기가 경료된 경우에는 청산기간 경과 후 청산금을 채무자 등에게 지급한 때에 목적부동산의 소유권을 취득한다'는 내용만을 두고 있다. 그러므로 권리취득에 의한 실행에 관한 가등기담보권의 규정은 양도담보에도 그 적용이 있다고 할 것이다.

❑ 담보권의 실행절차

① 채권자가 담보권을 실행하여 담보부동산의 소유권을 취득하려면 부동산의 값에서 채권액(이자 포함)을 공제한 청산금을 계산하여 미리 채무자에게 통지하여야 할 뿐만 아니라, 통지 후 최소한 2개월의 청산기간이 경과하여야 한다. 청산금이 없다고 인정되는 때에는 그 뜻을 통지하여야 한다.

② 통지 후 2개월이 지났다 하더라도 청산금이 채무자에게 지급되어야만 동시에 채무자의 재산은 채권자에게 확정적으로 넘어갈 수 있고, 가등기는 본등기로 넘겨질 수 있다.

③ 위 통지를 받은 채무자는 채권자로부터 청산금 지급을 받을 때까지는 채무액과 이자 등을 지급하고 채권자 앞으로 넘어간 소유권 이전등기의 말소를 청구하여 재산을 도로 찾아올 수도 있다. 다만 변제기 후 10년이 지나면 소유권을 도로 찾을 수 없다.

④ 채무자가 받을 청산금에 대하여 다른 저당권자나 권리자가 지급을 요구하는 경우에는 채권자는 채무자에게 지급하기 전에 이를 지급하여야 한다. 만일 채권자가 청산기간의 경과 전에 채무자에게 청산금을 지급한 경우에는 이로써 위 권리자들에게 대항할 수 없다.

❑ 후순위권리자와 채무자 등의 지위

① 후순위권리자의 지위

담보가등기 후에 등기된 저당권자·전세권자 및 가등기담보권자를 후순위권리자라 한다.

후순위권리자는 그 순위에 따라 채무자 등이 지급받을 청산금에 대하여 청산금지급시까지 그 권리를 행사할 수 있고, 채권자는 후순위권리자의 요구가 있는 때에는 이를 지급하여야 한다(동법 제5조 제1항).

② 후순위권리자의 보호

채권자는 청산금의 내역을 후순위권리자에게도 통지하여야 하며, 채무자가 청산기간의 경과 전에 청산금에 관한 권리를 양도 기타 처분하거나, 채권자가 청산기간의 경과 전 또는 후순위권리자에게 통지하지 않고 청산금을 지급하더라도, 이로써 후순위권리자에게 대항하지 못한다(동법 제7조).

청산금의 금액에 관해 후순위권리자는 다툴 수 없으나 그 평가액에 불만이 있는 경우에는 청산기간 내에 한하여 그 피담보채권의 변제기 도래 전이라도 목적부동산의 경매를 청구할 수 있고, 이 경우 담보권자는 그 경매에 참여해서 자기채권의 우선변제를 받아야 한다(가등기에 기한 본등기를 청구하는 등의 권리취득방법을 취할 수는 없다. 동법 제14조).

③ 채무자 등의 지위

채무자 등은 청산금채권을 변제받을 때까지 그 채무액을 채권자에게 지급하고 그 채권담보의 목적으로 경료된 소유권이전등기의 말소를 청구할 수 있다.

❑ 경매절차 등에 있어서의 특칙

① 담보가등기가 되어 있는 토지나 건물에 대하여 경매가 시작되면 법원은 가등기권리자인 채권자에게 채권내용과 금액 등을 신고하도록 촉구하여야 한다.

② 채권자는 위와 같은 채권신고를 하여야만 매각대금에서 배당이나 변제금의 교부를 받을 수 있다.

③ 가등기권리자는 경매절차에서 이해관계인으로 본다.

④ 채무자 회생 및 파산에 관한 법률·국세기본법·국세징수법·지방세법 등을 적용함에 있어서는 담보가등기권리를 저당권으로 보아 저당권자와 마찬가지로 취급한다.

❑ 기타

「가등기담보 등에 관한 법률」은 1984년 1월 1일부터 시행되었기 때문에 그 이전에 성립한 담보 가등기에 대하여는 그 적용이 없다.

참조사항

- 관련 법규 : 민법 제608조 등, 가등기담보 등에 관한 법률
- 가등기담보 : 채권담보를 위하여 채권자와 채무자(또는 제3자) 사이에서 채무자(또는 제3자) 소유의 부동산을 목적물로 하는 대물변제예약 또는 매매예약 등을 하고, 동시에 채무자의 채무불이행이 있는 경우에 발생하게 될 장래의 소유권이전등기 청구권을 보전하기 위한 가등기를 하는 변칙담보. 이는 양도담보와 더불어 소유권이전의 형식을 취하는 담보방법이다.

❏ 명의신탁의 뜻

명의신탁이란 대내적 관계에서는 신탁자가 소유권을 보유하여 이를 관리·수익하면서 공부상의 소유명의만을 수탁자로 하여 두는 것을 말한다. 부동산 실권리자명의 등기에 관한 법률(1995.3.30 법4944호)이 제정되기 전에는 확고한 판례로서 정립되어 있었으나, 부동산 실권리자명의 등기에 관한 법률(이하 부동산실명법)에 의해 원칙적으로 당사자간의 명의신탁약정은 무효로 보게 된다.

부동산실명법에 의하면 부동산 등기는 원칙적으로 실권리자 외의 타인 명의로 등기하는 것을 금지하며, 타인명의로 등기한 경우 물권변동의 법적 효력이 상실되고 타인과의 명의신탁약정의 효력도 상실된다.

❏ 명의신탁약정의 범위

부동산실명법의 적용을 받는 명의신탁약정에는 본등기뿐만 아니라 가등기도 포함된다. 즉, 타인명의를 빌려 가등기를 하는 경우에도 타인명의를 빌려 본등기를 하는 경우와 동일한 벌칙과 과징금이 적용되는 것이다. 또한 재산의 관리를 위임한다는 약정을 하고서 권리를 이전하는 형식을 취한다 할지라도 신탁법상의 신탁임을 등기부에 기재하지 않는 경우에는 그 위임약정을 명의신탁약정으로 본다.

❏ 명의신탁약정 대상에서 제외되는 경우

① 채무의 변제를 담보하기 위하여 채권자가 부동산에 관한 물권을 이전 받거나 가등기하는 경우 양도담보나 담보목적의 가등기를 하는 경우

인데 이는 일반적인 명의신탁과는 달리 등기부상 실권리자가 나타나서 악용의 소지가 거의 없으므로 명의신탁약정 대상에서 제외하는 것이다.

② 부동산의 위치와 면적을 특정하여 2인 이상이 구분소유하기로 하는 약정을 하고 구분소유자의 공유로 등기하는 경우

이 경우에도 위법성이 없다고 할 수 있으므로 부동산실명법 규제대상에서 제외한다.

③ 신탁법 또는 신탁업법에 의한 신탁재산인 사실을 등기한 경우

④ 종중의 보유토지를 타인명의로 등기한 경우와 배우자 명의로 부동산에 관한 물권을 등기한 경우

이경우에도 조세포탈이나 강제집행의 면탈 또는 법령상 제한의 회피를 목적으로 하는 경우를 제외하고는 명의신탁에 따른 불이익이 배제된다.

❏ 명의신탁약정의 효력

명의신탁약정은 물권변동의 효력이 없으나 수탁자가 임의로 제3자에게 매각을 한 경우, 제3자는 유효하게 소유권을 취득하게 된다. 이는 등기부를 신뢰한 제3자의 신뢰를 보호하는 것으로 다만, 수탁자는 신탁자에게 부당이득반환책임을 진다.

☐ 명의신탁약정에 의한 등기의 효력

(1) 중간생략형 명의신탁(등기명의신탁)

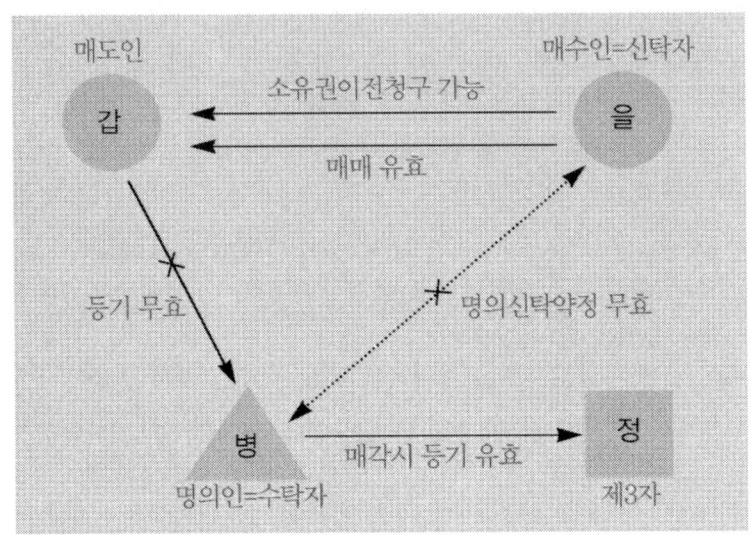

갑이 자신의 부동산을 을에게 매도하면서 을과 병사이의 명의신탁약정에 의해 병명의로 소유권을 이전해 주는 명의신탁의 경우이다. 이 경우 각각의 효력을 살펴보면

① 갑 → 병으로의 등기는 효력이 없다. 소유권은 여전히 갑에게 있는 것이다.

② 을이 자기 소유로 등기이전을 원하는 경우에는 갑을 대위하여 병명의의 등기를 말소청구할 수 있으며 동시에 갑에게 소유권이전등기를 청구하는 것도 가능하다.

③ 제3자 정이 소유권을 취득한 경우 정의 선의·악의를 불문하고 정은 적법하고 유효한 소유권을 취득하게 된다.

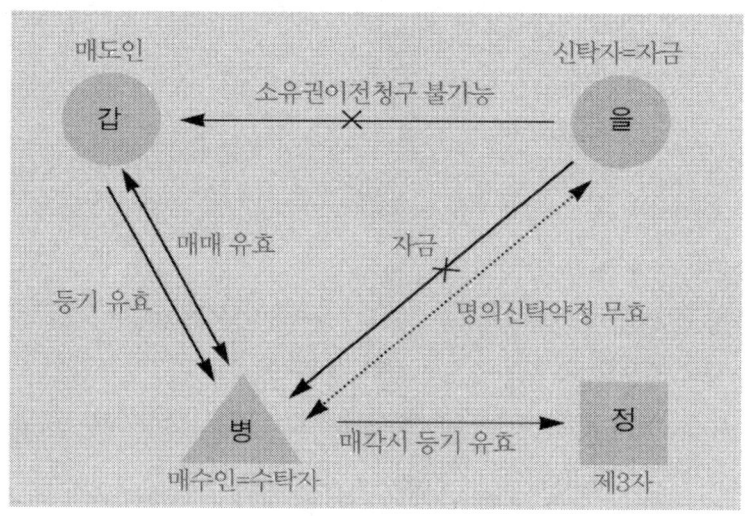

(2) 위임형 명의신탁(계약명의신탁)

실제로 부동산의 매수대금은 을이 부담하면서 을과 병의 명의신탁약정에 따라 그 등기명의를 병으로 하는 경우로서 그 효력을 살펴보면,

① 갑 → 병으로의 등기이전은 유효하다(다만 갑이 배후에 신탁자 을이 있다는 사실을 안 경우에는 무효가 된다). 그러므로 을은 자기 앞으로 등기이전이 불가능하다. 다만 을은 병에 대하여 부당이득반환청구권을 갖게 된다. 그 내용은 금전(매매대금에 대한 이득)이라고 보아야 한다. (부동산실명법 시행 이후)

② 갑 → 병의 등기이전이 유효하므로 병 → 정으로의 등기이전도 정의 선의·악의를 불문하고 유효하게 된다.

참조사항

● 신 탁 : 신탁설정자(위탁자)와 신탁을 인수하는 자(수탁자)와의 특별한 신임관계에 기하여 위탁자가 특정의 재산권을 수탁자에게 이전하거나 기타의 처분을 하고 수탁자로 하여금 일정한 자(수익자)의 이익을 위하여 그 재산을 관리·처분하게 하는 법률관계(신탁법 제1조 제2항)

33. 채권자지체

❑ 채권자의 채무 수령지체

채무의 이행에 있어서 채권자의 협력, 특히 그의 수령을 요하는 경우에 채무자의 채무의 내용에 좋은 이행의 제공이 있음에도 불구하고 채권자가 그것을 수령하지 않거나 그 밖의 필요한 협력을 하지 않는 것을 채권자지체 또는 수령지체라고 한다.

❑ 채권자지체의 요건

① 채권의 성질상 이행에 있어서 채권자의 협력을 요하는 것이어야 하고,
② 채무의 내용에 좋은 이행의 제공이 있어야 하며,
③ 채권자가 수령을 거부하거나 그 수령이 불가능해야 하고,
④ 채권자의 수령거부 또는 수령불능이 위법한 것이어야 하며,
⑤ 채권자의 수령거부 또는 수령불능이 채권자의 귀책사유에 기인하여야 한다.

❑ 채권자지체로 인한 손해의 배상을 청구할 수 있다.

채무자는 채권자지체로 인한 손해의 배상을 청구할 수 있으며, 채무자는 수령이 가능한 때에는 상당한 기간을 정하여 수령을 최고하고, 그 기간 안에 수령하지 않으면 계약을 해제할 수 있다. 그러나 정기행위에 있어서는 최고 없이 해제할 수 있다. 채권자지체 중에 채무자의 주의의무는 경감되며, 고의 또는 중대한 과실에 대해서만 책임을 진다. 채권자지체 중에는 채권이 이자있는 것이라도 채무자는 그 이자를 지급할 의무가 없다. 채권자지체로 인하여 목적물의 보관 또는 변제의 비용이 증가된 때에는

채무자는 그 증가액을 채권자에게 청구할 수 있다. 민법은 쌍무계약의 위험부담에 관하여 이른바 채무자부담주의를 원칙으로 하고 있으나, 채권자에게 책임있는 사유로 이행불능이 된 때, 또는 채권자지체 후 쌍방의 책임없는 사유로 이행불능이 된 때에는 채권자가 위험을 부담하는 것으로 하고 있다.

☐ 종 료

채무의 면제 · 변제의 수령 · 공탁 등으로 채권이 소멸하면 채권자지체도 소멸한다. 또한 채무자가 채권자에 대해 지체를 면제한 때에는 지체는 종료한다. 채무의 면제를 채권자의 일방적 의사표시로 하는 것과 마찬가지로 이 지체의 면제도 채무자의 일방적 의사표시로 할 수 있다. 채권자지체 후에는 채무자의 주의의무가 경감되나, 이때에도 채무자의 귀책사유로 이행불능이 되면 지체는 종료된다. 채권자가 수령에 필요한 지체를 하고 또한 지체 중의 모든 효과를 승인하여 수령의 의사표시를 한 때에는 채권자지체는 종료한다.

참조사항

- 관련 법규 : 민법 제400조 이하
- 정기행위 : 계약의 성질 또는 당사자의 의사표시에 의하여 일정한 기일 또는 일정한 기간 내에 이행하지 않으면 계약을 한 목적을 달성할 수 없는 것(민법 제545조)

34. 채권자대위권

– 채권자가 채권보전을 위해 채무자의 권리를 대신 행사할 수 있는 권리

❑ 채권자대위권의 뜻

채권자대위권이란 채권자가 자기의 채권을 보전하기 위하여 채무자에 대신해서 자기의 명의로 채무자의 권리를 행사할 수 있는권리를 말한다. 예컨대 자력이 없는 채무자가 제3자(즉 제3채무자)에 대하여 채권을 가지고 있음에도 불구하고 이를 행사하지 않고 있는 경우에 채무자의 금전채권자가 이 채무자의 권리를 행사하고 채무자에 갈음하여 제3자로부터 그 급부를 추심해서 이를 채무자의 일반재산에 보태는 것이 채권자대위권 행사의 전형적인 사례이다.

❑ 채권자취소권과의 차이

채권은 채무자의 일반재산을 가지고 일반적 책임으로 하므로 채권의 효력을 확보하기 위하여는 채무자의 일반재산이 감소하는 것을 방지하는 권능을 채권자에게 부여하지 않으면 안 되는데, 이를 위하여 채권자대위권 이외에도 채권자취소권이 인정되고 있다. 그러나 채권자취소권은 채무자가 그 일반재산을 적극적으로 감소하는 행위를 저지하려는 것인데 반하여, 채권자대위권은 채무자가 그 일반재산의 감소를 소극적으로 방치하는 경우에 이를 방지하려는 것인 점에서 구별된다.

❑ 채권자대위권을 행사할 수 있으려면

① 채권자가 채무자의 권리를 행사하지 않으면 자기의 채권의 완전한 만족을 얻지 못하게 될 위험 즉 보전의 필요가 있어야 하며,

② 채무자가 스스로 그의 권리를 행사하지 않고 있어야 하는데, 이 때 행

사하지 않고 있는 이유는 묻지 않으며, 채무자가 그 권리를 행사하고 있는 한 그 방법이 채권자에게 불리한 경우에도 채권자는 대위권을 행사할 수 없으며,

③ 재판상대위 및 보존행위의 대위 이외에는 채권자의 채권이 이행기에 있어야 한다.

대위권의 객체가 될 수 있는 것은 공동담보의 보전에 적합한 채무자의 권리이면 충분하다. 따라서 이에 적합하지 않는 채무자의 일신에 전속하는 권리나 압류가 금지되는 권리는 대위의 객체에서 제외된다.

□ 대위권의 행사

채권자대위권을 행사하는 경우에 채권자는 자기의 명의로 채무자의 권리를 행사하는 것이고 대리인으로 되는 것은 아니다. 그러므로 채무자의 동의는 필요로 하지 않으나, 채권자는 대위권 행사의 통지를 하지 않으면 안 된다. 또한 채권자취소권과는 달리 반드시 재판상의 행사를 요하지도 않으며, 대위권의 행사로서 상대방에 대하여 물건의 인도를 청구하

는 경우에 채권자는 채무자에게 인도할 것을 청구할 수 있음은 물론, 직접 자기에게 인도할 것을 청구할 수도 있다.

대위권 행사 사실이 채무자에게 재판상 고지되거나 채권자가 이를 채무자에게 통지한 때에는 채무자는 이후 그 권리에 관해서 처분행위를 하지 못하며, 통지 받은 후의 채무자의 처분행위는 그 효력이 없다.

또한 채권자가 대위권의 행사로서 한 소송에 의하여 얻은 판결의 기판력은 채무자가 채권자대위권에 의한 소송이 제기된 사실을 알았을 경우에는 채무자에게 미친다고 본다.

대위권행사에 의하여 얻은 결과는 직접으로 채무자에게 귀속하며, 이는 채권자가 직접 자기에게 인도하게 한 때에도 동일하다. 다만 예외적으로 채권자가 대위수령을 한 목적물이 그의 채권과 동종이며 상계적상에 있는 때에는 상계함으로써 우선변제를 받는 것과 동일한 효과를 거둘 수 있다.

참조사항

- 관련 법규 : 민법 제404조
- 채권자취소권 : 채권자를 해함을 알고 행한 채무자의 법률행위에 대해 그 취소 및 원상회복을 법원에 청구할 수 있는 채권자의 권리(민법 제406조 제1항)

35. 부진정연대채무

– 채무자 사이에 구상관계가 생기지 않는 연대채무

□ 부진정연대채무의 뜻

수인의 채무자가 동일 내용의 급부에 관하여 각각 독립하여 전부의 이행을 할 채무를 부담하고, 그 중 1인의 채무이행에 의하여 다른 채무자의 채무도 소멸하는 다수 당사자의 채권관계를 부진정연대채무라고 한다. 수인의 채무자가 동일한 급부에 관하여 전부의 이행을 해야 하는 의무가 있고, 또 1인의 채무자가 이행하면 모든 채무자의 채무가 소멸하는 것은 연대채무와 동일하나, 채무자의 1인에게 생긴 사유가 다른 채무자에 효력이 미치지 않는 것 및 채무자의 내부관계에서 구상관계가 생기지 아니하는 것의 두 가지 점에서 연대채무와 구별된다. 부진정연대채무는 수인이 우연히 동일한 급부를 목적으로 하는 채무를 부담하는데 그치고, 각 채무자 상호간에 공동목적을 위하여 협력할 의무는 없으며, 따라서 그 상호간에 부담부분이라는 것이 없다. 민법은 부진정연대채무에 관한 규정을 두고 있지 않지만, 민법의 규정으로 부진정연대채무가 발생하는 경우는 적지 않다.

□ 학설에 의해 인정된 부진정연대채무

민법은 부진정연대채무에 관한 명문규정을 두고 있지 않으나, 학자들은 다음과 같은 경우를 부진정연대채무라고 본다.

① 부주의로 임치물을 도난당한 수치인의 채무불이행으로 인한 배상의무와 절취자의 불법행위로 인한 배상의무

② 법인의 이사가 그 직무에 관하여 타인에게 손해를 준 경우에 있어 법인의 배상의무와 이사 개인의 배상의무

③ 피용자의 가해행위로 인한 사용자 또는 감독자의 배상의무와 피용자 자신의 배상의무

④ 책임무능력자의 가해행위로 인한 법정감독 의무자와 대리감독자의 배상의무

⑤ 동물의 가해행위로 인한 점유자와 보관자의 배상의무

이상과 같이 주로 동일한 손해를 수인이 각각 보상하여야 할 의무를 부담하는 경우에 부진정연대채무가 발생한다.

❑ 부진정연대채무의 효력

각 채무자에 대한 채권자의 권리는 독립한 것으로서 그 효력을 정하여야 한다. 이 점에 있어서는 연대채무자에 대한 채권자의 권리와 차이가 없다. 즉 채권자는 그 채무자의 1인에 대하여, 또는 동시에 혹은 순차로 모든 채무자에 대하여 전부 또는 일부의 이행을 청구할 수 있다. 채권자를 실질적으로 만족시키는 사유가 1인의 채무자에 관하여 생긴 때에는 절대적 효력을 가진다. 따라서 변제 · 대물변제 · 상계 · 공탁 등은 절대적 효력이 있다. 이 점은 연대채무의 경우와 같다. 부진정연대채무에 있어서도 수개의 채무는 동일한 목적을 갖고 하나의 채권이 만족되면 다른 채권도 목적을 달성하여 소멸하기 때문이다.

채권자를 만족케 하는 사유 이외의 것은 상대적 효력을 가지는데 그친다. 부진정연대채무자 상호간에는 아무런 주관적 관련이 없고, 각자 다만 자기가 관계하는 사실 때문에 책임을 지는데 그친다. 1인의 변제로 다른 자도 채무를 면하게 되는 것은 우연히 각자의 채무가 단일의 목적을 가졌기 때문인 것이다. 따라서 연대채무에 있어서와 같이 일정한 사유에 관하여 절대적 효력을 인정할 근거는 없다.

부진정연대채무자 상호간에 있어서는 보통 부담부분이라는 것이 없으므로 서로 구상권을 가지는 일이 드물다. 물론 부진정연대채무자 상호간에 특별한 법률관계가 있을 때, 예컨대 사용자 · 감독자와 피용자 등의 관계

가 있을 때에는 이에 기인하여 구상관계가 생기는 것이 보통이다. 또 이러한 관계가 없는 경우에도 각자가 부담하는 의무의 성질에 차이가 있기 때문에 어떤 채무자만이 종국의 책임자로 인정된 때에는 다른 채무자는 그 자에 대하여 구상권을 행사한 것과 동일한 결과를 가져올 경우도 적지 않다. 예컨대, 수치인이 배상한 때에는 불법행위자에 대한 임치인의 권리를 대위한다.

그러나 이러한 것은 공동면책을 위한 출재의 분담이라는 주관적 관련에 의한 것은 아니고, 우연히 그들 채무자 사이에 존재한 별개의 법률관계에 기인하는 것이므로 이는 연대채무에 있어서의 구상관계와는 그 성질을 달리하는 것이다.

❑ 실 례

A라는 사람이 횡단보도를 건너다가 B라는 운전기사가 몰고 가는 트럭에 부딪치어 상해를 입고 병원에 입원하게 되었고, B는 당시 C라는 사람에게 고용되어 그 사람의 업무로 자동차를 운전하다가 위와 같은 사고를 내었다. A는 위 부상으로 금 1천만원(치료비 · 수입손실 등)의 손해를 입었

으나 B라는 운전기사가 단칸 셋방에서 노모를 모시고 겨우 끼니를 이어 가고 있는 사실을 알고서 금 2백만원에 합의를 했다. 그런데 나중에 알고 보니 C에 대해서도 책임을 물을 수 있다는 말들이 있고, C는 충분한 재산을 가지고 있다고 한다. 과연 A는 C에 대하여 나머지 금 8백만원을 청구할 수 있는 것일까. 참고로 부담부분에 관하여 알아보면, 이 건에서 궁극적으로 B가 위 금 1천만원의 채무 전액의 부담을 지고, C는 부담부분이 없다.

위 사안을 연대채무의 입장에서 결론을 내면 A는 C에 대하여 한 푼도 청구할 수 없다. 그러나 부진정연대채무의 입장에서 결론을 내면 A는 C에 대하여 나머지 금 8백만원을 청구할 수 있는 것이다. 학자들과 판례는 위 사안과 같은 경우를 부진정연대채무로 해석하고 있으므로 A는 C에 대하여 위 금 8백만원을 청구할 수 있는 것이다.

따라서 우리는 부진정연대채무란 연대채무보다 채권자에게 더 유리하고 채무자에게는 더 불리한 제도라는 것을 알 수 있을 것이다. 다시 말해서 채권의 효력이 더 강력한 것이다.

참조사항

- 연대채무 : 수인의 채무자가 각각 독립하여 채무 전부를 이행할 의무가 있고, 채무자 1인이 전부의 급부를 하면 다른 채무자의 채무도 소멸하는 다수 당사자의 채무(민법 제413조)

36. 연대보증

― 최고·검색의 항변권이 없는 보증채무

❏ 연대보증의 뜻

연대보증이란 보증인이 주채무자와 연대하여 채무를 부담함으로써 주채무의 이행을 담보하는 보증채무를 말한다. 다시 말하면 주채무와 보증채무가 연대관계에서는 다수 당사자의 채무관계이다. 주채무의 이행의 담보를 목적으로 함은 보통의 보증채무와 같으나 채권자의 권리가 특히 강력하다.

❏ 연대보증의 특징

연대보증은 주채무자와 연대하여 채무를 부담하는 결과 연대보증에 있어서는 보충성이 없다. 따라서 보충성을 가지는 보통의 보증에서 볼 수 있는 것과 같은 보증인의 최고·검색의 항변권은 연대보증인에게는 인정되지 않는다. 따라서 보증인으로서의 지위는 극히 불리하며, 그 반면 채권자의 지위는 매우 강력하게 된다. 1개의 주채무를 위하여 수인의 연대보증인이 있는 경우에 수인의 연대보증인 사이에 있어서는 공동보증의 경우와 같은 분별의 이익이 없고, 각각 주채무의 전액을 부담하게 된다.

이는 수인의 보증인 사이에 연대의 특약이 있는 보증연대의 경우와 비슷하나, 보증연대는 채권자에 대한 관계에 있어서는 보통의 보증이며 보충성을 가지는 점에서 양자는 서로 다르다.

위에 적은 두 가지 점을 제외하고는 연대보증도 보증채무의 일종이므로 보증채무로서의 성질을 모두 가지고 있다. 즉 부종성이 있다. 따라서 주채무가 무효·취소로 존재하지 않게 되면 연대보증인은 책임을 면한다.

또한 주채무가 소멸하면 그 이유가 무엇이든 이를 묻지 않고 연대보증채무도 소멸한다. 연대보증채무의 목적·범위·태양은 주채무의 그것보다 중할 수 없다.

□ 연대보증채무의 성립

연대보증채무는 보증인이 주채무자와 연대하여 보증할 것을 채권자와의 사이에서 맺어지는 보증계약에 의하여 성립한다. 그러나 법률의 규정으로 성립하는 경우도 있다. 즉 주채무가 주채무자의 상행위로 생긴 때 또는 보증이 상행위인 때에는 주채무자와 보증인이 각각 별개의 행위로 채무를 부담하였더라도 그 보증채무는 언제나 연대보증이 된다. 그리고 보증인은 사전에 또는 사후에 최고·검색의 항변권을 포기할 수 있다고 하였는데, 이 때는 결국 연대보증이 성립하는 것으로 됨을 유의하여야 한다.

□ 연대보증의 효력

채권자가 연대보증인에 대하여 가지는 권리는 연대채무자에 대한 권리와 다름이 없다. 위에서 설명한 바와 같이 연대보증에는 보충성이 없으므로 연대보증인은 채권자의 청구에 대하여 최고의 항변권 및 검색의 항변권을 가지지 않는다. 그러나 연대보증도 보증채무의 일종이므로 연대보증인은 보증채무의 부종성에 기인한 권리를 가지게 된다. 즉 연대보증인은 보통의 보증인과 마찬가지로 주채무자가 채권자에 대하여 가지는 항변권을 주장할 수 있다.

연대보증도 그 본질은 보증이므로 주채무자 또는 연대보증인에 관하여 생긴 사유의 효력은 보통의 보증채무에 있어서와 같다.

주채무자에 관하여 생긴 사유는 모두 그 효력이 연대보증인에게 미친다. 그것은 연대보증채무도 또한 부종성을 가진다는 점에 있어서 보통의 보증과 다를 바가 없기 때문이다. 따라서 연대보증채무도 주채무가 변경되면 그에 따라 그 내용을 변경하고, 주채무의 소멸은 그 원인이 무엇이든 이를 묻지 않고 언제나 연대보증채무도 소멸시킨다. 또 주채무자에 관하여 시효중단의 사유가 생긴 때에는 연대채무의 규정에 의하지 않고, 보증채무의 규정에 의하여 연대보증인에게 대하여도 절대적 효력을 일으킨다고 하여야 할 것이다.

연대보증인에 관하여 생긴 사유의 효력에 관하여도 민법에 있어서는 보통의 보증의 경우와 다르지 않으며, 주채무를 소멸시켜서 채권의 목적을 달하는 사유를 제외하고는 주채무자에 대하여 영향을 미치지 않는다. 즉 연대보증인이 채권자에 대하여 변제 · 대물변제 · 경개 · 상계 등을 한 때에는 이러한 것은 모두 채권의 목적을 달하는 사유이므로 절대적 효력을 일으키지만, 그 이외의 사유는 모두 상대적 효력만을 일으키고, 따라서 주채무자에게는 영향을 미치지 않는다. 주채무자와 연대보증인과의 사이의 구상관계는 보통의 보증에 있어서와 같다.

참조사항

- 관련 법규 : 민법 제413조 이하 · 제428조 이하
- 최고의 항변권 : 주채무자가 이행능력이 있다는 사실과 그 집행이 용이하다는 것을 증명하여서 먼저 주채무자에게 이행을 최고할 수 있는 보증인의 항변권의 하나(민법 제437조 이하)
- 검색의 항변권 : 주채무자에게 변제자력이 있다는 사실과 그 집행이 용이한 것을 증명하여 먼저 주채무자의 재산에 대하여 집행할 것을 항변할 수 있는 보증인의 권리

❑ 계속적 보증의 뜻

계속적 보증(또는 근보증)이라 함은 일정한 계속적인 거래관계 내지 법률
관계, 예컨대 당좌대월계약 · 어음할인계약 · 계속적 물품공급계약 · 임대
차계약 · 고용계약 등에서 장차 발생하게 될 불특정 다수의 채무에 관하
여 행하여지는 보증을 말한다.

❑ 보증기간의 규제

이러한 형식의 보증계약에 있어서는 보증인이 부담해야 할 보증채무의
내용이 불확정하기 때문에 계속적 보증계약에 기간의 약정이 없는 경우
보증인의 지위가 불리하게 된다. 이러한 점에 대하여 보증인을 보호하기
위하여 「보증인보호를 위한 특별법」이 제정되었다.

❑ 신원보증

신원보증의 경우 사용자는 피용자가 업무상 부
적임하거나 불성실하여 이로 말미암아 신원보
증인의 책임을 발생케 할 염려가 있거나, 피용
자의 업무 또는 업무수행의 장소를 변경함으로
써 신원보증인의 책임을 가중 또는 그 감독이
곤란하게 될 때에는 지체없이 이를 신원보증인
에게 통지해야 한다. 신원보증인이 이러한 사
용자의 통지를 받았거나 또는 스스로 통지사유

가 되는 사실들을 안 때와 또 피용자의 고의 또는 과실있는 행위로 인하여 발생한 손해를 그가 배상한 때, 기타 계약의 기초되는 사정에 중대한 변화가 있는 때에는 신원보증계약을 해지할 수 있도록 되어 있다.

그리고 신원보증의 존속기간에 관하여도 기간을 정하지 않은 신원보증계약의 존속기간은 원칙적으로 2년이고, 신원보증계약기간을 정하고 있는 경우에는 2년을 넘지 못하며, 2년 이상의 기간을 정하고 있는 경우에는 2년으로 단축된다. 물론 이 경우 계약의 갱신은 허용되지만 그 기간 역시 갱신한 때로부터 2년을 넘지 못한다.

참조사항

● 보증인의 자격 : 채권자가 보증인을 지명한 경우 외에는 보증인으로 되는 자는 행위능력 및 변제자력이 있어야 하며, 변제자력이 없게 된 때에는 채권자는 보증인의 변경을 청구할 수 있다.

38. 신원보증책임

– 신원보증인은 어느 때, 어느 범위에서 책임지나

❏ 신원보증계약

신원보증계약이란 인수 · 보증 그 밖의 명칭 여하를 묻지 아니하고 피용자의 행위로 인하여 사용자가 받은 손해를 배상하는 것을 약정하는 계약으로서, 신원보증계약은 대개 사용자가 경제적으로 우월한 지위에서 일방적으로 결정한 계약내용에 따라 약정되는 것이므로 계약자유의 원칙의 예외를 낳게 되어 당사자 사이에 계약상의 불균형을 벗어나지 못하고 있다. 그리하여 신원보증제도의 사회적 기능을 해하지 않는 제도 안에서 신원보증책임을 경감함으로써 신원보증관계를 적절히 규율할 것을 목적으로 신원보증법을 제정한 것이다. 신원보증계약에 있어서 신원보증책임의 범위를 어디까지 인정할 것인가 하는 것이 중요한 문제이다.

즉, 신원보증인은 신원보증된 피용자의 행위로 사용자가 받은 손해를 배상할 의무를 부담하게 되나, 그 손해의 전부에 관하여 배상책임이 있는가의 문제이다. 이에 관하여 이 항 뒤에서 자세히 살펴보기로 한다.

❏ 신원보증책임

신원보증법의 입법취지 및 판례에 의하면 신원보증책임의 요건은

(1) 사용 · 피용관계가 존재할 것

여기서는 사용 · 피용의 관계는 민법상 고용계약에 의하여 성립하는 것이 보통이겠지만 반드시 이에 한하는 것은 아니며, 실질적으로 사용 · 피용의 종속관계가 있으면 충분하다. 또한 단순히 계속적 거래관계로부터 장래 생길 불확정한 채무를 보증하는 경우라든가, 채권자와 계약을 체결

함에 있어서 그 계약의 명칭을 신원보증이라 하였으나, 고용관계가 없는 경우에는 사용·피용의 종속관계를 인정할 수 없다.

(2) 신원보증인에게 귀책사유가 있을 것

신원보증인의 귀책사유란 신원보증된 피용자 신원본인의 고의·과실 또는 신의칙상 이와 동일시할 수 있는 사유를 말한다. 따라서 신원보증된 피용자의 고의·과실에 한하지 않으며, 신원보증된 피용자가 임의로 사용하고 있는 피용자의 고의·과실의 경우도 신의칙상 신원보증된 피용자의 고의·과실로 인정할 수 있으므로 신원보증책임을 인정할 수 있다. 그러나 고의·중과실로 인하여 발생한 손해만을 배상키로 하는 것과 같이 당사자의 특약으로 그 범위를 좁게 약정하는 것은 상관없다.

(3) 신원보증된 피용자 직무집행과 관련이 있을 것

신원보증책임이 발생하는 신원보증된 피용자의 행위는 신원보증계약의 해석에 따를 것이나, 당사자의 의사가 분명하지 않는 경우에 문제가 있다. 생각컨대, 신원보증된 피용자가 종사하는 업무의 종류와 내용은 신원보증책임을 예측하는 하나의 중요한 기준이므로 특별한 사정이 없는 한 신원보증된 피용자가 종사하는 업무와 아무런 관련이 없는 사유에 의하여 발생한 손해에 대하여는 보증책임을 인정할 수 없다고 하여야 한다.

(4) 사용자에게 손해를 주었을 것

신원보증책임은 어느 범위의 손해를 배상할 것인가가 문제된다. 이에 관하여는 신원보증계약에 관한 당사자의 의사표시의 해석에 의할 것이나, 그 손해는 신원보증기간 안에 발생한 것이어야 함은 물론이다.

□ 장래손해에 대한 책임부담원칙

만약 이미 고용되어 있는 피용자를 위하여 신원보증계약이 체결되는 경우에 그때까지 피용자의 부정행위 등에 의한 기존의 손해에 대해서도 신원보증책임이 발생하는가의 문제가 있으나, 기존의 손해도 배상한다는 특약이 없는 한 장래의 손해에 대해서만 책임을 부담한다고 새기는 것이 타당할 것이다.

□ 손해부담 산정시 참작사유

신원보증인은 신원본인에 관하여 발생한 사고로 인하여 사용자가 받은 손해를 배상할 의무를 부담하게 되나 그 손해의 전부에 관하여 배상책임이 있는 것인가의 문제가 있다. 신원보증계약은 그 특질에 기한 여러사정을 참작하여 책임의 범위를 타당한 선으로 제한해야 하는 것이 손해배상제도를 지도하는 공평의 원칙과 사회생활을 지배하는 협동의 정신에 부합한다. 그리하여 신원보증법 제6조도 신원보증책임의 범위에 일정한 제한을 명문으로 인정하고 있다.

즉 신원보증법 제6조는 신원보증책임과 그 금액을 산정함에 있어서 참작해야 할 사유로서, 피용자의 감독에 관한 사용자의 과실의 유무, 신원보증인이 신원보증을 하게 된 사유 및 이를 함에 있어서 주의를 한 정도, 피용자의 임무 또는 신원의 변화 등의 네 가지 중요한 사유를 들고 있으나, 이는 예시적인 것에 지나지 않고 널리 일체의 사정을 참작하여야 하며, 참작되어야 할 사유는 다음과 같다.

(1) 피용자의 감독에 관한 사용자의 과실

이는 주로 신원보증된 피용자가 횡령·소비 등의 부정행위에 관하여 문제로 되고 있는데, 이 경우 과실의 유무를 정하는 기준이 문제의 핵심이다. 이에 관하여는 당시의 여러 사정을 고려하여 이를 결정하여야 할 것이다. 판례에 나타난 예로는 장기간에 걸친 피용자의 부정행위를 발견·방지하지 못한 경우와 통지의무의 해태를 들고 있는데, 사용자에게 피용자에 대한 감독상의 과실이 있는 경우에도 신원보증책임이 경감될 수도 있고, 경우에 따라서는 부정될 수도 있다고 하겠다. 사용자는 피용자가 업무상 부적격자이거나 불성실한 행적이 있어 이로 말미암아 신원보증인의 책임을 야기할 염려가 있음을 안 때, 지체없이 신원보증인에게 통지하여야 한다(제4조①항).

사용자가 이러한 통지의무를 게을리하여도 그것은 신원보증인의 책임유무 또는 배상액을 정하기 위한 참작사유에 불과하다(대판 1991.10.8. 91다 14147). 그러나 사용자가 고의 또는 중과실도 이러한 통지의무를 게을리하여 신원보증인이 제5조에 의한 해지권을 행사하지 못한 경우, 신원보증인이 그로 인하여 발생한 손해의 한도에서 의무를 면한다(제4조②항).

(2) 신원보증인이 신원보증을 하게 된 사유

신원보증인이 신원보증을 하게 된 사유는 경제적 이해의 타산 또는 신원보증인과 신원보증된 피용자 사이에 특별한 이해관계가 없는 단순한 정의관계를 들 수 있을 것이고, 후자의 경우가 압도적으로 많을 것이다.

(3) 신원보증인이 신원보증을 함에 있어서 주의를 한 정도
이것은 신원보증이 정의관계에서 경솔하게 이루어지고 있음을 고려하여 두게 된 참작사유이다.

(4) 피용자의 임무 또는 신분의 변화
신원본인의 지위·직무의 변동은 경우에 따라서는 손해발생 또는 손해액 확대의 위험율을 증가시키는 것이므로, 신원본인의 지위·직무에 변동이 생긴 후에 발생한 손해에 대해서까지 신원보증책임을 인정한다는 것은 너무 가혹하다고 할 것이다. 따라서 신원보증법은 이를 신원보증책임의 범위와 배상액을 정함에 있어서 참작하여야 하는 것으로 규정하고 있다.

참조사항

- 관련 법규 : 신원보증법
- 귀책사유 : 법률상 불이익을 과하기 위해 필요한 주관적 요건으로, 의사능력 또는 책임능력이 있고, 고의 또는 과실이 있어야 한다.

39. 보증채무

– 보증채무의 종류와 그 책임

❑ 보증채무의 뜻

보증채무란 주된 채무자가 그의 채무를 이행하지 않는 경우에 이를 이행할 채무를 말한다.

❑ 제3자의 보증채무

보증채무는 채권자와 보증인 사이의 계약에 의하여 발생되는 것이나, 이는 불요식계약이므로 채무자가 아닌 제3자가 채무자의 신용을 담보하기 위하여 자기명의로 수표를 발행한 경우, 원인채무의 차용증서에 갈음하여 어음이 발행된 사실을 알고 원인채무를 담보하는 의미로서 배서한 경우 등은 특별한 사정이 없는 한 제3자는 어음수표법상 책임 외에 보증채무를 부담하게 된다.

❑ 근보증계약

주채무가 장래채무·조건부채무라 하여도 특약으로 보증할 수 있으며, 이와 같은 근보증계약에 의하여 담보되는 채무는 특별한 사정이 없는 한 계약일 이후에 발생하는 채무뿐만 아니라, 계약일 당시 이미 발생한 채무도 보증하게 됨을 유의하여야 한다(특약에 의한 배제 가능). 다만 장래의 채무는 계약 당시 예측이 가능한 범위 내에서만 책임을 진다.

한편 계속적 보증의 경우에 있어서는 보증계약 성립 후 주채무자의 자산상태 혹은 영업상태가 현저히 악화된 경우 또는 보증인의 주채무자에 대한 신뢰관계가 무너졌거나, 보증인의 신분이나 지위에 현저한 변화가 생긴 경우에 계속 보증인에게 부담시키는 것은 신의칙에 반하기 때문에 보증인은 사정변경 원칙에 의한 보증계약을 해지할 수 있다.

❑ 보증채무의 범위

보증채무에는 주채무의 이자 · 위약금 · 손해배상 기타 주채무에 종속한 채무가 포함되고 계약해제에 따른 원상회복의무도 포함된다. 그러나 주채무자와 채권자의 계약으로 주채무의 내용을 확장하거나 가중하여도 그것이 보증채무가 성립한 후의 것이라면 동일성이 없는 한 보증채무에 영향을 주지 아니한다. 보증채무가 주채무에 부종하므로 주채무가 감축된 경우 보증채무도 감축되나 주채무가 상속인의 한정승인으로 책임이 한정된다 하여도 채권자는 보증인에 대하여 채무액 전체의 이행을 청구할 수 있다.

❑ 보증인의 권한

보증인은 보증채무의 보충성에 의하여 채권자에 대하여 최고 · 검색의 항변권을 갖고, 부종성에 의하여 주채무의 부존재, 소멸에 따른 항변권과 주채무자가 취소권과 해제권을 가지는 경우 이행거절권 및 주채무자의 상계권을 원용할 수 있는 권리가 있다.

❑ 연대보증

보증인이 주채무자와 연대하여 채무를 부담함으로써 주채무의 이행을 담보하는 경우가 있는데 이를 연대보증이라고 한다. 이는 보증채무의 일종이기 때문에 부종성이 있으나, 통상의 보증채무와는 달리 보충성이 없고 최고 검색의 항변권이 없다. 한편 연대보증인이 수인인 경우 분별의 이익이 없어 채권자는 어느 연대보증인에 대하여도 주채무의 전액을 청구할 수 있다.

❑ 보증연대

연대보증과 구별하여야 할 개념으로 보증연대가 있는데, 이는 수인의 보증인 상호간에 연대의 특약이 있는 보증이다. 연대보증인이 수인이 있는 경우와 보증연대의 경우는 모두 보증인 사이의 분별의 이익이 없다는 점에서는 같으나, 후자는 채권자에 대한 관계에서는 보통의 보증이며, 보충성을 가지고 있어 최고·검색의 항변권이 있다.

참조사항

- 근보증계약 : 당좌대월계약·어음할인계약 또는 제조업자와 도매상 사이 등의 일정한 계속적인 거래관계 내지 법률관계로부터 장차 발생하게 될 불특정 다수의 채무에 관하여 일정한 결산기, 일정한 최고한도를 정하여 이를 담보하는 계약
- 분별의 이익 : 공동보증에 있어서 공동보증인은 주채무액을 분할하는 그 일부분에 대해서 채무를 부담하는데, 이러한 보증인의 이익

40. 보증인의 구상권

– 부탁을 받아 보증인이 된 자와, 그렇지 않은 자의 구상권

❑ 타인의 채무를 변제한 자의 보상청구권

일반적으로 구상권이란 실질적으로 타인이 부담하여야 할 채무를 스스로 변제한 자가 가지는 보상청구권을 말한다. 원래 보증관계는 보증인과 채권자의 관계이므로 보증인이 채무를 변제하는 것이지만, 주채무자에 대한 관계에 있어서는 타인의 채무를 변제한 것이 된다. 그러므로 보증인이 자기의 출재로 주채무를 소멸케 한 때에는 주채무자에 대하여 구상할 수 있다.

❑ 보증인이 구상권을 행사하기 위한 요건

주채무자의 부탁을 받아 보증인이 된 자가 주채무자에게 구상권을 행사하려면 다음의 요건을 갖추어야 한다.

① 보증인이 주채무를 소멸시켰을 것. 반드시 주채무의 전액을 소멸시켜야 하는 것은 아니고, 그 일부를 소멸시켰더라도 구상권이 생긴다.

② 주채무의 소멸이 보증인의 출재로 인할 것. 반드시 변제에 한하지 않고, 그 밖에 대물변제 · 경개 · 상계 등으로 주채무를 소멸시켜도 구상권이 생긴다. 그러므로 채무의 면제와 같이 출재없이 주채무를 소멸시킨 경우에는 구상권이 생기지 않는다.

③ 보증인의 출재에 과실이 없을 것. 과실의 유무는 구상권의 요건으로서의 채무자에 대한 통지를 의미한다.

❑ 부탁받은 보증인의 구상 범위와 주채무자의 대항

부탁 받은 보증인이 구상할 수 있는 범위는 출재액과 보증인의 출재로

면책된 날 이후의 법정이자 및 피할 수 없는 비용, 그 밖의 손해배상액이다. 보증인이 주채무자에게 미리 통지하지 아니 하고, 변제 그 밖의 자신의 출재로써 주채무를 소멸케 한 경우에는 주채무자는 채권자에게 대항할 수 있는 사유로 보증인에게 대항할 수 있다. 그러므로 보증인은 주채무자에 대하여 구상권을 행사할 수 없다.

그리고 그 대항사유가 상계인 때에는, 상계로 소멸할 채권은 보증인에게 이전된다. 또 보증인이 변제 그 밖의 유상의 면책행위를 한 때에는 주채무자는 자기의 면책행위를 유효하다고 주장할 수 있다. 주채무자가 면책행위를 한 후 보증인에게 통지하지 않았기 때문에 보증인이 선의로 면책행위를 한 때에는 보증인은 자기의 면책행위의 유효를 주장할 수 있다. 즉 보증인은 구상권을 행사할 수 있다.

❑ 미리 구상할 수 있는 경우

다음과 같은 경우에는 보증인은 면책행위를 하기 전에 미리 주채무자에게 구상할 수 있다. 즉 보증인의 과실없이 채권자에게 변제하여야 할 재판을 받은 때, 주채무자가 파산선고를 받았는데 채권자가 파산재단에 가입하지 않은 경우, 채무의 이행기가 불확정하고 그 최장기도 확정할 수 없이 보증계약 후 5년을 경과한 때, 채무의 이행기가 도래한 때 등이다.

❑ 부탁으로 보증인이 된 경우와 그렇지 않은 경우

① 부탁없이 보증인이 된 자가 주채무자에게 구상권을 행사하기 위해서는 부탁없이 보증인이 된 자가 자기의 출재로 주채무를 소멸케 하여야 한다. 다만 이 경우의 보증인의 출재는 과실의 유무를 묻지 않는다.

부탁을 받지 않은 보증인의 구상권의 범위는 주채무자의 의사에 반하는지의 여부에 따라 각각 다르다.

② 보증인으로 된 것이 주채무자의 의사에 반하지 않는 경우에는 주채무

자는 보증인이 변제 그 밖의 자기의 출재로 주채무를 소멸케 한 때에는 그 당시에 이익을 받은 한도에서 배상하여야 한다. 따라서 면책한 날 이후의 이자와 손해는 포함되지 않는다.

③ 보증인으로 된 것이 주채무자의 의사에 반하는 경우에는 주채무자는 보증인이 변제 그 밖의 자기의 출재로 주채무를 소멸케 한 때에는 구상하는 당시 현존이익의 한도에서 배상하여야 한다. 이 경우에 주채무자가 구상한 날 이전에 상계원인이 있음을 주장한 때에는 그 상계로 소멸할 채무는 보증인에게 이전된다.

④ 부탁을 받지 않은 보증인이 면책행위에 관하여 사전 및 사후에 통지하지 않으면 구상권에 제한을 받음은, 부탁을 받은 보증인의 경우와 같다.

그러나 주채무자는 부탁을 받은 보증인에게 대한 경우와는 달리 면책행위 이후에도 부탁을 받지 않은 보증인에게 통지할 의무가 없으며, 이 때문에 보증인이 선의로 변제하더라도 보증인은 그 유효를 주장할 수 없다.

보증인은 그 구상권의 범위에서 채권자를 대위하여 그 권리를 행사할 수 있다. 보증인은 부탁의 유무를 가릴 것 없이 변제할 정당한 이익이 있는 자이기 때문이다.

참조사항

- 관련 법규 : 민법 제441조 이하, 상법 제57조 제2항
- 구상권 : 타인을 위하여 변제를 한 사람이 그 타인에 대하여 가지는 반환청구의 권리

41. 채무인수

– 채무를 동일성을 유지하면서 그대로 인수인에게 이전하는 것

❑ 채무인수의 뜻

채무인수란 채무를 동일성을 유지하면서 그대로 인수인에게 이전하는 것을 목적으로 하는 계약을 말한다. 종전의 채무가 그대로 인수인에게 이전하는 것이므로 인수인이 부담하는 채무는 그 내용은 물론, 그 원인도 채무자가 부담하였던 채무와 동일하다. 그런데 이는 종래의 채무자는 종래의 채권관계에서 이탈하고 인수인만이 채무를 부담하므로 병존적 채무인수와 구별되며, 또한 채무인수는 채무가 동일성을 가지고 인수인에게 이전되므로 채무자변경으로 인한 경개와도 다르다.

❑ 채무인수의 성립

채무인수는 계약에 의하여 발생하는 것이 보통이나, 법률의 규정에 의하여 발생하는 경우도 있다. 예컨대, 상속·포괄유증·회사합병 등에 의한 포괄적 승계가 그것이다.

채무인수는 유효한 채무의 존재를 전제로 한다. 그러나 불완전채무, 장래의 채무, 조건부채무 등도 인수될 수 있다. 또한 채무가 성질상 이전할 수 있는 것이어야 한다. 그 이전의 가능여부는 거래관념에 의하여 결정할 것이지만, 일반적으로 이전할 수 없는 성질의 채무로는 채무자가 변경되면 그 급부의 내용이 전혀 달라지는 채무, 채무자의 변경으로 채무의 이행에 현저한 차이가 생기는 채무, 특정한 채무자와의 사이에서 결제되어야 할 특별한 사유가 있는 채무 등이다.

민법에 명문규정은 없지만 계약자유의 원칙상 이들 세 당사자, 즉 채권자, 채무자 및 인수인에 의한 3면계약으로 인수계약을 할 수 있음은 물

론이다. 또한 채무인수는 채권자와 인수인 사이의 계약으로도 할 수 있는데, 이 경우에는 구채무자의 의사에 반하여 할 수 없다. 즉, 이해관계 없는 제3자는 채무자의 의사에 반하여 채무인수를 할 수 없다(제453조 제②항). 채무인수는 채무자와 인수자 사이의 계약으로도 할 수 있다. 그러나 채무자가 누가 되느냐 하는 것은 채권자에 대하여 중대한 이해관계가 있으므로 채무자와 인수인 사이의 계약에 의한 채무인수는 채권자의 승낙이 있을 때까지는 계약을 철회 또는 변경할 수 있다.

☐ 채무인수의 효력

채무인수에 의하여 채무는 그 동일성을 잃지 않고 채무자로부터 인수인에게 이전된다. 따라서 채무자는 채무를 면한다. 이를 병존적 채무인수와 상대하여 면책적 채무인수라고 한다. 이때 이자채권·위약금채권 등과 같은 채무에 종된 채무도 원칙적으로 이전된다.

☐ 채무의 이전시기

채무의 이전시기는 채무인수가 효력을 발생하는 때이다. 다만 채무자·인수인 사이의 계약에 의한 경우는 채권자의 승낙으로 효력이 생기지만, 승낙이 효력을 발생하는 것은 다른 의사표시가 없으면 채무자·인수인 사이의 계약이 있은 때에 소급하여 그 효력이 생긴다. 그러나 이 소급효는 제3자의 권리를 해하지 못한다. 채무인수에 대하여 채권자의 승낙이 없는 경우 채무인수의 효력은 없으나, 채무자와 인수인 간에는 이행인수로서의 효력은 인정될 수 있다.

☐ 인수인의 권한

인수인은 전채무자가 갖고 있던 항변으로 채권자에게 대항할 수 있다. 따라서 채권의 성립·존속 또는 이행을 저지·배척하는 모든 사유는 인수인도 주장할 수 있다. 그러나 채무의 발생원인이 되는 계약의 취소

권·해제권은 이전하지 않는다. 이들 권리는 계약당사자만 갖는 것인데, 인수인은 계약 당사자의 지위를 승계하는 것이 아닌 바, 이는 채무의 특정승계인에 지나지 않기 때문이다. 인수인 또한 전채권자가 갖고 있는 반대채권을 갖고 상계하지 못한다. 그것은 타인의 채권을 처분하는 것이 되는 까닭이다. 전채무자의 채권에 부종하는 법정담보물권인 유치권·법정질권·법정저당권 등은 특정질권의 보전을 위하여 법률상 당연히 성립된 것이므로 채무와 같이 이전된다. 약정담보권의 경우는 담보설정자에 따라 다르다. 제3자가 제공한 담보는 인적보증이든 물상보증이든 불문하고 채무인수로 소멸함이 원칙이다. 그러나 보증인 또는 물상보증인이 채무인수에 동의한 때에는 제3자의 담보는 기존의 담보와 동일한 내용으로 존속한다. 채무인수에 대한 이들의 동의는 이들이 보증하는 채무자의 책임재산의 변경을 동의한 것으로 볼 수 있기 때문이다. 채무자가 설정한 담보는 그 채무인수가 채권자와 인수인 사이의 계약에 의해 성립한 경우에 한해 소멸되고, 인수계약에 채무자가 당사자로서 참여한 경우에는 민법 제459조 단서를 유추하여 채무에 부종하여 이전된다고 해석된다.

❑ 병존적 채무인수

채권자와 인수인 사이의 계약으로 인수인이 채무자의 채무와 동일내용의 채무를 병립하여 부담하고, 채무자는 여전히 채무를 면하지 않는 것을 본래의 채무인수에 대하여 병존적 채무인수라고 한다. 병존적 채무인수에서는 채무의 이전이 없으므로 엄밀한 의미에서의 채무인수는 아니고 일종의 인적담보로서의 성질을 가진다. 따라서 병존적 채무인수 계약은 채무자의 동의를 요하지 않을 뿐만 아니라 채무자의 의사에 반하여도 이를 할 수 있다.

❑ 이행인수

인수인이 채무자에 대하여 그 채무를 이행할 것을 약정하는 채무자와 인수인 사이의 계약을 이행인수라고 한다. 이것도 채무자와 인수인 사이의 계약인 바, 이 점 채무자와 인수인 사이의 계약에 의한 채무인수와 유사하다. 그러나 이행인수에 있어서는 인수인은 채권자에 대하여 그 채무를 변제할 의무를 지지 않는다. 즉 이 때에도 채무의 이전은 없다. 그러나 인수인과 채무자가 특히 채권자로 하여금 직접 채권을 취득케 하는 특약을 하면 일종의 제3자를 위한 계약으로서 유효하고, 채권자는 직접 인수인에 대하여 권리를 취득하게 된다고 해석하는 데에 이설이 없다.

경개라 함은 신채무를 성립시킴으로서 구채무를 소멸시키는 계약이다. 따라서 채무자의 변경으로 인한 경개의 경우, 그것은 동일한 채무가 구채무자로부터 신채무자에게 이전하는 것이 아니라, 신채무는 구채무와 전혀 다른 별개의 것으로 관념된다. 그 결과, 구채무자가 가지는 항변권, 구채무에 수반하는 담보 등은 원칙적으로 소멸한다. 이상과 같은 점이 경개와 구별되는 점이다.

참조사항

- 관련 법규 : 민법 제453조 이하
- 경개 : 채무의 요소를 변경함으로써 신채무를 성립시키는 동시에 구채무를 소멸케하는 유상계약(민법 제500조)으로, 이에는 채권자의 변경에 의한 경개, 채무자의 변경에 의한 경개 및 목적의 변경에 의한 경개가 있다.

42. 변제의 제공

❏ 변제의 제공의 뜻

채무의 이행 내지 변제에는 채무자의 급부 행위만으로 완료되는 것과, 채권자의 협력 없이는 채무자가 단독으로 완료할 수 없는 것이 있다. 후자의 경우와 같이 채권자의 협력을 필요로 하는 채무에 있어서는 만일에 채권자가 협력하지 않는다면 채무자가 아무리 성실하게 변제하려고 하여도 채무자만으로는 변제를 완료할 수 없고, 따라서 채무를 소멸시킬 수 없다.

이와 같이 채권자의 협력을 필요로 하는 채무에 있어서 채무자가 변제를 위하여 필요한 모든 준비를 하고 채권자의 수령 등의 협력을 구하는 것을 변제의 제공 또는 이행의 제공이라고 한다.

❏ 유효한 변제의 제공

유효한 변제의 제공이라고 하기 위하여는 채무의 내용에 좇은 것이어야 한다. 채무의 내용에 좇은 것이냐의 여부를 결정함에 있어서는 결국 신의칙에 의하여야 할 것이지만, 민법은 제공하여야 할 물건·장소 등에 관하여 구체적인 규정을 두고 있다.

① 변제의 제공은 이행기에 하여야 한다. 이행기 후에 한 때에는 이행지체의 문제가 된다.

② 특정물의 인도채무에 있어서는 이행기의 현황대로 이를 인도해야 하며 또 그로써 충분하다. 금전채무에 있어서는 채권액을 인도해야 한다. 또 물건의 소유권을 이전해야 할 채무에 있어 유효한 변제를 하기 위해서는 변제자가 그 물건에 관하여 소유권을 가지며, 또한 이를 양

도할 능력을 가져야 한다.

③ 변제의 장소는 채무의 성질 또는 당사자의 의사표시로써 정해지는 일이 많으나, 그렇지 않은 경우에 관하여 민법은 보충적 규정을 두었다. 즉 특정물의 인도를 목적으로 하는 채무는 채무 발생 당시에 그 물건이 존재하였던 장소에서 변제하여야 하고, 특정물 인도 이외의 급부를 목적으로 하는 채무는 채권자의 현주소에서 변제를 하여야 한다. 변제 당시의 채권자의 현주소이어야 하므로 주소가 변경된 경우에는 신주소에서, 채권자가 변경된 때에는 신채권자의 현주소에서 하여야 한다. 변경된 장소에서 변제함으로 인하여 비용의 증가가 있을 때에는 그 증가액은 채권자의 부담으로 한다. 특정물 인도 이외의 채무가 영업에 관한 것일 때에는 채권자의 현 영업장소에서 하여야 한다.

④ 변제비용은 특약이 없는 한 채무자의 부담이다. 그러나 채권자의 주소 이전 그 밖의 행위로 인하여 변제비용이 증가된 때에는 그 증가액은 채권자의 부담으로 한다. 다만 이 경우에도 채무자는 후에 그 구상을 하거나 변제하여야 할 금액으로부터 이를 공제할 수 있을 뿐이고, 그 지급이 없음을 이유로 변제를 거절할 수는 없다.

⑤ 채무자는 특약이 없는 한 변제기 전에도 변제할 수 있으나, 이 경우 채권자에게 그로 인한 손해가 생겼을 때, 예컨대 기한의 이익이 채권자에게만 있거나, 변제기 전의 변제가 채권자에게 단순히 손해를 입혔을 때에는 배상하여야 한다.

❏ 현실제공의 원칙

채무자는 원칙적으로 현실제공을 하여야 하며, 채권자가 변제받기를 거절하거나, 채무의 이행에 관하여 채권자의 행위를 요하는 경우에만 변제의 준비를 완료한 것을 통지하고 그 수령을 최고하는 이른바 구두제공을 하여야 한다. 현실의 제공을 요하는 것은 금전채권과 같이 채권자의 협력을 기다리지 않고 변제자 자신이 변제의 주요부분을 완료할 수 있고,

채권자의 협력이 있으면 즉시로 변제가 성립하는 경우이다. 따라서 현실의 제공이 있다고 하기 위해서는 변제자는 수령을 제외한 변제의 다른 부분을 전부 완료하고 있지 않으면 안 된다.

금전채무의 변제도 채무자 자신이 그 주요한 부분을 완료할 수 있는 경우가 많으며, 다만 채무자가 미리 지정한 일시 또는 장소에서 지급하여야 할 경우 이외에는 채권자의 협력은 수령 뿐인 것이 보통이다. 따라서 금전채무에 관하여는 자주 현실제공의 유무가 문제가 된다. 채권자가 미리 변제받기를 거절하거나 채무의 이행에 관하여 채권자의 행위를 요하는 경우에는 구두제공으로 족하다.

위에서 설명한 바와 같이 변제의 제공은 현실의 제공을 원칙으로 하고, 예외적으로 구두의 제공이 인정되나, 일정한 경우에는 구두의 제공조차 하지 않더라도 채무자가 불이행의 책임을 지지 않는 경우가 있다. 예컨대, 분할급부채무·회귀적 급부채무에 있어 채권자가 이미 수령지체에 있는 경우에는 차회의 급부제공은 무의미하므로 이 경우에는 구두의 제공조차 요하지 않는다.

❏ 변제제공의 효과

채무자는 채무불이행으로 인하여 발생하는 일체의 책임이 면제된다. 즉 채무불이행으로 인한 손해배상·지연이자·위약금의 청구를 받지 않고, 이행의 강제집행을 받지 않으며, 담보권을 실행당하지도 않는다. 이것이 변제제공의 가장 본질적인 효과이다.

그런데 문제가 되는 것은 변제의 제공이 변제기 전에 행하여진 경우이다. 변제기 전의 제공은 채무자의 기한의 이익의 포기로 채무의 내용에 좇은 것으로 되나, 그럼에도 불구하고 채무자로 하여금 변제기까지의 약정이자를 지급케 하는 것이기 때문에 약정이자는 그 발생이 정지된다고 보아야 한다. 쌍무계약인 때에는 상대방의 동시이행의 항변권을 소멸시킨다.

변제의 제공에 대하여 채권자가 그 수령을 거절하거나 수령할 수 없는 경우에는 채무자는 채권자를 위하여 변제의 목적물을 공탁하여 그 채무를 면할 수 있다(제487조).

한편 채권자 이외의 제3자도 원칙적으로 변제할 수 있으므로 위 요건이 갖추어지면 유효한 제공을 할 수 있으며 효과도 동일하다.

참조사항

● 관련 법규 : 민법 제460조 이하
● 회귀적 급부채무 : 넓은 의미의 계속적 급부의 하나로, 예컨대 신문배달·우유배달 등과 같이 일정한 기간의 간격을 두고 일정한 행위를 계속적으로 반복하여 행하는 급부

43. 제3자의 변제

– 제3자가 자기의 이름으로 타인의 채무를 변제하는 것

🔲 제3자의 변제의 뜻

채무변제는 채무자에 의해 행해지는 것이 보통이나, 민법은 제3자도 원칙적으로 변제할 수 있는 것으로 하였다. 그러나 급부가 채무자의 개성을 요구한다든지, 기타의 이유로 변제를 허용할 수 없는 경우도 있다. 그러므로 민법은 일정한 경우에는 제3자의 변제를 제한하고 있다. 그리고 제3자의 변제로 채권은 소멸하나 제3자가 채무자에 대하여 구상권을 취득하는 경우가 있으며, 이 경우에 제3자는 대위권으로서 보호된다. 제3자의 변제란 제3자가 자기의 이름으로 타인의 채무를 변제하는 것이다. 실질적으로 제3자의 출재에 의한 변제이더라도 채무자의 이름으로 한다면 그것은 채무자의 변제이지 제3자의 변제가 아니며, 또 제3자가 자기의 채무로 변제하면 비채변제가 된다. 그리고 타인의 채무로서 변제하는 것이므로 그 성질은 일종의 사무관리이다. 변제는 고유한 의미의 변제뿐만 아니라 대물변제와 공탁에 의해서도 할 수 있다. 그러나 제3자가 채권자에 대하여 가지는 자기의 채권을 자동채권으로 하여 채무자와 상계하는 것은 허용될 수 없다고 해석된다.

🔲 제3자의 변제의 제한

민법은 채권자의 입장만을 고려할 것이 아니라 채무자의 입장도 감안해서 다음의 세 경우에 제3자의 변제를 제한하고 있다.

① 채무의 성질상 제3자의 변제를 허용하지 않는 경우에는 제3자가 변제할 수 없다. 예컨대 명연주가의 연주라든가, 명강사의 강연, 초상화의 제작, 예술품의 창작과 같이 채무자 자신이 급부하지 않으면 본래의

급부라고 할 수 없는 절대적인 일신전속적인 급부를 목적으로 하는 경우가 그것이다. 그러나 노무자의 근로와 같이 상대적인 일신전속적인 급부는 채권자의 동의가 있으면 제3자의 변제가 가능하다.

② 채권이 계약으로 발생한 경우에는 채권자와 채무자의 계약으로, 또 유증과 같이 단독행위로 발생한 경우에는 그 행위자의 단독행위로 제3자의 변제를 금할 수 있다. 이 의사표시는 채권의 성립시 또는 제3자의 변제의 의사표시가 있기 이전에 하여야 한다.

③ 이해관계 없는 제3자는 채무자의 의사에 반하여 변제할 수 없다. 이 채무자의 반대의사는 변제 당시에 사실상 존재하면 되지만 반드시 표시된 의사라야 하는 것은 아니다. 채무의 성질, 당사자 사이의 관계 등 여러 가지 사정으로 미루어 보아 인정될 수 있으면 충분하다. 채무자의 의사에 반하는 제3자의 변제는 채권자가 그 수령을 거절할 수 있으며, 또 비록 채권자가 수령하더라도 무효이다.

❏ 이해관계 있는 자

채무의 변제에 관하여 이해관계가 있는 자란, 예컨대 물상보증인, 담보 부동산의 제3취득자 등 변제를 하는데 관하여 법률상의 이해관계를 가

지는 제3자를 말한다. 이들은 채무자의 의사에 반하여서도 유효하게 변제할 수 있다. 보증인·연대채무자 등도 실질적으로는 타인의 채무를 변제하는 자라고 말할 수 있으나, 이들은 채권자에 대하여 변제를 하여야할 법률상의 의무를 부담하는 자이므로, 그들의 변제는 여기서 말하는 이른바 제3자의 변제가 아니다. 또한 채무인수인의 변제는 자기 채무의 변제이므로 제3자의 변제가 아니다.

❏ 제3자의 구상권

제3자가 채무자를 위하여 변제하는 원인은 채무자의 위임에 의한 경우도 있고, 단순한 사무관리인 경우도 있으며, 혹은 증여의사로 하는 경우도 있을 것이다. 따라서 위임을 원인으로 할 때에는 위임사무처리에 의한 비용상환 청구권에 관한 규정에 의하여 변제에 따른 비용의 구상권이 발생한다. 이와 같이 제3자가 채무자에 대하여 구상권을 가질 경우에는 이 구상권을 확실하게 하기 위하여 변제로 인한 대위의 제도를 인정하고 있다. 즉 변제에 대한 정당한 이익을 가진 자는 변제로 인하여 당연히, 그리고 정당한 이익없이 변제한 자는 채권자의 동의를 얻어 채권자를 대위한다.

참조사항

- 관련 법규 : 민법 제469조
- 비채변제 : (i) 넓은 의미로는 채무가 없는데도 변제로서 한 급부를 말한다. 이는 법률상 원인을 결한 채무이므로 부당이득의 일반규정(민법 제741조)에 의해 반환청구를 받는다. (ii) 좁은 의미로는 채무가 없는데도 변제를 한 자가 당시에 채무가 존재하지 않는 것을 안 경우, 즉 채무의 부존재를 알고도 채무의 변제로서 한 급부를 말한다.

44. 변제의 충당

☐ 변제의 충당의 뜻

채무자가 동일한 채권자에 대하여 동종의 목적을 가지는 수개의 채무를 부담하는 경우, 또는 한 개의 채무의 변제로서 수개의 급부를 하여야 하는 경우에, 변제로서 제공한 급부가 그 채무의 전부를 소멸케 하는데 부족한 때에는 그 변제를 어느 채무에 충당할 것인가를 결정할 필요가 있는데, 이를 변제의 충당이라고 한다. 당사자가 계약으로 그것을 할 수 있음은 물론이지만, 계약이 없는 경우에 관하여 민법은 지정충당과 법정충당의 규정을 두고 있는 바, 이에 관하여는 뒤에 상술한다. 변제로서 제공된 급부가 모든 채무를 소멸시키지 못할 때 변제충당의 문제가 생기는데 그 경우로서는 다음 둘을 들 수 있다.

① 채무자가 동일한 채권자에 대하여 동종의 내용을 가지는 수개의 채무를 부담하는 경우, 예컨대 동일한 채권자에게 수개의 금전채무를 부담하는 경우

② 채무자가 한 개의 채무의 변제로 수개의 급부를 해야 할 경우, 예컨대 수 개월 분의 차임, 수 회분의 할부상환채무를 부담하는 경우 등이다.

☐ 변제충당의 방법

충당의 방법으로는 민법이 규정하고 있는 지정충당과 법정충당 이외에 계약에 의한 충당의 세 가지 방법이 있다.

(1) 계약에 의한 충당

채권자와 채무자 사이의 계약으로서 제공된 급부를 자유로이 충당할 수

있다. 또 채권자가 수개의 채권 중 특정의 채권에 관하여 최고하고 변제
자가 이에 응하여 변제한 경우에는 그 특정채권에 충당하는 계약이 성립
하였다고 보아야 할 것이다.

(2) 지정충당

일방적 행위에 의한 지정충당은 1차적으로 변제자가 할 수 있다. 변제자
가 충당하지 않을 때에는 2차적으로 변제수령자가 그 수령당시에 변제
자에 대한 의사표시로써 어느 채무를 지정하여 변제에 충당할 수 있다.
수령 당시라 함은 수령 후 지체 없이의 뜻으로 해석된다. 그러나 이에 대
하여 변제자가 즉시 이의를 한 때에는 이 충당은 효력을 잃는다.

위와 같은 지정충당에는 일정한 제한이 따른다. 즉 채무자가 한 개 또는
수개의 채무에 관하여 원본 이외에 이자 및 비용을 지급하여야 하는 경
우에 있어서는 비용 이자 원본의 순으로 충당하여야 하며, 비용 상호, 이
자 상호, 원본 상호간에 있어서는 법정충당의 예에 의하도록 규정되어
있다. 그와 같이 하는 것이 당사자의 의사에도 합치하고 합리적이기 때
문이다.

(3) 법정충당

당사자의 어느 한편도 지정충당을 하지 않을 때, 또는 수령자의 지정충당에 대하여 변제자가 즉시로 이의를 제기한 때에는 법정충당을 하며, 그 순서는 다음과 같다.

① 총채무 또는 총급부 중 이행기가 도래한 것과 도래하지 않은 것이 있으면 이행기가 도래한 채무의 변제에 충당한다.

② 총채무 또는 총급부가 이행기가 도래하였거나 도래하지 아니한 때에는 채무자에게 변제이익이 많은 채무의 변제에 충당한다. 무이자채무보다 이자부채무, 저이율의 채무보다 고이율의 채무, 무담보채무 보다 담보부채무, 연대채무보다 보통의 채무가 채무자에게 변제이익이 많은 것이 원칙이다. 그러나 이러한 여러 조건이 복합될 때에는 모든 사정을 고려하여 결정하여야 한다.

③ 채무자에게 변제이익이 같은 것 사이에 있어서는 이행기가 먼저 도래한 채무나 먼저 도래할 채무의 변제에 충당한다. 기한이 정해져 있지 않은 채무는 해당 채무가 발생한 때에 이행기에 있게 되므로 채무의 성립시를 기준으로 그 선후를 정하게 된다.

④ 이상과 같은 표준에 의해서도 선후가 정하여지지 않는 채무 또는 급부 사이에 있어서는 채무액에 비례하여 각 채무의 변제에 충당한다.

참조사항

- 관련 법규 : 민법 제476조 · 제477조 · 제478조 등
- 부족변제의 충당 : 한 개의 채무에 수개의 급부를 요할 경우에 변제자가 그 채무 전부를 소멸하게 하지 못한 급부를 한 경우. 이 때는 위 지정변제충당(민법 제476조)과 법정변제충당(민법 제477조)의 규정을 준용한다.

45. 상 계

− 동종의 채권 · 채무 등 대등액을 소멸시키는 것

❑ 상계의 뜻

민법상 상계란 채권자와 채무자가 서로 동종의 채권 · 채무를 가지는 경우에 그 채권과 채무를 대등액에 있어서 소멸케 하는 일방적 의사표시를 말한다. 이러한 의미의 민법상 상계는 단독행위이지만, 상계계약으로도 동일한 목적을 달성할 수 있다.

❑ 상계가 유효하기 위한 요건

상계가 유효하기 위해서는 다음과 같은 요건을 갖추어야 한다.

① 채권이 대립하고 있을 것. 따라서 피상계자가 제3자에 대하여 가지는 채권과 상계하지는 못한다.

② 양채권이 동종의 목적을 가질 것

③ 양채권이 변제기에 있을 것. 다만 수동채권은 변제기가 반드시 도래하고 있어야 하는 것은 아니다.

④ 채권의 성질이 상계가 허용되는 것일 것. 따라서 부작위 · 작위채무는 상계가 허용되지 않으며, 자동채권에 대하여 항변권이 붙어 있는 경우에도 허용되지 않는다.

⑤ 상계가 금지되어 있지 않은 채권일 것. 당사자의 의사표시에 의하여 상계가 금지된 채권, 고의의 불법행위에 의한 손해배상채권, 압류금지의 채권, 지급금지채권, 질권이 설정된 채권, 기타 특별법에서 상계가 금지되는 채권(상법 제334조 · 제596조, 근로기준법 제21조 등) 등이 이에 해당한다.

⑥ 위와 같은 요건을 갖춘 상계적상이 상계의 의사표시가 행하여지는 당

시에 현존할 것. 다만 소멸시효가 완성된 채권이 그 완성 전에 상계할 수 있었던 것이면 그 채권자는 상계할 수 있다.

상계는 상대방에 대한 의사표시로 하며, 재판 외에서 뿐만 아니라 구두 변론 종결시까지는 법원에 대하여도 이를 할 수 있다. 다만 상계의 의사표시에는 조건 또는 기한을 붙이지 못한다.

상계의 의사표시가 있으면 당사자 쌍방의 채권은 그 대등액에 있어서 소멸한다. 피상계자가 수개의 상계적상에 있는 수동채권을 가지고 있고, 자동채권이 그 전부를 소멸케 하는데 부족한 때에는, 변제충당에 관한 규정을 준용하여 상계되는 채권을 결정한다.

상계의 의사표시가 있으면 각 채무는 상계할 수 있는 때에 대등액에 관하여 소멸한 것으로 간주된다. 즉 상계의 의사표시는 쌍방의 채무가 서로 상계를 하는데 적합하였던 초기에 소급하여 효력이 발생하게 되어 상계적상이 생긴 때 이후에는 이자가 발생하는 일이 없으며, 또한 이행지체도 소멸한다.

상계는 쌍방 채무의 이행지가 상이한 경우에도 할 수 있으나, 상계를 하는 당사자는 그 상대방에 대하여 그로 말미암아 생긴 손해를 배상하여야 한다.

참조사항

- 관련 법규 : 민법 제492조 이하
- 자동채권 : 수동채권에 상대되는 개념으로, 상계를 하는 측의 채권
- 상계적상 : 양자의 상계가 유효하기 위해서 갖추어야 할 일정한 요건을 구비한 채권의 대립상태

46. 과실상계

– 채권자나 피해자에게도 과실이 있는 경우

❑ 과실상계의 뜻

채무불이행이나 불법행위의 성립 또는 손해의 발생에 관하여 채권자 또는 피해자에게도 과실이 있을 때에는 법원은 손해배상의 책임 및 그 금액을 정할 때에 그 채권자 또는 피해자의 과실을 참작하여야 하는데 이것을 과실상계라고 한다.

민법은 제396조에서 채무불이행에 관하여 과실상계를 규정하고 있으며, 이 규정은 제763조에 의하여 불법행위로 인한 손해배상의 경우에도 준용된다. 따라서 불법행위에 있어서의 과실상계는 채무불이행에 있어서의 과실상계 이론이 적용되지만, 과실의 개념·범위 등에 있어서 보다 특수한 고찰이 필요하다.

민법 제396조는 채무불이행에 관하여 채권자에게 과실이 있는 때라고 규정하고 있으나, 채무불이행 자체뿐만 아니라 이것을 널리 손해의 발생까지도 포함시킨다.

❑ 과실상계의 요건

과실상계의 요건으로서 요구되는 채권자의 과실은 채무불이행이나 불법행위가 성립하기 위한 요건으로서의 과실과 달리 공동생활에 있어 요구되는 약한 의미의 부주의를 가리킨다(대판 1999. 2. 26. 98다52469). 배상권리자의 과실을 참작함에 있어 그 자의 책임능력을 요하는가 하는 문제에 있어서는 책임능력보다 얕은 판단능력, 즉 손해의 발생을 피하는데 필요한 주의를 할 수 있는 사리변식능력이 있는 것으로 족하다.

① 채무불이행에 관하여는 채무불이행, 손해의 발생, 채무자의 귀책사유

에 기인할 것 및 손해와 채무불이행과의 사이에 인과관계가 있을 것 등이 필요하고

② 불법행위에 관하여는 가해행위, 손해의 발생, 가해자의 귀책사유에 기인할 것 및 손해와 가해행위와의 사이에 인과관계가 있을 것 등이 필요하다.

❏ 과실상계는 법원이 반드시 참작하여야 한다

배상권리자에게 과실이 있다고 인정되는 경우에는 법원은 의무자의 배상책임을 부정하거나 또는 그 배상액을 경감시켜야 한다. 법원은 손해배상 책임 및 그 금액을 정함에 있어 이를 반드시 참작하여야 하며, 만약 배상권자에게 과실이 있음에도 불구하고 법원이 이를 참작하지 않으면 위법한 판결이 된다.

그러나 어느 정도로 참작하느냐는 법원의 재량이다. 그리고 이 효과는 채무불이행의 경우나 불법행위의 경우에 다를 바 없다.

❏ 과실 참작 기준

채권자 또는 피해자의 과실을 참작하는 경우에 그 참작의 기준이 무엇이냐 하는 문제가 있다. 과실상계는 본래 공평의 관념에 터전을 둔 것이니만큼, 그 적용에 있어서는 구체적인 경우에 각종 사정을 고려하여 채권자 · 피해자, 즉 배상권리자 및 배상의무자의 고의 · 과실의 정도, 채무불이행 내지 불법행위의 사실 및 손해의 확대 등에 관하여 어느 정도의 원인을 이루고 있는지의 여부 등을 고려하여 판단해야 할 것이다.

참조사항

- 관련 법규 : 민법 제396조 · 제763조
- 채무불이행 : 채무자가 정당한 이유없이 채무의 내용에 좇은 이행을 하지 않는 경우. 이에는 이행지체 · 이행불능 · 불완전이행이 있다.
- 불법행위 : 법률의 근본목적에 어긋나고, 법률질서를 깨뜨리는 행위로서, 법률이 그 본질상 이를 허용할 수 없는 것으로 평가하는 행위(민법 제750조 이하)

❑ 손익상계의 뜻

채무불이행 또는 불법행위의 경우에 가해행위로 말미암아 피해자가 불이익을 받는 동시에 이익을 얻는 경우가 있다. 이러한 경우에는 불이익에서 이익분을 공제한 잔액이 배상하여야 할 손해가 된다. 이러한 이득공제의 조작을 손익상계라고 하는데, 이는 민법에 명문의 규정은 없지만 당연하다고 할 것이다. 예컨대 생명침해의 경우에, 피해자는 장래 얻을 수입을 잃은 반면에, 장래의 생활비의 지출을 면하게 되므로, 일실이익에서 이 장래 생활비를 공제하는 것과 같다. 이는 손해액의 산정에 있어서 당연히 예정되는 것이며, 민법 제750조의 손해는 이러한 손익상계를 한 후의 진정한 손해를 가리키는 것이다.

손익상계는 이처럼 손해산정의 조작이지 본래의 상계와 같이 서로 대립하는 두 개의 채권을 대등액에서 소멸케 하는 것은 아니다. 그러므로 손익상계라는 표현은 적절하지 않으며, 오히려 이득공제라고 일컫는 것이 옳을 것이다.

❑ 주의할 점

손익상계에 있어서 특히 주의하여야 할 것은

① 공제되는 이득도 배상원인과 상당인과관계를 가지는 것에 한한다는 것이다. 공제하여야 할 이익의 범위는 채무자 또는 가해자가 배상할 손해의 범위에 대응하는 것이어야 하기 때문이다. 그러므로 피해자의 사망의 경우에 장래의 생활비를 공제하는 것은 당연하나, 부의금과 같이 증여라는 별개의 원인에 기하는 것은 공제할 것이 아니며, 또한

보험계약상의 이익, 채무를 면하였기 때문에 다른 계약으로 받은 노임이나 보수 등은 공제이익에서 제외된다.

② 화재보험금과 같은 손해보험금은 별개의 보험계약에 기하는 것이나, 손해의 전보를 본래의 목적으로 하고 있으므로 보험자의 대위에 의하여 전보된 부분에 관하여는 손해배상청구권이 보험자에게 옮겨가게 된다.

③ 생명보험은 손해의 전보가 그 목적이 아니기 때문에 피해자의 귀속이 손해배상청구권을 잃지 않을 뿐만 아니라, 보험회사가 그것을 취득하지도 않는다.

④ 노동재해의 경우에는, 산업재해보상보험법에 의한 보험급부가 있게 되면 사용자는 그 한도에서 민법에 의한 손해배상의 책임을 면한다. 그러나 산업재해보상보험법은 재산적 손해의 전보만을 목적으로 하고 있으므로 위자료는 따로 청구할 수 있다.

⑤ 연금은 손해전보를 목적으로 하는 것이 아니고 생명보험과 유사한 성질의 것이므로 대위의 문제가 생기지 않을 뿐만 아니라, 피해자가 손해배상을 받아도 연금의 수령이 부당이득이 되지는 않는다.

참조사항

- 일실이익 : 불법행위에 의해 생명이 침해된 경우 본인에게 생긴 손해액을 산정함에 있어 사망자가 그러한 사고가 없었더라면 얼마만 한 기간 동안 일을 할 수 있었고, 어떠한 노무로 어느 정도의 수입을 올렸을 것인가를 상정하여 이로부터 생활비를 공제해야 한다. 불법행위로 사망한 미성년자의 일실이익을 산정함에 있어서는 그자의 성년에 이르기까지 생활비는 공제할 것이 아니다(대판 1970.2.24. 69나1388).

48. 동시이행의 항변권

– 상대방의 채무이행시까지 자기의 채무이행을 거절할 수 있다

☐ 동시이행의 항변권의 뜻

동시이행의 항변권은 공평의 원칙에 입각하여 쌍무계약에서 생기는 대립하는 채무 사이에 이행상의 견련관계를 인정하려는 제도이다. 우리 민법도 '쌍무계약의 당사자 일방은 상대방이 그 채무이행을 제공할 때까지 자기의 채무이행을 거절할 수 있다'(제536조 제1항)라고 규정하여 동시이행의 항변권을 인정하고 있다.

공평의 원리에 기하여 채무자에게 이행을 거절하는 권능을 인정하는 점에서 동시이행의 항변권은 유치권과 대단히 유사하나, 전자는 쌍무계약에서 발생하는 채무에 따르는 권능인 반면, 후자는 독립한 물권이라는 점에서 근원적인 차이가 있다.

☐ 동시이행의 항변권의 성립

비록 두 개의 채무가 하나의 쌍무계약에서 발생한 것이 아니더라도 하나의 법률요건으로부터 발생하고 서로 관련적으로 이행하게 하는 것이 공평에 적합한 경우, 예컨대 변제와 영수증의 교부, 지급 확보조로 교부된 어음 또는 수표의 교부와 원인채무금의 지급 등의 경우에도 동시이행의 항변권이 인정된다.

동시이행의 항변권의 성립요건은 다음과 같다.
① 대가적 의미있는 채무의 존재
② 상대방의 채무가 변제기에 있을 것.
　상대방의 채무는 아직 변제기에 있지 않고 자기의 채무만이 변제기에

있는 당사자는 동시이행의 항변권이 없게 되나, 채무의 변제기가 본래는 다른 경우이더라도 상대방이 이행청구를 할 때에 그 상대방 채무의 변제기가 도래하고 있으면 이 항변권의 행사가 가능하다.

③ 상대방이 채무의 이행 또는 그 제공을 하지 않고서 이행을 청구하였을 것.

수령지체에 빠진 자라고 하더라도 상대방의 이행의 제공이 계속되지 않는 한 동시이행의 항변권을 행사할 수 있다고 보는 것이 다수설이자 대법원판례이다.

□ 동시이행의 항변권의 원용

동시이행의 항변권을 원용하느냐 않느냐는 전적으로 항변권자의 자유이나, 만일에 이를 원용하지 않으면 그 권능을 발휘하지 못하여 상대방의 청구권은 완전히 작용을 발휘하게 된다. 소송에 있어서 원고청구에 대하여 피고가 적법하게 동시이행의 항변권을 원용한 경우에 원고쪽이 자기 채무의 이행의 제공을 하고 있음을 입증하지 못한 때에 법원은 '피고는 원고의 이행과 상환으로 이행하여야 한다'는 내용의 원고 일부승소판결을 내리게 된다.

또한 동시이행의 항변권이 붙은 채권은 이를 자동채권으로 상계하지 못할 뿐만 아니라, 동시이행의 항변권을 가지는 채무자는 비록 이행기에 이행을 하지 않더라도 이행지체에 빠지지 않는다.

참조사항

- 관련 법규 : 민법 제536조
- 쌍무계약 : 계약당사자가 서로 대가적 의미를 가지는 채무를 부담하는 계약으로, 편무계약에 상대되는 개념. 매매 · 임대차 · 도급 · 유상임치 등이 이에 속한다.

49. 매매의 예약

– 장래 본계약의 체결을 약속하는 계약

☐ 매매의 예약의 뜻

매매의 예약이란 본계약에 대한 개념으로서 당사자 사이에 장래에 본계약을 체결할 것을 약속하는 계약을 말한다. 원래 매매체약 여부는 당사자의 자유임이 원칙이나, 예외적으로 일정한 경우에는 그 체약이 강제되는 경우가 있으며, 이 경우 당사자의 일방 또는 쌍방에게 매매계약 체결의 의무가 있다. 이와 같은 예약의 의무는 법률이 규정하고 있는 경우도 있고, 또 당사자의 자유로운 예약에 의해서도 할 수 있다. 매매예약의 제도적 의의는 당사자 사이에 당장에는 계약을 체결하기 곤란하나, 장래의 계약을 체결하려고 할 때 상대방으로부터의 거절을 사전에 방지하기 위하여 인정된다는 데 있다.

☐ 매매예약의 종류

매매예약의 종류에는

① 본계약을 체결함에 있어 당사자 일방만이 권리를 갖고, 상대방은 단지 승낙의 의무만을 부담하는 경우를 편무예약이라 하고, 당사자 쌍방 모두 이 권리를 가지는 경우를 쌍무예약이라 한다.

② 당사자 일방만이 매매완결의 의사표시를 할 수 있는 권리를 가지는 경우를 일방예약, 당사자 쌍방이 모두 이 권리를 가지는 경우를 쌍방예약이라 한다. 우리 민법은 매매의 일방예약만을 규정하고 있으며 당사자의 특별한 의사표시가 없는 경우에는 일방예약으로 봄을 원칙으로 하고 있다. 따라서 매매의 예약은 일방예약으로 추정된다.

❑ 매매예약의 성질

매매의 일방예약이나 쌍방예약 모두 예약 권리자의 완결의 의사표시를 조건으로 하는 정지조건부매매라고 하는 것이 통설이다. 본계약인 매매의 성립이 가능하면 그 일방예약도 성립할 수 있으며, 타인의 물건에 관하여도 그 일방예약이 가능하다. 또 매매의 일방예약도 채권계약이므로 계약의 일반원칙에 따라야 한다.

❑ 예약완결권

이러한 매매의 일방예약 또는 쌍방예약에 의하여 예약권리자가 그 상대방에 대하여 예약완결의 의사표시를 할 수 있는 권리를 예약완결권이라 한다. 예약완결권은 상대방으로 하여금 본계약을 체결케 하는 단순한 채권이 아니라 예약권리자의 일방적 의사표시로 본계약을 성립케 하는 형성권의 일종이다.

예약의 목적물이 부동산인 경우에는 이 완결권은 가등기를 할 수 있으며, 이 가등기는 제3자에게 대항요건이 된다. 또 예약완결권은 예약의무자의 승낙없이 양도할 수 있으며, 다만, 대항하기 위해서는 예약의무자에게 통지하여야 하며, 확정일자 있는 증서에 의한 예약상의 권리자의 통지 또는 예약상의 의무자의 승낙이 있어야 한다. 예약완결권 행사는 완결권자가 예약의무자에 대하여 행하고, 대금의 제공없이 완결의 의사표시를 할 수 있으며, 이로서 본계약은 성립한다. 대금의 제공관계는 본계약 성립 후의 문제이기 때문이다. 완결의 의사표시로 본계약인 매매가 성립하므로 상대방이 이에 응하지 않으면 본계약의 이행을 청구하게 된다. 예약완결권은 형성권이므로 10년 안에 행사하지 않으면 소멸한다.

50. 계약금

– 계약금은 증약금 · 위약금 · 해약금의 작용을 한다

☐ 계약금의 뜻

계약을 체결할 때에 당사자의 일방이 상대방에 대하여 금전 기타의 유가물을 교부하는 수가 많은데 이를 일반적으로 계약금이라고 한다. 계약금은 매매의 경우에 매수인으로부터 매도인에게 교부되는 것이 보통이지만, 그 반대의 경우도 있다. 또한 계약금의 교부가 있는 것은 매매에 한하지 않으며 임대차 · 도급 등에서도 그 예는 적지 않다.

☐ 계약금의 종류

계약금에는 여러 종류가 있으나, 일반적으로는 그 작용에 따라 다음의 세 가지로 나누어진다.

⑴ 증약금

이는 계약체결의 증거로서의 의미를 갖는 계약금이다. 즉 계약의 체결에 있어서 당사자 사이에 어떠한 합의가 있었는지가 불분명한 경우에도 계약금이 교부되어 있으면 그것은 적어도 어떤 합의가 있었다는 증거는 되므로 계약금은 언제나 증약금으로서의 작용을 한다고 말할 수 있다. 당사자가 특히 뒤에서 보는 위약금 또는 해약금으로서 계약금을 교부한 때에도 증약금으로서의 성질을 인정할 수 있으므로 증약금으로서의 성질은 말하자면 계약금의 최소한도의 성질이라고 말할 수 있다.

⑵ 위약금

이는 계약금을 교부한 자가 계약상의 채무를 이행하지 않는 때에 그것을

수령한 자가 위약벌로서 몰수하는 계약금이다. 그러나 이 때에 채무불이행에 의한 손해배상은 위약금과는 관계없이 따로 청구할 수 있음을 주의하여야 한다. 이 종류의 계약금이 수수되는 일은 우리나라에서는 대단히 드물지만, 위약금이 손해배상액의 예정을 겸하는 경우는 적지 않다. 즉 채무불이행의 경우에는 계약금을 교부한 자는 그것을 몰수당하고 계약금을 교부받은 자는 그 배액을 상환할 것을 약정하는 경우가 많다. 이러한 의미의 계약금이 교부된 때에는 순수한 위약금이 아니라 손해배상액의 예정으로 추정되는 위약금과 같은 성질을 갖는 계약금으로 해석하여야 한다. 다만 계약금의 경우에는 이미 상대방에게 교부되어 있는 점에서 단순한 위약금의 약정과는 다르게 된다. 그리고 계약금이 위약금으로서 효력을 발생하려면 당사자 사이에 그러한 특약이 있어야 함은 물론이다.

⑶ 해약금

이는 계약의 해제권을 유보하는 작용을 하는 계약금을 말하며, 이 계약금을 교부한 자는 그것을 포기함으로써, 그리고 이 계약금을 받은 자는 그 배액을 상환함으로써 계약을 해제할 수 있다. 다만 이러한 방법에 의한 계약해제는 상대방이 이행에 착수할 때까지만 할 수 있으며, 상대방이 이미 이행에 착수한 때, 예컨대 매수인이 잔금을 준비하고 이전등기절차를 밟기 위해 등기소에 동행할 것을 촉구하는 경우에는 이러한 방법으로 계약해제를 할 수는 없다. 우리 민법은 계약금은 원칙적으로 이 해약금의 성질을 갖는 것으로 정하고 있다.

해약금을 교부한 때에는 쌍방

당사자는 모두 해제할 수 있게 되어 계약의 효력을 약화시킬 염려가 있으나, 한편으로 해제하려면 해제자는 계약금 또는 그 배액을 잃게 되므로 이 해약금의 금액을 고액으로 해두면 반대로 계약의 효력을 확실하게 하는 작용을 하게 된다.

참조사항

- 관련 법규 : 민법 제565조
- 해제 : 유효하게 성립하여 있는 계약관계를 당사자 일방의 의사표시에 의하여 청산관계로 전환시켜 당사자 사이에 처음부터 계약이 존재하지 않았던 것과 같은 상태로 만드는 것

51. 부동산 매매

– 중도금과 잔금을 지급하기 전에 매회 등기부를 확인하여
  권리관계에 이상이 있는지 확인하여야 한다

❑ 계약 전 주의할 사항

부동산을 사고자 하는 자는 먼저 해당 지번의 지적을 확인하고, 등기부
등본 · 토지대장 · 건축물관리대장 · 임야대장 · 도시계획확인원 · 용도지
역확인원 등을 교부받아 본 후 직접 현장을 답사하여야 하며, 현장 및 각
서류들 간에 일치하는지 여부도 살펴야 할 것이고, 매도하려는 자가 실
제 소유자인지 여부도 확인하여야 한다.

위와 같은 여러 가지 확인사항 중에서도 가장 중요한 것은 등기부인데,
부동산중개인 또는 매도인이 제시하는 등기부등본을 확인하는 것만으로
그치지 말고, 반드시 매수인 본인이 직접 등기부를 열람하여 등기 내용
을 확인하여야 한다. 등기부열람 결과 담보물권 설정등기 또는 가등기가
경료되어 있는 경우에는 매수하지 않는 것이 현명하나, 만일 반드시 위
와 같은 각종 등기가 경료된 부동산을 매수하여야 할 사정이 있는 경우
에는 매도인 및 채권자 등 등기부상 권리자와 협의하여 위 등기된 내용
을 고려하여 매매대금을 정하며, 추후 위 등기를 말소할 수 있는 확실한
방법을 강구한 후 매수하여야 한다.

❑ 계약시 주의할 사항

계약서는 구체적으로 명백하게 작성하되 애매한 문구는 사용하지 않아
야 되며, 인쇄된 계약서 용지를 사용할 경우에는 인쇄된 내용을 면밀히
읽어보고 검토한 후 계약내용에 따라 정정 또는 특약을 기재하는 등 정

확히 작성하여야 한다.

계약 당사자는 매도인·매수인 모두 본인간에 직접 계약함이 안전하고, 부득이한 경우 대리인과 계약할 때는 대리인이 본인의 적법한 대리권자라는 것을 확인(매매목적 부동산의 처분권에 대한 위임장 등 첨부)하여야 할 것이며, 어떤 경우이건 계약입회인을 두는 것이 좋다. 또한 고가의 부동산 매매시에는 법률을 잘 아는 사람과 협의하여 그의 협조를 받는 것이 바람직하다.

❑ 대금 지급시 주의할 사항

모든 금전거래와 같이 계약금·중도금·잔금을 지급할 시에는 반드시 영수증을 수수하여 금전 지급내용을 명백히 하여야 한다.

중도금과 잔금을 지급하기 전에 매회 등기부를 확인하여 권리관계에 이상이 있는지 유무를 확인하여야 하며, 대금을 완불함과 동시에 등기권리증·매도자 인감증명서 등 권리이전 서류를 교부받아 즉시 이전등기를 경료한 후 등기부등본을 발급받아 신청한 대로 이전등기가 되었는지 여부를 확인하여야 한다.

52. 부동산전매시의 등기절차

- 미등기 전매를 억제하는 부동산등기특별조치법의 규정에
  따라야 한다

❑ 법 제정의 의의

부동산투기 억제와 등기를 둘러싼 각종 탈법행위 등을 근절하고 건전한 부동산 거래질서를 확립하기 위하여 부동산거래에 대한 실체적 권리관계에 부합하는 등기를 신청하도록 부동산등기특별조치법이 제정되었는데, 그 내용을 살펴보면 다음과 같다.

동법은 미등기전매 등을 통한 부동산투기를 억제하고자 하는 목적이 있으나, 계약자유의 원칙을 최대한 보장하는 범위 내에서 부동산거래질서를 바로잡고자 하는 취지에서 제정된 만큼 전매가 전면적으로 금지된 것은 아니며, 전매에 의하여 소유권을 이전하려면 법이 정한 절차에 의하여야 한다.

❑ 부동산전매

부동산 매수인이 부동산을 전매하려고 하는 경우는 두 가지로 나누어 볼 수 있다.

① 매수인이 잔금을 지급하고 이전등기 신청서류를 받은 후 제3자에게 전매할 경우인데, 이 때에는 먼저 원계약에 따른 이전등기신청을 한 후라야 제3자와 전매계약을 체결할 수 있다(동법 제2조 제2항).

② 잔금지급 및 이전등기 신청서류를 받기 전에 제3자에게 전매할 경우로 이 때에는 원계약서에 시장·군수·구청장 또는 권한을 위임받은 자의 검인을 받은 후에 제3자와 전매계약을 체결하여야 하며(동법 제3조 제1항 및 제4조), 후에 원계약에 대한 등기신청을 할 수 있게 되면

(잔금지급 및 이전등기신청서를 받은 때) 이 날로부터 60일 이내에 이전 등기 신청을 하여야 한다(동법 제2조 제3항).

만약 시세차익을 취득할 목적으로 등기절차를 무시하고 전매하거나 검인을 받지 않고 전매하면 형사처벌을 받게 되며, 상당한 사유없이 등기 신청기일을 해태하면 과태료 부과처분을 받게 되니 이 점을 유의하여야 한다.

참조사항

- 관련 법규 : 부동산등기특별조치법
- 해태 : 민사소송법상 당사자가 소송행위를 하여야 할 시기에 이를 하지 않는 것

53. 건물임차인의 청구권

– 건물임차인은 유익비상환청구권과 부속물매수청구권을
  행사할 수 있다

☐ 임대차 종료시 임차인의 청구권

건물임차인은 임대차기간중에 그 건물의 사용을 위하여 자기 건물을 부속시키거나, 그 건물의 효용을 증가시키는 새로운 시설을 하는 경우가 많다. 그런 경우에 임차인은 임대차 종료시에 그 물건을 철거하여 가져갈 수가 있다.

그러나 그렇게 하는 것이 임차인에게 번거롭거나 그냥 두는 것이 그 건물의 이용에 도움을 주는 경우에는 임차인은 유익비상환청구권을 행사하거나, 또는 자기가 설치한 부속물을 임대인에게 매수할 것을 요구하는 이른바 부속물매수청구권을 행사하여 자기가 지출했던 비용을 회수받을 수 있다.

☐ 유익비상환청구권 · 부속물매수청구권

이 두 청구권은 다음과 같은 차이가 있다.

① 유익비상환청구권은 임대인의 동의없이 비용을 지출하였더라도 이를 행사할 수 있고, 다만 미리 임대차계약시에 유익비상환청구권을 포기하는 경우에는 이를 청구할 수 없다. 그러나 부속물매수청구권은 임대인의 동의를 받고 설치한 부속물에 대하여 행사할 수 있고, 사전에 임대차계약시 이를 포기하는 약정을 하였더라도 청구할 수 있다.

② 임차인이 부속시킨 시설이 독립한 물건으로서의 존재를 갖는 경우 예컨대 조명시설 · 선반 등에는 부속물매수청구권을 행사하고, 반면에 그 시설이 독립한 물건으로서의 존재를 갖지 못하고 건물의 구성부분

으로 된 경우 예컨대 수도 · 온돌 등에는 유익비 상환청구권을 행사할 수 있다. 그러나 실제로는 그 시설이 독립한 물건으로서의 존재를 갖는지 여부를 판단하기가 어려울 뿐 아니라, 양 청구권이 같은 취지에서 인정된 것이기 때문에 양자가 엄격히 구별되어 다루어지지는 않는다. 특히 판례는 그 시설이 독립한 물건으로서의 존재를 갖지 못하여 유익비상환청구권을 행사하여야 하는 경우에도 임대차계약시에 이를 포기하는 약정이 있는 때에는, 이를 부속물에 해당하는 것으로 취급하여 이의 매수청구를 인정하는 듯한 태도를 취하고 있다.

❑ 예시

타인의 건물에 독채로 전세든 사람이 물사정이 좋지 않아 이웃과 함께 수도를 가설하여 비용을 들였는 바, 임대차계약서상에 '임차인이 임대차계약 종료시에는 건물을 원상으로 복구하여 임대인에게 명도한다'는 약정이 있는 경우, 임대차계약기간이 종료되었을 때 임차인은 임대인에 대하여 전세금 외에도 수도 가설비를 받을 수 있는지 살펴본다. 우선 임차인이 설치한 수도는 이론상으로는 독립한 물건으로서의 존재를 갖지 않으므로 유익비상환청구권에 의하여야 할 듯 하나, 실제로는 이것과 부속물매수청구권과를 엄격히 구별하여 취급하지 않으므로 양 청구권을 모두 검토해 보면, 임차주택에 수도설비를 한 것은 임차주택의 가치를 증가시킨 것이므로 유익비가 명백하나, 임대차계약 체결시 이미 유익비상환청구권을 포기하는 약정을 한 것이므로 유익비상환을 청구할 수는 없다 할 것이다. 그러나 수도설비는 임차건물의 사용의 편익을 위해 설치한 부속물이라고도 볼 수 있다. 그런데 부속물은 임대인의 동의를 받고 설치한 것에 대해서만 매수청구를 할 수 있는 것이 원칙이지만, 건물을 사용함에 있어 필수불가결한 부속물을 설치하는 경우에는 이에 대하여 임대인의 묵시적 동의가 있었던 것으로 볼 수 있어, 비록 임대차 종료시에 건물을 원상으로 복구하여 명도할 것을 약정하였다 하더라도 부속물매수청구권을 행사할 수 있다고 할 것이다.

참조사항

- 관련 법규 : 민법 제626조 등
- 동의 : 타인의 법률행위에 대한 인허 또는 시인의 의사표시, 즉 행위자 단독의 행위로는 완전한 법률효과가 발생되지 않는 경우 이것을 보충하는 타인의 의사표시를 말한다. 사후에 행하여지는 추인에 대하여 쓰이는 개념으로 동의는 사전에 이루어지는 것이 보통이다.

54. 권리금

❑ 권리금의 의미

우리의 일상생활에서 권리금 명목으로 돈을 주고받는 경우가 많아졌다. 점포를 인수인계하면서 권리금을 주고 받기도 하고, 허가권을 양도양수하면서 권리금을 주고 받기도 하며, 불법하게 점유하고 있는 토지를 인수인계하면서도 권리금을 주고 받기도 한다. 따라서 권리금의 법률관계는 일률적으로 말할 수는 없다. 그러므로 여기서는 가장 빈번히 발생하는 경우로서 점포를 인수인계하면서 발생하는 권리금에 대하여 살펴보기로 한다.

보통 점포를 인수인계하는 경우는 점포소유주로부터 점포를 임차한 사람이 새로이 점포를 인수할 사람과 원점포소유주 사이에 새로이 임대차계약을 체결하도록 함으로써 점포를 인계하여 주는 것이 보통이다. 이때 임대차 목적물인 상가건물에서 영업을 하는 자 또는 영업을 하려는 자가 영업시설·비품, 거래처, 신용·영업상의 노하우, 상가건물의 위치에 따른 영업상의 이점 등 유형·무형의 재산적 가치의 양도 또는 이용대가로서 임대인, 임차인에게 보증금과 차임 이외에 지급하는 금전의 대가를 권리금이라 한다(상가임대차보호법 제10조의 3). 따라서 원래 권리금이란 점포소유주와 관계없이 점포를 임대하여 경영하는 영업을 양도양수하는 사람 사이에서만 주고받아 왔던 것이다. 그런데 최근에는 점포의 소유주가 점포를 최초로 임대하면서 점포의 장소적 이익을 권리금의 형식으로 교부받는 경우가 생겨나고 있다.

❏ 권리금의 종류와 예시

보통 권리금은 바닥권리금, 영업권리금, 시설권리금으로 분류된다. 하지만 현실적으로 이들 권리금의 가치를 객관적으로 평가, 구분하기 어려워 '상가권리금'으로 명명하여 이루어지고 있다. 먼저 바닥권리금은 점포가 자리한 상권과 입지 조건에 따라 점포가 잘될 것으로 전망해 주고받는 권리금으로 일종의 '자릿세'로 볼 수 있다. 일반적으로 신규 상가를 최초로 임대하면서 건물 소유주가 요구하는 경우가 많으며, 보통 역세상권, 도심상권, 주택가상권 등 각 상권에 따라 권리금의 시세가 형성된다. 두 번째로 시설권리금은 상가 인테리어, 가구, 집기, 주방시설 등 유형물의 현재 가치에 대한 대가를 의미한다. 세 번째로 영업권리금은 얼마나 많은 단골 손님이 있었고, 그 손님에 대한 정보, 수익의 정도 등 영업의 활성화에 따라 매겨지는 권리금이다. 대체로 병원이나 학원, 식당 등을 거래할 때 주로 거론되며 이전 임차인에게 1년치 순이익을 권리금으로 지불한다.

❏ 권리금의 반환

우선 권리금의 법률관계에서 가장 중요한 것은 권리금으로 주고 받은 돈은 임대차기간이 만료한 후 그 반환을 청구할 수 있는 돈인가 하는 점이다. 상거래관행에 비추어 보면 권리금은 어느 누구에게도 그 반환을 청구하지 못한다고 하는 것이 권리금을 주고 받는 당사자의 의사이며 관행이라고 하고 있다. 따라서 점포의 권리금은 임대차기간 만료 후 신경영자가 나타나서 그 신경영자와 점포소유자 사이에 새로운 임대차계약을 체결하게 하여 주고 신경영자에게 점포를 인계할 때에만 그 신경영자로부터 권리금을 받아 회수 할 수 있는 것이다.

그러므로 만일 점포소유주가 임대차기간 만료 후 점포소유주 본인이 점포를 사용하겠다고 한다면 전경영자는 권리금을 회수할 방법이 없게 되는 것이다. 여기에 권리금에 관한 법률관계의 약점이 있으며, 따라서 원칙적으로 권리금을 주고 점포를 인수받아 영업을 하고자 할 때에는 원래 약정된 임대기간 내에 그 권리금에 해당하는 영업이익을 올려 임대기간 만료시 권리금을 받지 못하더라도 손해가 없겠는가를 잘 헤아려야 할 것이다.

❏ 권리금과 임대보증금

다음으로 점포소유자가 권리금이라는 명목으로 금전을 교부받고 임대차 기간이 만료될 때 권리금의 효력이 소멸되는 것으로 약정하는 사례가 늘고 있는데, 이 경우 권리금은 어떠한 성질을 가지는 것이며, 반환을 청구하거나 회수할 수 있는 것인가 하는 점이다.

원칙적으로 권리금이란 점포소유주와 관계없이 점포를 시설하여 영업을 한 자가 그 영업상의 이익을 권리금의 형식으로 양도양수하는 것이라고 할 것인데, 점포소유주가 점포를 임대하면서 아무런 영업상의 이익을 인계함도 없이 권리금을 받는다는 것은 어떤 의미로는 임대보증금을 권리금이라는 형식으로 받는 것이라고 해석될 여지가 있다. 따라서 점포의 임대보증금과 권리금을 비교하여 보아서 임대보증금보다 엄청나게 많은 권리금을 점포소유주가 권리금의 형식으로 받는다면 이는 점포임대보증금의 일부라고 해석될 여지가 있다 하겠으며, 임대차기간 만료 후 소유주가 일정한 범위 내에서 반환하여야 한다고 함이 형평에 맞지 않겠는가 생각된다.

그러나 아직 이에 관한 판례 등이 형성된 것은 아니므로 이 경우에도 점포 소유주에게 권리금을 지급하는 경우에는 임대기간 내에 권리금에 해당하는 영업이익을 올릴 수 있는지 여부를 잘 헤아려 임대기간 만료시에는 권리금을 받을 수 없다고 생각하고 계약여부를 판단하여야 할 것이다.

다만 이와 같이 점포 소유주가 권리금을 받은 경우에 권리금이 임대보증금에 비하여 거액인 경우에는 점포소유주는 그 점포의 임차인이 타인에게 임차권을 양도할 권한을 부여한 것이라고 해석하여 그 점포의 임차인이 타인에게 임차권을 양도함으로써 권리금을 신경영자로부터 회수할 수 있는 기회를 부여한 것이라고 해석하는 견해도 있다.

어떻든 권리금은 이와 같이 관행에 의하여 이루어지고 있는 지극히 불안정한 법률관계에 기초하는 것이므로 권리금을 산정하여 당사자 사이에 주고받을 때에는 보장된 영업기간내에 권리금에 해당하는 영업적 이익을 얻을 수 있는지 여부를 잘 헤아려 금액을 결정하고 수수하여야 할 것이다.

❑ 상가임대차보호법 개정으로 임차인의 권리금 회수 기회 보장

상가임대차보호법 개정안(2015.5.13. 개정)의 주요내용은 '임차인의 권리금 회수 기회 보장이다. 현실적으로 엄연히 존재해왔으나 법적으로 인정되지 않았던 상가권리금이라는 개념 자체가 법제화됐다는 데 큰 의의가 있다(상가임대차보호법 제10조의 3). 그리고 2018. 10. 16. 개정하면서 권리금 계약에 따라 임차인이 주선한 신규임차인이 되려는 자로부터 권리금을지급받는 것에 대해 임대인이 방해행위를 하지 못하도록 금지한 기간을 "임대차기간이 끝나기 3개월 전부터 임대차 종료시 까지"에서 "임대차기간이 끝나기 6개월 전부터 임대차 종료시 까지"로 확대함으로써 임차인의 권리금 회수기회를 보다 강화하였다.

상가건물임대차보호법은 '세입자가 신규 임차인에게 권리금을 회수하려는 것을 건물주가 정당한 이유 없이 방해해서는 안 된다.'고 규정하고, 이를 위반할 경우 손해배상 의무를 부담하게 했다. 개정안의 건물주의 방해행위로, 임대인이 임차인이 주선한 신규 임차인에게 권리금을 요구하거나 수수하는 행위, 종전 임차인이 신규임차인에게 권리금 지급을 방해하는 행위, 현저히 고액의 차임과 보증금을 요구하는 행위, 그 밖의 정당한 이유 없이 신규 임차인과 계약을 거절하는 행위를 규정하고 금지하고 있다. 이를 위반하면 임차인은 임대차 종료 3년 이내에 손해배상을 청구할 수 있다.

그러나 '정당한 사유'가 있을 경우 임대인이 신규 임차인과의 계약을 거절할 수 있다. '정당한 사유'로 임차인이 주선한 신규임차인이 되려는 자가 보증금 또는 차임을 지급할 자력이 없는 경우, 임차인이 주선한 신규임차인이 되려는 자가 임차인으로서의 의무를 위반할 우려가 있거나 그밖에 임대차를 유지하기 어려운 상당한 사유가 있는 경우, 임대차 목적물인 상가건물을 1년 6개월 이상 영리목적으로 사용하지 아니한 경우, 임대인이 선택한 신규임차인이 임차인과 권리금 계약을 체결하고 그 권리금을 지급한 경우 등이다.

참조사항

- 임차권 : 임대인에게 목적물을 사용·수익하게 할 것을 요구할 수 있는 임차인의 권리

55. 주택임대차보호 1

– 주택임대차보호법의 적용범위

❏ 법제정의 의의

주택임대차보호법이 제정·시행되기 이전에는 임차권의 등기가 되어 있지 않는 한 임대인이 임대차목적물인 주택의 소유권을 제3자에게 이전하거나 저당권 등 제한물권을 설정하면 그 신소유자나 제한물권자에 대하여 임차권을 가지고 대항하지 못하였기 때문에 집주인이 집을 팔고 달아나거나, 그 집이 경매되어 다른 사람의 소유로 되는 경우에 임차인은 보증금도 제대로 받지 못하고 쫓겨났다.

민법 제621조 제1항은 '부동산임차인은 당사자 간에 반대약정이 없으면 임대인에 대하여 그 임대차등기절차에 협력할 것을 청구할 수 있다'고 규정하고 있으나, 경제적 약자인 무주택자가 주택을 임차할 때 임대인에게 그 등기를 요구한다는 것은 사실상 매우 어려운 일이어서 실제로 임차권등기가 행해지는 경우는 거의 없었으므로 남의 집에 세들어 사는 영세서민은 항상 불안한 지위에 있게 되어 이것이 사회문제로 대두되자, 1981년 3월 5일 주택임대차보호법을 제정하여 주택임차인이 주택의 인도 및 주민등록을 마친 때에는 그 등기가 없는 경우에도 그 다음 날로부터 제3자에게 대항할 수 있도록 함으로써 주택임차인을 보호하기에 이르렀다.

❏ 법의 적용범위

주택임대차보호법은 주거용 건물, 즉 주택의 전부 또는 일부의 임대차에 관하여 적용된다. 주택이라 함은 토지에 정착하는 공작물 중 지붕, 기둥 및 벽이 있는 것과 이에 부수되는 시설로서 사람의 주거의 용도에 사용되는 것을 말하며, 여기서 주택은 건축물관리대장 등 공부상 표시에 구애받지 않고 그 실제용도에 따라 정해져야 한다. 즉 공부상에는 비주거용건물로 되어 있어도 사실상 건물내부구조를 변경하여 실제용도가 주거용이면 본법의 적용을 받는다. 그리고 무허가 주택이나 미등기주택에 대한 임대차에 관하여도 본법은 적용된다.

그런데 한 건물의 비주거용부분과 아울러 주거용부분이 함께 임대차 목적이 되어 각기 그 용도에 따라 사용되는 경우에도 본 법이 적용되는가? 이에 대하여 주택임대차보호법은 그 임차주택의 일부가 주거외 목적으로 사용되는 경우에도 적용된다고 규정하고 있으나, 여기서 '임차주택의 일부'의 의미가 무엇인가 하는 것이 계속하여 문제로 남는다.

임차주택의 일부의 개념을 임차주택의 전면적 중 주거용부분의 면적과 비주거용부분의 면적을 형식적으로 대비하여 결정하려는 견해도 있으나, 일부의 개념은 주택임대차보호법의 입법취지를 고려하여 임차인의 주택생활의 안전보장에 중점을 두고 비주거용부분과 주거용부분의 면적비율, 임대차의 목적 등 구체적인 상황을 참작하여 합목적적으로 결정하여야 할 것이다(대판 1986.1.21. 85다카1367).

또한 주택임대차보호법이 적용되려면 먼저 임대차계약 체결당시를 기준으로 하여 그 건물의 구조상 주거용으로 건물의 형태가 실질적으로 갖추어 있어야 하고, 만일 그 당시에는 주거용건물분이 존재하지 아니하였는데 임차인이 그 후 임의로 주거용으로 개조하였다면 임대인이 그 개조를 승낙하였다는 등의 특별한 사정이 없는 한 본법은 적용되지 않는다 할 것이다.

주택임대차는 임료(집세)의 지급방법에 따라 사글세라고 하여 매달 세를 내는 것과 전세라고 하여 다액의 보증금만 걸고 사는 것이

있으며, 절충형도 있는데 이 모든 형태에 대하여 본법이 적용된다.

참조사항

● 공작물 : 인공적 작업에 의하여 만들어진 물건을 말하는 것으로, 토지에 부착하여 설치된 '토지의 공작물'을 가리키는 경우가 보통이다.

56. 주택임대차보호 2

– 임차권의 대항력은 주택의 인도와 주민등록을 마친 때 생긴다

❏ 임차권의 대항력

(1) 대항력의 의의

주택임대차보호법 제3조 제1항은 주택의 '임대차는 그 등기가 없는 경우에도 임차인이 주택의 인도와 주민등록을 마친 때에는 그 익일부터 제3자에 대하여 효력이 생긴다'고 규정하였는데, 이와 같이 제3자에 대하여 임대차관계를 주장할 수 있는 임차인의 권리를 임차인의 대항력이라고 한다.

'제3자에 대하여 효력이 생긴다'는 의미는 대항력이 있는 임차권의 목적물인 주택에 대하여 소유권을 취득하거나 전세권 등 그 임차권과 양립할 수 없는 용익권을 취득한 자에 대하여 임차인은 그 임차주택을 계약기간 만료시까지 사용·수익할 수 있는 권리와 그 기본적인 권리에서 파생되는 부수적인 권리까지도 주장할 수 있다는 뜻으로 해석함이 타당하다.

(2) 대항력의 취득요건

주택임대차보호법에 의하여 주택임차인이 대항력을 취득하기 위하여는 임차주택의 인도와 임차인의 주민등록이라는 두 가지 요건이 필요하다.

① 인도

여기서 말하는 '인도'에는 임대차계약을 체결한 후 직접 집주인으로부터 그 집을 인계받아 이사를 하는 경우와 같은 '현실인도', 자기가 소유하면서 살고 있던 집을 매도함과 동시에 매수한 사람과 매도한 집에 관하여 임대차계약을 체결하고 그 집에서 세를 사는 경우와 같은 '간이인도', 이미 제3자가 세들어 살고 있는 집을 임대차받고 그 집의

인도청구권을 양도받아 자기가 그 제3자로부터 인도를 받기로 한 경우와 같은 '반환청구권의 양도에 의한 인도'는 포함되나, 점유개정에 의한 인도는 거래안전상 포함되지 아니 한다.

② 주민등록

주택임차인이 대항력을 취득하기 위하여는 주택의 인도 이외에 주민등록을 마쳐야 한다. 주민등록은 거래의 안전을 위하여 임차권의 존재를 제3자에게 공지하기 위한 것으로 임차권등기를 대신하는 것이다. 여기서 요구하는 주민등록은 전입신고를 한 날을 기준으로 하므로 임차인은 주택의 인도를 받고 주민등록 전입신고만 하여 놓으면, 그 다음 날로부터 대항력을 취득한다.

(3) 대항력의 취득시기

주택을 인도받은 날과 주민등록 전입신고를 한 날이 일치하지 않는 경우에 언제부터 대항력을 취득하는가? 경우를 둘로 나누어, 먼저 주민등록 전입신고가 이루어지고 그 뒤에 임차주택을 인도받은 경우에는 임차인은 주택의 인도를 받은 다음 날로부터 제3자에 대하여 대항력이 생기며, 먼저 임차주택의 인도를 받고 나중에 전입신고가 이루어진 경우에는 주택임차인의 보호라는 측면에서 임차인이 소정의 기간 내에 주민등록 전입신고를 하지 않을 것을 해제조건으로 하여 입주 다음날부터 대항력이 생긴다고 해석하는 것이 타당하다. 예를 들면 주택임차인이 임차주택을 인도 받은 후 전입신고를 하기 전에 그 임차주택 위에 저당권이 설정되었다 하더라도 그 임차인이 임차주택에 입주한 날로부터 14일 이내에 주민등록 전입신고를 하였다면 주택임차인은 저당권자에게 대항할 수 있다.

앞서 말한 바와 같이 주택임차인은 주택의 인도와 주민등록을 마친 다음날부터 제3자에 대하여 대항력을 취득하기 때문에 그 이전에 임차주택에 대하여 권리를 취득한 제3자에 대항할 수 없으므로 타인의 주택을 임대차하고자 할 때에는 최소한 등기부를 열람하여 임차주택에 대하여 저당권, 전세권 등 물권을 취득한 사람이 없는지, 가등기·가압류·압류등기 등이 되어 있지 않는지 확인하여야 한다.

참조사항

- 관련 법규 : 주택임대차보호법, 민법 제575조 제1항·제3항·제578조
- 해제조건 : 정지조건에 상대되는 개념으로, 조건의 성취에 의해 그 때까지 발생하고 있던 법률행위의 효력을 상실시키는 것

57. 주택임대차보호 3

– 타권리와 임차권의 우선순위

❑ 권리의 순위

주택임대차는 그 등기가 없는 경우에도 주택의 '인도'와 '주민등록'을 마친 때에는 그 다음 날로부터 제3자에게 대항할 수 있는데, 여기서 주택임대차로 대항할 수 있는 제3자의 범위에는 임차목적물인 임차주택의 소유권취득자 · 전세권자 등 용익권자 · 가등기권자 · 담보가등기권자 등이 모두 포함된다.

(1) 경매와 임차

임차주택의 신소유자가 경매에 의하여 소유권을 취득한 매수인인 경우에는 모든 매수인에 대하여 임차권을 주장할 수 없는데, 그 경우를 나누어 살펴본다.

① 임차주택을 인도받고 주민등록을 마칠 때까지는(대항력을 취득할 때까지는) 그 주택에 저당권이 설정된 바 없었으나, 그 이후에 저당권이 설정되고 후일 그 저당권에 의하여 경매가 되어 매수인에게 매각된 경우에는 임차권은 저당권보다 선순위의 권리이므로 그 임차권은 소멸하지 아니 하고 매수인에 대하여도 그 효력이 생긴다.

② 임차주택에 관하여 대항력을 취득하기 전에 이미 저당권이 설정되어 있었으며, 후에 그 저당권에 의하여 경매가 되어 매수인이 새로 소유권을 취득한 경우에는 저당권이 임차권보다 선순위의 권리가 되므로, 임차권은 소멸되어 임차인은 보호를 받지 못하고 그 주택에서 쫓겨나게 된다.

③ 제1번저당권과 제2번저당권 사이에 대항력있는 임차권을 취득하였는데 제2번저당권자의 경매신청에 의하여 경매가 되어 매수인이 새

로 소유권을 취득한 경우에는, 제1번저당권도 소멸되므로 그 보다 후순위권리인 임차권도 당연히 소멸되며, 제2번저당권자는 임차권자의 희생 위에서 제1번저당권자가 배당받고 난 나머지 매각대금에서 우선변제를 받게 된다. 따라서 부득이한 사유로 제1번 저당권이 설정되어 있는 주택을 임차하는 때에는 그 임차주택의 가액이 제1번저당권으로 담보된 채무액과 임차보증금액을 합한 것보다 훨씬 초과하는 경우라도 임차인은 제2번저당권, 제3번저당권이 설정될 것을 대비하여 전세권등기나 임차권등기를 해두는 것이 현명하다.

④ 민사집행법의 강제집행절차에 의하여 임차주택이 경매되는 경우에는 대항력있는 임차권은 일반채권자에 대하여 대항할 수 있으므로 매각으로 인하여 소멸되는 일은 없다고 할 것이나, 가압류 또는 압류의 등기가 되어 있는 주택을 임차한 자는 가압류 또는 압류집행의 처분금지효력 때문에 그 후 계속된 집행에 의하여 그 주택의 소유권을 취득한 매수인에게 그 임대차의 효력을 주장할 수 없다.

⑵ 가등기와 임차

가등기는 부동산물권 또는 부동산임차권의 변동을 목적으로 하는 청구권을 보전하기 위하여 하는 등기를 말하는데, 가등기의 기본적 효력은 순위보전에 있다. 따라서 주택임차권이 대항력을 취득하기 전에 가등기

가 되어 있으면, 비록 그 가등기에 기한 본등기가 임대차 성립 후에 되었다 하더라도 임차인은 그 가등기권리자에 대하여 자기의 권리를 주장할 수 없으며, 대항력있는 임대차가 성립된 후에 가등기가 된 경우에는 그 가등기에 기하여 본등기가 경료되었어도 임차인은 새로운 소유자인 본등기 경료자에 대하여 임차권을 주장할 수 있다. 그러나 후자의 경우에 주택임대인과 주택임차인 사이에 그 가등기 후 그 임차보증금을 인상하기로 약정하였다 하더라도 그 인상분에 대하여는 그 가등기권리자에게 대항하지 못한다(대판 1986.9.9. 86다카757).

(3) 담보가등기와 임차

담보가등기는 채권담보를 목적으로 경료된 가등기를 말하는데, 담보가등기가 설정되어 있는 주택을 임차한 경우에는 비록 그 가등기가 임차권보다 먼저 설정되었다 하더라도 임차인은 담보가등기권리자에 대하여 그가 집주인에게 반환하여야 할 청산금(담보부동산의 가액에서 채권의 원리금을 공제한 수액)의 범위 안에서 보증금을 반환하지 않으면 그 주택을 비워줄 수 없다고 주장할 수 있다.

이상에서 본 바와 같이 임차주택에 저당권·전세권·가등기권 등이 설정되어 있는 경우, 임차인은 불의의 피해를 입을 수 있으므로 주택을 임대차할 때에는 반드시 등기부를 열람하여 저당권·전세권·가등기권 등이 설정되어 있는지 여부를 확인하여야 한다.

참조사항

- 관련 법규 : 민법 제618조 내지 제654조
- 본등기 : 종국등기, 즉 등기의 본래 효력을 완전히 발생시키는 등기를 말하며, 또 가등기에 상대되는 개념으로, 부동산등기법 제91조 제2항의 경우처럼 그 가등기에 의하여 순위를 보전받은 등기를 말하기도 한다.

58. 주택임대차보호 4

– 주택임대차의 존속기간은 어떻게 보장되는가

❏ 임대차의 존속기간

민법상 당사자 사이에 임대차기간의 약정이 없는 주택임대차의 경우에 당사자는 언제든지 계약해지의 통고를 할 수 있고, 상대방이 그 통고를 받은 날로부터 임대인이 해지를 통고한 때에는 6월, 임차인이 해지를 통고한 때에는 1월이 각 경과하면 해지의 효력이 생기므로 결국 6개월 정도만 존속기간이 보장되며, 당사자 사이에 임대차기간의 약정이 있는 주택임대차의 경우라도 최단존속기간이 결정된다. 그리하여 악덕임대인은 계약기간을 짧게 정해놓고 차임을 올려주지 않으면 임차인을 쫓아내는 경우도 있었다. 주택임대차보호법은 이러한 주택임대인의 횡포를 막고 주택임차인의 주거생활의 안정을 기할 수 있도록 주택임대차의 존속기간에 관하여 특별규정을 두고 있다.

(1) 기간의 결정

주택임대차의 기간은 임대인과 임차인이 자신들 의사에 따라 정할 수 있으나, 그 기간을 2년 미만으로 정한 경우에는 기간을 2년으로 보므로, 임대차 기간은 최저 2년이 되는 셈이다. 다만, 주택임차인의 이익보호를

위해서 임차인은 2년 미만으로 정한 기간의 유효함을 주장할 수 있도록 주택임대차보호법 제4조 제1항 단서에 규정해 놓고 있다.

(2) 계약의 갱신

주택임대차보호법 제6조제1항은 주택임대인이 임대차기간 만료 전 6월부터 2월까지 사이에 갱신거절 또는 조건을 변경하지 않으면 갱신하지 않는다는 뜻을 통지하지 아니한 경우에는 그 기간이 만료된 때에 전임대차와 동일한 조건으로 다시 임대차한 것으로 간주되며, 다만 이 경우에 임대차의 기간은 정함이 없는 것이 된다고 규정함으로써 주택임대차의 자동갱신을 인정하여 주택임차인을 더욱 보호하고 있다. 그러나 임차인이 2기의 차임액에 달하도록 차임을 연체하거나, 기타 임차인으로서의 의무를 현저히 위반한 경우에는 위와 같은 자동갱신은 인정되지 않는다. 여기서 2기 차임액은 계속적으로 2번 차임을 연체한 경우뿐만 아니라, 수회의 간격을 두고 2회 연체한 경우도 포함되어 임차주택의 소유자가 변경된 경우 전소유자에게 1회, 신소유자에게 1회 차임을 연체하여 계약기간 동안 도합 2회 연체된 경우도 이에 해당된다. 그리고 '기타 임차인으로서의 의무를 현저히 위반한 때'라 함은 임차인이 임차목적물인 주택을 파손시켰다든지, 주거용으로 임차한 주택을 비밀요정으로 사용하고 있다는 등 임차인으로서 이행하여야 할 의무를 이행하지 않은 경우 등을 말한다.

참조사항

- 관련 법규 : 민법 제639조, 주택임대차보호법 제6조
- 갱신 : 어떤 법률관계의 존속기간이 만료된 때에 그 기간을 연장하는 것

59. 주택임대차보호 5

– 보증금 반환을 위한 제도적 장치

❏ 보증금 보장의 의의

주택임대차의 경우 임대인의 입장에서는 임차인으로부터 보증금을 얼마나 많이 받아내느냐 하는 점이 중요한 반면, 임차인으로서는 임대차 종료시에 임대인에게 지급하였던 보증금을 확실히 반환받을 수 있는 길이 보장되어 있느냐 하는 점이 가장 중요한 문제가 아닐 수 없다.

특히 무주택 영세서민이 자기의 전재산에 가까운 돈을 보증금 또는 전세금으로 지급하고 주택을 임차하여 살다가 집주인으로부터 보증금을 반환받지 못하게 되는 경우에는 그들의 개인적인 불행일 뿐만 아니라 사회적으로도 큰 문제가 아닐 수 없다.

따라서 주택임대차의 경우에는 임차인의 보증금반환청구권을 보장하기 위한 제도적 장치가 필요하다 할 것인바, 현행법상 인정되는 보장책을 살펴보면 다음과 같다.

❏ 보장의 방법

(1) 동시이행

보증금의 반환과 임차주택의 명도간에 동시이행관계를 인정하고 있다. 즉 임대차가 종료한 경우에 임대인이 보증금을 반환하지 아니한 채 임차주택의 명도를 요구할 때에는 임차인은 이를 거절하고 보증금의 반환과 임차주택의 반환을 동시에 이행하자고 주장할 수 있는 것이다. 그리고 임대인이 보증금의 반환없이 임차주택의 명도를 청구하는 소송을 제기한 경우에도 임차인은 그 소송에서 위와 같은 내용을 주장할 수 있고, 이러한 주장을 하게 되면 법원은 보증금 반환과 임차주택의 반환을 동시에 이행하라는 판결을 하게 된다.

그러나 임차인이 소송에서 이러한 동시이행의 항변권을 행사하지 않으면 패소하게 되므로 주의해야 할 것이다.

(2) 지위의 승계

임차주택의 양수인은 임대인의 지위를 승계하는 것으로 하고 있다. 따라서 임차주택의 양수인은 종전 임대인이 부담하고 있는 보증금반환의무도 승계하게 된다.

그러나 이것은 임차인이 이른바 대항력을 취득하였을 때의 문제인 바, 대항력을 취득한 임차인만이 임차주택의 신소유자에 대하여 직접 보증금 반환을 청구할 수 있는 것이다.

(3) 임대차의 존속

보증금반환의 지연과 임대차관계의 존속의제가 있다. 즉 임대차가 기간만료 또는 해지통고 등의 사유로 종료되었다 하더라도 임대인이나 임차주택을 양수한 사람이 임차인에게 보증금을 반환하지 않고 있는 경우에는 임대차는 계속 존속하게 된다.

따라서 임대인이 임대차관계가 이미 종료된 후에 그 주택을 다른 사람에게 매도한 경우에 임차인은 이를 매수한 사람에 대하여도 보증금을 반환받을 때까지 계속 그 건물에 거주할 수 있는 권리를 갖게 되는 것이다.

종래에는 임대차가 종료한 후에 임차인이 임차주택에 계속 거주하는 것은 원칙적으로 불법점유가 된다고 해석하여 왔으나, 이러한 제도의 신설로 인하여 임대인이나 임차주택의 양수인이 보증금을 반환하지 않고 있을 때에는 이를 반환받을 때까지 종전의 임대차관계가 존속하는 것으로 의제되므로 임차인의 점유는 불법점유가 되지 않는 것이다.

참조사항

- 관련 법규 : 민법 제536조 · 제575조 제1항 · 제3항 · 제578조, 주택임대차보호법 제3조 · 제4조
- 의제 : 본질이 같지 않은 것을 일정한 법률의 취급에서 동일한 것으로 간주하고 동일한 법률상의 효과를 부여하는 것

60. 주택임대차보호 6

– 우선변제 받을 수 있는 보증금 중 일정액의 범위

❏ 보증금 보호의 의의

이미 저당권이나 가등기가 설정되어 있는 주택을 임차한 경우에 그 저당권이나 가등기가 실행되어 제3자가 임차주택의 소유권을 취득하면 임차인은 제3자에게 대항할 수 없으며, 실제로 임차주택에 저당권이나 가등기가 설정되어 있는 사실을 모르고 임대차계약을 체결한 후 보증금을 내고 세들어 살고 있다가 그 저당권이나 가등기가 실행되어 보증금을 한푼도 받지 못하고 그 집에서 쫓겨나는 일도 많았다.

여기서 최소한 소액 임차보증금으로 타인의 주택에 세를 들어 살고 있는 영세민들이 임대인에게 지급한 보증금을 돌려 받을 수 있는 보장책을 마련해 주는 것이 시급한 과제로 대두되었다. 이에 따라 주택임대차보호법을 개정하여 임차인에게 일정액의 보증금에 관하여 다른 담보물권자보다 우선변제를 받을 권리를 부여하고, 보증금의 일정액의 범위와 기준은 경제사정의 변동에 따라 탄력적으로 운용하기 위하여 주택의 가액(대지의 가액을 포함한다)의 2분의 1 범위 안에서 대통령령에 위임하였다.

❏ 보증금의 일정액의 범위

지난 2023. 2. 21. 주택임대차보호법 시행령이 개정되어 우선 변제를 받을 임차인의 범위와 보증금 중 일정액의 범위가 확대되었는데 그 내용은 다음과 같다.

지　역	보증금 범위	최우선 변제금액
1. 서울특별시	1억 6천 500만원 이하	5천 500만원
2. 수도권정비계획법에 따른 과밀억제권역 (서울특별시 제외), 세종특별시, 용인시, 화성시 및 김포시	1억 4천 500만원 이하	4천 800만원
3. 광역시(2호의 지역과 군지역 제외), 안산시, 광주시, 파주시, 이천시 및 평택시	8천 500만원 이하	2천 800만원
4. 그 밖의 지역	7천 500만원 이하	2천 500만원

▶과밀억제권역

인구 및 산업이 과도하게 집중되었거나 집중될 우려가 있어 그 이전 또는 정비가 필요한 지역(수도권정비계획법 제6조제1호)으로서 다음과 같다.

1. 서울특별시 2. 인천광역시[강화군, 옹진군, 서구 대곡동·불로동·마전동·금곡동·오류동·왕길동·당하동·원당동, 인천경제자유구역(경제 자유구역에서 해제된 지역을 포함한다) 및 남동 국가산업단지는 제외한다] 3. 의정부시 4. 구리시 5. 남양주시(호평동, 평내동, 금곡동, 일패동, 이패동, 삼패동, 가운동, 수석동. 지금동 및 도농동만 해당한다) 6. 하남시 7. 고양시 8. 수원시 9. 성남시 10. 안양시 11. 부천시 12. 광명시 13. 과천시 14. 의왕시 15. 군포시 16. 시흥시[반월특수지역(반월특수지역에서 해제된 지역을 포함한다)은 제외한다]

❑ 확정일자

위의 한도액을 초과하는 임차인이 보증금 전액의 우선변제권을 가지려면, 실입주와 주민등록 전입신고 이외에 '확정일자'를 받아야 한다. 확정일자를 받는 방법은 아래와 같이 네 가지가 있다.

첫째, 임대차계약서에 공증사무소에서 확정일자를 부여받는 방법(수수료 1,000원)

둘째, 임대차계약서에 법원·등기소의 공무원이 확정일자인을 찍는 방법(수수료 600원)

셋째, 읍·면·동사무소를 이용하여 주민등록전입신고를 하면서 동시에

확정일자를 부여받는 방법(수수료 600원)

넷째, 인터넷 등기소를 이용하여 전자확정일자를 부여받는 방법(수수료 500원)

임대차계약서의 확정일자는 임대인의 동의 없이 임차인 또는 계약서 소지인이 언제든지 받을 수 있다. 그리고 공증인사무소, 법무법인 또는 공증인가 합동사무소 등 공증기관에서 임대차계약서를 공정증서로 작성하여도 확정일자를 받은 것과 동일한 효력이 있다. 주의할 점은 임대차 계약서는 반드시 완결된 원본이어야 하고 사본은 안 된다는 점이다.

그러나 소액임차인의 우선변제권은 선순위 담보물권자에도 앞서는 반면, 확정일자부 임차인의 우선변제권은 후순위 권리자보다만 앞서는 권리에 지나지 않는다.

그리고 임차인의 보증금의 일정액이 주택의 가액(이하 대지의 가액을 포함한다)의 2분의 1을 초과하는 경우에는 주택의 가액에 2분의 1에 해당하는 금액에 한하여 우선변제권이 있으며, 하나의 주택에 임차인이 2인 이상이고 그 각 보증금 중 일정액이 주택의 가액의 2분의 1을 초과하는 경우에는 그 각 보증금 중 일정액의 합산액에 대한 각 임차인의 보증금 중 일정액의 비율로 그 주택가액의 2분의 1에 해당하는 금액을 분할한 금액을 각 임차인의 보증금 중 일정액으로 본다. 다만 하나의 주택에 임차인이 2인 이상이고 이들이 그 주택에서 가정공동생활을 하는 경우에는, 이들을 1인의 임차인으로 보아 이들의 각 보증금을 합산하여 보증금 중 일정액에 해당하는지 여부를 가려야 한다.

참조사항

- 관련 법규 : 주택임대차보호법 제8조, 동시행령 제3조
- 담보물권 : 채권담보를 위하여 물건이 가지는 교환가치의 지배를 목적으로 하는 제한물권. 민법상 담보물권에는 유치권 · 질권 · 저당권의 세 가지가 있다.

61. 전대차

– 임차인이 제3자로 하여금 그의 임차물을 사용·수익하게 하는 것

❑ 전대차의 의의

임대차계약에 의하여 임대인으로부터 어떤 물건을 빌리고 있는 임차인이, 이번에는 그 자신이 임대인(전대인)이 되어 그의 임차물을 다시 제3자로 하여금 사용 수익하게 하는 계약을 전대차라고 한다.

전대인과 전차인 사이의 새로운 임차관계를 발생시키는 계약은 많은 경우에 있어서 임대차인 것이 보통이나, 사용대차라도 무방하고, 임차물의 전부 뿐만 아니라 일부에 대해서도 가능하다.

전대차의 사회적 작용은 임차권의 양도와 마찬가지로 임차물에 대한 임차인의 투하자본을 회수하기 위한 방법의 일환이다.

❑ 전대차의 성질

전대는 전대인과 전차인 사이의 낙성, 불요식의 계약이며, 임대인은 이때의 계약당사자는 아니다. 즉 전대인과 전차인 사이의 임대차 계약으로 전대차는 언제나 유효하게 성립하나, 전차인이 임대인 및 그밖의 제3자에 대한 관계에 있어서 유효하게 임차권을 취득하느냐는 임대인의 동의에 달려있다.

전대차도 그 성질은 임대차 계약으로서 채권계약이다. 이 점이 준물권계약으로서의 성질을 갖는 임차권의 양도와 다른 점이라 할 수 있다.

민법은 원칙적으로 임차물의 전대를 허용하지 않으며, 다만 임대인의 동의가 있는 경우에만 유효하게 전대할 수 있는 것으로 하고, 또한 건물의 임차인이 그 건물의 소부분을 타인에게 사용하게 하는 경우에는 임대인의 동의를 요하지 않는 것으로 하고 있다.

민법의 이와 같은 입법이유는 임차물의 사용·수익방법은 사람에 따라 차이가 나므로 임차인이 전대함으로 인하여 발생할 임대인의 손해를 방지하기 위한 것이며, 그것은 어떤 공익을 위한 것이 아니므로 강행규정이라고 볼 것은 아니다. 따라서 임대인의 동의를 요하지 않는다는 특약은 언제나 유효하다.

❑ 임대인과 전대인, 전차인의 법률상 지위

전대인과 전차인의 사이의 전대차계약은 하나의 임대차계약으로서 유효하게 성립하며, 전대인은 임대인의 동의를 얻을 의무를 전차인에 대하여 부담한다. 전차인은 전대인에 대한 관계에 있어서 유효하게 임차권을 취득하는 것이 되고, 그 결과 임대인의 동의가 없더라도 전대인은 전차인에 대하여 차임청구권을 가진다. 다만 임대인의 동의가 없는 전대차에 있어 전차인은 그가 취득한 임차권을 가지고 임대인에게 대항할 수 없다.

그러나 임대인의 동의가 있는 전대차는 전대차 계약내용에 따라 전대가 유상이면 임대차, 무상이면 사용대차가 된다. 그러므로 전대인은 전차인에 대하여 대주로서의 권리·의무를 가지며, 다만 전차인이 임대인에게 직접 차임을 지급할 때는 그 한도에서 전대인에 대한 차임지급의무를 면하고, 임대차·전대차가 동시에 종료한 경우에는 전차인이 임대인에게 목적물을 반환하면 전대인에 대한 반환의무를 면한다.

참조사항

- 관련 법규 : 민법 제629조 이하
- 강행규정 : 당사자의 의사 여하에 불구하고 강제적으로 적용되는 규범

62. 자연채무

– 채무자가 임의로 이행하지 않아도 채권자가 그 이행을 소구하지
  못하는 채무

❑ 자연채무의 의의

자연채무라 함은 채무자가 임의로 이행하지 않는 경우에도 채권자가 그 이행을 소구하지 못하는 채무를 말하며, 불완전채무라고도 한다. 그러나 채무자가 임의로 이행하면 그것은 유효한 변제가 되고, 채권자가 급부를 수령하더라도 부당이득이 되지 않으므로 단순한 도덕상의 의무가 아니라 법률상의 채무이다. 그리고 자연채무는 소구할 수 없는 채무인 점에서 소구할 수는 있으나 집행할 수 없는 채무, 즉 책임없는 채무와는 구별된다.

❑ 자연채무의 유래

로마법에서는 소권이 없는 채권이 상당히 널리 인정되어 있었다. 원래 로마법에서는 소정의 엄격한 방식을 좇은 계약만이 유효한 채권을 발생시켜 소권의 보호를 받게 되고, 그 이외의 계약은 채권자의 자력구제 또는 상대방의 성의에 의존할 수 밖에 없었는데, 후자의 채무를 자연채무라 하였던 것이다. 로마법은 소권법체계를 취하였기 때문에 자연채무가 발생할 여지가 많았다. 그러나 '권리 있는 곳에 소권이 있다'는 실체법체계를 취하는 근대법에서는 원칙적으로 모든 채권에 소권이 인정되는 까닭에 자연채무란 관념이 사용되지 아니한다. 그렇지만 아직도 소권에 의해 보호되지 않는 예외적인 채권의 존재를 인정하여야 할 경우가 있으므로 자연채무라는 관념을 인정하는 것이 보통이다.

이에 따라 프랑스민법은 이 관념을 인정하고, 임의로 변제된 자연채무에 대하여 반환청구권이 없음을 규정하였다. 그러나 독일민법은 이를 특히 규정함이 없고, 우리 민법도 이에 대한 규정은 없다. 다만 학설·판례가 일반적으로 인정하고 있는 실정이다. 일본민법도 이에 관한 규정이 없고, 학설도 부정설이 압도적이었으나, 근래에 와서는 긍정설이 확장되어 가고 있다.

❑ 자연채무의 발생원인

(1) 계약에 의한 발생

당사자 사이의 약정으로 자연채무로서의 효력이 발생하는 채무를 성립시킬 수 있음은 계약자유의 원칙상 당연하다.

(2) 소멸시효가 완성된 채무

소멸시효 완성의 효과에 대해 절대적 소멸설과 상대적 소멸설 중 어느 것을 취하느냐에 따라 이론구성이 달라진다. 상대적 소멸설을 취하면, 시효완성 후 시효를 원용하면 그때부터 자연채무가 성립한다고 한다. 이에 대해 절대적 소멸설에 의하면, 시효의 완성으로 채권은 완전히 소멸하므로 자연채무가 성립할 여지가 없다고 한다. 그러나 시효완성 후에 채무자가 임의로 변제하면 민법 제742조 또는 제744조에 의하여 반환을 청구할 수 없는 점, 시효완성된 채무도 상계할 수 있는 점 등은 자연채무로서의 효력이며, 그렇다면 절대적 소멸설을 취하더라도 시효완성된 채무를 자연채무로 인정하여야 할 것이다.

(3) 불법원인급여

민법 제746조는 '불법의 원인으로 인하여 재산을 급여하거나 노무를 제공한 때에는 그 이익의 반환을 청구하지 못한다'고 규정하고 있으므로, 이 때에 그 급부를 수령한 자의 반환채무는 자연채무가 된다.

⑷ 채권자가 승소의 종국판결 후에 소를 취하한 경우

이 경우 민사소송법 제267조 제2항의 재소금지원칙에 의하여 다시 동일한 소를 제기하지 못하나, 승소판결이 확정된 경우에는 그 후에 소의 취하로 채권 자체가 소멸하는 것은 아니므로 이 때의 채무는 자연채무가 된다.

⑸ 파산절차에서 면책된 채무 및 회생절차에서 일부면제된 채무

이들 여러 경우에 면책 또는 일부면제가 있어도 채무 자체는 그대로 존재하므로 이들 채무는 일종의 자연채무로 본다.

참조사항

● 관련 법규 : 민법 제744조 · 제746조 등

63. 화 해

– 당사자가 상호양보하여 분쟁을 종지하는 쌍무 · 유상 · 낙성 ·
  불요식 계약이다

❑ 화해의 의의

화해는 당사자가 서로 양보하여 그들 사이의 분쟁을 해결하고 종지할 것
을 약정함으로서 성립하는 계약이다.

과거 국가의 조직이 확립되지 못한 시대에는 분쟁이 생기면 자력구제로
서 해결하는 것이 보통이었지만, 현재에 이르러는 재판제도가 발달하여
법적 분쟁은 반드시 재판절차로 해결하여야만 되게 되었다.

그러나 이러한 재판은 일도양단적인 해결방법으로서, 이에 의하더라도
당사자 사이에는 감정대립의 문제가 남을 수 있는 것이므로, 이에 비해
화해제도는 보다 부드러운 해결방법으로서의 기능을 하고 있는 것이다.

다만 민법상의 화해는 법원에서 행하여지는 재판상의 화해, 즉 소송상
화해와 제소전 화해와는 구별된다.

❑ 화해의 성질

화해는 당사자 쌍방이 그 분쟁을 종지할 채무를 지는 것이므로 쌍무계약
이며, 또 대가적 의미로서의 손실을 부담하여 서로 양보하는 것이므로
유상계약이다. 그리고 당사자의 합의로써 성립하므로 낙성, 불요식의 계
약이며, 장래를 위하여 계약서를 작성하는 것이 보통이나, 이는 계약성
립의 요건은 아니고 단순한 증거수단에 불과하다.

❑ 화해의 요건

화해는 당사자가 분쟁을 종지하는 것을 목적으로 하여야 한다. 그러므로

분쟁이 없는 경우에 법률관계를 확실하게 하기 위한 계약은 화해계약이 아니다. 분쟁이 있는가의 판단은 주관적으로 할 것이지 객관적으로 할 것은 아니다.

화해는 당사자가 서로 양보하여야 한다. 당사자가 서로 양보하지 않고 일방만이 양보하는 것은 화해계약이 아니다. 또한 화해에 있어서 당사자의 양보는 다투어지고 있는 법률관계에 관하여 처분을 하는 결과가 되므로 화해의 당사자는 처분의 능력 또는 권한을 가지는 자이어야 한다.

❑ 화해의 효력

화해의 가장 중심적 효력은 화해계약의 내용에 따라 법률관계가 확정되고 화해 전의 주장을 할 수 없게 되는 것이다. 다만 화해에 의하여 확정되는 것은 다툼의 대상이 되어 당사자 쌍방이 서로 양보하여 확정하기로 합의한 사항에 한하며, 당사자가 다툼이 없었던 사항은 물론이고, 화해의 전제로서 서로 양해하고 있는데 지나지 않는 사항에 관하여는 화해의 효력이 미치지 않는다.

또한 화해계약은 착오를 이유로 취소하지 못한다. 하지만 화해 당사자의 자격 또는 화해의 목적인 분쟁 이외의 사항에 착오가 있는 때에는 그러하지 아니한다.

분쟁의 대상 이외의 사항에 관한 착오의 예로 의료사고에서 환자가 치료 중 사망하자 의사가 자신의 과실로 인한 것으로 생각하고 배상액을 합의하였는데 사인이 자신의 과실이 아닌 다른 지병으로 밝혀진 경우 착오를 이유로 취소를 할 수 있다.

참조사항

- 관련 법규 : 민법 제731조 · 제732조 · 제733조
- 유상계약 : 계약의 쌍방당사자가 서로 대가적 의미를 가지는 출연 내지 출재를 하는 계약을 말한다.

❏ 불법원인급여의 의의

민법 제746조는 '불법의 원인으로 인하여 재산을 급여하거나 노무를 제
공한 때에는 그 이익의 반환을 청구하지 못한다. 그러나 그 불법원인이
수익자에게만 있는 때에는 그러하지 아니 하다'고 하여 불법원인으로 제
공한 급부는 원칙적으로 반환청구를 인정하지 않고 있다. 이와 같은 취
지의 제도는 로마법 이래로 부당이득의 반환을 저지하는 제도로서 인정
되어온 것이다.

도박계약이나 첩계약에 의한 금전의 수수 등 그 급여의 원인이 불법인
때에는 그 행위는 무효이며, 따라서 그 급부는 비채변제로서 반환을 소
구할 수 있을 것이다. 그러나 그 반환을 인정한다면 우선 법의 이상에 반
하는 행위를 한 자의 주장을 시인 보호하는 결과가 되어 정의·공평의
실현을 입법취지로 하는 불법이득제도의 본지에 반하고, 나아가 사회전
체의 이상에 반하게 된다. 그러므로 법은 일면 사회적 타당성이 없는 행
위를 행하고 그 실현을 바라는 자에게 조력을 거부하고, 반면 그와 같은
행위의 결과를 복구하려는 자에 대하여서도 그 조력을 거절하는 것이다.

❏ 불법원인급여의 요건

불법원인급여에서의 불법이라고 하는 것은 이 제도의 취지가 스스로 부
도덕한 행위를 하였음을 주장하여서는 법의 보호를 받을 수 없다고 하는
법의 이상의 표현인 만큼 그 기준은 시대의 윤리사상을 기준으로 하여
사회적 타당성을 결하는 것을 의미한다고 하여야 할 것이고, 국가의 정
책적 입장에서 정하여지는 강행법규 위반이 모두 여기에서의 불법이 되

는 것은 아니다. 또한 급부의 원인이 불법이라고 함은 그 급여에 의하여 기도된 사회적 목적이 불법함을 말한다. 따라서 도박에 있어서의 금전의 급여와 같이 급여의 내용 자체가 불법인 경우는 물론, 불륜관계에 대한 대가로서의 금전의 급부와 같이 급여 자체에는 불법성이 없어도 불법한 급여의 대가로서 또는 불법한 행위를 조건으로 하는 급여는 모두 불법원인급여로 되고, 동기의 불법도 그것이 표시되어 급여행위의 내용이 된 경우에는 불법의 원인이 된다.

❏ 불법원인급여의 효과

불법원인급여가 있는 경우에는 급여자는 그 이익의 반환을 청구하지 못한다. 그 이익이란 급여자의 급여로 인하여 수익자가 얻은 이익을 말하며, 급여된 것이 물건이면 그 원물 또는 이에 갈음하는 이득이고, 물건 이외의 것이면 그 사실상의 이득이다. 이처럼 불법원인급여가 성립하면 원칙적으로 그 급여한 것의 반환을 청구하지 못하나, 불법의 원인이 수익자측에만 있는 경우에는 예외적으로 급여자는 부당이득 반환청구권을 가진다. 비록 그 급여를 포함하는 법률행위가 전체로서 불법하다 할지라도 그것을 불법하게 하는 이유가 수익자측에만 있고 그 급여를 급여자 측에서 볼 때에는(예컨대 범행의 단념을 조건으로 한 금전의 지급) 그 구제를 인정하는 것이 타당하기 때문이다.

참조사항

- 관련 법규 : 민법 제746조
- 강행법규 : 당사자의 의사와 관계없이 언제나 적용되는 것으로 법령 중의 선량한 풍속 기타 사회질서에 관계있는 규정

65. 명예훼손과 불법행위책임

– 훼손된 명예의 회복을 위한 구제방법

☐ 명예권에 관한 규정

현행 헌법은 제17조에서 사생활의 비밀과 자유를 독립된 조항으로 보장하고 있으며, 제21조 제1항에서 언론·출판 등에 의한 표현의 자유를 보장하는 동시에, 그 제4항에서 언론·출판의 한계와 그에 대한 피해의 배상에 관하여 규정하고 있다. 그런데 개인의 명예는 이러한 헌법규정 외에 형법은 제33장 명예에 관한 죄에서 개인 및 사자의 명예권에 관하여 규정하고 있으며, 민법은 제750조·제751조·제746조 등에서 타인의 명예를 해친 자의 손해배상책임 및 훼손된 명예의 회복을 위한 조치 등에 관하여 규정하고 있고, 언론중재 및 피해구제 등에 관한 법률 제14조·제15조·제16조·제17조에서는 정정보도청구권과 반론보도청구권 및 추후보도청구권을 인정하고 있다. 또한 판례에 의하여 인정되고 있는 금지청구권등이 있다.

☐ 명예훼손의 성립요건

(1) 주관적·객관적 성립요건

명예훼손이 성립하려면 불법행위의 객관적 성립요건으로서 위법하게 타인의 명예를 훼손하여야 함과 동시에, 주관적 성립요건으로서 고의·과실이 필요하다. 따라서 가해자가 고의로 일정한 진술을 했어야 하나, 가해자가 그 진술의 명예훼손성을 알고 있어야 할 필요는 없으며, 만일 가해자가 한 진술이 피해자의 명예를 훼손한다는 사실을 몰랐다고 하더라도 그에게 책임이 있다.

오늘날 명예훼손이 가장 문제되는 경우는 신문·잡지·텔레비전·라디

오 등의 '매스 미디어'에 의한 것이 가장 일반적이지만, 이 밖에도 부당한 권리의 행사에 의하여 성립되기도 하며, 민사소송이 진행되는 법정에서의 증언에 의하여 타인의 명예가 훼손되기도 하고 피의자에 대한 고소·고발 및 위법한 공무집행 등에 의하여도 명예훼손이 유발된다.

(2) 당사자

명예훼손이 성립하기 위하여는 먼저 명예훼손의 당사자가 존재하여야 한다. 문제가 되는 것은 사자와 법인이다.

① 사자(死者)

사자는 권리능력이 없기 때문에 사자 자신에 대한 명예훼손은 인정되지 않으나, 저작권법 제39조 및 형법 제308조에서는 사자의 명예를 입법적으로 보호하고 있는데, 이는 사자의 인격권이 사자의 법률적 인격과 별도로 사후에 예외적으로 존재하는 경우이다.

② 법인

법인의 대표자가 법인의 명의로 타인의 명예를 훼손하였을 경우에는 법인 자신이 손해배상책임을 진다는 점에서 법인도 명예훼손의 주체가 될 수 있으며 판례도 이를 인정하고 있다. 이와 같은 이치로 조합이나 권리능력이 없는 사단에 대하여서도 이를 인정함이 타당할 것이다.

③ 피해자의 특정

한편 명예훼손이 성립되기 위해서는 피해자가 특정되어야 하나, 특정인의 명칭을 사용하지 않았더라도 여러 가지 상황을 종합해 볼 때 누구라는 것을 추측해 낼 수 있는 경우에도 명예훼손은 성립한다.

명예훼손이 성립되기 위해서는 피고가 원고에 관하여 명예훼손이 되는 진술을 공표했어야 한다. 즉 그 진술은 직·간접적으로 명예훼손성을 갖추고 있어야 하고, 그 진술이 원고와 충분한 관련성이 있어야 하며, 나아가 그 진술이 공표되어야 하며, 타인의 명예의 침해에 대한 고의·과실이 있어야 한다. 일반적으로 공공의 이익에 관계가 깊은 경우에는 위법성의 정도가 약하거나 조각될 것이고, 공공의 이익을 도모할 목적이 아닌 사적인 일에 관한 것일 경우에는 위법성의 정도가 강하다고 평가될 것이다.

명예훼손의 성립여부는 언론·출판의 자유와 개인의 명예보호라는 두 가지의 법익을 어떻게 조화시킬 것인가의 문제와도 깊은 관련이 있는 바, 이러한 문제의 조정기준으로서 위법성조각사유 내지 면책사유가 논의되고 있다.

④ 가해자

명예훼손의 가해자에 관한 문제로서 법인의 기관이 제3자의 명예를 훼손한 경우나, 기자·편집자 등 피용자가 명예훼손행위를 한 경우가 문제된다. 이 경우에 법인에게 불법행위능력이 인정된다는 점에서 당해 법인은 불법행위책임 또는 사용자책임을 지게 된다. 언론법인이 사용자책임을 지게 되는 경우, 사용자와 피용자의 관계는 부진정연대채무의 관계로서 피해자는 양자 중 누구에 대해서도 책임을 물을 수 있다.

민법은 제751조 제1항에서 타인의 신체자유 또는 명예를 해하거나 기타 정신적 고통을 가한 자는 재산 이외의 손해에 대해서도 배상할 임이 있다고 규정하고 있는 바, 가해자는 재산권의 침해이건 인격권의 침해이건 이를 불문하고 그것으로 인하여 발생한 정신적 손해를 배상하여야 한다.

☐ 불법행위에 대한 구제방법

우리 민법상 불법행위에 대한 구제방법은 금전배상을 원칙으로 하고 있다. 그런데 민법은 제764조에서 타인의 명예를 훼손한 자에 대하여 법원은 피해자의 청구에 의하여 손해배상에 갈음하거나 손해배상과 함께 명예회복에 적당한 처분을 명할 수 있다고 규정함으로써 금전배상의 원칙에 대한 예외를 인정하고 있다. 명예회복처분으로서 가능하다고 생각되

는 것은 사죄장의
교부, 신문 등에
의한 사죄광고(헌
재결정-한정위헌 결
정-민법 제746조)
또는 취소광고의
게재 등이 있다.

정정보도청구라 함은 사실적 주장에 관한 언론보도가 진실하지 아니함으로 인하여 피해를 입은 자가 그 보도내용에 관한 정정보도를 언론사의 대표자에게 서면으로 청구하는 것을 말한다. 정정보도청구는 당해 언론보도가 있음을 안 날부터 3월 이내에 청구할 수 있으며 당해 언론 보도가 있은 후 6월이 경과한 때에는 청구할 수 없다. 이 밖에 반론보도청구와 추후보도청구가 있다.

한편 손해배상이나 명예회복처분은 사후구제수단으로서 피해의 전보 내지 회복에 그 목적이 있으나, 금지청구는 피해의 발생 내지 그 확대의 예방을 목적으로 하는 사전 구제수단이라는 점에서 양자는 차이가 있다.

참조사항

- 관련 법규 : 민법 제750조·제751조·제764조, 언론중재 및 피해구제 등에 관한 법률 제14조 내지 제17조, 저작권법 제39조, 형법 제307조 이하 등
- 부진정연대채무 : 수인의 채무자가 동일한 내용의 급부에 대해 각각 독립하여서 전부의 급부를 하여야 할 채무를 부담하고 그 가운데의 한 사람 또는 수인이 한 개의 급부를 하면 모든 채무자의 채무가 소멸하는 다수당사자의 채무관계로서 연대채무에 포함되지 않는 것

66. 의료과오

– 민사책임을 중심으로

❏ 의료과오의 뜻

의료과오라 함은 의사가 진료행위를 함에 있어서 업무상 필요로 하는 주의를 게을리하여 그 결과 환자가 사상함으로써 환자에게 손해를 입히는 것으로서, 이 경우에 의사의 법적책임 문제가 발생하는 바, 여기서는 형사상 업무상 과실치사상의 점을 제외한 민사책임문제에 대해서 살펴보기로 한다.

❏ 의사의 책임

의사와 환자와의 계약관계는 통상 의사가 환자를 상당한 기술과 주의를 해서 치료할 것을 내용으로 하는 일종의 위임계약이다. 따라서 위임을 받은 의사는 병의 치료라는 목적을 위하여 선량한 관리자의 주의를 가지고 행하여야 하며, 의료인의 주의의무는 그러한 의료업무에 종사하는 사람을 기준으로 진료 당시의 이른바 임상의학의 실천에 의한 의료수준에 의한다. 만약 이 주의의무를 다하지 못한 경우에는 과실이 있는 것으로 되어 환자측에 대해 채무불이행으로 인한 손해배상책임이 발생하게 된다. 의사의 과실에 있어서는 의사로서 일반적으로 요구되는 주의를 기준으로 과실의 유무가 판단되며, 일반의와 전문의와는 주의의무가 다르고, 전문의 중에서도 그 전문과목에 따라 주의의무의 내용이 다르다. 다만 허용된 위험의 법리에 따라 어떠한 의료행위도 어느 정도의 위험은 언제나 내포한다는 점에 비추어 볼 때, 의료행위로 인한 모든 위험발생에 대하여 의사에게 전적으로 책임을 지울 수는 없다고 보여지고, 그 외 신뢰의 원칙에 의거 의사가 어느 정도의 범위 안에서 동료의사 · 간호사 · 보조원 등의 공동작업을 신뢰하고 자기의 주의의무를 다한 때에는 그에게 책임을 지울 수 없다는 이론도 대두되고 있다.

그 밖에 의료제도, 진료의 긴급성, 진료의 재량성, 진료의 곤란성, 환자의 특이체질, 지역에 따르는 특수성 등을 고려하여 판정의 기준을 세워야 할 것이다.

❏ 의사의 과실

의사의 과실에는 여러 가지 유형이 있지만, 의료행위상의 순서에 따라나누어 보면 오진·주사과실·투약과실·수술과실·수혈과실·정신병 환자의 간호에 따른 과실 등이 있다. 이와 관련하여 환자의 승낙이 있는 경우, 예컨대 병원에서는 환자를 수술함에 있어 미리 환자측으로부터 나쁜 결과에 대하여 그 책임을 추궁하지 않겠다는 취지의 승낙서를 받는 예가 많은데, 치료를 받음에 있어 환자의 승낙이 공서양속에 반하지 않는 한 유효하다고 보겠으나, 모든 승낙이 의사의 책임을 면제한다고는 할 수 없을 것이다.

❏ 의사의 설명의무

의사는 긴급한 경우나 다른 특별한 사정이 없는 한, 의약품을 투여하기 전에 환자에게 질병의 증상, 치료방법의 내용과 필요성, 예상되는 위험성과 부작용 등 의사결정을 위하여 중요한 사항을 설명함으로써 환자로 하여금 투약에 응할 것인가의 여부를 스스로 결정할 기회를 가질 수 있도록 하여야 한다.

참조사항

- 선량한 관리자의 주의 : 그 사람의 직업 및 사회적 지위에 따라 거래상 보통 일반적으로 요구되는 정도의 주의

67. 피용자의 불법행위에 대한 사용자책임

— 무과실책임에 가까운 중간적 책임을 진다

❑ 사용자책임의 의의

타인을 사용하여 어느 사무에 종사하게 한 자 또는 사용자에 갈음하여 그 사무를 감독하는 자는 피용자가 그 사무집행에 관하여 타인에게 손해를 가한 경우에 피용자의 선임·감독에 과실이 없음을 입증하지 못하는 한 그 손해를 배상할 책임을 진다.

피용자의 불법행위에 대하여 사용자의 책임을 인정하여야 할 실제적인 필요는 피해자의 보호에 있으며, 그 이론적인 근거로는 보상책임의 원리를 들고 있다. 즉 피용자는 대체로 보상능력이 없기 때문에 사용자로 하여금 보상하게 하여 피해자를 보호하려는 것이며, 피용자의 활동에 의한 이익이 있는 곳에 손해도 돌아가야 한다는 것이다.

사용자의 책임은, 첫째 그 과실이 피용자의 가해행위에 관한 것이 아니고 피용자의 선임·감독에 관한 것이고, 둘째 입증책임은 사용자에게 있다는 점에서 일반 불법행위책임보다는 가중되어 있으나, 선임·감독업무에 관한 과실을 요건으로 한다는 의미에서 절대적인 무과실책임이라고 할 수는 없으므로 보통 중간적 책임이라고 불린다.

❑ 성립요건

① 타인을 사용하여 어느 사무에 종사하게 하는 관계, 즉 사용관계가 존재하여야 한다. '사무'라는 것은 대단히 넓은 의미로 쓰여져, 영리적인 것임을 요하지 않고 가정적인 일도 포함하며 계속적·계획적인 일일 필요도 없다. '사용'한다고 하는 것은 사실상 일을 시키는 것으로서, 사용관계는 고용계약에 의한 것이 많겠지만 위임이든 조합이든

기타 어떠한 관계라도 상관이 없다. 또 그 관계는 보수의 유무, 기간의 장단, 법률상의 유효여부, 계속적인가의 여부에 관계없이 성립하고, 본래의 사용관계 이외의 일에 사용하였더라도 책임을 지게 된다. 그 밖에 피용자라고 하기 위하여서는 사용자가 피용자를 선임하고 지휘·감독하는 관계가 있어야 하는데, 선임·감독관계는 법률상의 것이어야 하는 것은 아니고 사실상의 관계로도 충분하며, 묵시에 의하여서도 성립한다.

② 피용자가 사무집행에 관하여 손해를 가하였을 것을 요한다. '사무집행에 관하여'란 사무집행의 기회에 행하여진 모든 것을 의미하는 것은 아니며, 그 행위가 사용자의 사업의 범위에 속하고 또 그것이 피용자가 담당하는 직무의 범위에 속하여야 한다.

한편 사용자는 '사용자가 피용자의 선임 및 그 사무감독에 상당한 주의를 한 때' 또는 '상당한 주의를 하여도 손해가 있을 경우'에는 그 책임을 면한다. 위 두 가지 면책사유에 대한 입증책임은 사용자쪽에 있으나, 판례는 이에 관한 사용자의 주장을 거의 인정하지 않고 있어, 사용자책임은 무과실책임에 가까운 것으로 되어 있다.

☐ 결과

위와 같은 사용자책임에 기하여 사용자가 손해배상책임을 진다 하더라도 피용자 자신의 책임이 면제되는 것은 아니며, 사용자의 책임과 피용자의 책임은 부진정연대채무로 해석되고 있다. 따라서 사용자가 배상을 한 때에는 피용자에 대하여 이를 구상할 수 있다.

참조사항

- 관련 법규 : 민법 제756조
- 위 임 : 당사자의 일방 즉 위임인이 상대방에 대하여 사무의 처리를 위탁하고, 상대방 즉 수임인이 이를 승낙함으로써 성립하는 계약

68. 공작물 등의 하자로 인한 손해배상 책임

– 일차적으로는 점유자가, 이차적으로는 소유자가 진다

❑ 공작물책임의 의의

우리 민법은 공작물의 설치 또는 보존의 하자로 인하여 타인에게 손해를 가한 때에는 그 공작물의 점유자가 일차적으로 배상책임을 지고, 그가 손해의 방지에 필요한 주의를 해태하지 아니 한 때에는 책임을 면하며, 이차적으로 소유자가 배상책임을 지도록 하고 있다. 예컨대 장마로 갈라진 돌 축대가 무너져서 통행인이 다친 때에는 점유자인 임차인이 일차적으로 책임을 지게 되나, 이 자가 통행인의 접근을 막는 충분한 조치를 하고 있었다면, 소유자인 집주인이 책임을 지게 된다. 그리고 같은 책임이 수목의 식재 또는 보존에 하자가 있는 경우에도 인정된다.

이는 위험성이 많은 공작물 등을 관리·소유하는 자는 위험의 방지에 충분한 주의를 하여야 하는 것이며, 만일에 위험이 현실화하여 손해가 생긴 경우에는 그에게 그 배상책임을 부담시키는 것이 사회적으로 타당하다는 의미에서 인정되는 것이다.

❑ 공작물책임의 요건

공작물책임의 요건을 살펴보면, 공작물로부터 손해가 생겨야 하고, 그 손해가 공작물의 설치 또는 보존의 하자로 인한 것이어야 하며, 점유자에 있어서는 손해의 방지에 필요한 주의를 해태하지 않았다는 면책사유가 없어야 한다.

공작물은 건물·교량 등 지상 및 지하에 인공적으로 설치된 각종의 물건과 천정·엘리베이터 등 건물의 일부를 이루는 건물 내부의 여러 설비를 포함한다.

설치·보존의 하자란 그 물건이 본래 갖추고 있어야 할 성질이나 설비를 갖추고 있지 않은 것을 말하며, 그것은 객관적으로 판정되어야 하는 것이다. 그리고 공작물이 폭발적인 강풍이나 폭우 등 불가항력으로 파괴되고, 그로 인하여 손해가 생긴 경우에는 그것이 공작물에 하자가 없었더라도 손해가 생겼을 정도의 것이면 하자와 손해의 발생과의 사이에는 인과관계가 없으므로 공작물에 의한 책임이 생기지 않는다.

❏ 배상책임자

공작물책임의 배상책임자는 일차적으로는 공작물의 점유자이고, 이차적으로는 소유자이다. 다만, 점유자는 손해의 방지에 필요한 주의를 해태하지 아니하였음을 입증한 때에는 책임을 면한다. 그러나 소유자에게는 이러한 면책사유가 없다. 따라서 점유자가 면책된 때 또는 점유자와 소유자가 동일인인 때에는 소유자가 책임을 지게 된다. 여기서 소유자란 법률상의 소유자를 말하며, 따라서 매수인이 소유권이전등기를 갖추지 않고 있는 동안은 여전히 매도인이 소유자로서 책임을 져야 한다.

❏ 구상권 행사

한편 소유자 또는 점유자로서 책임을 지고 피해자에게 배상을 한 자는, 그 손해의 원인에 대하여 책임있는 자가 따로 있으면 그 자에게 구상할 수 있다.

예컨대 공작물을 만든 수급인이나 공작물의 종전의 점유자 또는 소유자 등이 손해의 원인이 된 하자를 생기게 한 데 과실이 있는 경우에는 이들에 대하여 구상을 할 수 있다.

이상과 같은 취지에서 우리 국가배상법에는 도로·하천 기타의 공공의 영조물의 설치 또는 관리의 하자로 타인에게 손해를 발생시켰을 때에는 국가 또는 지방자치단체가 그 손해를 배상하도록 하고 있다. 그 규정하는 바는 민법과 같은데, 이는 공작물이 국가나 지방자치단체가 설치하여 관리하는 것이냐 또는 사인의 것이냐에 따라서 그 적용 조문이 달라질 뿐이다.

참조사항

● 관련 법규 : 민법 제758조, 국가배상법 제5조
● 영조물 : 행정주체에 의하여 공익목적에 계속적으로 제공된 인적·물적 시설의 종합체

69. 일상가사 대리권

– 부부는 일상의 가사에 관하여 서로 대리권이 있다

❑ 일상가사 대리권의 의의

민법은 혼인을 하는데 있어서 부부재산계약이 체결되지 않은 경우에는 당사자의 의사와는 관계없이 강행적으로 적용되는 법정재산제의 규정에 따르도록 하고 있으며, 이러한 민법의 규정 중 부부평등의 원칙에 입각하여 부부는 일상가사에 관하여 서로 대리권이 있고, 부부의 일방이 일상가사에 관하여 제3자와 법률행위를 한 때에는 다른 일방은 이로 인한 채무에 관하여 연대책임을 지도록 하고 있다. 이러한 부부의 일상가사 대리권의 인정은 부부의 생활공동체를 인식하고 거래한 제3자의 보호를 위해서도 당연한 것이나, 부부 각자의 독립한 생활영역을 존중해야 함을 고려할 때, 그 적용범위는 엄격하게 해석되어야 할 것이다.

❑ 일상가사의 뜻

일상가사란 추상적이기는 하나 자녀나 그 밖의 가족을 포함한 부부의 공동생활에 통상 필요로 하는 일체의 것을 의미하며, 이는 일종의 법정대리권이라 할 것이고, 그리고 그 내용 · 정도 및 범위는 그 부부의 생활정도와 사회관습 내지 일반적 견해에 의하여 결정될 것이나, 구체적인 경우는 부부의 사회적 지위 · 직업 · 자산 · 수입 등을 고려하여 정하여 진다고 볼 것이다.

❑ 일상가사의 범위

통상 부부공동생활에 보통 필요로 하는 생활필수품의 구입비나 주거비용 등의 가족의 의식주에 관한 사무나 자녀의 양육과 교육, 가족의 보건,

의료, 오락 그리고 가재도구의 구입 등에 관한 사무는 일상가사의 범위에 속한다고 보여진다.

그러나 일상의 생활비로서 타당시될 수 없는 고액의 소비대차나 어음배서행위, 부동산의 매각이나 담보설정, 가옥의 임대, 직업상 전문적인 사무, 재산의 처분 등은 일상가사에 속하지 않는다.

❑ 일상가사 대리권의 제한

부부 중 일방이 경험이 없거나 무분별한 소비자일 경우에 일상가사 대리권을 무한정 인정한다면 다른 일방의 현저한 불이익을 가져올 우려가 있을 때는 민법은 일상가사 대리권을 제한할 수 있도록 하였다. 이 제한의 범위는 특정해야 할 것이 요구되며, 또한 상대방에 대한 불요식의 의사표시로 한다.

그리고 일상가사 대리권은 법률상 당연히 인정되고 있는 법정대리권이므로 부부재산계약으로서 일상가사 대리권과 일상가사에 대한 연대책임을 일반적으로 부인하는 내용의 계약은 무효라고 보아야 할 것이다.

참조사항

- 관련 법규 : 민법 제827조 · 제832조
- 소비대차 : 당사자의 일방이 금전 기타의 대체물의 소유권을 상대방에게 이전할 것을 약정하고, 상대방은 동종 · 동질 · 동량의 물건을 반환할 것을 약정함으로써 성립하는 낙성계약

70. 산업재해보상보험제도

– 근로자의 업무상의 재해를 보상하여 근로자를 보호하는 제도

❑ 제도의 의의

산업재해보상보험은 근로자가 사업장에서 일을 하다가 업무상 부상·질병·신체장해 및 사망한 경우 재해보상책임을 국가가 대행하여 이들에게 신속·공정한 보상을 행함으로써 재해를 당한 근로자와 그 가족을 보호하고, 사업주를 동시에 보호하는 사회보험이다.

❑ 보험가입대상

산재보험의 가입대상은 기존에는 5인 이상의 근로자를 사용하는 사업체였으나, 2000년 6월 27일 산업재해보상보험법시행령의 개정으로 2000년 7월 1일부터 상시 1인 이상의 근로자를 사용하는 전 사업체에 확대 적용되었고, 같은 시행령이 개정되어 2018. 7. 1. 부터는 상시근로자 1인 미만 사업체까지도 그 적용이 확장되었다. 산재보험 가입자는 사업주가 되며, 가입대상이 되는 날로부터 14일 이내에 의무적으로 가입하고, 70일 이내에 보험료를 자진 납부하여야 한다.

❑ 보험급여의 종류

근로자가 사업장에서 일을 하다가 업무상 재해를 당할 경우 재해 근로자에게 요양급여(근로자가 업무상 부상을 당하거나 질병에 걸려 4일 이상의 치료를 받아야 할 경우 산재지정 의료기관에서 완치시까지 치료해 줌), 휴업급여(재해근로자가 치료 기간동안 일하지 못한 기간이 4일 이상인 경우 평균임금의 70% 금액 지급), 상병보상연금(재해근로자가 2년 이상 계속 치료하여도 완치되지 않고 폐질등급이 1~3급에 해당하는 경우에는 등급에 따라 휴업급여 대신

평균임금의 329일분(제1급), 291일분(제2급), 257일분(제3급)에 해당하는 금액을 각 지급하여 장기환자의 생활안정을 도모함), 장해급여(재해근로자가 부상 또는 질병이 완치된 후 신체에 장해가 남았을 때에는 장해 정도에 따라 장해급여를 받게 되는데, 장해보상 일시금과 장해보상연금으로 나누어 지급됨), 간병급여(요양급여를 받은 자가 치료후 의학적으로 상시 또는 수시로 간병이 필요하여 실제로 간병을 받는 자에게 지급됨), 유족급여(근로자가 업무상 사망한 경우에는 유족의 선택에 따라 유족보상 일시금 또는 유족보상연금을 지급받음), 장의비(근로자가 업무상 사망하여 장례를 행한 경우에 장례비로 평균임금의 120일분을 지급받음) 등을 지급한다.

□ 보상

각각의 보험급여를 받을 수 있는 자는 당해 보험급여에 대한 청구서 또는 신청서를 근로복지공단에 제출하여야 한다. 다만, 보험급여를 연금의 형태로 지급받고자 하는 경우에는 1회의 연금지급청구를 하면 된다.

71. 표현수령권자

– 표현수령권자에 대한 변제자 보호

❑ 변제자 보호제도

우리 민법은 변제자의 영수증 청구권, 채권증서반환청구권, 변제로 인한 대위 등 변제자의 보호에 관한 각종 규정을 두고 있다. 다음에서는 위 보호제도 중 표현수령권자에 대한 변제자 보호제도를 살펴보기로 하자.

채무의 변제시 채권자, 그의 대리인 또는 보조자 등의 변제수령 권한이 있는 자 이외의 자에게 변제를 하였을 경우 그 법률적 효과는 무효이다. 그런데 채무의 변제는 일상에서 빈번하게 발생하는 일이어서 위에서 말한 수령권 없는 자에게 한 변제는 전부 무효라고 한다면, 거래의 신속과 안전을 해하게 되어 민법은 일정한 경우 표현수령권자에 대한 변제의 유효성을 인정하고 있다.

❑ 표현수령권자의 유형

채권의 준점유자가 그것이다. 즉 거래관념상 타인으로 하여금 채권자라고 믿게 할 만한 외관을 가지는 자를 말하는데, 채권양도가 무효(또는 취소)가 된 경우 채권의 사실상 양수인, 표현상속인, 채권에 관한 증서와 인장을 소지하는 자 등이다. 위조 영수증의 소지자도 경우에 따라서는 채권의 준점유자가 된다고 하고 있다. 채권자의 대리인이라고 사칭하는 자에게도 준점유자의 지위를 줄 것이냐에 대한 논란이 있지만, 위 준점유에도 직접점유, 간접점유관계를 부정할 이유가 없어, 본인이라고 사칭하든 대리인이라고 칭하든 변제자를 보호할 만한 특단의 사정이 있으면 채권자의 대리인이라고 참칭하는 자에 대한 선의의 변제를 보호하는 것이 온당하다고 할 것이다.

❑ 변제의 유효요건

위와 같은 채권의 준점유자에 대한 변제가 유효하기 위해서는 변제자에게 선의(단순히 표현수령권자의 권한이 없음을 모른다는 것이 아니라, 그에게 수령권이 있음을 알아야 하는 적극적인 것임)·무과실의 요건이 필요하다. 주의할 것은 변제자가 은행과 같은 전문적인 기관일 경우 수표 또는 어음을 지급할 때 일반인보다 고도의 주의를 요한다고 할 것이다. 수표나 어음의 위조 여부를 감식할 수 있는 각종의 장비를 구비하였을 것이고 진정한 예금주에게의 확인 등을 통하여 변제수령권한이 있는지를 비교적 용이하게 알 수 있으므로 가령 수표면상의 금액란의 위조·변조 여부를 확인치 못하고 인감·필적·명판 등의 동일성을 확인한 경우 정당한 예금주에게 대항할 수 없다고 판시한 적이 있다. 통장없이 예금청구서만을 가지고 예금의 환급을 구한 경우 이에 대한 지급도 효력이 없다고 할 것이다.

❑ 표현수령권자에 대한 변제의 효과

진정한 채권자는 수령권자에 대해 부당이득반환청구권(또는 손해배상청

구권)을 취득함은 별론으로 하고 채권의 준점유자에 대한 변제의 효과는 확정적이다. 변제가 무효인 때에는 채무자는 진정한 채권자에게 다시 변제하여야 하며 표현수령권자에 대해 반환을 청구할 수 있다.

영수증소지자에 대한 변제도 그 효력이 있다(민법 제471조). 즉 영수증소지자는 변제의 수령권이 있는 것으로 의제된다고 할 것이다. 이 경우에도 변제자는 선의·무과실이어야 한다. 이 경우 영수증이 진정한 것이어야 하느냐에 다툼이 있으나, 민법 제471조는 위 채권의 준점유자에 대한 변제라는 일반원칙과는 달리 특수한 요건하에 변제를 유효한 것으로 인정하는 것이므로 영수증의 진정성을 요한다고 할 것이다. 영수증은 작성권한 있는 자가 작성한 것이면 충분하다. 대리권이 없는 자일 경우에도 그 작성에 관하여 표현대리의 요건을 구비한 경우, 그 영수증도 진정한 것으로 보아야 한다. 위 영수증 소지자에 대한 변제가 유효 또는 무효일 경우의 법률적 효과는 위 채권의 준점유자에 대한 설명과 동일하다.

증권적 채권의 증서(증권)의 소지인에게 변제한 때에는 변제자는 악의 또는 중대한 과실이 있는 경우를 제외하고는 보호를 받는다. 이는 증권적 채권의 특성에 의한다고 할 것이다.

참조사항

- 관련 법규 : 민법 제470조 · 제471조
- 표현대리 : 일종의 무권대리로서 대리인에게 대리권이 없음에도 불구하고 마치 그것이 있는 것과 같은 외관이 있고 그러한 외관의 발생에 본인이 어느 정도 책임을 지는 경우, 대리인의 무권대리행위의 효과를 본인에게 귀속시킴으로써 선의·무과실의 제3자를 보호하려는 제도이다.

제2편

가족법

72. 가족법 중 개정안의 내용

– 가족법 개정안의 이유와 내용

❑ 가족법 개정이유

종전 민법의 친족편에 규정되어 있는 호주를 중심으로 가(家)를 구성하는 호주제도는 양성평등이라는 헌법이념과 시대변화에 부합하지 아니하므로 이를 폐지하고, 동성동본금혼제도와 친생부인의 소의 제척기간을 헌법불합치결정의 취지에 따라 합리적으로 조정하며, 입양제도의 현실을 반영하고 양자의 복리를 증진시키기 위하여 양친과 양자에게 친족관계를 인정하면서 양친의 성과 본을 따르게 하는 친양자제도를 도입하려는 것이다.

❑ 개정의 주요내용

⑴ 호주제도 폐지 등

호주에 관한 규정과 호주제도를 전제로 한 입적 · 복적 · 일가창립 · 분가 등에 관한 규정을 삭제하는 한편, 호주와 가(家)의 구성원과의 관계로 정의되어 있는 가족에 관한 규정을 새롭게 정한다.

⑵ 자녀의 성(姓)과 본(本)

자녀의 성(姓)과 본(本)은 부(父)의 성과 본을 따르는 것을 원칙으로 하되, 혼인신고시 부모의 협의에 의하여 모(母)의 성과 본도 따를 수 있도록 한다.

⑶ 자녀의 성과 본의 변경

자녀의 복리를 위하여 자녀의 성과 본을 변경할 필요가 있을 때는 부(父)

또는 모(母) 등의 청구에 의하여 법원의 허가를 받아 이를 변경할 수 있도록 한다.

(4) 동성동본금혼제도를 폐지 등

남녀평등과 혼인의 자유를 침해할 우려가 있는 동성동본금혼제도를 폐지하고 근친혼금지제도로 전환하되, 근친혼제한의 범위를 합리적으로 조정한다.

(5) 여성에 대한 재혼금지기간 제도 폐지

부성추정의 충돌을 피할 목적으로 여성에 대하여 6월의 재혼금지기간을 두고 있는 것은 여성에 대한 차별적인 규정으로 비쳐질 수 있고, 친자관계감정기법의 발달로 이러한 제한 규정을 둘 필요성이 없어졌으므로 이를 삭제한다.

(6) 처(妻)의 친생부인의 소 제기 인정

지금까지 친생부인의 소는 부(夫)만이 제기할 수 있고 제소기간도 출생을 안 날부터 1년내로 제한하였으나, 이는 혈연진실주의 및 부부평등의 이념에 부합되지 아니하는 측면이 있으므로 앞으로는 부(夫)뿐만 아니라 처(妻)도 제소할 수 있도록 하고, 제소기간도 친생부인사유를 안 날부터 2년내로 연장하는 등 친생부인제도를 합리적으로 개선한다.

(7) 친양자제도 신설

종전 양자제도를 유지하면서 양자의 복리를 더욱 증진시키기 위하여, 양친과 양자를 친생자관계로 보아 종전의 친족관계를 종료시키고 양친과의 친족관계만을 인정하며 양친의 성과 본을 따르도록 하는 친양자제도를 신설한다.

⑻ 친권 행사의 기준 신설

부모 등 친권자가 친권을 행사함에 있어서는 자의 복리를 우선적으로 고려하여야 한다는 의무규정을 신설한다.

참조사항

● 관련 법규 : 민법 제779조 · 제781조 · 제809조 · 제846조 · 제912조

73. 약 혼

– 약혼파기의 경우 무책자는 예물반환청구권은 물론,
  손해배상청구권을 갖는다

□ 약혼의 의의

약혼이란 장래에 혼인을 체결하려는 당사자 사이의 의사표시이다. 따라서 약혼은 사실상 결혼생활을 하면서 혼인신고만을 하지 않고 있는 사실혼과도 다르다.

□ 약혼의 성립요건

약혼은 혼인하려는 양당사자의 합의로 성립되는데, 과거 당사자의 의사와는 무관하게 양가의 부모들끼리 정한 이른바 '정혼'은 무효라고 할 것이다. 성년에 달한 자는 자유롭게 약혼할 수 있고, 만 18세에 달한 자 및 피성년후견인은 부모 또는 성년후견인의 동의를 얻어야 한다. 부모 중 한쪽이 동의권을 행사할 수 없을 때에는 다른 한쪽의 동의를 받아야 하고, 부모가 모두 동의권을 행사할 수 없을 때에는 미성년후견인의 동의를 받아야 한다. 그리고 민법에서 정한 위와 같은 동의 없는 약혼은 취소할 수 있다고 보아야 할 것이다. 혼인장애(배우자가 있는 자들끼리의 약혼, 일정범위 내의 친족끼리의 약혼 등)가 있는 자들 사이의 약혼은 불능을 목적으로 하는 것이므로 무효라고 할 것이다.

시험적으로 동거한 후 혼인한다는 식의 조건을 붙인 약혼, 종료시기를 붙인 약혼 등은 무효라고 할 것이나, 일정한 시기를 붙이는 것은 가능하다. 약혼의 성립에는 아무런 형식(약혼식 혹은 예물의 교환)이 필요없다.

법적으로 중요한 신분행위에 아무런 형식이 없으므로 오히려 약혼의 의사는 상당히 신중하게 결정하여야 한다.

❑ 효과

약혼은 서로 교제 후 부부관계를 성립시킬 것을 주목적으로 하나, 어느 일방이 본 의무에 위반하더라도 강제할 방법이 없고 손해배상을 청구할 수 있을 뿐이다. 우리 법상 약혼자 사이에서는 아무런 친족관계가 발생하지 아니한다. 약혼 중의 자는 혼인 외의 출생자이나 약혼 당사자가 혼인하면 혼인 중의 출생자가 된다(준정).

❑ 약혼의 해제사유

당사자의 일방에

① 약혼 후 자격정지 이상의 형의 선고를 받은 때

② 약혼 후 성년후견개시나 한정후견개시의 심판을 받은 때

③ 성병, 불치의 정신병, 기타 불치의 악질이 있는 때

④ 약혼 후 타인과 약혼 또는 혼인한 때

⑤ 약혼 후 타인과 간음한 때

⑥ 약혼 후 1년 이상 생사가 불명한 때

⑦ 정당한 이유없이 혼인을 거절하거나, 그 시기를 지연하는 때

⑧ 기타 중대한 사유가 있을 때(상대방의 불성실, 상대방 또는 그 부모의 멸시·모욕, 불구자가 된 경우 등 조리에 입각하여 판단하여야 할 것)에는 약혼을 해제할 수 있다.

❏ 약혼해제의 효과

약혼을 해제한 때에는 당사자의 일방은 상대방에 대하여 손해배상을 청구하여야 할 것이다. 이 경우 가정법원에 소를 제기하기 전에 가정법원에 조정을 신청하여야 한다(가사소송법 제50조).

손해배상에는 재산적인 것 뿐만 아니라 정신적인 것도 포함된다. 다만, 정신적 고통에 대한 손해배상청구권은 양도하지 못하며, 이 경우에도 당사자 간에 합의가 성립되었거나 소를 제기한 후에는 양도할 수 있다.

약혼해제로 인한 손해배상청구에 있어 약혼을 부당하게 파기한 약혼당사자뿐만 아니라 약혼 당사자의 부모된 자가 부당파기에 가담한 경우에는 그들도 포함하여 손해배상을 청구할 있다(대판 1975.1.14. 74므11).

약혼시 교환한 예물은 증여라고 할 것이나, 약혼은 혼인의 불성립을 해제조건으로 하는 것이므로 혼인하지 않을 것이 확정되면 서로 예물을 반환하여야 할 것이다. 이 점에 관하여도 가정법원의 전속관할로 보아야 할 것이다(가사소송법 제2조). 일방 당사자에게만 과실이 있는 약혼파기의 경우 책임이 없는 자는 상대방에 대해 예물반환청구권을 가지는 반면, 상대방으로 부터 받은 예물은 반환할 의무가 없으며 책임이 있는 자는 당연히 반환청구권이 없다고 할 것이다. 약혼 후 일단 혼인이 성립하여 일정기간 혼인이 유지되다가 그 후 혼인이 해소되더라도 예물반환청구권을 행사할 수 없다고 보는 것이 일반적이다.

74. 법률상 혼인의 요건

– 혼인은 신고함으로써 효력이 생긴다

❏ 혼인의 성립

우리 민법은 법률혼주의를 채택하여 혼인신고를 하여야 법률상 혼인으로서 효력이 발생하도록 규정하는 한편, 혼인에 일정한 요건을 요하거나 일정한 경우에는 혼인을 할 수 없도록 규정하고 있다.

❏ 성립요건과 무효 및 취소

혼인신고는 당사자 쌍방과 성년자인 증인 2인이 연서한 서면으로 하되 접수지에서 처리되기 때문에 당사자 쌍방의 주소지가 아니더라도 전국 어느 곳의 시청, 구청, 읍·면 행정복지 센터에서 신고할 수 있다.

만18세가 된 사람은 혼인할 수 있고 미성년자나 피성년후견인 등은 부모 등의 동의를 얻어야 혼인할 수 있다.

8촌 이내의 혈족, 6촌 이내의 혈족의 배우자, 배우자의 6촌 이내의 혈족, 배우자의 4촌 이내의 혈족의 배우자인 인척이거나 이러한 인척이었던 자, 6촌 이내의 양부모계의 혈족이었던 자와 4촌 이내의 양부모계의 인척이었던 자 사이에서는 혼인할 수 없다(동성동본금혼제는 헌법재판소에서 헌법불합치결정을 받았다). 배우자 있는 자는 다시 혼인하지 못한다.

이상의 사항들에 위배하면 혼인신고가 수리되지 않으며, 혼인신고가 수리된 경우라도 8촌 이내의 혈족, 6촌 이내의 혈족의 배우자, 배우자의 6촌 이내의 혈족, 배우자의 4촌 이내의 혈족의 배우자인 인척이거나 이러한 인척이었던 자, 6촌 이내의 양부모계의 혈족이었던 자와 4촌 이내의 양부모계의 인척이었던 자, 당사자간에 직계인척관계가 있거나 있었던 때, 당사자간에 양부모계의 직계혈족관계가 있었던 때에는 그 혼인은 무

효이며, 그 외의 경우는 법률이 규정한 취소권자가 그 혼인을 취소할 수 있다. 그러나

① 미성년자나 피성년후견인이 동의를 받지 않은 경우는 당사자가 혼인적령에 달한 후 또는 성년 후견 종료의 심판이 있은 후 3월이 경과하거나 혼인 중에 포태한 때,

② 근친혼 등 혼인의 경우는 혼인중 포태한 때,

의 2가지 경우에 있어서는 취소청구권이 소멸된다.

위의 경우 외에도 당사자 사이에 혼인의사의 합치가 없는 혼인신고는 무효이고, 혼인 당시에 당사자 일방에 부부생활을 계속할 수 없는 질병이 있거나 기타 중대한 사유가 있는 것을 알지 못한 때에는 그 상대방은 그 사유를 안 날로부터 6월 이내에 그 혼인을 취소할 수 있으며, 사기 또는 강박으로 혼인의사를 표시한 자는 사기임을 안 날 또는 강박을 면한 날로부터 3월 이내에 혼인을 취소할 수 있다.

❑ 혼인 무효와 취소의 효과

무효혼의 경우는 처음부터 혼인의 효력이 생기지 않으며, 혼인무효확인 재판을 받거나 무효가 명백한 때에는 신고인 또는 신고 사건의 본인은 사건 본인의 등록기준지를 관할하는 가정법원의 허가를 받아 가족관계등록부의 정정을 신청할 수 있다.

취소할 수 있는 혼인은 취소된 때로부터 장래에 향하여 혼인의 효력이 소멸하며 취소 전의 효력에는 영향을 미치지 않는다. 혼인의 취소는 반드시 취소권자가 법원에 취소를 청구하는 방법으로 하여야 하며, 법원의 재판을 받아 가족관계등록기록을 정리할 수 있다.

혼인이 무효이거나 취소된 경우에 과실있는 당사자는 다른 일방에게 재산적 · 정신적 손해를 배상할 책임이 있다.

참조사항

- 관련 법규 : 민법 제807조 이하
- 강박 : 고의로 해악을 고지하여 공포심을 발생케 하는 위법한 행위

75. 성년의제

– 미성년자가 혼인을 한 때에는 성년자로 본다

❏ 성년의제의 의의

성년의제란 미성년자가 혼인하였을 때 성년에 달한 것으로 보는 제도로서, 1977년도 민법의 일부개정에서 신설된 것이다.

원래 미성년자는 부모의 친권 또는 후견에 복종하게 되므로 혼인하더라도 부부의 일방 또는 쌍방이 미성년자인 경우에는 부부의 생활이 제3자의 간섭을 받게 됨으로써 혼인의 자주독립성을 해한다. 또 부부의 일방이 미성년자인 경우에는 다른 일방이 그의 후견인이 되는 것도 부부평등의 원칙에 어긋난다. 따라서 혼인하면 미성년자도 친권 또는 후견을 벗어나서 행위능력을 가지는 것으로 한 것이다.

❏ 혼인을 한 미성년자는 성년자와 같은 능력을 가지게 된다

혼인을 한 미성년자는 성년자와 같은 능력을 가지게 된다. 따라서 친권은 소멸하고 후견은 종료한다. 미성년자도 자기의 자에 대하여 친권을 행사할 수 있으며, 타인의 후견인이 될 수 있다. 유언의 증인이나 유언집행자가 될 수도 있고, 소송능력도 있다고 하여야 할 것이다. 그러나 양자를 하는 능력은 부정하는 것이 타당할 것이다. 양자제도의 취지에 비추어 보아 양친이 되기 위하여는 성년자임을 요구하기 때문이다.

그리고 민법 이외의 법률에 대해서는 성년의제제도의 입법취지에 비추어 적용이 없다고 해석하여야 할 것이다. 예컨대 청소년보호법, 근로기준법 제64조 이하의 연소근로자 보호규정, 선거법 등의 공법영역 등에서는 여전히 미성년자로 취급된다.

❑ 혼인의 해소와 성년의제

성년의제는 혼인생활 독립의 요청에서 생긴 것이므로 논리적으로는 혼인의 해소(이혼이나 사망)에 의하여 소멸된다고 해석될 수 있다. 그러나 일단 취득한 행위능력을 잃게 하는 것은 제한능력자 보호제도의 부활로 인한 거래의 안전문제나, 혼인중에 출생한 자의 친권문제 등 혼란이 생기므로 혼인이 해소된 경우라도 성년의제의 효과는 소멸하지 않는다고 해석된다.

참조사항

- 관련 법규 : 민법 제826조의2
- 친권 : 부모가 미성년자인 자를 위하여 갖는 신분상 · 재산상의 보호 · 교양을 내용으로 하는 권리 · 의무의 총칭

76. 사실혼

– 사실혼관계의 보호와 그 효과

❑ 사실혼의 의의

사실혼이란 실제로는 혼인생활을 하고 있으면서 법률상의 방식, 즉 혼인신고가 없기 때문에 법률상의 혼인으로 인정되지 못하는 부부관계를 말한다. 따라서 사실혼은 장래 부부가 되자는 합의만 있고 부부공동생활의 실체를 가지지 않는 결혼과 다르며, 또한 본처 있는 남성이 혼인의사 없이 다른 곳에 여성을 두고 경제적 원조를 하면서 성적관계를 계속하는 '첩관계'나, 부부 공동생활의 실체가 없고 단지 은밀히 정을 통하고 있는데 지나지 않는 '사통관계'와도 구별된다.

우리 민법 제812조 제1항은 '혼인은 가족관계등록등에관한법률에 정한 바에 의하여 신고함으로써 그 효력이 생긴다'라고 규정하여, 이른바 법률혼주의를 채택하고 있기 때문에 필연적으로 사실혼의 문제가 발생하게 된다.

사실혼은 법률상 혼인으로 인정되지 않기 때문에 이론적으로는 사실혼의 처는 부의 사망 후 상속권이 없는 것은 물론, 유족부조금 등의 보호를 받을 수 없고, 특히 그 출생자는 혼인 외의 자로 되는 등 보호를 받을 수 없어 관계당사자 사이에 많은 비극을 가져오게 된다. 그러므로 현행법상 필연적으로 생겨나는 사실혼은 국민의 사실생활과 법률생활을 분리하는 것이 되며, 사실혼이 민법이 요구하는 방식을 갖추지 못했다 하여 이를 법의 보호 밖에 그대로 방치하는 것은 부당하다 아니 할 수 없다.

따라서 우리나라 판례도 종전에는 사실혼 관계를 '혼인예약'이라고 하여 이를 부당하게 파기한 자는 이 예약의무불이행으로 인한 손해배상의 책임을 져야 한다(대판 1960.8.18. 4292민상995)고 판시하여 사실혼을 보호해 왔다. 그러나 사실혼을 혼인예약이라고 하는 것은 그 실체에 반할 뿐만 아니라 사실혼의 부부와 제3자와의 사이에 문제가 생긴 경우에 그 어느 쪽의 보호를 결여하는 결과를 가져온다. 그래서 근래의 학설은 사실혼을 준혼관계로서 해결하는 입장을 취하고 있으며, 판례도 이러한 경향에 맞추어 '사실상의 혼인관계에 있는 부부관계가 정당한 이유없이 파기되었을 경우에는 당사자 일방은 과실있는 상대방에 대하여 채무불이행으로 인한 손해배상을 청구할 수 있는 동시에 불법행위로 인한 손해배상을 청구할 수 있다'(대판 1970.4.28. 68므37)고 판시하여 혼인예약이라는 용어 대신에 사실혼이란 용어를 쓰고 있다.

❑ 사실혼의 성립요건

사실혼이 성립하기 위해서는 주관적으로는 사실상의 혼인의사가 있어야 하며, 객관적으로는 당사자 사이에 사회관념상 부부공동생활이라고 인정될 만한 사회적 사실이 존재하여야 한다.

사실상의 혼인의사는 대개 혼인신고를 하여 법률상으로도 부부가 되겠다는 합의가 따르겠지만, 그렇지 않더라도 사회적·실질적으로 부부가 되겠다는 합의가 있으면 충분하다. 관습상의 의식을 올린 것, 명확한 증서 또는 증인이 존재하는 것, 혹은 상당한 기간 동거를 계속한 것 등은 사실상의 혼인의사의 인정을 쉽게 하나, 사실혼의 성립요건은 아니다.

그리고 선량한 풍속 기타 사회질서에 반하는 남녀의 결합을 무조건 보호·장려할 수는 없기 때문에, 법률적으로 혼인성립요건을 갖추지 못한 남녀의 사실혼의 보호에는 일정한 한계를 긋지 않을 수 없다. 결론적으로 말하면 혼인적령 미달자의 사실혼, 부모의 동의를 얻지 않은 미성년자의 사실혼은 보호받을 수 있으나, 중혼이 되는 사실혼은 보호받을 수 없다. 다만, 중혼이 되는 사실혼의 경우라도 법률혼이 사실상 이혼상태에 있는 때에는 보호받는다.

❑ 사실상 혼인관계 존재확인의 청구

사실혼이 성립되었다고 볼 수 있는 경우에 당사자 일방이 혼인신고에 협력하지 않을 때에는 다른 당사자가 '사실상 혼인관계 존재확인'의 청구를 위하여 가정법원에 조정을 신청할 수 있는데, 조정이 성립되면 조정을 신청한 자가 1월 이내에 혼인신고를 하여야 하며, 만약 조정이 성립하지 않으면 당사자는 조서 등본이 송달된 날로부터 2주일 이내에 사실상 혼인관계 존재확인심판을 청구할 수 있다.

심판에 의하여 사실혼관계의 존재가 확인되어 재판이 확정되면 심판을 청구한 자가 재판의 확정일로부터 1월 이내에 재판서의 등본과 확정증명서를 첨부하여 혼인신고를 하여야 한다.

다만 사실혼은 당사자 일방이 언제든지 자유로이 일방적으로 해소할 수 있기 때문에(손해배상책임은 별론) 당해 사건 변론종결시에 당사자 일방에게 혼인의사가 존속하지 않는다면 사실상 혼인관계 존재확인청구는 받아 들여지지 않는다. 따라서 사실상 혼인관계 존재확인심판의 청구를 하는 경우에는 대부분 그 사실혼관계는 이미 파탄에 이르러 당사자 일방에게 혼인의사가 존재하지 않을 것이라는 점을 고려해 볼 때 사실상 혼인관계 존재확인청구제도는 별로 실익이 없다 할 것이다.

사실혼관계에 있는 당사자 일방이 사망한 경우에 검사를 상대로 사실상 혼인관계 존재확인청구를 할 수 있는냐가 문제로 된다. 이에 대하여 법원의 견해도 재판부에 따라 일정치 않으나, 민법 제864조·제865조 제2항을 유추하여 검사를 상대로 심판청구를 할 수 있다고 보는 것이 타당하다(대판 1983.3.8. 81므76).

❑ 사실혼의 효과

사실혼은 준혼관계로서 혼인신고를 전제로 하는 효과를 제외하고 혼인의 모든 효과가 발생한다. 즉 사실혼관계에 있는 자에게는 아무런 가족관계등록부의 변동도 일어나지 않으며 따라서 친족관계도 발생하지 않고 사실혼 관계에 있는 자가 혼인하더라도 중혼이 되지 않는다.

그리고 사실혼의 부부는 서로 배우자로서의 상속권도 없으며, 그 자는 혼인 외의 출생자로 되고, 부가 인지하지 않는 한 모의 성과 본을 따르며, 모의 가족관계등록부에만 등록된다.

그러나 사실혼 관계에 있는 자도 법률상 혼인관계에 있는 자처럼 부부간 서로 동거·부양·협조의 의무가 있으며, 정조의 의무가 있다. 따라서 사실혼관계에 있는 자 일방이 정당한 이유없이 사실혼관계를 파기한 때에는 타방에 대하여 채무불이행 또는 불법행위로 인한 손해배상책임을 진다.

사실혼관계는 제3자에 대해서도 보호되는 바, 사실혼의 부를 살해한 자는 사실혼의 처와 그 사이의 자녀의 물질적·정신적 손해를 배상할 책임이 있고, 사실상 혼인관계에 있는 배우자도 다른 배우자가 제3자의 불법행위로 인하여 상해를 입은 경우에는 자기가 받은 정신적 고통에 대한 위자료를 청구할 수 있으며, 사실혼의 처와 정교를 맺은 자에 대하여 사실혼의 부는 불법행위로 인한 손해배상을 청구할 수 있고, 사실혼관계에 부당하게 간섭하여 파탄시킨 자는 손해배상책임을 져야 한다.

사실혼 부부를 법률상 부부와 동일하게 취급하고 있는 경우가 있는데, 예를 들면 근로기준법시행령 제48조 제1항 제1호는 유족의 범위의 제1순위로 되어 있는 배우자에 '사실상 혼인관계에 있던 자'를 포함시키고 있으며, 공무원연금법 제3조 제1항 제2호 가목, 군인연금법 제3조 제1항 제4호 가목 사립학교교직원연금법 제2조 제1항 제2호 가목도 각각 '사실상 혼인관계에 있던 자'를 '배우자'에 포함시키고 있다.

참조사항

- 관련 법규 : 민법 제812조, 근로기준법시행령 제48조 제1항 제1호, 공무원연금법 제3조 제1항 등
- 인지 : 혼인 외에 출생한 자를 그 생부나 생모가 자기의 자라고 인정하는 행위

77. 부부의 재산관계

– 부부재산에 관한 계약과 효력

❏ 재산관계의 규정

우리 민법은 부부의 재산에 관하여 부부가 재산에 관한 계약을 체결한 경우는 그 계약에 따르고, 그러한 계약이 없으면 민법의 규정에 따르도록 하고 있다.

❏ 계약과 변경

부부가 부부재산에 관하여 따로 계약을 체결하는 경우에는 혼인신고 전에 부부재산약정등기를 하여야 혼인신고 전에 등기하여야 부부의 승계인(예컨대 상속인)과 제3자에게 대항할 수 있다. 일단 체결한 계약은 혼인 중에는 원칙적으로 변경할 수 없다. 다만 정당한 사유가 있는 때에 한하여 가정법원의 허가를 얻어 변경할 수 있다. 그 경우에도 변경된 내용을 등기하여야 부부의 승계인이나 제3자에게 대항할 수 있다. 혼인 전의 계약으로 부부의 일방이 다른 일방의 재산을 관리하는 경우에 부적당한 관리로 인하여 그 재산을 위태롭게 한 때에는 다른 일방은 스스로 그 재산을 관리할 것을 청구할 수 있고, 그 재산이 부부의 공유인 경우에는 그 분할을 가정법원에 청구할 수 있으며, 관리자가 변경되거나 공유분할의 경우에도 등기하여야 부부의 승계인과 제3자에게 대항할 수 있다.

❏ 별산제

부부재산계약을 체결하지 않았거나 그 계약이 무효인 경우에는 부부의 일방이 혼인 전부터 가진 재산(고유재산)과 혼인이 계속되는 동안 자기의 명의로 취득한 재산은 그의 개인재산이 되며(이를 부부 별산제라고 한다),

부부는 그 개인재산을 각자 관리·사용·수익한다. 부부의 누구에게 속한 것인지 분명하지 않은 재산은 부부의 공유로 추정한다. 물론 그러한 경우는 추정일 뿐이므로 증거를 들어 어느 일방의 소유로 인정할 수 있다. 부부의 공동생활에 필요한 비용은 당사자 사이에 약정이 있으면 이에 따르고, 그 약정이 없으면 부부가 공동으로 부담한다. 부부는 '일상의 가사'(예컨대 가족의 식료품, 의류의 구입, 자녀의 양육과 교육 등)에 관하여 서로 대리권이 있고, 그 대리권에 가한 제한은 이를 모르는 제3자에게 대항하지 못한다. 부부의 일방이 일상의 가사에 관하여 제3자와 법률행위를 한 때에는 다른 일방은 이로 인한 채무에 대하여 연대책임이 있다. 그러나 이미 그 제3자에 대하여 다른 일방이 책임이 없음을 명백히 표시한 때에는 다른 일방은 책임을 지지 않는다.

또한 부부의 공동생활에 필요한 비용은 당사자간에 특별한 약정이 없으면 부부가 공동으로 부담한다.

참조사항

- 관련 법규 : 민법 제829조 이하
- 공유 : 물건이 지분에 의하여 수인의 소유로 된 때의 소유관계

78. 이혼

– 협의이혼과 재판상 이혼

❏ 이혼제도

혼인은 평생에 걸친 부부의 결합이므로 당사자 생존 중에 혼인관계를 해소하는 이혼은 결코 바람직한 것이 못된다. 그러나 현실적으로 부부의 공동생활이 오히려 더 큰 폐해를 가져오는 경우도 있어, 법은 이혼제도를 인정하고 있다.

❏ 이혼의 방법

이혼의 방법은 당사자의 협의에 의하여 하는 협의이혼과 협의를 할 수 없거나 협의가 성립되지 않는 경우에 법원의 재판을 받아 하는 재판상 이혼의 두 가지 종류가 있다.

(1) 협의이혼

협의이혼은 당사자 쌍방이 등록기준지 또는 주소지 관할법원에 출석하여 이혼의 의사를 확인하고 그 확인서를 받아 이혼신고를 함으로써 효력이 생긴다. 법원의 확인을 받은 날로부터 3개월 내에 이혼신고를 하지 않으면 확인은 효력을 잃는다. 미성년자나 피성년후견인이 이혼하려면 부모 등 동의권자의 동의를 받아야 한다. 이혼의 합의가 없는 이혼신고는 무효이며, 사기 또는 강박으로 이혼의사를 표시한 자는 사기를 안 날 또는 강박을 면한 날로부터 3개월 이내에 법원에 이혼의 취소를 청구할 수 있다.

(2) 재판상 이혼

재판상 이혼을 할 수 있는 사유는

① 배우자가 부정한 행위를 한 때

② 배우자가 악의로 다른 일방을 유기한 때

③ 배우자나 그 직계존속으로부터 심히 부당한 대우를 받은 때

④ 자기의 직계존속이 배우자로부터 심히 부당한 대우를 받은 때

⑤ 배우자의 생사가 3년 이상 분명하지 않은 때

⑥ 기타 혼인을 계속하기 어려운 중대사유가 있는 때 이다.

배우자의 부정으로 인한 경우는 다른 일방이 부정에 사전 동의를 하거나 사후에 용서한 때, 또는 그 부정을 안 날로부터 6월이 경과되거나 부정한 행위가 있은 날로부터 2년이 경과되면 이혼을 청구하지 못하며, 기타 중대사유가 있는 경우는 이를 안 날로부터 6개월, 그 사유가 있은 날로부터 2년이 경과되면 이혼을 청구하지 못한다. 재판상 이혼은 재판확정일로부터 1개월 이내에 판결의 등본과 그 확정증명서를 첨부하여 이혼신고를 하여야 한다.

(3) 이혼의 효과

양육에 관한 사항은 협의에 의하여 정하고, 협의가 되지 않거나 그 협의를 할 수 없는 경우에는 가정법원은 당사자의 청구 또는 직권에 의하여 법원이 양육에 관한 사항을 정한다. 재판상 이혼의 경우에는 과실이 있는 상대방에 대하여 재산적 · 정신적 손해배상을 청구할 수 있다.

참조사항

- 관련 법규 : 민법 제806조 · 제837조 · 제837조의2 · 제840조 이하, 가족관계의 등록 등에 관한 법률 제74조 이하
- 유기 : 어떤 사람에 대한 종래의 보호를 거부하여 이것을 보호받지 못하는 상태에 두는 것

79. 협의이혼

– 가정법원의 확인을 받은 날로부터 3월 내에 가족관계등록공무원에게
신고하여야 한다

☐ 협의이혼제도의 의의

부부는 협의에 의하여 이혼할 수 있으며, 그 원인을 묻지 않는다. 협의
이혼제도는 자유로운 의사와 감정과 인간의 존엄 및 자유를 전제로 하는
제도인데 사회적으로는 남녀평등이 실질적으로 보장되어 있는 그런 조
건이어야 한다. 협의라는 미명하에 남자의 일방적인 전권적 이혼을 배제
하여야 하며, 1977년 민법의 일부개정으로 가정법원의 확인을 받도록 하
여 그 폐단을 일부 시정하였다 할 것이다.

☐ 당사자 사이의 이혼의사합치

협의에 의하여 이혼하기 위해서는 무엇보다도 당사자 사이에 이혼의사
의 합치가 있어야 한다. 즉 부부로서의 결함을 영구적으로 해소하는 무
조건·무기한의 의사이어야 한다. 단지 이혼신고의 의사만으로 신고하
더라도 그것은 무효라고 할 것이며, 사회통념상 혼인의 실체를 해소하는
의사이어야 한다. 협의이혼에 있어서는 이혼신고가 필요한데 그 서면이
작성될 뿐만 아니라, 그 서면이 수리되는 때에도 이혼의사의 합치가 있
어야 할 것이다. 즉 유효하게 작성된 신고서도 그 제출 전에 철회가 가능
하다고 할 것이다. 이혼의사의 합치에는 의사능력이 필요하다.

피성년후견인도 이혼합의를 할 수 있지만 부모나 성년후견인의 동의를
받아야 한다. 미성년자가 혼인하면 성년으로 의제되기 때문에 이혼을 할
때에는 부모나 미성년후견인의 동의를 받을 필요가 없다.

❑ 협의이혼 절차

(1) 협의이혼에 관한 안내 및 상담의 권고

협의상 이혼을 하려는 자는 가정법원이 제공하는 이혼에 관한 안내를 받아야 하고, 가정법원은 필요한 경우 당사자에게 상담에 관한 전문적인 지식과 경험을 갖춘 전문상담인의 상담을 받을 것을 권고할 수 있다(민법 제836조의2 제1항).

(2) 이혼의사 확인에 관한 숙려기간

가정법원에 이혼의사의 확인을 신청한 당사자는 가정법원이 제공하는 이혼에 관한 안내를 받은 날부터 다음 각 호의 기간이 지난 후에 이혼의사의 확인을 받을 수 있다(민법 제836조의2 제2항).
① 양육하여야 할 자(포태 중인 자를 포함한다)가 있는 경우에는 3개월
② 양육하여야 할 자가 없는 경우에는 1개월

(3) 숙려기간의 단축 또는 면제

가정법원은 폭력으로 인하여 당사자 일방에게 참을 수 없는 고통이 예상되는 등 이혼을 하여야 할 급박한 사정이 있는 경우에는 민법 제836조의2 제2항의 기간(3개월 또는 1개월)을 단축 또는 면제할 수 있다(민법 제836조의2 제3항).

❑ 이혼의 성립

협의이혼도 혼인과 같이 신고에 의하여 성립한다. 가족관계의 등록 등에 관한 법률에 정한 바에 따라 당사자 쌍방과 성년자인 증인 2인이 연서한 서면으로 하여야 한다. 그러나 혼인과는 달리 가정법원의 확인을 받아야 한다. 서면이나 구술로 관할 가정법원에 이혼의사확인신청을 하면 가정법원은 당사자를 출석시켜 본인 여부 및 이혼의 의사가 진정한 것인지를 확인한다. '이혼의사'가 확인되면 법원은 다른 이유로 확인을

거부할 수 없다. 가정법원의 확인을 받은 날로부터 3월 이내에 확인서의 등본을 첨부하여 가족관계등록공무원에게 신고하여야 하며, 위의 기간이 경과하면 확인은 그 효력을 잃는다. 확인이 없는 신고는 수리되더라도 무효이다.

☐ 무효와 취소

협의이혼도 무효나 취소되는 경우가 있다.

(1) 무효

부부 공동생활을 해소할 의사없이 채권자의 집행을 면하거나 당사자의 일방 또는 쌍방이 몰래 이혼신고를 한 경우, 유효하게 이혼신고서를 작성한 뒤 수리 이전에 상대방 또는 담당공무원에게 이혼의사를 철회하였을 경우, 의사능력이 결여된 때 신고한 경우 등이라 할 것인바, 법원의 확인제도로 이러한 일은 과거보다도 대폭 감소되었다고 할 것이다.

이혼무효가 판결로 확정되었을 경우에는 그 판결의 등본 및 확정증명서를 첨부하여 가족관계등록부정정의 신청을 하여야 한다.

(2) 취소

사기나 강박에 의한 협의이혼은 취소할 수 있다. 협의라는 미명하에 축출이혼 등이 행하여지고 있기 때문이다. 사기자나 강박자는 배우자이건 제3자이건 문제되지 않는다. 취소의 의사표시는 강박 등을 당한 자만이 할 수 있으며, 강박 등의 상태를 면한 날로부터 3월 이내에 하여야 한다. 이혼취소의 효과는 선의의 제3자에 대하여도 주장할 수 있다.

취소하기 위해서는 조정을 신청하여야 하며, 조정이 성립되지 않으면 심판을 청구할 수 있다. 사기 또는 강박에 의한 이혼취소의 효과는 소급효가 있다 할 것이다. 위 이혼신고 후에 당사자가 재혼하였으면 취소에 의하여 중혼이 된다. 혼인중의 당사자가 장래 협의이혼을 하기로 약정하는 경우가 있는데, 이혼신고를 할 때 이혼의사의 존재를 요구하므로 예약의 효력을 인정할 수 없다.

❑ 사실상의 이혼

혼인신고를 한 부부가 이혼의 합의를 하고 별거하는 등 양자 사이에 부부공동생활의 실체가 전혀 존재하지도 않으면서 이혼신고만 하지 않는 상태를 '사실상의 이혼'이라고 칭할 수 있다. 민법은 협의이혼을 요식행위로 하고 있기 때문에 아무리 이혼하기로 굳은 약속을 하더라도 이혼신고하지 않으면 법률상의 혼인이 유효하게 계속 유지되고 있다고 할 것이다. 그러나 당사자 사이에 부부동거 · 협조 · 정조의무는 소멸한다고 할 것이며 일상가사 대리권 등도 소멸한다고 보아야 할 것이다. 그러나 제3자에 대해서는 여전히 혼인상태가 계속되므로 다른 자와 혼인하면 중혼이 된다. 사실상의 이혼 중에 낳은 자는 혼인 중의 출생자로 취급되어야 한다. 사실상의 이혼 중 당사자 일방이 사망하였을 경우 다른 일방은 상속권이 있다고 하여야 할 것이다. 혼인상태의 복귀도 가능하지만 복귀를 원하지 않는 당사자에게 있어서는 사실상의 이혼상태 자체가 이혼사유가 될 수도 있다.

참조사항

- 관련 법규 : 민법 제834조 내지 제839조의2, 가족관계의 등록 등에 관한 법률 제74조 이하
- 소급효 : 법률의 효력이나 법률요건의 효력이 법률시행 전 또는 법률요건 성립시 이전으로 소급하여 효력이 생기는 것

80. 친생자

- 가족관계등록부상 부모를 찾으려면

❑ 친생자의 뜻

친자관계 중 부모와 자연혈연적인 관계가 있는 자를 친생자라 하며, 민법은 친생자의 추정·부인 및 인지 등에 관한 규정을 두어 친생자관계를 규율하고 있다.

❑ 친생자관계

(1) 친생자 추정

처가 혼인 중에 포태한 자는 부의 자로 추정되며, 혼인성립일로부터 200일 후 또는 혼인관계 종료 후 300일 내에 출생한 자는 혼인 중에 포태한 것으로 추정된다.

(2) 친생부인의 소

부의 자로 추정되는 경우라도 부 또는 처는 다른 일방 또는 자를 상대로 친생부인의 소를 제기할 수 있다. 부 또는 처가 피성년후견인이면 그의 성년후견인이 성년후견감독인의 동의를 얻어 소를 제기할 수 있고, 부 또는 처가 유언으로 부인의 의사를 표시하면 유언집행자가 소를 제기하여야 하고, 부 또는 처가 자의 출생 전에 사망하거나 그 사유가 있음을 안 날로부터 2년 내에 사망한 때에는 부 또는 처의 직계존속이나 직계비속에 한하여 그 사망을 안 날부터 2년 내에 친생부인의 소를 제기할 수 있다. 상대방인 자가 사망한 경우는 그 직계비속이 있으면 그 모를 상대로 소를 제기할 수 있고, 모가 없으면 검사를 상대로 소를 제기할 수 있다. 친생부인권은 자의 출생 후 친생자임을 승인하면 소멸한다.

(3) 인지

인지는 자기의 자임을 확인하는 행위로서 혼인 외의 출생자는 생부나 생모가 스스로 인지할 수 있다(임의인지). 자가 사망한 뒤라도 직계비속이 있으면 이를 인지할 수 있고, 포태 중의 자에 대하여도 인지할 수 있고, 유언으로도 인지할 수 있다. 인지는 가족관계의 등록 등에 관한 법률에 따라 신고하여야 효력이 생기고, 그 효력은 출생시에 소급한다. 자나 이해관계인은 인지신고가 있음을 안 날로부터 1년 내에 인지이의의 소를 제기할 수 있고, 부 또는 모가 사망한 때는 사망을 안 날로부터 2년 내에 검사를 상대로 인지이의의 소를 제기할 수 있다. 부 또는 모가 임의로 인지하지 않으면 자나 그 직계비속 또는 그 법정대리인은 부 또는 모를 상대로 인지청구의 소를 제기할 수 있고, 부 또는 모가 사망한 경우는 사망을 안 날로부터 2년 내에 검사를 상대로 인지청구의 소를 제기할 수 있다(강제인지).

(4) 친생자관계존부확인

앞에서 말한 각종 소는 친자관계의 발생 또는 소멸을 목적으로 하는 소송이나(형성의 소), 이와는 별도로 위의 소를 제기할 수 있는 자는 다른 사유를 원인으로 하여 친생자관계존부 확인을 구하는 소를 제기할 수 있다. 확인의 소에는 출소기간을 제한하는 규정은 없으나, 당사자 일방이 사망한 경우 사망을 안 날로부터 2년 내에 한하여 검사를 상대로 확인소송을 제기할 수 있다.

참조사항

- 관련 법규 : 민법 제844조 이하
- 출소기간 : 소송을 제기할 수 있는 법정기간, 즉 제소기간

81. 친생부인의 소

– 부 또는 처에 의한 친생자부인은 형성적인 것이다

□ 친생부인의 소의 의의

친생자란 혼인관계가 있는 부모로부터 낳은 경우와 혼인관계가 없는 부모로부터 낳은 경우에 따라 취급이 다른데, 전자를 혼인중의 출생자, 후자를 혼인 외의 출생자라고 한다. 그리고 혼인중의 출생자와 혼인 외의 출생자는 친자관계의 성립과 효과에서 차이가 있다.

혼인중의 출생자는 다시 추정을 받는 혼인중의 출생자와 추정을 받지 않는 혼인중의 출생자로 나누어 볼 수 있는데, 친생자 추정을 받기 위해서는 모가 부의 처이어야 하고, 혼인중에 포태한 자이어야 한다. 이러한 혼인중에 포태한 것이라는 증명은 매우 힘들므로 민법은 혼인성립의 날로부터 200일 후 또는 혼인관계종료의 날로부터 300일 내에 출생한 자는 혼인중에 포태한 것으로 추정한다.

위와 같은 혼인중의 출생자의 추정을 받는 자는 친생부인의 소에 의하지 않으면 혼인중의 출생자임을 부인할 수 없다. 따라서 친생부인의 소란 혼인중의 출생자로 추정받는 자에 대하여 혼인중의 출생자가 아님을 확인하는 소라 할 수 있다.

□ 친생부인의 방법

친생부인을 하기 위하여는 우선 가정법원에 조정을 신청하여야 한다. 이 소는 원칙적으로 부만이 제기할 수 있었으나, 가족법개정에 의하면 모도 제기할 수 있도록 하였다. 또한 부 또는 처가 피성년후견인인 경우에는 그 성년후견인이 성년후견감독인의 동의를 얻어 친생부인의 소를 제기할 수 있으며, 후견인이 친생부인의 소를 제기하지 않은 때에는 피성년후견인은 성년후견종료의 심판이 있은 날부터 2년 내에 친생부인의 소를 제기할 수 있다.

그리고 부 또는 처가 유언으로 부인의 의사를 표시한 때에는 유언집행자는 친생부인의 소를 제기하여야 하고, 부가 자의 출생전에 사망하거나 부 또는 처가 그 사유가 있음을 안부터 2년 내에 사망한 때에는 부 또는 처의 직계존속이나 직계비속에 한하여 그 사망을 안 날부터 2년 내에 친생부인의 소를 제기할 수 있다. 이 경우에 상대방이 될 자가 모두 사망한 때에는 그 사망을 안 날부터 2년 내에 검사를 상대로 하여 친생부인의 소를 제기할 수 있다. 자가 사망한 후에도 그 직계비속이 있는 때에는 그 모를 상대로, 그 모가 없으면 검사를 상대로 하여 부인의 소를 제기할 수 있다. 친생부인의 소는 부 또는 처가 다른 일방 또는 자를 상대로 하여 그 사유가 있음을 안 날부터 2년 내에 이를 제기하여야 한다.

부 또는 처가 피성년후견인인 경우에는 성년후견종료의 심판이 있은 날로부터 2년 내에, 부가 자의 출생 전에 사망하거나 부 또는 처가 그 사유가 있음을 안 날로부터 2년 내에 사망한 때에는 부 또는 처의 직계존속이나 직계비속에 한하여 그 사망을 안 날부터 2년 내에 친생부인의 소를 제기할 수 있다.

친생부인권은 자의 출생 후에 친생자임을 승인한 자는 다시 친생부인의 소를 제기하지 못한다.

소가 제기되면 법원으로서는 부의 생식능력·혈액형, 포태기간 중의 동거사정 기타의 모든 사실을 심사한다.

❑ 친생부인의 효과

부 또는 처의 친생부인의 주장이 심판에 의하여 확정적으로 인정되었을 때에는 자는 혼인 외의 출생자가 된다. 그 효과는 형성적인 것 즉, 법률상태가 변경되어 새로운 권리관계가 발생한 제3자에 대하여도 효력을 가진다.

심판이 확정되면 그 자는 모의 혼인 외의 출생자가 되므로 가족관계등록부정정의 신청을 하면 그 뜻을 기재하고, 친생자를 모의 혼인 외의 출생자로 그 가족관계등록부기재를 정정한다. 그리하여 생부의 인지 전에는 모의 가족관계등록부에만 등재된다.

참조사항

● 관련 법규 : 민법 제847조 이하, 가사소송법 제50조 · 제49조, 민사조정법 제36조

82. 인 지

❏ 인지의 의의

혼인관계에 있지 않은 부모 사이에서 태어난 혼인 외의 자나(흔히 사생자로 불림), 미혼모 등이 불가피한 사유에 의하여 영아를 유기하는 경우 등은 사회생활을 하면서 종종 접하는 일들이다.

이러한 경우 그 기아와 그의 모, 혼인 외의 자와 그 부와의 친자관계를 발생케 하는 생부 또는 생모의 법률행위나, 부 또는 모가 임의로 친자관계를 설정하지 않거나 사망하여 설정할 수 없는 경우 자나 그 직계비속 또는 그 법정대리인이 인지청구의 소를 통하여 친자관계를 설정하는 행위를 인지라 하는데, 전자의 경우를 강학상 임의인지, 후자의 경우를 강제인지라 칭한다.

❏ 임의인지

(1) 방법

임의인지는 특별한 절차를 요하는 것이 아니며, 또한 유언으로도 할 수 있다. 피성년후견인이라 하더라도 성년후견인의 동의가 있으면 인지를 할 수 있다는 규정의 취지로 보아 의사능력만 있으면 행위능력은 없더라도 인지를 할 수 있다고 보는 것이 타당할 것이다. 인지는 태아에 대해서도 할 수 있으며, 그 자의 직계비속이 있는 한 사망한 자에 대해서도 가능하다.

(2) 효력발생

위와 같이 인지는 요식행위를 거쳐야 하는 것은 아니나, 가족관계의 등록

등에 관한 법률이 정하는 절차에 따라 신고하여야 그 효력이 발생한다.

(3) 이의의 소

그리고 인지에 대해서 이의가 있는 자나 이해관계인은 인지의 신고가 있음을 안 날로부터 1년 이내에 부 또는 모를 상대로 인지에 대한 이의의 소를 제기할 수 있고, 부 또는 모가 사망한 때에는 그 사망을 안 날로부터 2년 내에 검사를 상대로 이의의 소를 제기할 수 있다.

❑ 강제인지

강제인지는 부 또는 모가 임의로 친자관계를 설정하지 않거나 부 또는 모가 사망하여 친자관계를 설정할 수 없을 때 소를 통하여 친자관계를 설정하는 제도로서 부 또는 모를 상대방으로 하여, 부 또는 모가 사망하였을 때는 그 사망을 안 날로부터 2년 이내에 검사를 상대방으로 하여 청구하여야 한다(예컨대 망부를 상대방으로 하는 인지청구의 소의 경우, 생모가 생존해 있다 하더라도 생모를 상대로 하는 것이 아니라 검사를 상대방으로 하여야 한다). 한편 태아나 그 법정대리인은 인지청구의 소를 제기할 수 없다.

인지심판의 확정으로 인지는 그 효력이 발생한다. 이 때 가족관계등록부의 기재는 효력발생요건이 아니며, 인지의 효과는 그 자의 출생시에 소급하여 발생하나, 다만 제3자가 취득한 권리는 해하지 못한다.

참조사항

● 관련 법규 : 민법 제855조 이하
● 의사능력 : 자기의 행위의 의미나 결과를 정상적인 인식력으로 합리적으로 판단할 수 있는 정신적 능력 내지 지능

---

83. 친생자관계존부확인의 소

– 특정인 사이의 법률상의 친생자관계의 존부를 주장하는 소

☐ 친생자관계존부확인의 소의 의의

친생자관계존부확인의 소란 특정인 사이의 친생자관계(법률상의 친생자관계)의 존부를 주장하는 소이다. 이는 기존의 친생자관계의 존부를 확인하는 소이므로, 기존의 친생자관계를 판결로써 소멸시키거나 또는 새로 친생자관계를 발생시키는 것을 목적으로 하는 친생부인의 소, 부를 정하는 소, 인지청구의 소 및 인지취소의 소와는 다르다.

친생자관계라는 것은 혼인 외의 출생자와 그 부와의 부자관계를 제외하면 자연의 혈연으로 정해지는 것이므로, 가족관계등록부의 기재 여하에 불구하고 친생자관계의 존부를 주장할 수 있는 것이다.

친생자관계존부확인의 소는 부를 정하는 소, 친생부인의 소, 인지에 대한 이의의 소 및 인지청구의 소의 목적과 저촉되지 않는 다른 사유를 원인으로 하여 가족관계등록부상의 기재를 정함으로써 신분관계를 명백히 할 필요가 있는 경우와 같은 때에 제기할 필요가 있다.

☐ 소 제기의 요건

① 친생자관계부존재확인의 소를 제기할 수 있는 경우를 살펴보면, 자신이 허위의 출생신고를 하여 외견상 친생자관계가 존재하는 것처럼 보이는 경우 가족관계등록부상의 부모와 자 사이에 친생자관계부존재확인을 청구할 수 있다. 또한 친생자의 추정을 받는 자는 친생부인의 소에 의해서만 친생자관계가 부인될 수 있지만, 이에 의한 추정을 받지 않는 자, 즉 혼인성립의 날로부터 200일전에 출생한 자에 대해서는 친생자관계부존재확인을 청구할 수 있다.

② 그 외에 친생자관계존재확인의 소를 제기할 수 있는 경우는 가족관계
   등록부에 기재되어 있지만 다른 부부 사이에 친생자관계가 존재하는
   경우에는 그 다른 부부에 대하여 친생자관계존재확인의 소를 제기할
   수 있다. 인지에 의한 친자관계에 있어서 인지의 유효를 주장하는 경
   우에도 친생자관계존재확인의 청구를 할 수 있다.

❏ 당사자

친생자관계존부확인의 소를 제기할 수 있는 자는 부, 부의 후견인, 부의
유언집행자, 부의 직계존속, 부의 직계비속, 모, 자의 법정대리인, 자의
직계비속 및 기타 이해관계인이 된다.
제3자의 당사자적격의 문제는 이해관계인이면 당사자적격이 있고 특별
한 제한이 없는 바, 현재의 판례는 민법 제777조의 친족은 친생자관계확
인의 소를 제기할 수 있으며, 위 친족은 다른 사정이 없는 한 그와 같은
신분을 가졌다는 사실만으로써 당연히 원고로서 친생자관계존부확인의
소를 제기할 소송상의 이익이 있다고 한다.

❏ 방법

친생자관계의 존부를 확인하려면 가정법원에 소송을 제기하여야 하고
조정을 거치지 않으며 제소기간은 제한이 없다. 다만, 당사자 일방이 사
망한 경우에는 그 사망을 안 날로부터 2년 내에 검사를 상대로 소를 제
기할 수 있다.
소송의 효력은 제3자에게도 미치고 소송이 확정되면 소를 제기한 자는
판결의 확정일로부터 1월 이내에 판결의 등본과 확정증명서를 첨부하여
가족관계등록부정정의 신청을 하여야 한다.

참조사항

- 관련 법규 : 민법 제865조
- 직계존속 : 부모·조부모와 같이 본인을 출산하도록 한 친족
- 직계비속 : 자·손과 같이 본인으로부터 출산된 친족

84. 입 양

❏ 입양의 의의

입양은 자연혈연적인 친자관계가 없는 자 사이에 법적 친자관계를 창설
하는 행위로서 양친이 될 자와 양자가 될 자 사이의 합의에 의하여 이루
어진다.

❏ 입양의 요건

입양은 가족관계의 등록 등에 관한 법률에 따라 입양신고를 하여야 법률
적 효력이 발생한다. 그러나 민법은

① 양친이 될 자는 성년이어야 하고

② 양자가 될 자는 13세 미만인 경우는 법정대리인이 대신 입양의 승낙
   을 해야 하나, 미성년후견인이 입양의 승낙을 하는 경우에는 가정법
   원의 허가를 받아야 하며

③ 양자가 될 자는 부모 등의 동의를 얻어야 하며

④ 피후견인인 미성년자를 후견인이 입양하려는 때에는 가정법원의 허
   가를 받아야 하며, 피후견인인 피성년후견인을 후견인이 입양하려
   는 때에도 가정법원의 허가를 받아야 한다.

⑤ 배우자가 있는 자가 양자를 할 때에는 배우자와 공동으로 하여야 하
   고, 양자가 될 때에는 다른 일방의 동의를 얻어야 하며

⑥ 존속이나 연장자를 양자로 할 수 없도록 규정하여 그 규정에 위배되
   면 원칙적으로 입양신고가 수리되지 않는다.

❑ 무효와 취소

입양신고가 수리되었더라도 13세 미만자를 입양할 때 그 법정대리인의 대락이 없는 입양이나 존속이나 연장자를 양자로 한 입양과, 당사자 간에 입양의 합의가 없는 입양은 무효이며, 무효인 경우 외에 위 민법의 규정에 위배된 입양과, 입양 당시 양친자의 일방에게 악질 기타 중대한 사유가 있음을 알지 못한 때, 사기 또는 강박으로 입양의 의사를 표시한 경우는 취소할 수 있다.

무효인 입양의 경우는 입양무효재판을 받거나 무효가 명백한 경우는 법원의 허가를 얻어 가족관계등록부를 정정할 수 있다.

입양의 취소는 법에 규정된 취소권자가 법원에 입양취소를 청구하는 방법으로만 할 수 있고, 입양 후 법에 규정된 일정한 사유가 발생하거나(예 : 미성년자가 입양한 후 성년이 된 때) 일정기간이 경과되면 취소를 청구할 수 없다. 입양무효는 처음부터 입양의 효력이 없다고 보고 있으나, 입양취소의 경우는 장래에 향하여서만 입양의 효력이 소멸하며 그 전의 효력에는 영향을 미치지 않는다.

❑ 입양의 효과

입양으로 양자는 양부모의 가족관계등록부에 등재되고 양부모와 사이에 양친관계가 발생하며, 양친의 혈족·인척과의 사이에도 법적 친족관계가 생긴다. 그러나 생가의 친족관계는 변함이 없다. 입양은 파양으로 해소시킬 수 있다.

❏ 친양자제도 신설

가족법 개정에 의하면 현행의 양자제도를 그대로 유지하면서도 친생부
모 등과의 종전 친족관계를 종료시키고, 양친과의 친족관계만을 가지며
양친의 성과 본을 따르도록 하는 친양자제도를 신설하였다.

참조사항

● 관련 법규 : 민법 제866조 이하

85. 친양자

− 양친과 양자를 친생자관계로 보아 양친의 성과 본을 따라
  새로운 가족관계를 형성하는 것

❏ 친양자제도의 의의

2005년 가족법이 개정되면서 친양자제도가 신설되었다. 친양자제도는
종전 양자제도를 그대로 유지하면서 양자의 복리를 더욱 증진시키기 위
하여, 양친과 양자를 친생자관계로 보아 종전의 친족관계를 종료시키고
양친과의 친족관계만을 인정하며 양친의 성과 본을 따르도록 하는 것을
말한다.

❏ 친양자 입양의 요건

친양자를 하려는 자는 다음의 요건을 갖추어 가정법원에 청구를 하여야
하며, 가정법원은 친양자로 될 자의 복리를 위하여 그 양육상황, 친양자
의 입양의 동기, 양친의 양육능력 그 밖의 사정을 고려하여 친양자 입양
이 적당하지 아니하다고 인정되는 경우에는 청구를 기각할 수 있다.

① 3년 이상 혼인 중인 부부로서 공동으로 입양할 것. 다만, 1년 이상 혼
   인 중인 부부의 일방이 그 배우자의 친생자를 친양자로 하는 경우에
   는 그러하지 아니하다.

② 친양자로 될 자가 미성년자일 것

③ 친양자로 될 자의 친생부모가 친양자 입양에 동의할 것. 다만 부모의
   친권이 상실되거나 사망 그 밖의 사유로 동의할 수 없는 경우에는 그
   러하지 아니하다.

④ 양자가 될 자가 13세 미만인 때에는 법정대리인이 그에 갈음하여 입
   양의 승낙이 있을 것.

❑ 친양자 입양의 효력

친양자는 부부의 혼인중에 출생한 자로 보며, 친양자의 입양전의 친족관
계는 친양자 입양청구에 의한 친양자 입양이 확정된 때에 종료한다. 다
만, 부부 중 일방이 그 배우자의 친생자를 단독으로 입양한 경우에 있어
서의 배우자 및 그 친족과 친생자간의 친족관계는 그러하지 않다.

❑ 친양자 입양의 취소와 파양

친양자로 될 자의 친생의 부 또는 모는 자신에게 책임없는 사유로 인하
여 부모의 친권상실 등의 사유로 동의할 수 없었던 경우에는 친양자 입
양의 사실을 안 날부터 6월 내에 가정법원에 친양자 입양의 취소를 청구
할 수 있다.

또한 양친, 친양자, 친생의 부 또는 모나 검사는 양친이 친양자를 학대
또는 유기하거나 그 밖에 친양자의 복리를 현저히 해하는 경우, 친양자
의 양친에 대한 패륜행위로 인하여 친양자 관계를 유지시킬 수 없게 된
경우에는 가정법원에 친양자의 파양을 청구할 수 있다.

참조사항

- 관련 법규 : 민법 제908조의2 · 제908조의3 · 제908조의4 · 제
  908조의5
- 유 기 : 내버리고 돌아보지 않는 것
- 시행일 : 2008년 1월 1일부터 시행

86. 친 권

– 부모가 미성년자인 자를 보호 · 교양하는 권리 · 의무

❏ 친권의 의의

친권은 부모가 미성년자인 자를 보호 · 교양할 권리 · 의무의 총체로서
친자관계의 핵심을 이루고 있다.

❏ 친권자

부모는 미성년자인 자의 친권자가 된다. 친권은 부모가 공동으로 행사한
다. 그러나 부모의 의견이 일치하지 않는 경우에도 당사자의 청구에 의
하여 가정법원이 정하고, 부모의 일방이 이를 행사할 수 없는 경우에는
다른 일방이 이를 행사한다. 양자의 경우에도 양부모가 친권자가 된다.
혼인 외의 자가 인지된 경우나 부모가 이혼한 경우에는 부모의 협의로
친권자를 정하여야 하고, 협의할 수 없거나 협의가 이루어지지 않는 경
우에는 당사자는 가정법원에 그 지정을 청구하여야 한다.
가정법원은 혼인의 취소, 재판상 이혼 또는 인지청구의 소의 경우에는
직권으로 친권자를 정하며, 자의 복리를 위하여 필요하다고 인정되는 경
우에는 자의 4촌 이내의 친족의 청구에 의하여 정하여진 친권자를 다른
일방으로 변경할 수 있다.

❏ 친권의 효력

친권자는 자를 보호 · 교양할 권리 · 의무가 있고, 자의 거소를 지정할 수
있으며, 자를 보호 · 교양하기 위하여 필요한 징계를 할 수 있다. 친권자
는 자의 법정대리인이 되며, 자의 특유재산을 관리하고, 자의 재산에 관
한 법률행위에 대하여 자를 대리한다. 그러나 자에게 무상으로 재산을

수여한 제3자가 친권자의 재산관리에 반대하는 의사를 표시한 때에는 친권자는 그 재산을 관리할 수 없고 제3자가 지정한 관리인 또는 법원이 선임한 관리인이 이를 관리하며 친권자가 자를 대리함에 있어 자의 행위를 목적으로 하는 채무를 부담할 경우에는 자의 동의를 얻어야 되며, 근로기준법상 근로계약이나 임금청구는 자를 대리할 수 없도록 되어 있다.

❏ 친권의 제한

친권은 일정한 경우에는 제한이 되는 바, 친권자와 자 사이에 이해상반되는 행위에 관하여는 친권자가 그 자를 대리하거나 자의 행위에 동의를 줄 수 없고, 그 경우에는 친권자는 법원에 그 자의 특별대리인의 선임을 청구하여야 한다.

❏ 친권의 상실

친권은 자의 복리를 위한 것이므로 그 목적에 위배되는 경우에는 친권을 상실케 할 수 있다. 또한 친권행사의 기준으로 자의 복리를 우선적으로 고려하여야 한다. 즉 친권자가 친권을 남용하거나 현저한 비행 기타 친권을 행사할 수 없는 중대한 사유가 있는 때에는 자의 친족이나 검사

의 청구로 법원이 친권상실을 선고할 수 있고, 친권자가 부적당한 관리로 자의 재산을 위태롭게 한 때에는 법원은 친권자의 법률행위 대리권과 재산관리권의 상실을 선고할 수도 있다. 그러한 원인이 소멸하면 친권자나 친족은 친권회복을 법원에 청구할 수 있다. 친권은 의무적인 면도 있으므로 함부로 포기나 사퇴를 할 수 없으나, 정당한 사유가 있으면 친권자는 법원의 허가를 얻어 법률행위 대리권과 재산관리권을

사퇴할 수 있고, 그 사유가 소멸되면 법원의 허가를 얻어 사퇴한 권리를
회복할 수 있다.

참조사항

- 관련 법규 : 민법 제909조 이하
- 거소 : 사람이 다소의 기간 계속하여 거주하는 장소로서, 그 장소
  와의 밀접한 정도가 주소만 못한 곳

87. 후 견

– 후견의 종류 · 순위와 후견인의 임무 및 그 권한의 제한

☐ 후견의 종류 및 순위

후견에는 미성년후견과 성년후견, 한정후견이 있다.

(1) 미성년자의 후견

미성년자에 대하여 친권자가 없거나 친권자의 법률행위대리권, 재산관리권이 없을 때 후견이 개시되는데, 친권자는 유언으로 그 후견인을 지정할 수 있고(지정후견인), 그 지정이 없을 때에는 가정법원은 직권으로 또는 미성년자, 친족, 이해관계인, 검사, 지방자치단체 장의 청구에 의하여 미성년후견인을 선임한다(선임후견인).

(2) 성년후견 또는 한정후견

피성년후견인 또는 피한정후견인의 경우는 그 선고를 받은 때에 후견이 개시되고 성년후견인 또는 한정후견인은 가정법원이 직권으로 선임한다.

☐ 후견인의 임무

후견인은 피후견인의 법정대리인이 되며 피후견인의 재산을 관리하고 법률행위를 함에 피후견인을 대리한다. 미성년자 후견인은 미성년자에 대해 보호 · 교양의 권리의무, 거소지정권 등이 있고, 미성년자의 재산을 관리하고 그 재산에 관한 법률행위에 대하여 피후견인을 대리한다. 성년후견인은 피성년후견인의 재산관리와 신상보호를 할 때 여러 사정을 고려하여 그의 복리에 부합하는 방법으로 사무를 처리하여야 한다. 피성년후견인의 신체를 침해하는 의료행위에 대하여 피성년후견인이 동의할

수 없는 경우에는 성년후견인이 그를 대신하여 동의할 수 있다. 피성년후견인의 행위를 목적으로 하는 채무를 부담할 경우에는 본인의 동의를 얻어야 하며, 무상으로 피성년후견인에게 재산을 수여한 제삼자가 후견인의 관리에 반대하는 의사를 표시한 때에는 후견인 그 재산을 관리하지 못한다.

❑ 후견의 제한

후견은 후견감독인과 가정법원의 제한을 받는다.

(1) 후견감독인

후견인은 피후견인의 재산에 관한 관리권과 대리권이 있으므로 이러한 권리들로부터 피후견인의 재산을 보호할 필요가 있다. 따라서 후견인은 지체 없이 피후견인의 재산을 조사하여 2개월 내에 그 목록을 작성하여야 하고 후견감독인이 있는 경우 재산조사와 목록작성은 후견감독인의 참여가 없으면 효력이 없다. 또한 후견인과 피후견인 사이에 채권채무의 관계가 있고 후견감독인이 있는 경우에 후견인이 피후견인에 대한 채권이 있음을 알고도 그 제시를 게을리한 경우에는 그 채권을 포기한 것으로 간주된다.

미성년자의 후견인이 친권자가 정한 교육방법, 양육방법 또는 거소를 변경하는 경우, 친권자가 허락한 영업을 취소하거나 제한하는 경우에는 후견감독인이 있으면 그의 동의를 받아야 한다.

미성년·성년후견인이 미성년자·피성년후견인을 대리하여 영업에 관한 행위, 금전을 빌리는 행위, 의무만을 부담하는 행위, 부동산 또는 중요한 재산에 관한 권리의 득실변경을 목적으로 하는 행위, 소송행위, 상속의 승인, 한정승인 또는 포기 및 상속재산의 분할에 관한 협의를 하거나 미성년자의 위에 해당하는 행위에 동의를 할 때는 후견감독인이 있으면 그의 동의를 받아야 한다. 또한 후견인에 대한 제3자의 권리를 양수하는 경우 후견감독인이 있으면 후견인은 후견감독인의 동의를 받아야 한다.

(2) 가정법원의 감독

가정법원은 직권으로 또는 피후견인 등의 청구에 의하여 피후견인의 재
산상황을 조사하고, 후견인에게 재산관리 등 후견임무 수행에 관하여 필
요한 처분을 명할 수 있다. 성년후견인이 피성년후견인을 치료 등의 목
적으로 정신병원이나 그 밖의 다른 장소에 격리하려는 경우에는 가정법
원의 허가를 받아야 한다. 피성년후견인의 신체를 침해하는 의료행위에
대하여 피성년후견인이 동의할 수 없는 경우에는 성년후견인이 그를 대
신하여 동의할 수 있다. 다만 위의 경우 피성년후견인이 의료행위의 직
접적인 결과로 사망하거나 상당한 장애를 입을 위험이 있을 때에는 가정
법원의 허가를 받아야 한다. 성년후견인이 피성년후견인을 대리하여 피
성년후견인이 거주하고 있는 건물 또는 그 대지에 대하여 매도, 임대, 전
세권 설정, 저당권 설정, 임대차의 해지, 전세권의 소멸, 그 밖에 이에
준하는 행위를 하는 경우에는 가정법원의 허가를 받아야 한다.

참조사항

● 관련 법규 : 민법 제928조 이하
● 자격정지 : 일정 기간 동안 일정한 자격의 전부 또는 일부를 정지
  시키는 것

88. 후견감독인

— 후견인의 임무 수행과 재산 관리 상황을 감독하는 사람

❏ 후견감독인의 의미

후견감독인은 후견인의 임무 수행과 재산 관리 상황을 감독하는 기관으로 후견인의 사무를 감독할 뿐만 아니라 후견인과 피후견인의 이익이 서로 상반될 경우에는 피후견인을 대리하는 직무를 수행한다.

❏ 후견감독인의 선임

가정법원이 후견감독인을 선임할 때에는 피후견인의 의사를 존중하여야 하며 그 밖에 피후견인의 건강, 생활관계, 재산상황, 후견감독인이 될 사람의 직업과 경험, 피후견인과의 이해관계 유무 등의 사정도 고려한다.

❏ 후견감독인의 자격요건

후견감독인이 될 수 있는 자격요건은 규정되어 있지 않다. 따라서 후견인과 마찬가지로 가족·친척·친구 등은 물론 변호사·법무사·세무사·사회복지사 등의 전문가가 후견감독인이 될 수 있다. 다만 민법은 후견감독인이 될 수 없는 결격사유를 규정하고 있는데, 제한능력자, 후견인의 가족은 후견감독인이 될 수 없다.

❏ 후견감독인의 선임절차

후견인은 성년후견개시결정과 함께 선임되어야 하나, 후견감독인은 반드시 선임되어야 하는 것은 아니다. 다만 피후견인의 재산 처분행위 등 후견감독인의 동의가 필요하므로 후견감독인 선임신청을 성년후견개시 심판 신청과 동시에 진행하는 경우가 많이 있다.

❏ 후견감독인의 사무

후견감독인은 후견인의 사무를 감독하며, 후견인이 없는 경우 지체 없이 가정법원에 후견인의 선임을 청구하여야 한다. 즉 피후견인의 보호의 공백이 생기는 것을 막기 위함이 후견감독인의 의무이다. 후견감독인은 피후견인의 신상이나 재산에 대하여 급박한 사정이 있는 경우 그의 보호를 위하여 필요한 행위 또는 처분을 할 수 있다. 후견인과 피후견인 사이에 이해가 상반되는 행위에 관하여는 후견감독인이 피후견인을 대리한다. 후견감독인은 언제든지 후견인에게 그의 임무 수행에 관한 보고와 재산목록의 제출을 요구할 수 있고 피후견인의 재산상황을 조사할 수 있다.

참조사항

- 관련 법규 : 940조의2 이하
- 행위무능력제도가 2011년 3월 7일 전면 개정되면서 친족회가 폐지되고 후견감독인제도가 도입됨.

89. 상 속

– 피상속인의 재산상 지위를 승계하는 것

☐ 상속의 개시

상속은 피상속인의 사망으로 인하여 개시된다.

☐ 상속의 순위

피상속인의 직계비속, 직계존속, 형제자매, 4촌 이내의 방계혈족 순위로 상속인이 된다. 피상속인의 배우자는 피상속인의 직계비속과 직계존속이 있는 때에는 그 상속인과 동순위의 공동상속인이 되며, 그 상속인이 없으면 단독상속인이 된다. 동순위의 상속인이 수인이면 최근친을 선순위로 하고 동친등의 상속인이 수인인 때에는 공동상속인이 된다. 태아는 상속순위에 관하여는 이미 출생한 것으로 본다. 상속인이 될 피상속인의 직계비속, 형제자매가 상속개시 전에 사망 또는 결격된 경우에 그 직계비속이 있으면 그 직계비속이 사망 또는 결격된 자의 상속순위에 갈음하여 상속인이 된다[대습상속].

☐ 상속분

동순위의 상속인이 수인인 때에 그 상속분은 균분으로 하나, 피상속인의 배우자의 상속분은 직계비속과 공동으로 상속하면 직계비속의 상속분의 5할을 가산하고, 직계존속과 공동으로 상속하면 직계존속의 상속분의 5할을 가산한다. 상속인은 상속개시된 때에 피상속인의 재산에 관한 포괄적 권리의무를 승계하며, 공동상속의 경우는 각자의 상속분에 응하여 피상속인의 권리의무를 승계한다.

그리고 공동상속인중에 상당한 기간 동거 · 간호 그 밖의 방법으로 피상

속인을 특별히 부양하거나 피상속인의 재산의 유지 또는 증가에 특별히
기여한 자의 기여분을 공제한 것을 상속재산으로 본다.

❏ 상속의 승인 및 포기

(1) 의의

상속이 개시되면 상속인은 상속의 효과로서 상속개시의 사실을 알거나
모르거나 또는 상속인에게 속하고 있는 재산상의 지위를 일단 승계하게
된다. 그러나 이와 같이 피상속인의 재산상의 권리의무를 상속개시와 더
불어 당연히 상속인에게 귀속하게 하는 것은 승계될 권리의무의 내용 여
하에 따라서 상속인에게 미치는 이해관계가 극히 중대하므로 타당하지
못할 것은 명백하다. 따라서 민법은 상속의 승인 및 포기의 제도를 설정
하여 상속인의 의사여하에 따라서 일단 발생한 재산상속의 효과를 확정
적인 것으로 할 것인가 또는 이것을 부인할 것인가에 관한 선택의 자유
를 부여하였다.

(2) 승인

상속의 승인이란 상속의 개시에 의하여 발생하는 효과, 즉 피상속인에게
속하였던 재산상의 모든 권리의무가 상속인에게 귀속하는 효과를 거부
하지 않는 것을 스스로 선언하는 것을 말하며, 이 권리의무의 귀속을 전
면적으로 승인한다면 단순승인이 되고, 제도적으로 즉 상속채무의 이행
을 상속에 의하여 취득한 재산의 한도에 그치고 피상속인의 채무와 유증
을 변제할 것을 유보하여 승인한다면 한정승인이 된다.

(3) 포기

상속의 포기란 상속의 개시에 의하여 발생하는 효과를 상속개시 당시에
소급하여 소멸시키는 의사표시를 말한다. 따라서 재산상속에 의하여 취
득한 개개의 권리에 대한 포기와는 전혀 관념이 다르다.

⑷ 승인 및 포기의 방식

상속의 승인 또는 포기는 상속재산에 대하여 포괄적으로 하여야 하며, 그 일부에 대하여 하는 승인 또는 포기는 허용되지 않는다. 또한 재산상속의 승인 또는 포기는 상속인만이 할 수 있으며 능력자이어야 한다. 만약 상속인이 제한능력자라면 친권자 · 후견인의 대리 내지 동의에 의하며, 미성년 · 성년 · 한정후견인의 경우 후견감독인이 있다면 그의 동의를 얻어야 한다. 따라서 법정대리인이 아닌 임의대리인은 상속인을 대리하여 승인 또는 포기를 할 수 없다.

기존 가족법 규정은 상속의 승인 또는 포기는 상속인이 자기를 위하여 상속개시가 있는 것을 안 날로부터 3개월 이내 〔숙고기간〕에 하여야 하며, 이 기간 내에 승인도 포기도 하지 않는다면 상속인이 단순승인을 한 것으로 보도록 하였으나 개정된 가족법에서는 상속인이 피상속인의 재산상태를 쉽게 파악할 수 없는 경우가 많으므로 상속인이 상속되는 채무가 그 재산을 초과하는 사실을 중대한 과실없이 알지 못하고 단순승인한 경우에는 그 사실을 안 날부터 3월내에 한정승인할 수 있도록 개선하였다.

승인 또는 포기의 방식은 단순승인의 경우에는 아무런 제한이 없으나 한정승인과 포기의 경우에는 가정법원에 신고함으로써 하여야 한다.

그러나 상속인이 상속채무가 상속재산을 초과하는 사실을 중대한 과실없이 기간내에 알지 못하고 단순승인을 한 경우에는 그 사실을 안 날부터 3월내에 한정승인을 할 수 있고, 이 경우 상속 재산 중 이미 처분한 재산이 있는 때에는 신고시 목록과 가액을 함께 제출하여야 한다.

⑸ 승인 및 포기의 취소

일단 유효하게 행해진 상속의 승인 또는 포기에 대하여 그 철회를 인정한다는 것은 이해관계인의 신뢰를 배반하는 것이 되어 그들에게 많은 폐해를 줄 염려가 있으므로 그 취소는 원칙적으로 허용되지 않는다.

그러나 민법 총칙편의 규정에 의한 취소, 즉 미성년자 · 피한정후견인 ·

성년후견인인 법정대리인의 동의 없이 한 경우, 사기·강박에 의하여 한 경우 등에는 그 승인 또는 포기를 취소할 수 있다. 다만 이 승인 또는 포기의 취소권을 추인할 수 있는 날로부터 3개월, 승인 또는 포기한 날로부터 1년 내에 행사하지 않으면 소멸된다.

참조사항

● 관련 법규 : 민법 제997조 이하, 제1019조
● 추인 : 사후의 동의

90. 유언의 법률적 특질

– 사후에 있어서의 일정한 법률관계를 정하려는 생전의 최종적 의사표시

❏ 유언의 의의

통상 유언이라는 용어는 사람이 사망한 때 남기는 '최후의 진술'을 의미하는 것으로 사용되고 있으나, 법률상 의미의 유언은 사후에 있어서의 일정한 법률관계를 정하려는 생전의 최종적인 의사표시로서 법률행위의 일종이며 법률적으로 다음과 같은 특질을 갖고 있다.

❏ 법률적 특질

⑴ 유언은 상대방이 없는 단독행위이다.

따라서 유언으로 타인에게 무상으로 재산적 이익을 주는 경우(유증)에 있어서도 그 이익을 받은 자를 상대방으로 하여 그 사람에 대하여 의사표시를 하거나 그 사람의 승낙을 받아야 할 필요가 없다. 다만 유증을 받은 자는 유언자가 사망한 후에 유언을 승인하거나 포기할 수 있을 뿐이다. 유증은 상대방과 따로 약정함이 없이 단독의 의사표시로 성립되는 점에서 증여자가 사망하면 증여의 효력이 발생하기로 미리 상대방과 약정함으로서 성립되는 사인증여와는 구별된다.

⑵ 유언은 유언자의 사망으로 효력이 발생하는 사인행위이다.

따라서 미리 유언을 해놓았더라도 유언자가 사망할 때(즉 유언의 효력이 발생할 때)까지는 유언으로 이익을 받은 자라도 그 이익에 관하여 아무런 법률적인 권리가 주어지는 것이 아니며, 유언자가 유증의 목적인 부동산을 처분하여도 수유자(유증을 받을 자)는 그 행위의 무효를 주장하지 못하게 된다.

⑶ 유언은 유언자가 언제든지 철회할 수 있는 행위이다.

즉 유언자는 언제든지 다른 유언 또는 생전행위로서 유언의 일부나 전부를 철회할 수 있고, 전후의 유언이 서로 저촉되거나 유언을 한 후에 한 생전행위가 유언과 저촉되는 경우에는 저촉되는 부분의 전유언은 이를 철회한 것으로 간주한다.

⑷ 유언은 유언자 자신의 독립한 의사로 하여야 하는 행위이다.

따라서 유언은 대리가 허용되지 않으며, 미성년자가 17세에 달하거나 피성년후견인이 의사능력을 회복하는 때에는 법정대리인의 동의없이 독립하여 유언할 수 있다.

⑸ 유언으로 할 수 있는 행위는 특정되어 있다.

즉 민법은,
① 친생부인
② 인지
③ 입양
④ 미성년자의 후견인 지정, 후견감독인의 지정
⑤ 상속재산분할방법의 지정 · 위탁 또는 분할금지
⑥ 유증
⑦ 재단법인의 설립행위
⑧ 상속재산분할방법의 지정 또는 위탁
⑨ 상속재산분할금지

등에 한하여 유언으로 할 수 있도록 규정하고 있고, 그 법정사항 이외의 사항에 관한 유언, 예컨대 유훈 같은 것은 사실적인 의미 외에 따로 어떤 법률적인 효력은 인정되지 않는다.

⑹ 유언은 요식행위이다.

유언은 유언자로 하여금 의사표시를 신중히 하게 하고 또한 타인에 의한

위조 · 변조를 막기 위하여 민법은

① 자필증서유언

② 녹음증서유언

③ 공정증서유언

④ 비밀증서유언

⑤ 구수증서유언

등 5종류의 유언방식(법은 각 유언방식에 대한 구체적인 방법을 규정하고 있는데, 이에 관하여는 91. 유언의 방식에서 설명하기로 한다)에 의할 경우에만 효력을 인정하고 있고, 그 방식에 위배되는 유언은 효력이 발생하지 않도록 규정하고 있다.

참조사항

- 관련 법규 : 민법 제1060조 이하
- 철회 : 아직 종국적 법률효과가 생기지 않은 법률행위 또는 의사표시의 효과가 장래에 존속하는 것을 막거나 일단 발생한 의사표시의 효과를 기초로 하는 장래의 종국적 법률효과를 막는 일방적 행위

91. 유언의 방식

– 유언의 방식에는 자필증서 · 녹음 · 공정증서 · 비밀증서 및
구수 증서에 의한 것이 있다

❑ 타인에 의한 위조 또는 변조를 방지하기 위해 유언에 일정한 방식을 요구

유언은 사람이 그의 사후에 있어서의 일정한 법률관계를 정하려는 생전의 최종적 의사표시로서 상대방 없는 단독행위이다. 유언이 과연 유언자의 최종적 의사인지를 확인하는 등 신중을 기하여야 할 필요가 있고, 타인에 의한 위조 또는 변조를 방지하기 위해 유언에 일정한 방식을 요구하고 있으며, 그에 따르지 아니할 경우 그 효력을 부인하고 있다.

❑ 유언의 방식

(1) 자필증서에 의한 유언

먼저 자필증서에 의한 유언의 경우를 살펴보자. 유언자가 유언서의 전문과 그 작성의 연 · 월 · 일 · 주소 및 성명 등을 자서하고 날인함으로써 성립하는 유언이다. 삽입 · 삭제 · 변경 등이 가능하나, 유언자가 자서하고 날인하여야 한다.

이 방식은 가장 간단하면서도 비밀스러우나 분실 · 은닉 등의 위험이 따른다. '자서'함을 절대적 조건으로 하며, 작성의 연 · 월 · 일의 기재도 필수적이다. 성명 등은 동일성만 식별할 수 있으면 아호나 예명 등도 가능하다. 날인은 실인 · 무인 모두 가능하다.

그러나, 성명의 자서와 날인이 모두 필요하므로 성명을 기재했더라도 날인이 없으면 무효이다.

⑵ 녹음에 의한 유언

녹음에 의한 유언은 발달된 각종 녹음방법이 널리 알려진 데에서 민법이 인정한 제도이다. 필기에 곤란을 갖고 있는 자에게 특히 유효하나, 소멸될 위험이 높은 것이 단점이다.

유언자가 반드시 유언의 취지 · 성명 · 작성연월일을 구술녹음하고 참여한 증인이 그 정확성과 성명 등을 구술녹음하여야 한다. 유언자의 육성으로 동일성을 식별하게 된다. 피성년후견인의 의사능력이 회복되어 녹음에 의한 유언을 할 때에는 의사는 심신회복의 상태를 녹음기에 구술하는 방법으로 한다.

⑶ 공정증서에 의한 유언

공정증서에 의한 유언은 유언자가 증인 2인이 참여한 공증인의 면전에서 유언의 취지를 구수하고 공증인이 이를 필기낭독하여 유언자와 그 증인이 그 정확함을 승인한 후 각자 서명 또는 기명날인하는 유언방식이다.

이 방법은 유언의 존재와 그 명확성이 보장되어 있는 반면, 비용이 많이 소요되고 비밀을 확보하기 어렵다는 단점이 있다. 공증인이 필기낭독하여야 하나 반드시 본인이 할 필요는 없으며, 보조인에게 시켜도 무방하다. 유언자가 질병 등으로 인하여 서명할 수 없을 경우 공증인이 부기에 의하여 대신하여도 상관없다고 할 것이다. 유언자가 중병으로 언어가 불명료하여 단순히 공증인의 질문에 대해 고개를 끄덕거리는 정도의 거동으로 뜻을 표하는 것은 구수라고 보기 어렵다고 할 것이다.

⑷ 비밀증서에 의한 유언

비밀증서에 의한 유언은 유언자가 필자의 성명을 기입한 증서를 엄봉날인하고 이를 2인 이상의 증인의 면전에 제출하여 자기의 유언서임을 표시한 후, 그 봉서표면에 제출연월일을 기재하고 유언자와 증인이 각자 서명 또는 기명날인하는 방식이다. 유언의 비밀이 보장되는 장점이 있으나 그 성립에 대해 다툼이 생길 우려가 있고 분실의 염려가 있다.

유언봉서는 그 표면에 기재된 날로부터 5일 이내에 공증인 또는 법원 서기에게 제출하여 확정일자인을 받아야 한다. 비밀증서에 의한 유언이 요건의 흠결로 인하여 무효가 되는 경우라 할지라도 자필증서의 효력을 가지고 있는 경우에는 그에 의한 효력을 인정한다.

(5) 구수증서에 의한 유언

마지막으로 유언자가 질병 등 사망의 위험 등이 있는 급박한 사정에 의하여 전술한 방식의 유언을 하기가 어려울 때 예외적으로 구수증서에 의한 유언방식을 인정한다. 즉 2인 이상의 증인이 참여하고, 그 중 1인에게 유언의 취지를 구수하고 구수를 받은 자가 이를 필기낭독하고 유언자와 그 증인이 그 정확함을 승인한 후 각자 서명 또는 기명날인한다.

증인 또는 이해관계인은 급박한 사정이 종료한 날로부터 7일 안에 가정법원에 그 검인을 신청하여야 한다.

유언자가 피성년후견인일 경우에는 위와 같은 각종의 유언에 있어서(단, 구수증서에 의한 유언의 경우는 제외, 급박한 사정에 의해 사실상 의사의 참여가 불가능함) 그 의사능력이 회복된 때에 한하여 유언을 할 수 있고 의사가 심신회복의 상태를 유언서에 부기하고 서명날인하여야 한다.

❏ 증인의 결격사유

미성년자나 피성년후견인과 피한정후견인, 유언에 의하여 이익을 받을 자, 그 배우자와 직계혈족, 공정증서에 의한 유언의 경우 공증인법에 의한 결격자 등은 각종 유언에 있어서 증인이 될 수 없다.

현행 민법은 구법과는 달리 유언의 경우 각종의 방식을 요하고 있다. 다만 구수증서에 의한 유언의 경우는 다른 유언의 방식과는 달리 그 요건을 완화하여 해석하여야 한다는 대법원의 판시가 있다.

참조사항

- 관련 법규 : 민법 제1065조 이하
- 공증인 : 당사자 기타 관계인의 촉탁에 의하여 법률행위 기타 사권에 관한 사실에 대한 공정증서의 작성, 사서증서에 대한 인증과 공증인법 및 기타의 법령이 정하는 공증인의 사무를 처리함을 그 직무로 하는 자

92. 유류분

❑ 사유재산의 최소한도의 제한

사적자치가 인정되는 자본주의 법제하에서는 사유재산제도가 보장되어 사람은 자기재산을 자유로이 처분할 수 있는 것이 원칙인데, 이는 생전처분이건 사후처분이건 불문한다. 그러나 이러한 재산처분의 자유의 원칙을 철저히 관철할 경우, 피상속인이 유산을 전적으로 타인에게나, 사회의 공공단체에 유증한다면 생존가족의 생계가 위협받는 등의 여러 사회적 문제가 발생할 염려가 있다. 이는 법률적 문제에 앞서 사회적 문제를 발생시키므로 재산처분의 절대적 자유를 제한하여 최소한도의 법정상속분, 즉 의무분으로서 자손 또는 잔존배우자에게 남겨야 한다는 요청에 부응하기 위한 것이 유류분제도이다.

❑ 유류분권

(1) 의의

① 유류분이라 함은 상속인이 피상속의 재산에 있어서 취득이 보장되고 있는 비율 또는 일정액을 말하며, 이러한 유류분을 가질 수 있는 권리를 유류분권이라고 한다.

② 유류분권은 상속개시시를 기준으로 하여 피상속인의 유증 또는 증여를 일정한 한도에서 반환시키는 권리를 유류분권리자가 가질 뿐이며, 생전의 피상속인의 재산처분을 직접 구속하는 것은 아니다. 또 유류분권은 상속이 개시되더라도 유류분을 침해하는 피상속인의 처분이 무효로 되는 것은 아니며, 유류분권의 행사의 여부는 권리자의 임의에 의한다.

(2) 유류분권의 포기

① 상속개시 전의 포기 : 상속개시 전의 유류분권의 포기는 상속인에게
포기를 강요할 우려가 있고, 사전의 상속포기를 인정하지 않는 것과
의 균형, 배우자의 상속권의 확립과 보호, 자녀균분상속과 여성지위
향상을 꾀하는 가족법의 이념에 비추어 볼 때 인정하지 않음이 타당
하다.

② 상속개시 후의 포기 : 상속개시 이후의 유류분권은 그 성질상 부족분
에 대한 구체적 반환청구권으로서 개인적 재산권이므로 포기의 자유
가 인정된다. 유류분을 포함한 상속의 포기는 상속이 개시된 후 일정
기간 내에만 가능하고 가정법원에 신고하는 등 일정한 절차와 방식을
따라야만 그 효력이 있다. 또 포기의 의사표시는 반환청구의 각 상대
방에 대하여 한다고 보아야 할 것이며, 일괄하여 포기함도 가능하다.

❏ 유류분권리자와 유류분

(1) 유류분권리자

① 상속인이면 모두 유류분권리자가 되는 것이 아니고, 피상속인과 일정
한 신분관계에 있는 자에 한한다. 즉 현행 민법상 유류분권리자는 피
상속인의 직계비속 · 배우자 · 직계존속 · 형제자매이다. 또 이들이 실
제로 유류분을 가지는 것은 재산상속의 순위에 의한 상속권이 있는
자이어야 한다. 따라서 선순위 상속인이 있다면 후순위 상속인에게는
유류분권이 인정되지 않는다.

② 태아도 살아서 출생하면 유류분권을 가지며, 대습상속인도 피대습상
속자의 상속분의 범위 안에서 유류분을 가진다.

(2) 유류분

우리 민법상 유류분은 상속인의 순위에 따라 차이가 있다.

① 피상속인의 직계비속은 그 법정상속분의 2분의 1

② 피상속인의 배우자는 그 법정상속분의 2분의 1

③ 피상속인의 직계존속은 그 법정상속분의 3분의 1

④ 피상속인의 형제자매는 그 법정상속분의 3분의 1이다.

참조사항

● 관련 법규 : 민법 제1112조 이하
● 사적자치 : 근대 민법의 기본원리의 하나로서 개인이 자기의 법률
관계를 자유로운 의사에 기하여 형성할 수 있는 것을 인정하는 원
칙. 개인의사자치의 원칙이라고도 한다.

93. 가족관계등록제도

– 협의이혼의 경우 판사의 확인을 받았더라도 신고하지 않으면
효력이 생기지 않는다

☐ 호적법의 폐지와 가족관계 등록 등에 관한 법률 제정

2007. 4. 27. 호주제 폐지에 따라 호적법의 대체법으로「가족관계 등록 등에 관한 법률」이 제정되어, 2008. 1. 1.부터 시행되고 있다.

2005년 헌법재판소는 양성평등과 개인의 존엄을 이유로 호주제에 대하여 헌법불합치 결정을 하였고 이에 따라 위 법이 제정되어 호적법을 대체하게 되었다. 이 법에 의하여 호주를 중심으로 가(家)단위로 호적을 편제하던 방식을 국민 개인별로 등록기준지에 따라 가족관계등록부를 편제하고 어머니의 성을 따를 수 있게 되었으며, 성의 변경이 가능해졌고, 친양자 제도를 시행할 수 있게 되었다.

☐ 국가가 사람의 신분에 관한 사항을 등록해 놓은 전산정보자료

가족관계등록부라 함은 국민의 출생·사망 등 가족관계의 발생 및 변동사항을 등록해 놓은 전산정보자료로서, 본인 등이나 법에서 규정한 사람은 증명대상에 따라 가족관계증명서, 기본증명서, 혼인관계증명서, 입양관계증명서, 친양자입양관계증명서를 발급 받을 수 있다.

☐ 가족등록등록사무의 관할

가족등록사무는 대법원이 관장하며 대법원은 시·구·읍·면의 장에게 권한을 위임하고, 위임한 등록사무에 드는 비용은 국가가 부담한다.

❏ 가족관계등록부의 기록

등록부는 신고 등에 의하여 기록한다.

(1) 신고의 장소

신고의 장소에는 제한이 없다. 즉 이 법률에 따른 신고는 신고사건 본인의 등록기준지 또는 신고인의 주소지나 현재지 즉, 전국 어디서나 자유롭게 등록신고를 할 수 있고, 그 신고를 접수한 가족관계등록관서에서는 신고한 등록사항을 가족관계등록부에 기록한다.

(2) 신고방법 및 신고서 기재방법

신고는 서면이나 말로 할 수 있으며 신고로 인하여 효력이 발생하는 등록사건은 그 사건본인이 불출석하면 사건본인의 신분증명서를 제시하거나 인감증명서를 첨부하여야 한다. 그리고, 신고서는 한글과 아라비아숫자로 기재하여야 한다. 다만, 사건본인의 성명은 한자로 표기할 수 없는 경우를 제외하고는 한자를 병기하여야 하고, 본은 한자로 표기할 수 없는 경우를 제외하고는 한자로 기재하여야 한다. 신고서의 첨부서류가 외국어로 작성된 경우에는 번역문을 첨부하여야 한다.

(3) 신고능력

신고하여야 할 사람이 미성년자 또는 피성년후견인인 때에는 친권자 또는 성년후견인을 신고의무자로 한다. 다만 미성년자 또는 피성년후견인이 신고하여도 된다. 그리고 미성년자 또는 피성년후견인이 그 법정대리인의 동의 없이 할 수 있는 행위에 관하여는 미성년자 또는 피성년후견인이 신고하여야 하고 이 경우 피성년후견인이 신고하려면 신고서에 신고사건의 성질 및 효과를 이해할 능력이 있음을 증명할 수 있는 진단서를 첨부하여야 한다.

⑷ 신고기간의 기산점

신고기간은 신고사건 발생일부터 기산한다. 재판의 확정일부터 기산하여야 할 경우에 재판이 송달 또는 교부 전에 확정된 때에는 그 송달 또는 교부된 날부터 기산한다. 또 신고인의 생존 중에 우송한 신고서는 그 사망 후라도 시·구·읍·면의 장은 수리하여야 하며 이 신고서가 수리된 때에는 신고인의 사망시에 신고한 것으로 본다.

❏ 과태료

사망신고나 출생신고 등은 보통 이미 발생한 일을 국가 기관에 알려서 가족관계등록부를 정리하는 결과가 된다. 이럴 때 신고의무가 있는 사람이 제대로 신고하지 않으면 국가 사무에도 지장이 많으므로 가족관계의 등록 등에 관한 법률에서는 신고의무자가 정당한 이유 없이 기간 내에 해야 할 신고 또는 신청을 하지 않은 때에는 5만원 이하의 과태료를 부과하고, 시·구·읍·면의 장이 가족관계의 등록 등에 관한 법률 제38조 또는 제108조에 따라 기간을 정하여 신고 또는 신청의 최고를 한 경우에 정당한 사유없이 그 기간 내에 신고 또는 신청을 하지 아니한 사람에게는 10만원 이하의 과태료를 부과한다.

그러나, 혼인신고·입양신고·인지신고 등은 신고하지 않으면 그 법률적 효력자체가 발생하지 않는다. 예컨재 혼인은 신고를 한 순간부터 효력이 발생하는 것이고, 결혼식을 한다고 하여 하여 발생하는 것이 아님은 물론이다. 특히 이혼도 협의이혼의 경우에는 판사의 확인을 받았다고 하더라도 신고하지 않는 한 효력이 생기지 않는 것임을 유의하여야 한다.

94. 가족관계등록과 신고

– 가족관계등록부상 신고할 여러 사항과 그 신고자

❑ 신고사항

가족관계등록부는 국민의 출생 · 혼인 · 사망 등 가족관계의 발생 및 변동사항을 전산정보처리조직에 의하여 입력 · 처리된 전산정보자료로서 대법원의 위임에 의하여 시 · 구 · 읍 · 면의 장이 등록사무를 처리하고 등록은 원칙적으로 신고에 의하여 행하여 진다.

가족관계등록상 신고할 사항에는 ① 출생, ② 인지, ③ 파양, ④ 친양자 입양 및 파양, ⑤ 혼인, ⑥ 이혼, ⑦ 친권과 후견, ⑧ 사망과 실종, ⑨ 국적의 상실, ⑩ 개명 및 성 · 본 변경, ⑪ 가족관계 등록 창설, ⑫ 등록부의 정정 등이 있다.

이러한 사항 중 혼인, 협의이혼, 인지, 입양, 협의 파양 등의 경우에는 그 신고를 함으로써 비로소 친족법상의 법률관계가 발생 · 변경 · 소멸하게 되며, 신고가 없이는 실제의 법률관계가 어떠하든 법률적인 효력은 발생하지 않는다[창설적 신고].

❑ 신고자

가족관계등록상 신고는 서면이나 구수로 할 수 있고, 신고할 자는 원칙적으로 신고사건의 본인이다. 그러나

① 출생신고에 있어서 혼인 중의 자의 경우는 부 또는 모가 하여야 하고, 부 또는 모가 출생신고를 할 수 없는 때에는 동거하는 친족, 분만에 관여한 의사, 조산사 또는 그 밖의 사람이 순위에 따라 출생신고를 하여야 하며,

② 13세 미만자의 입양 또는 파양신고에 있어서는 그 양자 대신 입양의

승낙 또는 파양을 협의한 법정대리인 등이 신고의무자가 되고,

③ 사망신고는 동거하는 친족이 하여야 하며, 사망자의 비동거친족, 동거자 또는 사망 장소를 관리하는 사람 및 사망 장소의 동장 또는 통·이장도 사망의 신고를 할 수 있고, 실종신고는 그 선고를 청구한 사람이 하여야 하며,

④ 재판에 의한 인지, 입양무효 또는 취소의 재판, 파양 또는 파양취소의 재판, 혼인무효 또는 취소의 재판, 이혼 또는 이혼취소의 재판의 경우에는 그 소를 제기한 사람이 신고하여야 하고, 그 사람이 소정의 기간 내에 신고를 하지 않으면 상대방이 이를 신고할 수 있으며,

⑤ 국적상실의 경우 배우자 또는 4촌 이내의 친족이 신고하여야 하고,

⑥ 법원의 허가에 의한 개명의 경우 개명하고자 하는 사람이, 법원의 재판에 의한 성·본 변경신고의 경우 성·본이 변경되는 자녀의 부 또는 모가 신고하여야 하며,

⑦ 가족관계등록창설신고의 경우 등록하려는 사람이 하여야 하고, 등록창설허가의 재판을 얻은 사람이 등록창설의 신고를 하지 아니한 때에는 배우자 또는 직계혈족이 신고할 수 있으며,

⑧ 유언에 의한 인지의 경우 유언집행자가 이를 신고하여야 한다. 신고의무자가 미성년자는 피성년후견인 금치산자인 경우는 그들이 신고하여도 무방하나, 법률상 신고의무자는 친권자 또는 후견인이다. 신고의무 있는 자가 법정기간 내에 신고를 하지 않으면 신고의 효력에는 영향이 없으나 과태료의 처분을 받도록 되어 있다.

❏ 신고의 장소

가족관계의 등록 등에 관한 법률상 신고의 장소는 원칙적으로 신고사건 본인의 등록기준지 또는 신고인의 주소지나 현재지이다. 그러나, 출생신고는 출생지에서 할 수

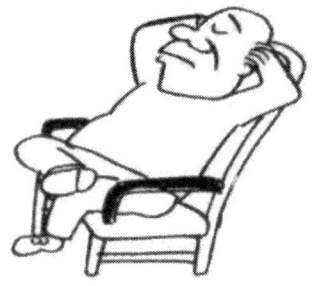

있고 기타 선박 등에서 출생한 때에는 모가 내린 곳, 선박의 최초 입항지 등에서도 할 수 있다. 가족관계등록부상 신고사항 중 혼인 · 협의이혼 · 입양 · 협의파양의 신고의 경우에는 증인 2인이 필요하다.

참조사항

- 법정기간 : 기간의 길이가 법률에 의하여 정해져 있는 것

95. 개 명

– 개명은 어떤 경우에 할 수 있는가

❑ 개명의 의의

개명이란 가족관계등록부상 등재된 이름을 새로운 이름으로 변경하는 것을 말하는데, 개명을 하려면 가정법원의 허가를 얻어 개명신고를 하여야 한다.

그러나 가족관계등록부상 등재된 이름이 명백한 착오로 잘못 기재된 것일 때, 예를 들면 출생신고서의 이름과 가족관계등록부상의 이름이 다르게 기재된 때, 존재하지 않는 한자로 가족관계등록부에 기재된 경우 등에는 가족관계등록부 정정의 허가를 받아 정정할 수 있을 뿐, 개명에는 해당하지 않는다.

그런데 원래 이름은 그 사람의 동일성을 식별하기 위하여 짓는 것인데 개명을 하면 신분상 또는 제3자에 대한 이해관계에 중대한 영향을 미칠 우려가 있으므로 개명을 하기 위하여는 정당한 이유가 있어야 한다. 따라서 법원에서는 가급적 개명을 억제하는 방향으로 개명허가를 잘 해주지 않고 있는 실정이라 할 수 있다.

❑ 개명을 할 수 있는 사유

그러면 개명을 하는데 정당한 이유가 있다고 본 사례 등을 몇 가지 들어보면 다음과 같다.

① 동성동명자가 근친자간 또는 사회생활 하는 직접적인 범위 내의 지역이라든가, 같은 학교 학급 등지에 있어서 생활하는 데 막대한 지장이 있는 경우

② 남녀 이름이 명백히 구별되는 것은 아니지만 관례상 남자가 여자이

름으로 또는 여자가 남자이름임이 명백하여 사회생활에 지장을 받는 경우

③ 항렬자가 아닌 이름을 항렬자로 개명하려는 경우(이 경우는 상당히 엄격한 제한을 두고 있음)

④ 가정 · 학교 · 직장 기타 사회생활을 하면서 일반적으로 불리는 이름이 따로 있는데 가족관계등록부에만 다르게 등재된 경우

⑤ 일본식으로 창씨개명을 하고도 현재까지 그대로 있는 경우

⑥ 우리나라에 귀화한 외국인이 한국식 이름으로 개명하는 경우 등이다.

❑ 개명의 방법

이러한 개명을 하고자 하면 반드시 가족관계기록사항증명서, 주민등록등본, 족보, 신원증명서, 친족증명서 기타 구체적인 사안에 따라 개명을 하고자 하는 정당한 사유가 있음을 증명할 만한 서류, 예를 들면 경력증명서, 제적증명서, 졸업증명서 생활기록부 등을 첨부하여 가정법원에 개명허가신청을 하여야 한다.

그리고 가정법원으로부터 개명을 허가하는 결정을 받으면 1개월 내에 등록기준지, 또는 주조지나 현재지 시청, 구청, 읍 · 면 행정복지센터에 신고하여야 하는데, 신고서에는 변경 전의 이름, 변경한 이름, 허가의 연월일 등을 기재하고 법원의 개명허가결정등본을 첨부하도록 되어 있다.

❑ 성 · 본 변경신고

(1) 2005. 3. 31. 민법 개정 이전에는 자녀는 아버지의 성과 본을 무조건 따라야 하였고 이에 따라 재혼가정에서 아버지와 자녀가 성이 달라 고통을 받는 등의 문제가 많았다.

개정 민법은 이러한 점을 고려하여 자의 복리를 위하여 자의 성과 본을 변경할 필요가 있는 때에는 부, 모 또는 자의 청구에 의하여 법원의 허가를 받아 이를 변경할 수 있도록 하였다. 자가 미성년자이고 법정대리인

이 청구할 수 없는 경우에는 배우자, 8촌 이내의 혈족, 4촌 이내의 인척이나 검사가 청구할 수 있다.

⑵ 성 · 본의 변경 방법

자의 복리를 위해 성 · 본을 변경하고자 하는 자는 법원에 성 · 본 변경신청을 하고, 성 · 본 변경의 재판이 확정되면 확정일로부터 1개월 이내에 재판서의 등본 및 확정증명서를 첨부하여 신고하여야 하며, 신고서에는 변경 전의 성 · 본, 변경한 성 · 본, 재판확정일을 기재하여야 한다.

참조사항

- 관련 법규 : 가족관계의 등록에 관한 법률 제99조, 제100조
- 귀화 : 외국인이 내국인이 될 것을 지망하여 국가가 이에 대하여 국적을 부여하는 것

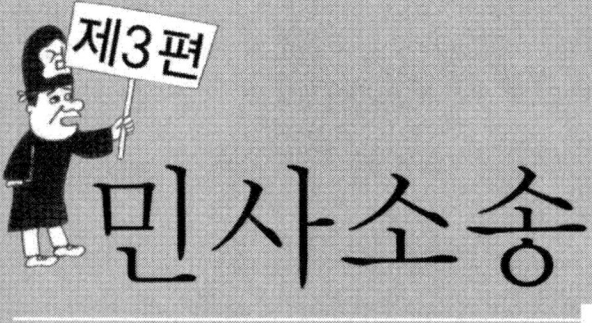

제3편

민사소송

96. 민사소송절차

– 소장을 작성하고 인지를 붙여 관할법원에 제출한다

❑ 민사소송

사람들 사이에 이해관계가 충돌하여 분쟁이 생기면 원시시대에는 스스로의 힘에 의하여 이를 해결〔자력구제〕할 수 밖에 없었다.

그러나 문명사회에서는 힘으로 분쟁을 해결하는 것은 금지되고 국가기관인 법원이 분쟁당사자 사이에 개입하여 분쟁을 조정·해결해 주도록 하였는데, 그 절차를 민사소송이라 한다.

❑ 원고와 피고

① 민사소송을 먼저 제기하는 사람을 원고, 당하는 사람을 피고라고 한다.

② 개인이나 법인은 물론 종중, 동창회, 교회, 아파트 입주자 대표회의 같은 사실상의 단체도 대표자 또는 관리인이 있는 경우에는 민사소송의 원고, 피고가 될 수 있다(민사소송법 제52조).

③ 다만 미성년자 또는 피성년후견인은 법정대리인이 소송을 대리하여야 한다(민사소송법 제55조).

❑ 어느 법원에 소송을 제기하여야 하나

① 원칙적으로 피고의 주소지를 관할하는 법원에 소송을 제기하여야 하지만(민사소송법 제2조), 특별한 사정이 있어 소송을 제기하는 경우에는 원고의 편의를 위하여 여러 가지 예외를 인정하고 있다. 예컨대 교통사고를 당한 피해자가 사고장소를 관할하는 법원에도 소송을 제기할 수 있도록 한 것(불법행위지의 특별재판적) 등이다.

② 그 외에 소송물의 가액과 얼마나 크냐에 따라 합의부 또는 단독판사

가 관할하는 소송이 구별되고 있다(2억원이 초과하면 합의부).

❑ 민사소송을 제기하는 방법

민사소송은 소장을 작성하고 인지를 붙여서 관할법원에 제출하면 되는
것이다. 다만 소송위임장과 같은 부속서류를 첨부하여야 할 때도 있다.

(1) 소장의 기재사항

① 원고 · 피고의 주소 · 성명이 명확히 기재되어야 한다. 피고가 있는 곳
   을 알 수 없을 때에는 공시송달을 신청할 수 있다. 또 주소가 변경되
   면 보정신청을 하여야 한다.
② 청구취지를 특정하여 기재하여야 한다. 청구취지란 '피고는 원고에게
   돈 천만원을 지급하라'는 식으로 원고가 판결을 통하여 얻어내려는
   결론을 말한다.
③ 청구원인을 기재하여야 한다. 청구원인이란 '피고는 돈 천만원을 빌
   려가서 갚지 않았다'는 식으로 판결을 구하게 된 원인이 무엇인가를
   구체적으로 기재한다.

(2) 수입인지 첨부(민사소송등인지법)

소장에는 소송목적의 가액(이하 소가)에 따라 다음 금액 상당의 인지를
붙어야 한다.

소 가	인 지
1천만원 미만	소가 × 50/10000
1천만원 이상 1억원 미만	(소가 × 45/10000)+5천원
1억원 이상 10억원 미만	(소가 × 40/10000)+5만5천원
10억원 이상	(소가 × 35/10000)+55만5천원

(3) 소장부본

피고의 수만큼 소장부본을 만들어 함께 제출하여야 한다.

❏ 민사소송의 진행

(1) 피고에게 알림

민사소송이 제기되면 재판장은 소장부본을 피고에게 송달하여 피고를
상대로 어떠한 소송이 제기되었는지를 미리 알려준다.

(2) 변론기일의 지정 및 소환

그 후 재판장은 사건이 접수된 순서에 따라 변론기일을 정하여 원·피고
를 소환한다. 법원에 따라 사건이 폭주하여 변론기일이 지정될 때까지
다소 시간이 걸리는 수도 있다.

(3) 주장과 답변 · 항변

변론기일에 원고는 먼저 '돈 천만원을 빌려 주었다'는 사실을 주장하고 피
고는 이에 대하여 '빌린 사실이 있다(자백)' 또는 '없다(부인)'는 식의 답변을
한다. 주의할 점은 대답을 하지 않으면(침묵) 자백하는 것과 같이 취급되
고, 모르겠다(부정)고 하는 것은 부인하는 것으로 취급된다는 것이다.

그 외에 피고는 '돈 빌린 사실은 있으나(자백), 그 후에 갚았다. 또는 빚
으로 상계했다'라는 식으로 새로운 사실을 내놓을 수도 있는데 이를 항
변이라 하고, 그 항변에 대하여 원고는 자백·부인 등의 답변을 하여 소
송이 진행되는 것이다. 이러한 주장·답변 등은 원·피고가 변론기일에
출석하여 구두로 하는 것이 원칙이나, 서면으로 제출할 수도 있는데 이

를 준비서면 또는 답변서(피고의 최초 준비서면)라고 부른다.

(4) 입증

주장 또는 항변사실에 대하여 상대방이 부인(또는 부지)하면 주장 또는 항변자는 이를 입증하여야 한다. 누가 입증할 책임이 있느냐 하는 것은 중요할 뿐만 아니라 매우 어렵고 복잡한 문제이다.

입증을 하는 방법은 제한이 없으나, 서증·증인신문·검증, 당사자 본인 신문 등이 특히 많이 쓰이는 방법이다.

(5) 출석

변론기일에 출석하지 아니하면 매우 불리하다.

① 의제자백

    원·피고 중 어느 한쪽이 소환을 받고도(공시송달 제외) 불출석하면 출석한 쪽이 주장하는 사실을 자백한 것으로 간주되기 때문에(다만 불출석하더라도 준비서면으로 써낸 답변은 인정된다) 불리한 판결을 받을 가능성이 매우 크다.

② 쌍불취하

    쌍방이 모두 2회에 걸쳐서 적법한 소환을 받고도 불출석하거나 변론을 하지 아니하면 소의 취하가 있는 것으로 간주될 수 있다. 두 번 계속 불출석이 아니라도 같다(민사소송법 제268조).

참조사항

- 관련 법규 : 민사소송법, 민사소송등인지법
- 소의 취하 : 원고가 소에 의한 심판신청의 전부 또는 일부를 철회하는 취지의 법원에 대한 일방적인 의사표시로서, 이에 의하여 소송은 소급적으로 소멸되어 미해결인 채 종료하게 된다(민사소송법 제266조, 제267조).

소 장

원 고 오 명 국

　　서울시 강남구 삼성동 322번지

피 고 조 상 규

　　서울시 성북구 종암동 92번지

　　대표이사 조 상 규

　　서울시 서대문구 냉천동 300번지

손해배상청구의 소

청 구 취 지

1. 피고는 원고에게 금 1억원 및 이에 대하여 소장 송달 다음날부터 완제일까지 연 2할 5푼의 비율에 의한 돈을 지급하라.

2. 소송비용은 피고의 부담으로 한다.

　　라는 재판을 구합니다.

청 구 원 인

1. 피고는 1998. 9. 1.에 원고건물 보수공사를 도급 맡아서 시공하면서 원고에게 피고가 계약에 따른 형식적인 보수공사를 완결은 하였으나 실질적으로 불완전한 공사를 함으로 말미암아 기존 다른 집기 · 가구 등에까지 손해를 끼쳐 위 공사금액 1억원과 그 외 손해액 1백만원을 청구한 바 있습니다.

2. 그러나 피고는 현재까지 위 공사비와 손해액을 지급하지 아니하여 부득이 이 사건 소를 제기합니다.

입 증 방 법

1. 갑 제1호증(세금계산서)

　　　　　　　　　　　　2000년 3월 10일

　　　　　　　　　　　　위 원고　　오 명 국 ㉑

서울지방법원 귀중

97. 당사자적격

— 각 소송에서 원고나 피고가 될 수 있는 자격의 문제

☐ 당사자적격

어떤 특정한 권리나 법률관계에 관하여 누가 원고나 피고로서 소송을 수행하여 본안판결을 받을 자격이 있느냐에 관한 문제가 바로 당사자적격의 문제이다. 당사자가 이와 같은 소송수행권을 가지고 있을 경우 당사자적격자 또는 정당한 당사자라고 부른다.

따라서 당사자적격은 구체적인 소송에 따라 개별적으로 정하여지며, 이점에서 구체적인 소송과는 관계없이 일반적인 자격에 의하여 정해지는 당사자능력·소송능력 등과 구별된다.

당사자적격은 일반적으로 소송의 목적으로 되어 있는 권리 또는 법률관계의 주체에게 귀속되어 있으나, 예외적으로 그렇지 아니한 경우도 있다 (파산재단에 관한 소송에 있어서 파산자, 확인의 소에 있어서 확인의 이익을 가지는 권리주체 이외의 이해관계인 등).

☐ 소송에 따른 각 당사자

소송의 각 유형에 따라 당사자적격의 일반례를 검토해 보면,

① 이행의 소에 있어서는 특정의 권리 또는 법률관계에 관하여 자기의 이행청구권을 주장하는 자가 정당한 원고이고, 그 의무자가 피고적격을 갖게 되며,

② 확인의 소에 있어서는 각 개의 소송에서 그 청구에 관하여 확인의 이익을 갖는 자가 원고적격이 있고, 그 반대의 이해관계에 있는 자가 피고적격이 있으며,

③ 형성의 소에 있어서는 그 권리 또는 법률관계의 발생·변경·소멸 등

에 관한 형성권을 기초로 가지려는 바, 대체로 이러한 소를 인정하고 있는 법규에서 원고 또는 피고로 되어야 할 자를 규정하고 있으며(민법 제818조 · 제847조 · 제863조, 상법 제236조 · 제184조 · 제185조 · 제376조 등),

④ 고유필수적 공동소송, 즉 소송의 목적이 수인의 당사자에 대하여 합일적으로 확정되어야 할 경우에는 그 수인이 공동으로 하여야 당사자적격이 있게 된다.

특별한 경우에는 소송물인 권리 또는 법률관계의 실질적 귀속주체가 아닌 제3자가 그 소송물에 관하여 정당한 당사자로서 소송수행권을 가지고 있는 경우가 있는 바, 이러한 경우를 소송담당 또는 소송신탁이라 한다. 소송담당에는 법정소송담당(민법 제353조 · 제404조 · 제1101조 · 제864조 · 제865조, 상법 제403조 · 제894조 제2항, 채무자 회생 및 파산에 관한 법률 제359조, 채무자 회생 및 파산에 관한 법률 제78조 등 참조)과 임의적 소송담당(민사소송법 제53조, 어음법 제18조 등 참조)이 있다.

❏ 당사자적격의 조사

당사자적격의 존부는 본안판결을 하는데 필요한 소송요건에 속하므로 법원은 직권으로 그 존부를 조사하여야 하며, 그 요건이 흠결되어 있으면 그 소를 각하하여야 한다. 법원이 당사자적격이 흠결되어 있음을 간과하고 본안판결을 한 때에는 상소로 다툴 수 있으나, 확정 후에는 재심으로 다툴 수 없다.

❏ 소송신탁에 의한 판결의 효과

소송신탁에 의하여 제3자가 소송수행권을 행사하여 판결을 받으면 그 기판력은 당사자가 아니었던 실질적 권리주체에 미치게 되나(민사소송법 제218조제3항), 채권자대위권을 행사하는 채권자가 소송수행을 한 결과 받은 판결의 효력은 소송이 제기된 사실을 채무자가 알았을 때에 한하여 채무자에게 미친다는 것이 대법원판례의 입장이다.

❑ 당사자적격의 상실

당사자가 소송수행 중에 당사자적격을 상실한 경우에는 그에 갈음하여 그 적격을 취득한 승계인이 소송을 수계하게 된다.

참조사항

● 본안판결 : 소에 의한 청구의 이유 또는 상소에 의한 불복신청이유의 당부를 재판하는 종국판결

98. 소송고지

– 이해관계 있는 제3자에게 소송의 수행 효력을 미치게
  할 수 있는 것

☐ 소송고지란

소송고지란 소송계속 중에 당사자가 소송참가를 할 이해관계가 있는 제
3자에 대하여 일정한 방식에 따라 소송계속의 사실을 통지하는 것이다.
즉 피고지자에게 소송에 참가하여 그 이익을 옹호할 기회를 주고, 아울
러 고지에 의하여 피고지자에게 그 소송의 판결의 참가적 효력을 미치게
할 수 있다는 점에 주된 실익이 있다.

이 제도에 의하여 당사자는 자기가 패소한 때에 제3자에게 담보책임을
묻거나 구상청구를 할 수 있는 경우, 혹은 반대로 제3자로부터 배상청구
를 받을 우려가 있는 경우에 제3자가 참가하지 않더라도 고지에 의하여
참가적 효력을 미치게 할 수 있어, 후일 전(前)소송의 판단에 위반되는
주장과 항변을 봉쇄할 수 있는 이익이 생긴다.

보증인이 채권자로부터 보증채무를 소구받은 경우 주채무자에게 소송고
지하면, 만일 보증인이 패소하여 보증채무를 지급한 때 주채무자에 대해
구상권을 행사함에 있어서 주채무자에 의한 채무부존재의 항변을 봉쇄
할 수 있다.

☐ 요건

소송고지의 요건은 다음과 같다(민사소송법 제84조).

① 소송계속 중일 때에만 가능하며, 상소심에 계속 중이라도 상관없다.
  다만, 제소전 회해절차, 조정·중개절차, 가압류·가처분절차에서는
  할 수 있다.

② 고지를 할 수 있는 자는 당사자인 원·피고 이외에도 각종 당사자 참가인·승계당사자·보조참가인·피고지자 등도 고지할 수 있다.

③ 고지는 원칙적으로 고지자의 자유이다.
④ 예외적으로 고지가 의무지워진 경우가 있는데(추심의 소, 주주의 대표소송, 기타 채권자 대위권행사의 통지의무 등), 이러한 경우에는 고지하지 않을 때 단순히 손해배상의무만을 부담하는 것이 아니라 고지가 되지 않는 한 판결의 효력이 피고지자에게 미치지 않는다고 할 것이다. 보통 피고지자는 보조참가할 이해관계인이라고 할 것이다.

❑ 고지서의 법원제출

소송고지를 하려면 당사자는 고지서를 법원에 제출하고 법원은 이 서면을 피고지자와 상대방에게 송달한다. 고지서에는 고지이유와 소송의 진행정도를 기재하여야 한다.

고지이유에는 청구취지와 청구원인을 기재하여 소송내용을 명시해야 한다.

❑ 소송에 참가한 것과 마찬가지의 효과

소송고지를 받은 자가 소송에 참가하느냐의 여부는 전적으로 피고지자의 자유이다.

그러나 소송에 참가하지 않은 이상 고지받은 소송에 관하여 아무런 소송수행권이 없으며, 고지자가 패소한 경우에는 소송고지에 의하여 참가할 수 있을 때(소송고지서가 피고지자에게 송달되었을 때) 참가한 것과 마찬가지로 민사소송법 제77조의 참가적 효력을 받는다. 실체법적으로도 어음·수표법상의 상환청구권에 대한 시효중단의 효력이 있고, 민법 제174조의 최고의 효과는 인정하여야 할 것이다.

참조사항

- 관련 법규 : 민사소송법 제84조 내지 제86조
- 소구 : 만기에 어음·수표금의 지급이 없거나 또는 만기 전에 지급의 가능성이 현저하게 감퇴되었을 때 어음·수표의 소지인이 그 어음·수표의 작성이나 유통에 관여한 자에 대하여 어음금액 기타 비용의 변제를 구하는 것. 2010. 3. 31. 어음법과 수표법을 개정하면서 "상환청구"로 용어를 고쳤다.

❏ 자백간주의 의의

당사자가 변론에서 상대방의 주장사실을 인정하였을 때 이것이 상대방에게 유리한 사실이라면 재판상 자백으로 되어 법원은 이에 구속되며, 상대방도 이를 증명할 필요는 없다. 그러나 이를 부인하면 상대방은 그 주장사실을 입증하여야 한다.

그러나 당사자가 변론에서 상대방의 주장을 명백하게 다투지 아니 하거나, 변론의 전 취지에 의해서도 다툰 것으로 볼 수 없을 때, 또는 당사자의 일방이 공시송달에 의한 소환이 아닌 정식소환을 받고도 기일에 출석하지 아니 한 경우에는 자백한 것으로 간주하게 되는데, 이것을 자백간주라고 한다. 이는 변론주의에 근거를 둔 제도이므로 행정소송과 같은 직권탐지주의가 적용되는 사건이나 법원의 직권조사 사항에는 자백간주가 인정되지 아니 한다(민사소송법 제150조).

❏ 자백간주의 성립

당사자가 상대방의 주장사실에 대하여 인부를 아니 한 경우에 변론의 전 취지에 의하여 다투었다고 인정되면 자백간주가 성립되지 아니 한다.

다투었다고 인정할 것인가는 변론의 일체성에 비추어 변론종결 당시의 상태에서 변론의 전체를 통하여 구체적으로 결정하여야 한다. 대여금 청구사건에서 피고가 돈을 빌린 사실에 대하여는 명백한 인부를 아니 한 채 변제 등 채무소멸 항변을 제출한 경우에는 피고가 금전차용 사실을 명백히 다투지 아니 하였다고 인정할 수 있다. 자백간주와 어긋나는 사실인정을 하는 것도 역시 위법이다.

☐ 자백간주의 효과

명백히 다투지 아니 하였다고 인정되는 때에는 자백과 동일한 효과가 있으므로 법원은 이에 구속되어 자백한 사실을 재판의 기초로 삼아야 한다. 그러나 자백간주는 재판상 자백과 달리 당사자에 대한 구속력은 없으므로 당사자는 어느 때나 사실심에서 사실을 다툼으로써 이를 뒤집을 수 있다.

제1심에서 자백간주가 성립되어도 항소심의 변론종결시까지 다투거나 파기환송되어 온 환송심의 변론종결시까지 다투거나 파기환송되어 온 환송심에서 다시 상대방의 주장을 다투어 자백간주의 효력을 배제할 수 있다. 다만 이 경우에도 제149조의 실기한 공격방어방법의 각하와 법 제285조의 변론준비기일을 종결한 효과에 의한 제한을 받을 수 있음은 별문제이다. 당사자가 기일에 불출석하고 변론기일의 연기신청서를 제출하였으나 받아들여지지 아니 한 채 변론을 진행하였거나, 소송대리인이 기일에 소환을 받은 후 사임하여 당사자 본인이 불출석 하였거나 또는 원고의 소 취하 의사표시를 믿고 피고가 불출석한 경우 등과 같이 출석한 당사자가 제출한 소장·답변서 및 준비서면 등이 상대방에 송달되어서 예고되어 있는 사실에 관하여는 상대방이 불출석하면 이러한 서면에 기재한 사실에 관하여는 의제자백이 성립된다. 그러나 예고되지 아니한 사실을 변론에서 진술할 수 없으므로 자백간주가 성립될 수 없다. 공시송달에 의한 소환을 받은 경우를 제외한 것은 결석자가 예기하지 못한 사실에까지 자백간주를 인정함은 가혹하기 때문이다.

참조사항

- 관련 법규 : 민사소송법 제150조
- 변론주의 : 재판의 기초가 되는 소송자료의 수집을 당사자의 책임으로 하는 주의

100. 소송절차에 관한 이의권

– 당사자는 법원 또는 상대방의 소송절차에 관한 규정에
위배될 때 이의를 제기하여 무효로 할 수 있다

❑ 소송절차에 관한 이의권

소송절차에 관한 이의권이란 당사자가 법원 또는 상대방의 소송행위가 소송절차에 관한 효력규정에 어긋난 것이라는 이의를 하여 그 무효를 주장하는 소송법상의 권리를 말한다. 민사소송법 제151조는 이를 정면으로 규정하기 보다 소송절차에 관한 이의권의 포기 또는 불행사의 경우에 규정에 위배된 행위가 치유되어 유효로 되는 효력면을 규정하고 있다. 효력규정에 위반된 소송행위는 원칙적으로 무효이나, 이를 항상 무효화한다면 이러한 행위와 서로 연쇄적으로 결합된 소송절차의 불안정을 초래하고, 소송경제상으로도 바람직하지 못하므로 당사자의 이익보호에 관한 규정에 위반된 행위에 대하여 이로 인하여 불이익을 받을 당사자가 소송절차에 관한 이의권을 포기한 경우에는 구제하자는 취지에서 마련된 제도이다.

❑ 소송절차에 관한 이의권 행사의 대상

소송절차에 관한 이의권은

① 소송행위의 주장 또는 내용 등에 관한 사항이 아니고, 소송진행의 방식이나 심리에 관한 사항이 소송절차에 관한 사익적 효력규정에 위배되었을 때에 행사된다. 공익적 규정은 법원이나 당사자가 당연히 준수하여야 할 강행규정이므로 이에 위배된 소송행위는 당연히 무효로 되는 것이고, 사익적 규정은 임의규정으로서 당사자의 소송수행상의 이익을 보장하는 규정이므로 당사자가 이의하지 아니 하는 경우까지

무효로 할 필요가 없기 때문이다.

② 소송절차에 관한 규정이 훈시규정일 경우에는 소송법상의 효력에 영향이 없으므로 이에 위배되어도 당사자는 이의를 제기할 수 없다.

③ 판례는 소장, 보조참가신청서, 부대항소장, 피고의 답변서, 청구취지 확장 또는 변경신청서, 변론기일소환장 등의 송달이 없는 경우에 당사자가 이의하지 아니 하거나 그대로 절차를 진행하면 소송절차에 관한 이의권을 잃는다고 한다.

④ 또한 소송절차중단 중의 항소제기, 서면에 의하지 아니한 청구취지의 예비적 변경, 감정인을 증인으로 신문하거나 당사자 본인신문방식에 의하지 아니 하고 증인신문방식에 의하는 등의 증거조사방식 위배, 증인신문장소 변경으로 인한 하자, 변호사법 제31조 위반의 소송행위, 청구기초의 변경, 반소의 적법요건 등도 소송절차에 관한 이의권 행사의 대상이 된다고 한다.

❏ 소송절차에 관한 이의권의 포기와 상실

당사자의 소송행위가 소송절차에 관한 규정에 어긋난 것임을 상대방이 알거나 알 수 있었을 경우에 이에 대하여 이의하지 아니 하겠다는 취지를 적극적으로 법원에 표시하는 것을 소송절차에 관한 이의권의 포기라 하고, 그 외에 '바로' 이의하지 아니 하여 이의할 권리를 잃는 경우를 소송절차에 관한 이의권의 상실이라고 한다. 포기는 법원에 대한 명시 또는 묵시의 의사표시에 의하여 할 수 있으나, 소송절차에 관한 이의권은 절차위배가 있어서 비로소 발생하는 권리이므로 사전포기는 인정되지 아니 한다. 여기서 '바로'란 하자 있는 소송행위를 전제로 하여 소송행위를 할 최초의 기회, 예컨대 증거조사에 이어서 개정되는 변론기일에 이의하지 아니 하면 소송절차에 관한 이의권을 상실한다는 뜻이다. 소송절차에 관한 이의권의 포기 또는 상실의 경우에는 위배된 소송행위는 완전히 유효하게 된다. 소송절차에 관한 이의권의 포기가 허용되지 아니 하는 것은 소송절차에 관한 규정이 재판의 신속과 적정을 유지하는 데 필요한 강행규정에 위반되는 경우인 바, 이는 절차의 공익성에 비추어 당사자의 의사에 맡길 수가 없기 때문이다. 예컨대 법원의 구성, 법관의 제척, 공개주의, 전속관할, 소송능력, 소송대리, 판결의 선고와 확정, 보조참가의 요건, 상소제기의 요건, 재심의 요건, 불변기간의 규정, 기타 소송완결 등에 관한 사항 등이 그것이다.

참조사항

● 관련 법규 : 민사소송법 제151조
● 제척 : 법관 및 법원사무관 등이 구체적인 사건에 대하여 법률에서 정한 특수한 관계가 있는 때에 법률상 당연히 그 사건에 관한 직무집행을 행할 수 없는 것. 재판권행사의 공정을 기하기 위하여 인정된 제도이다(민사소송법 제41조, 제42조).

101. 기일의 해태

– 당사자 일방이 결석한 경우에는 상대방의 주장사실을 자백한 것으로 본다

❑ 변론기일에 출석하지 않은 당사자

당사자가 적법한 소환을 받고도 필요적 변론기일에 출석하지 않거나 출석하여도 변론하지 않는 경우를 말한다. 따라서 결정으로 완결하는 사건, 상고사건과 같은 임의적 변론의 경우나 판결선고기일은 포함하지 않으나, 증거조사기일은 이에 포함된다.

❑ 기일의 해태의 효과

⑴ 당사자 일방의 결석의 경우

① 진술간주

결석한 당사자가 제출한 소장·답변서 기타 준비서면에 기재한 사항을 진술한 것으로 간주하고 출석한 상대방에 대하여 변론을 명할 수 있다 (민사소송법 제148조). 단독사건이든 합의사건이든, 최초기일이든 속행기일이든, 1심기일이든 항소심기일이든, 원고이든 피고이든 다 적용된다. 다만 당사자 일방의 불출석의 경우에 반드시 제148조를 적용하여야 하는 것이 아니고, 기일을 연기하느냐 여부는 법원의 재량이다.

또한 관할권없는 사건의 본안에 관한 사실을 기재한 답변서를 제출한 경우 응소관할이 생기느냐에 대하여 판례는 이를 부정한다. 당사자가 진술한 것으로 보는 답변서, 준비서면에 청구의 포기·인낙의 의사표시가 적혀 있고 공증사무소의 인증을 받은 경우 또는 화해의 의사표시가 적혀 있고 공증사무소의 인증을 받고 변론기일에 상대방이 화해를 받아들이는 경우에는 포기·인낙, 화해가 성립된 것으로 본다.

② 자백간주

공시송달에 의하지 않은 방법으로 소환받은 당사자가 답변서·준비서

면 등을 제출하지 않고 당해 변론기일에 불출석한 경우 상대방의 주장사실을 자백한 것으로 간주한다(민사소송법 제150조). 이는 원·피고 모두에 적용되지만 원고의 경우는 쌍불취하 적용이 많고, 실무상 본조는 피고에만 적용되는 것이 보통이다.

(2) 당사자 쌍방의 결석의 경우(민사소송법 제268조)

① 요건

ⅰ) 당사자 쌍방의 2회 결석

2회는 계속적이어야 하지 않고 단속적이어도 무방하다. 다만 동일심급의 동종의 기일에 2회 불출석일 것을 요한다. 또한 동일한 소가 유지되는 상태에서 2회 결석일 것을 요하므로 소의 교환적 변경 전·후에서 각 1회씩 결석한 경우에는 적용이 없다.

ⅱ) 기일신청이 없거나 기일지정신청 후의 쌍방결석

당사자 쌍방 2회 결석 후 1월 내에 기일지정신청을 하지 아니하면 소의 취하가 있는 것으로 본다(민사소송법 제268조 제2항). 이 기간은 불변기간이 아니므로 기일지정신청의 추완은 허용되지 아니한다. 기일지정신청에 의한 기일 또는 그 후의 기일에 당사자 쌍방이 결석한 때에는 소의 취하가 있는 것으로 본다(민사소송법 제268조 제3항).

② 효과 — 소의 의제적 취하, 쌍불취하

소의 취하가 있는 것으로 간주한다. 따라서 소송계속의 효과가 소급적으로 소멸한다. 이는 법률상 당연히 발생하는 효과이고 당사자나 법원의 의사로 좌우할 수 없다. 만일 이를 간과한 채 본안판결을 하면 상급법원은 소송종료선언을 하여야 한다. 상소심에서는 상소취하로 본다(민사소송법 제268조 제4항).

> **참조사항**
>
> ● 관련 법규 : 민사소송법 제148조·제150조·제268조

102. 기일의 변경

- 기일의 변경은 당사자의 합의가 있어야 하고
  재판장이 이를 결정한다

❑ 기일 변경의 뜻

기일의 변경이라 함은 기일 개시 전에 그 지정을 취소하고 이에 갈음하여 신기일을 지정하는 것을 말한다.

❑ 당사자 합의와 변경절차

(1) 당사자의 합의

최초기일의 변경은 당사자간에 합의가 있어야 한다. 현재의 실무에서는 속행기일도 당사자간의 합의가 있으면 허용되는 경향이 있으나 소송촉진을 위해 지양되어야 할 것이다.

속행기일은 현저한 사유가 있는 경우에 한하여 허용된다. 현저한 사유는 부득이한 사유보다 더 넓은 개념으로 해석된다. 판례는 철도파업으로 교통이 마비된 경우에는 현저한 사유로 보았고, 당사자 본인의 질병에 대하여는 구체적인 경우 법원이 자유재량으로 결정할 것이라 하였다. 과거 민사소송규칙 제41조는 당사자 한 사람에게 여러 사람의 소송대리인이 있는 경우에 그 중 일부의 소송대리인에게만 변경의 사유가 생긴 때, 기일지정 후에 다른 사건의 기일이 그 기일과 같은 일시로 지정된 때 등은 현저한 사유가 아닌 것으로 규정하여 소극적 예시를 하였으나 개정 민사소송법규칙 제41조는 재판장등은 첫변론기일 또는 첫 변론준비기일을 바꾸는 경우 외에는 특별한 사정이 없으면 기일변경을 허가하여서는 아니 된다고 규정하였다.

(2) 변경의 절차

기일변경신청시에 사유를 명시하고 이를 소명하여야 한다. 재판장은 변경신청이 이유가 있다고 인정되는 때에는 기일변경명령을 하고, 이유 없는 때에는 결정으로 각하한다. 이의 허부는 법원의 직권사항이므로 그 허부재판에 대해서는 불복신청이 허용되지 않는다.

참조사항

● 관련 법규 : 민사소송법 제165조, 민사소송규칙 제40조 · 제41조 등

● 소명 : 고도의 심증인 확신을 생기게 하는 증명과 달리, 사실의 존부를 인정하는 법관의 심증의 정도에 확신에 이르지 않고 일응 추측을 할 수 있는 상태 또는 그러한 상태에 이르도록 증거를 제출하는 당사자의 노력

103. 공시송달

☐ 공시송달의 의의

송달이란 소송에 관한 서류의 내용을 알리기 위하여 일정한 형식을 밟아서 당사자 기타의 소송관계인에 대하여 서류를 교부하는 사법기관의 행위를 말하는데, 현행법상 인정되는 송달방법으로는 교부송달·우편송달 그리고 공시송달이 있다.

공시송달이란 송달을 받을 자의 소재가 불분명하여 통상의 방법으로는 송달을 실시할 수 없는 경우에, 법원사무관 등이 송달서류를 보관하고 어느 때라도 송달받은 자가 출석하면 이를 교부한다는 취지를 법원게시판에 게시하여 행하는 송달방법이다.

송달서류를 통상의 방법에 의하여 송달받을 자에게 교부할 수 없는 경우에 적절한 방법을 강구하지 않는다면, 절차의 원활한 진행이 저해되고 당사자의 권리도 보호할 수 없으므로 송달서류를 송달받을 자에게 교부하는 대신 그 기회만을 만들어 줌으로써 송달의 효력이 생기게 하는 제도를 마련한 것이다. 그러므로 공시송달은 다른 송달방법이 없는 경우에 행하여지는 보충적이고도 최후적인 방법이다.

☐ 공시송달을 하려면

① 당사자의 주소·거소 기타 송달할 장소를 알 수 없는 경우이어야 한다. 송달할 장소를 알 수 없는 여부는 통상의 조사를 하여도 당사자의 주소·거소·영업소·사무소 등 법정의 송달장소 중 한 곳도 판명할 수 없는 정도의 객관성을 기준으로 판단한다. 가령 당사자인 미성년

자나 피성년후견인의 송달장소를 알 수 없는 경우에도 송달영수의 권한이 있는 법정대리인 등의 송달장소를 알 수 있는 때에는 공시송달은 허용되지 않는다.

② 공시송달은 원칙적으로 당사자의 신청에 의하여 행하게 되는데, 신청시에는 공시송달의 사유를 소명하여야 한다. 소명방법으로는 송달받을 자의 최후의 주·거소지를 관할하는 시·구·동 또는 면의 장의 주민등록관계의 증명서 또는 부재확인서, 통·반장이나 지인의 증명서 등이다.

③ 한편 당사자의 신청이 없더라도 법원사무관 등은 송달받을 자의 소재가 불분명하게 되어 공시송달의 요건이 갖추어졌고, 그 필요가 있다고 인정할 경우에는 직권으로 공시송달을 명할 수 있다. 재판장은 소송의 지연을 피하기 위하여 필요하다고 인정하는 때에는 공시송달을 명할 수 있다. 만약 신청에 의한 공시송달만을 허용한다면 당사자가 이를 신청하지 않는 경우에는 소송절차를 원활하게 진행할 수 없게 되므로 이를 구제하기 위하여 직권에 의한 공시송달제도를 마련한 것이다. 예를 들면 당사자 쌍방이 소재불명으로 된 경우, 소 또는 상고가 제기된 후에 원고 또는 상소인이 소재불명으로 되었는데 상대방이 공시송달을 신청하지 아니 한 경우에 직권에 의한 공시송달의 필요를 인정할 수 있다.

❑ 효력발생시기

공시송달은 원칙으로 그 사유를 게시한 날로부터 2주일을 경과함으로써 그 효력이 생긴다. 그러나 동일 사건에서 동일 당사자에 대한 이후의 공시송달은 게시한 익일에 그 효력이 생긴다. 이 경우에는 가령 상당한 기간을 공시하더라도 별로 실효가 없을 것이기 때문이다. 외국에 거주하는 자에 대한 공시송달은 그 게시한 날로부터 2월이 경과한 때에 그 효력이 생긴다. 이 기간은 줄일 수 없다.

참조사항

- 관련 법규 : 민사소송법 제194조 내지 제196조
- 상고 : 원칙적으로 항소법원, 즉 제2심으로서의 고등법원과 지방법원 본원 합의부의 종국판결에 대한 상소로서 원심판결에 대한 법률상의 이유에 기인하는 불복신청(민사소송법 제422조 내지 제438조)

104. 중복제소의 금지

– 중복제소로 인한 낭비와 판결의 저촉을 막기 위한 제도

❑ 중복제소금지의 의의

이미 법원에 계속된 사건과 동일한 사건에 대하여는 당사자가 다시 소를 제기하지 못한다(민사소송법 제259조).

소송이 이미 계속하는 이상 동일 소송물에 대하여 다시 소를 제기하면 법원이나 당사자간에 시간 · 비용 · 노력을 이중으로 낭비하게 되며, 판결이 상호 모순되거나 저촉되는 결과를 빚을 염려가 있으므로 전소가 소송계속중인 것을 전제로 후소의 제기를 금지하는 것이다.

❑ 중복제소가 되기 위한 요건

중복제소가 되기 위한 요건은 다음과 같다.

(1) 전소의 계속 중 후소를 제기하였을 것

전소의 적법여부 또는 법원의 이동은 문제되지 아니 하며, 후소가 단일한 독립의 소에 국한되지 아니하고 다른 청구와 병합되어 있든지, 다른 소송에서 소변경 · 반소 · 소송참가 등의 방법으로 제기되었는지 가리지 아니 한다.

(2) 후소와 전소의 당사자와 청구가 동일할 것

① 당사자가 동일하면 원고와 피고가 전소와 후소에서 서로 바뀌어도 무방하고, 소송물이 동일하더라도 당사자가 다르면 동일사건이 아니다. 그러나 당사자가 동일하지 아니한 경우에도 일방당사자가 타소의 당사자를 위하여 소송수행권을 가지는 경우, 또는 후소의 당사자가 전

소의 판결의 효력을 받게 될 경우에는 동일사건으로 된다.

② 청구의 동일성은 청구취지와 청구원인에 의하여 판단되는 바, 청구취지가 동일하더라도 청구원인이 다르면 동일사건이 아니며, 사실관계는 동일하되 법률적 관점만 다른 경우 별개사건이라고 하는 것이 구소송물론의 입장이고, 반대로 동일사건이라고 함이 신소송물론의 입장이다. 다만 동일한 권리관계에 있어서 후소의 청구취지가 전소의 그것과 정반대인 경우는 동일사건으로 취급한다.

③ 동일채권의 일부청구에 대하여 소를 제기한 경우에 잔부에 대하여 제기한 소가 동일사건인가에 대하여는 학설이 대립하는 바, 청구부분을 특정하여 일부청구를 한 때에는 잔부청구와 동일한 사건이라고 할 수 없으나, 일부청구를 특정하지 아니한 채 청구하였을 때에는 일부청구가 전소로서 계속중인 한 잔부청구의 후소는 중복제소라는 설이 통설이다.

□ 중복제소의 금지는 소송요건으로서 법원의 직권조사사항

중복제소의 금지는 소송요건으로서 법원의 직권조사사항이며, 중복제소임이 판명되면 판결로서 후소를 부적법 각하하여야 한다.

중복소송을 간과하여 내린 본안판결은 당연 무효는 아니고, 상소로서 다툴 수 있다.

전후 양소가 확정되었으나 상호 모순되거나 저촉되는 때에는 어느 것이 먼저 제소되었는가에 관계없이 뒤의 확정판결이 재심사유가 된다.

참조사항

- 관련 법규 : 민사소송법 제259조
- 소송물 : 민사소송에 있어서 심판의 대상이 되는 기본단위(구체적 사항), 즉 소송의 객체

105. 재심의 법리

– 확정된 판결에 불복하는 당사자는 기한 내에 재심의 소를
 제기할 수 있다

❑ 재심의 의의

소송당사자가 소송에서 공격과 방어를 하여 심리가 진행된 결과 판결이
선고되고 그 판결이 한번 확정되면 판결의 기판력에 의하여 소송당사자
들은 이를 다툴 수 없게 된다. 이는 확정된 판결에 대하여 계속 쟁송을
허용하면 재판의 의미가 없어질 뿐만 아니라 법적 안정성을 도저히 기할
수 없기 때문이다.

그러나 재판도 사람이 하는 일이라 오류가 없을 수 없고 오류가 있는 재
판에 그대로 효력을 유지시킨다는 것은 정의의 관념에 반하게 된다. 그
래서 법적 안정성과 정의를 조화시키기 위하여 둔 것이 재심제도이다.

즉 재심에서는 원판결의 오류 중에서 일정한 사유에 한하여 다시 쟁송을
할 수 있게 한 것이다. 그렇기 때문에 재심의 소를 제기하고자 하는 사
람은 만연히 원판결이 부당하다고 주장해서는 아니 되고, 원판결에 대
하여 민사소송법상 인정하고 있는 재심사유가 있음을 주장 · 입증하여야
한다.

❑ 재심사유

재심사유 중 주요한 것을 살펴보면

① 법정대리권 · 소송대리권 또는 대리인이 소송행위를 함에 필요한 수
  권의 흠결이 있는 때, 다만 제60조 또는 제97조의 추인이 있는 경우
  에는 그러하지 아니한다.

② 형사상 처벌을 받을 타인의 행위로 인하여 자백을 하였거나, 판결에 영향을 미칠 공격 또는 방어방법의 제출이 방해된 때

③ 판결의 증거로 된 문서 기타 물건이 위조나 변조된 것인 때

④ 증인·감정인·통역인 또는 선서한 당사자나 법정대리인의 허위진술이 판결의 증거로 된 때

⑤ 당사자가 상대방의 주소 또는 거소를 알고 있었음에도 불구하고 소재 불명 또는 허위의 주소나 거소로 하여 소를 제기한 때 등 모두 11가지이다(민사소송법 제451조 제1항 각호).

재심의 소를 제기하고자 하는 당사자는 반드시 위 11가지 사유 중 어디에 해당하는지를 살펴보아야 한다.

❑ 재심의 제기기간

재심의 소를 제기하고자 하는 당사자는 재심의 사유를 알고 난 날로부터 30일 내에 재심의 소를 제기하여야 하고, 판결확정일로부터 5년 내에 소를 제기하여야 한다. 다만 대리권 흠결의 경우 또는 재심을 재기할 판결이 전에 선고한 확정판결에 어긋나는 경우에는 위 기간의 제한을 받지 아니 한다.

확정된 판결에 불복하고자 하는 당사자는 재심의 소를 제기할 수 있는 기간 내에 재심사유 유무를 면밀히 검토하여야 할 것이다. 재심은 소송적으로 거의 마지막 구제에 해당하기 때문이다.

❑ 재심사유에 관한 중간판결

법원은 재심의 소가 적법한지 여부와 재심사유가 있는지 여부에 관한 심리 및 재판을 본안에 관할 심리 및 재판과 분리하여 먼저 시행할 수 있다.

이 경우 법원은 재심사유가 있다고 인정한 때에는 그 취지의 중간판결을

한 뒤 본안에 관하여 심리·재판한다.

□ 지급명령의 송달과 이의

법원이 지급명령결정을 하게 되면 채무자에게 송달을 하는데, 채무자가 지급명령결정 등본을 송달 받고 2주일 이내에 이의신청을 하지 않거나, 이의신청을 취하하거나 각하결정이 확정된 때에는 확정판결과 동일한 효력을 가지게 된다. 그러나 채무자가 지급명령에 대하여 이의 신청을 하게 되면 채권자가 지급명령을 신청한 때에 소가 제기된 것으로 보므로, 채권자는 인지대와 송달료를 보정하여야 한다. 법원은 채권자가 인지대와 송달료를 보정하면 소송기록을 관할법원에 송부하고 소송 사건의 사건번호를 새로 부여한 후 소송절차를 진행하게 된다.

참조사항

● 관련 법규 : 민사소송법 제451조 내지 제461조

106. 지급명령제도

― 지급명령이 확정되면 강제집행을 할 수 있다

❏ 지급명령제도의 의의

금전채권이라든가 백미와 같은 대차물의 인도를 목적으로 하는 채권이나 유가증권의 일정한 수량의 지급을 목적으로 하는 청구는 당사자간에 다툼이 생길 여지가 비교적 적은데 비하여 보통의 소송절차에 의하면 상당한 비용과 시간을 요하게 된다. 따라서 이러한 채권(즉 금전채권이나 대차물의 인도채권)에 대하여는 간편·신속하게 채권자에게 집행권원을 주어 채권의 만족을 얻도록 할 필요가 있는데 이를 위해 마련된 것이 바로 지급명령제도이며, 그 절차를 독촉절차라고 한다.

❏ 지급명령의 신청

지급명령의 신청에는 그 성질에 어긋나지 아니 하면 소에 관한 규정을 준용한다. 지급명령신청은 관할법원에 지급명령신청서를 제출하여야 하는데, 채권의 액수에는 특별한 제한이 없고 또 복잡한 증거서류 등을 첨부할 필요도 없다. 그리고 법원에서는 상대방의 주장을 듣지 않은 채 신청서에 기재된 내용이 이유있을 때에는 그 서면만으로 지급명령을 결정을 한다. 그러나 상대방의 소재가 불분명하여 공시송달을 해야 할 경우는 지급명령을 할 수 없음에 유의하여야 한다.

참조사항

- 관련 법규 : 민사소송법 제462조 내지 제474조
- 가집행선고 : 미확정의 종국판결에 대하여 확정판결과 동일한 집행력을 인정해서 판결의 내용을 실현시키기 위한 것으로서, 판결의 확정 전에 특히 집행력을 부여하는 형성판결

107. 청구이의의 소

- 집행권원에 표시된 청구권에 관한 이의를 주장하여 그 집행권원이
  가지는 집행의 배제를 구하는 형성의 소

❑ 청구이의의 소

청구이의의 소란 집행권원에 표시된 청구권에 관한 이의를 주장하여 그
집행권원이 가지는 집행력의 배제를 구하는 소를 말한다.

집행기관은 이미 확정된 집행권원의 내용이 사후에 실체관계와 일치되
지 않는 경우에도 어쩔 수 없이 집행을 개시·속행할 수 밖에 없는 바,
이러한 경우 불리한 입장에 처하게 될 채무자를 위하여 집행권원의 효력
을 배제시킬 수 있도록 인정된 제도가 청구이의의 소이다.

❑ 소의 성질

청구이의의 소의 성질에 대하여는 이행소송설·확인소송설·형성소송설
등의 학설이 대립하나, 집행권원의 집행력을 배제하여 줄 것을 요구하는
형성의 소라고 보는 것이 다수설이다.

❑ 요건

① 집행권원이 확정판결인 경우에는 이의원인이 변론종결 후에 생긴 것
   이어야 한다. 그러나 기판력이 발생하지 않는 확정된 지급명령, 이행
   권고결정, 집행증서에 대해서는 청구권이 존재하지 않는다는 사실을
   이의 이유로 주장할 수 있다.

② 취소권·해제권 등의 형성권의 경우에는 행사할 가능성이 변론종결
   이후에 존재한 것이어야 한다. 다만 대법원은 상계권의 행사에 대하
   여는 '집행권원인 확정판결의 변론종결 전에 상대방에 대하여 상계적

상에 있는 채권을 가지고 있었다 하여도, 변론종결 이후에 비로소 상계의 의사표시를 한 때에는 그 청구이의의 원인이 변론종결 이후에 생긴 때에 해당하는 것으로서 당사자들이 그 변론종결 전에 상계적상에 있은 여부를 알았든 몰랐든 간에 적법한 이의의사유가 된다'고 판시하고 있다.

③ 화해조서, 청구의 인낙조서에 있어서는 그 성립 후에 생긴 사유에 한하여 이의의 사유가 된다.

④ 청구에 관한 이의의 소는 집행권원이 유효히 성립되어 있는 이상 아직 집행문이 부여되기 이전이라고 하더라도 제기할 수 있으며, 다만 집행이 이미 완료된 뒤에 있어서는 허용되지 아니 한다.

❏ 관할의 효과

집행권원이 판결인 경우에는 제1심 판결법원의 전속관할이다. 청구이의의 소 소송절차는 판결절차의 예에 의하되, 청구이의의 소가 제기된 경우에 원고가 그 집행의 정지나 취소를 구하려면 법정의 요건과 절차를 밟아서 강제집행의 정지를 명하거나 실시한 집행처분의 취소를 명하는 가처분을 받아야 한다. 위 이의 이유는 변론이 종결한 뒤에 생긴 것이어야 하고, 이의 이유가 여러 가지인 때에는 동시에 주장하여야 한다.

참조사항

● 관련 법규 : 민사집행법 제44조 내지 제47조

---

108. 제3자이의의 소

❑ 제3자이의의 소

제3자이의의 소라 함은 제3자가 강제집행의 목적물에 대하여 소유권을
주장하거나 목적물의 양도나 인도를 저지하는 권리를 주장할 때, 그에
대한 집행을 배제하기 위하여 채권자를 상대로 집행법원에 제기하는 소
를 말한다.

❑ 성질

제3자이의의 소의 성질에 대하여는 이행소송설 · 형성소송설 · 확인소송
설 등의 대립이 있으나, 제3자이의의 소는 제3자의 이의권의 존부를 확
인함으로써 집행법상 법률효과의 변경을 초래하는 점에서 확인소송과
형성소송의 성질을 모두 가진다고 할 것이다.

❑ 소의 제기기간

제3자이의의 소는 강제집행의 현존을 전제로 하여 인정되는 것이므로
강제집행의 개시 후 그 종료 전에 제기하여야 한다.

❑ 이의사유

제3자 이의사유로는 집행채권자에게 대항할 수 있는 소유권의 주장, 물
건의 점유 · 용익을 내용으로 하는 지상권 · 전세권, 담보를 내용으로 하
는 질권 · 유치권 등의 주장 등을 들 수 있다.

❑ 당사자

제3자이의의 소의 원고는 목적물에 대한 집행에 의하여 그 권리의 침해를 받는다고 주장하는 자, 즉 이의원인이 되는 권리의 귀속자 또는 그를 위하여 권리를 관리할 수 있는 자이다.

반면 피고는 원고가 배제하려고 의욕하는 강제집행의 채권자 또는 승계집행문에 의하여 위 채권자의 승계인임이 명백한 자이다. 다만, 채무자가 그 이의를 다투는 때에는 채무자를 공동피고로 할 수 있다.

❑ 관할

제3자이의의 소는 집행법원의 전속관할에 속하나, 그 소송물이 합의부 관할에 속하는 것일 때에는 집행법원의 소재지를 관할하는 법원의 합의부의 관할에 속한다.

❑ 효과

본안심리는 이의사유의 존부에 대하여 행하면 족하고 강제집행의 적부에 대하여 심리할 필요는 없다.

원고 승소판결에서는 압류의 해제가 아닌 강제집행의 부적법을 선고하게 되며 가집행선고를 붙일 수 있다. 다만 원고 승소판결이 있더라도 이 판결에 기하여 강제집행 전의 상태로 회복할 의무나 압류물을 채무자에게 반환할 의무가 생기는 것은 아니다. 다만 제3자이의의 소가 있으면 민사집행법 제46조 · 제47조의 절차를 준용하여 강제집행의 정지와 집행처분의 취소를 할 수 있다.

참조사항

- 관련 법규 : 민사집행법 제48조
- 압류 : 집행기관에 의해 채무자의 특정재산에 대한 사실상 또는 법률상 처분이 제한되는 강제집행으로서 집행의 목적물에 따라 그 방법을 달리한다.

109. 채무자재산관계 명시제도

- 채권자는 채무자의 재산관계를 명시하도록 신청하여
  채권실현을 용이하게 할 수 있다

❏ 채무자재산관계 명시제도의 의의

남에게 돈을 빌려주고 이를 변제받지 못해 민사소송을 제기해서 승소 판결문을 받아두고도 채무자가 보유재산을 은닉해 두고 차일피일 채무변제를 회피해서 애를 태우는 경우가 종종 있다. 이처럼 고의적으로 채무를 불이행하는 자를 제재하기 위해서 민사소송법상에는 채무자의 보유재산을 명시하도록 하고 나아가 채무불이행자의 명부를 작성해 등재하도록 되어 있는데, 우선 채무자재산관계 명시제도에 관하여 살펴보기로 한다.

채무자재산관계 명시제도란 채무자의 책임재산을 공개시켜 채권자의 강제집행을 용이하게 하도록 한 제도이다.

❏ 명시신청

이것은 채무자가 확정판결 등 집행권원에 의한 금전채무를 이행하지 않고 또한 그 채무자의 재산 발견마저 용이하지 아니 할 때, 집행을 개시할 수 있는 채권자가 채무자의 보통재판적이 있는 곳의 법원에 채무자로 하여금 보유재산관계를 명시해서 법원에 제출케 하는 명령을 발하도록 신청하면 된다.

❏ 법원의 심사

위 신청을 받은 법원은 서면으로 신청의 이유를 심사한 후 이유있다고 인정되면 재산관계 명시기일을 정해서 채무자로 하여금 법원에 출석케 하고 선서 후 진실된 채무자의 재산목록을 제출케 하는데, 이때 채무자가 3개월 내 변제의사를 소명시엔 명시기일을 연기시켜 줄 수가 있으며, 채무자가 새 기일에 채무액의 2/3 이상을 변제하였음을 증명하는 서류를 제출한 때에는 다시 1월의 범위 안에서 연기할 수 있다.

그러나 정당한 사유없이 명시기일에 불출석하거나 재산목록 제출을 거부하거나, 선서를 거부한 경우에는 20일 이내의 감치에 처하고 허위의 재산목록을 제출한 때는 3년 이하의 징역 또는 500만원 이하의 벌금형 등 형사처벌이 가능하도록 제정된 제도이다.

☐ 효과

따라서 이 제도를 통해 제출된 재산목록의 열람·등사를 통해 강제집행이 가능할 뿐만 아니라, 채무자에게 변제이행을 간접적으로 강제함으로써 채권자의 채권실현을 용이하게끔 도와주게 되는데, 위 감치 규정이 헌법에 위반되지 않는다는 헌법재판소의 결정이 있는데다 재산목록 제출거부 또는 허위 제출한 채무자가 형사처벌을 받은 사례도 있으므로, 억울한 금전피해를 본 채권자로서는 이 제도의 활용을 신중히 검토해 볼 것을 권유한다.

참조사항

- 관련 법규 : 민사집행법 제61조 내지 제77조
- 벌금형 : 범죄인에게 일정한 금액의 지급의무를 강제적으로 과하는 것을 내용으로 하는 형벌의 일종(형법 제41조)

110. 금전채권에 대한 강제집행

– 빌려준 돈을 받지 못할 경우, 강제집행으로

❏ 강제집행이란

빌려준 돈이나 상품대금 등 돈을 받을 권리가 있으나 채무자가 임의로
변제를 아니한다고 하여 함부로 채무자의 금품을 훔치거나 빼앗는 것은
허용될 수 없다. 국가가 정해진 법절차에 따라 채권자를 대신하여 강제
로 돈을 받아 주는 것이 강제집행절차인 것이다.

❏ 집행권원

집행권원이란 국가의 강제력에 의해 실현될 청구권의 존재와 범위를 표
시하고, 집행력이 부여된 공정증서를 말한다. 집행권원을 구민사소송법
에서는 채무명의라고 하였다. 대표적인 것이 '원고는 피고에게 돈 천만
원을 지급하라.'는 식의 이행명령이 기재된 확정된 승소판결이다. 집행
권원이 되는 것은 주로 판결, 인낙조서, 화해조서, 조정조서 지급명령,
공정증서 등이다.

❏ 집행문 부여

위와 같은 집행권원에 '위 정본은 강제집행을 실시하기 위하여 부여한다'
는 취지를 기재하고 법원직원이나 공증인이 기명날인하는 것이 집행문
부여이다. 집행문은 집행권원을 가지고 제1심법원이나 공증인 사무소에
가서 신청하면 간단히 처리해 준다.
본래의 원고나 피고가 사망하여 그 상속인이 집행을 하거나 상속인에 대
하여 집행을 하려면 판결문에 표시된 원·피고와 실제 집행하려는 사람
이 다르기 때문에 상속인임을 알 수 있는 가족관계증명서를 첨부하여 신

청하면 승계집행문을 부여받을 수 있다.

❏ 유체동산에 대하여 강제집행을 할 때

(1) 집행관에의 위임

위와 같은 관계서류를 갖추어 관할법원에 속하는 집행관 사무실에 찾아가서 집행을 위임하여야 한다. 위임장은 인쇄된 용지를 쓰는데 보통 그곳에서 대서까지 해준다. 집행비용은 예납하여야 한다.

(2) 압류

동산이 있는 현장에 가서 압류를 해야 하므로 사전에 집행관과 합의하여 시간을 정해 현장까지 안내를 하고, 채무자가 일부러 피한다든지 하여 현장에 없는 경우도 많으므로 참여인이 될 성인 2명을 미리 확보하는 것이 좋다.

(3) 경매

압류물이 현금이면 직접 채권에 충당할 수 있으나 다른 것이면 경매하여 현금화해야 한다. 압류 후 보통 1개월쯤 지나 매각기일이 지정되는데 채무자가 자진 변제하면 강제집행의 위임을 취소할 수 있고 따로 타협이 되면 매각기일을 연기할 수도 있다.

매각기일에는 채권자가 나가지 않아도 되지만 채권자도 매수인이 될 수 있으므로 너무 헐값에 매각되지 않도록 나가서 조정하는 것도 좋은 방법이다.

(4) 배당

채권자가 여러 명이고 매각대금으로 모든 채권을 충족시키지 못하면 먼저 채권자들 사이에 협의를 하고, 협의가 안 되면 법원이 채권자들의 채권액에 비례하여 분배·지급하게 된다.

강제집행을 한 채권자라도 우선변제권이 있는 것이 아니므로 뒤에 배당신청을 한 채권자와 채권액에 비례하여 평등하게 취급된다.

❏ 채권에 대하여 강제집행을 할 때

(1) 압류명령신청

채무자가 은행예금이 있다든지 제3자에게 빌려준 돈을 받을 것이 있다든지(대여금채권)하는 경우에는 채권자는 압류명령신청서에 압류할 채권의 종류와 액수를 밝혀서, 관할법원에 압류명령을 신청한다.

(2) 압류명령

법원은 압류명령을 발하여 '제3채무자인 은행 등은 채무자에게 지급해서는 아니 된다'는 지급금지명령을 내리게 된다.

(3) 추심명령 또는 전부명령

채권자는 추심명령을 신청하여 채무자 대신 은행 또는 제3자로부터 돈을 받을 수 있거나(이 때는 다른 채권자가 배당요구 가능) 또는 전부명령을 받아 채무자체를 이전 받을 수 있다. 그리고 추심명령 또는 전부명령은 위 압류명령과 동시에 신청하는 것이 일반적이다.

❏ 부동산에 대하여 강제집행을 할 때

(1) 강제경매신청

채무자가 부동산을 소유하고 있으면 부동산 소재지 관할법원에 부동산 강제경매신청서를 제출한다.

(2) 경매개시결정

법원은 경매개시결정을 하고 이 사실을 부동산등기부에 기재함으로써 부동산을 압류한 효과가 생긴다.

⑶ 경매

경매법원은 공고를 거쳐 매각기일과 매각결정기일을 지정하고 최고의 가격으로 매수신고한 사람을 최고가 매수신고인으로 결정한 후 매각결정기일에 별다른 매각불허가 사유가 없으면 위 최고가 매수신고인에게 매각허가결정을 선고한다. 이때 최고가 매수신고인이 법원이 정한 대금지급기한 내에 매각대금을 납부하게 되면 소유권이전등기 여부와 관계없이 그 즉시 경매의 목적인 권리를 취득하게 된다.

⑷ 배당

동산의 경우와 같다.

참조사항

- 관련 법규 : 민사집행법 제61조 이하
- 조정조서 : 민사조정에 있어서 사건의 경위를 명백히 하고, 조정이 성립되었을 때 당사자 사이에 합의된 조정사항을 녹취하여 이를 명확히 하기 위해 조정절차에 참여한 법원사무관 등이 작성하는 조정에 관한 조서를 말한다.
- 전부명령 : 채무자가 제3채무자에 대하여 가지는 압류한 금전채권을 집행채권과 집행비용청구권의 변제에 갈음하여 압류채권자에게 이전시키는 집행법원의 결정을 말한다. 이부명령의 하나로, 전부명령을 결정하면 전부채권은 채무자로부터 압류채권자에게 이전된다. 압류채권자 이외의 제3자는 전부명령 후에는 배당요구를 할 수 없다.

111. 추심명령

☐ 추심명령의 뜻

추심명령이란 압류된 채권 기타 재산권을 채무자를 대신하여 대위절차에 의하지 않고 제3채무자로부터 추심할 권한을 압류채권자에게 수여한 것을 내용으로 하는 집행법원의 집행행위에 속하는 명령으로, 전부명령과 추심명령 중 어느 방법을 택하느냐는 집행채권자의 자유이다.

☐ 신청

추심명령의 신청은 압류명령신청과 동시에 또는 압류 후에 할 수 있다. 피압류채권의 범위를 한정치 않는 경우에는 피압류채권 전액에 미친다. 추심명령이 발령됐더라도 타채권자의 신청이 있으면 이중으로 추심명령을 발할 수 있다.

☐ 재판

신청서에 대하여 형식적 심사를 히여 적법하면 추심명령을 발하고, 이때 채무자 등 이해관계인을 심문할 수 있다(단 압류신청과 동시에 신청한 경우에는 예외).

☐ 송달

추심명령은 제3채무자와 채무자에게 송달되어야 하고, 제3채무자의 소재불명시에는 공시송달도 가능하다.

□ 효력

(1) 발효시기

발효시기는 제3채무자에게 송달된 때 그 효력이 생긴다.

(2) 추심권의 범위

추심권의 범위는 특히 제한을 가한 경우를 제외하고는 피압류채권 전액에 미치므로 집행채권액을 넘어서 추심한 금액은 채권자가 채무자에게 반환한다. 다만 집행법원은 채무자의 신청에 의하여 압류액을 그 채권자의 요구액에 제한하고 채무자에게 그 초과액의 처분과 영수를 허가할 수 있다. 따라서 압류채권자는 제한범위 내에서만 추심할 수 있고, 동 제한범위 내의 피압류채권에 대하여는 타채권자는 배당요구할 수 없으며, 제한초과 부분에 대하여는 압류효력이 소멸한다.

(3) 압류채권자의 지위

추심채권자는 집행채무자를 대신하여 민법상 대위절차없이 직접 자기 이름으로 제3채무자에 대하여 집행채무자가 가지는 추심에 필요한 재판상, 재판 외의 일체의 권리행사를 할 수 있다. 재판상 청구시에는 자기 이름으로 추심소송을 제기하고, 채무자가 국내에 있고 그 주소를 알 수 있는 경우에 한하여 소송고지를 하여야 한다.

또한 집행력있는 정본을 가진 모든 채권자는 그 소송에 공동소송인으로 참가할 수 있고, 피고인 제3채무자는 집행력있는 정본을 가진 모든 채권자를 공동소송인으로 소환할 것을 1회 변론기일까지 수소법원에 신청할 수 있다. 소환을 받고도 참가치 않으면 원고 패소판결의 효력을 감수하여야 한다.

추심명령을 받은 채권자는 채무자·타압류채권자·배당요구채권자를 위하여 적당한 시기와 방법으로 추심할 의무가 있고, 이를 해태함으로 인한 손해에 대하여 채무자에게 배상할 책임이 있다.

추심채권자는 추심명령에 의하여 취득한 추심권의 전부나 일부를 포기할 수 있고, 이로써 추심명령은 당연히 실효되나, 압류명령에는 영향이 없다. 또한 동 포기는 집행채권 자체에는 영향이 없다. 그 포기는 법원에 서면으로 하여야 하고, 법원사무관 등은 그 등본을 제3채무자, 채무자에게 송달하여야 한다.

⑷ 집행채무자의 지위
추심명령 후에도 피압류채권의 채권자의 지위는 계속되나, 추심권자의 추심을 수인하고 채권증서 등을 그에게 인도할 의무가 있다. 또한 추심명령 후에는 피압류채권의 이행소송이나 확인소송을 제기할 수 없다.

⑸ 제3채무자의 지위
제3채무자는 추심권자에 대하여 변제하면 면책된다. 다만 경합채권자의 청구가 있는 경우는 변제공탁하여야 하고, 배당요구가 있는 경우 공탁할 권리가 있다. 추심명령을 얻은 채권자가 수인인 경우 어느 채권자에게 변제해도 무방하다.

⑹ 타채권자의 지위

압류채권자가 추심절차를 태만히 할 때에는 집행력있는 정본을 가진 모든 배당요구채권자는 그에게 일정한 기간 내에 추심할 것을 최고하고, 이에 응하지 아니한 때에는 법원의 허가를 얻어 직접 추심할 수 있다. 우선변제청구권자와 집행력 있는 정본을 가진 모든 채권자는 배당요구 종기까지 배당요구를 할 수 있다.

❑ 추심신고

추심채권자는 제3채무자로부터 채권액을 추심했을 때에는 그 뜻을 법원에 신고하여야 한다. 추심신고 전 채권자 경합이 있으면 추심채권자는 추심금 전액을 공탁하고 그 사유를 법원에 신고하여야 한다.

참조사항

- 관련 법규 : 민사집행법 제229조
- 대위 : 권리의 주체 또는 객체인 지위에 갈음하는 것
- 집행력 있는 정본 : 집행력의 존재와 내용을 공증하기 위해 집행권원 정본에 집행문을 부기한 것

112. 장래채권과 전부명령

❑ 전부명령이란

전부명령이란 압류한 금전채권을 그 권면액으로 타채권자를 배제하고 집행채권의 변제에 갈음하여 압류채권자에게 이전케 하는 법원의 재판이다. 금전채권의 또 다른 집행처분의 방법인 추심명령과는 달리, 피압류채권이 존재하는 한 당연히 집행채권이 소멸하여 집행절차는 종료하고, 그 이후 다른 절차를 취할 여지가 없으므로 제3채무자의 무자력으로 인한 위험을 부담하여야 한다. 전부명령은 우리 민사소송법의 채권자 평등주의의 원칙에 비추어 예외적인 제도이면서 효과적인 금전채권 집행방법이다.

❑ 장래채권에 대한 전부명령

우리나라에서는 국민의 상당수가 무주택자이고 또한 보증금이 고액이며 그 제도 역시 광범위하게 사용되고 있다. 이러한 실정에서 채무자에게는 보증금 외에 달리 객관화할 만한 재산이 없는 바, 보증금 반환청구권과 같은 장래채권, 조건부채권에 대하여 피전부적격을 인정할 필요가 많이 생긴다.

(1) 권면액

전부명령은 그 정의에서도 엿볼 수 있다시피 '권면액'의 요건이 필요함과 관련하여 권리의 존부 및 범위가 확정되기 이전의 것을 전부의 대상으로 할 수 있느냐가 논의가 된다.

이에 대하여 결론만 소개하면 우리의 대법원은 다소 무리가 있다고 하더라도 권면액의 의의를 넓게 보아, 채권액이 확정되어 있지 않아도 기본적 채권이 존재하고 장차 그 현실적 발생이 어느 정도 확실시되는 경우에는 채권자가 자기의 위험부담하에 전부명령을 구하고 있는 이상 비교적 광범위하게 장래의 조건부채권에 관해 전부명령을 발하고 있다.

(2) 장래채권

예를 들어 보면 도급계약에 의한 공사대금청구권, 퇴직금급여청구권, 경매가 취하될 것을 조건으로 하는 경매보증금반환청구권, 골프회원권자가 퇴회할 때 행사할 수 있는 예치금반환청구권 등이 대법원에서 인정하는 대표적인 것이다. 이와는 달리 도급계약의 경우 추가도급계약의 성립 전 추가도급금채권, 건설공제조합에 대한 조합원의 지분 내지 지분권, 명의신탁된 부동산에 대해 경매가 실시되어 배당잔여금을 명의수탁자 앞으로 남겨둘 경우 위 신탁계약이 해소되어서 신탁자가 위 배당잔여금을 교부받을 권리에 대한 반환청구권 등에 대해서는 전부명령을 발할 수 없다고 판시하였다.

또한 임대차보증금반환청구권에 대한 전부명령은 임차인의 부속물매수청구권에는 그 효력을 미치지 아니 한다고 판시하였다.

(3) 임차보증금과 전부명령

위 예시 중 대표적이면서 가장 빈발함이 예상되는 임차보증금에 대한 전부명령에 있어서 특별한 문제를 잠시 살펴보자.

임대차가 종료하고 있지 않고 있는데도 그 보증금의 전부가 가능하다. 다시 말해 임차기간중 보증금이 전부되어도 임대인은 그 보증금에 대해서 우선적 권리를 가지고 있으므로 명도시 자기의 채권을 공제한 잔액을 전부채권자에게 주면 되고, 보증금이 전부되었다고 하여 임대인이 불이익을 받을 수는 없으므로 임대차계약을 해지할 수 없다.

또한 임차보증금이라는 것은 원래 임차인의 임대인에 대한 채무를 담보하는 것이 주목적이므로, 임대인은 임대차종료 후 임대건물을 명도받을 때까지 각종 손해에 대해서도 당연히 보증금으로 충당하고 그 나머지만을 전부채권자에게 변제하면 된다.

임대인이 전부명령을 받고 즉시 전부된 보증금을 전부채권자에게 지급한 경우에는 임대인은 임대차보증금에 대한 자신의 권리를 스스로 포기한 것이므로 임차인에 대해 새로이 보증금의 지급을 구할 수는 없고, 임대차종료시 임차인으로부터 변제받지 못한 부분이 있다고 하더라도 전부 채권자나 임차인에게 부당이득반환청구를 할 수 없다.

임차기한이 미도래한 경우에도 전부가 가능함은 전술한 바와 같으나, 결국 장래의 조건성취를 기다려 전부금청구소송을 제기하여야 할 것이다. 장래이행의 소로서의 요건을 갖추어야 할 것이나, 실무상 그 요건을 엄격히 적용하고 있지 않다. 여기에 임차인의 채권자가 전부명령을 받더라도 전부채권자가 임대인에 대하여 현실로 이행을 강제할 수 있는 것은 임차인이 가옥을 명도하는 것과 상환으로만 가능한데, 전부명령을 실효성 있게 하기 위해 과연 이 경우 전부채권자가 임차인에게 명도를 강제할 수 있느냐의 문제가 생긴다.

이에 대하여 판례는 임대인은 임차목적물을 명도받기 전에는 임차보증금의 반환을 거부할 수 있는 동시이행의 항변권을 가지므로 임차보증금반환청구채권을 전부 받은 전부채권자로서는 임대인 스스로 임차인에 대하여 목적물의 명도를 청구하지 않는다면 그 권리를 실현할 수 없으므로 전부채권을 보전하기 위하여 임대인을 대위하여 임차인에게 목적물의 명도청구를 할 수 있다고 하였다.

참조사항

- 관련 법규 : 민사집행법 제229조 이하
- 권면액 : 압류와 관련하는 금전채권의 명의가액

113. 가압류 · 가처분

— 교활한 채무자의 재산도피행위를 막으려면

❑ 보전절차의 필요성

가령 채무자가 빚을 갚을 능력이 있으면서도 있는 재산을 전부 처분한 후 빚을 갚지 않으려고 하거나, 주택을 매수하여 잔금까지 지불했는데도 집을 판 사람이 다시 그 집을 다른 사람에게 판 후 도망가려고 한다든가 할 때에는, 소송을 제기하여 승소한 뒤에 그 판결의 확정을 기다려 집행을 하거나, 아니면 자신의 힘으로 채무자의 물건을 가져오든지, 채무자를 집 밖으로 쫓아내고 강제로 입주를 하는 수 밖에 없다. 그러나 소송을 하면 시간이 많이 걸리고 그 사이에 채무자는 얼마든지 채권자를 골탕먹일 수도 있고, 또 채권자라고 하여 함부로 채무자의 물건을 가져 오거나, 강제로 채무자의 집에 입주하면 오히려 절도죄나 주거침입죄로 처벌을 받게 된다. 이런 경우에 채무자가 그의 재산을 처분하지 못하도록 임시로 채무자의 재산을 신속히 묶어두는 절차가 가압류 · 가처분이다.

❑ 가압류 · 가처분의 의의

가압류란 금전채권이나 장차 금전채권으로 될 수 있는 청구권에 관하여 후일의 강제집행을 보전하기 위한 임시조치이고, 가처분이란 분쟁의 표적이 되고 있는 물건에 대하여 후일의 강제집행을 보전하기 위하여 임시로 행하는 처분을 말한다(그 외에 임시로 지위를 정하는 처분도 있으나 이는 생략한다). 가처분 · 가압류는 종국적인 판결, 즉 승패가 날 때까지의 임시조치이므로 앞에 '가'자를 붙인 것이고, 채권자의 신청만을 가지고 법원이 단시일 내에 결정을 내리므로 상대방 모르게 기습적으로 할 수 있다.

❑ 구체적인 예

실무상 자주 있는 예를 들어보면 다음과 같다.

(1) 부동산 가압류

채무자의 특정 부동산(토지·건물)을 그가 함부로 처분할 수 없도록 가압류한다.

(2) 유체동산 가압류

채무자의 유체동산(냉장고·피아노 등)을 그가 함부로 처분할 수 없도록 가압류한다.

(3) 채권 가압류

채무자가 다른 사람으로부터 받을 돈을 받지 못하도록 채권을 가압류한다.

(4) 부동산 점유이전금지 가처분

채무자가 분쟁의 대상이 된 부동산의 점유를 다른 사람에게 이전하지 못하도록 한다.

⑸ 부동산 처분금지 가처분

채무자가 분쟁의 대상이 된 부동산을 매매·양도하는 등의 처분을 못하도록 한다.

❏ 기타

이와 같이 가압류·가처분은 신속히 처리되므로 많이 이용되고 있으며, 가압류·가처분만으로도 소송까지 가지 않고 분쟁이 해결되어 버리는 일이 자주 있어 많이 이용되고 있다. 그러나 그 신청방법이나 신청 후의 조치, 상대방 채무자의 이의 등으로 법률상 어려운 일이 많이 있으므로 가압류·가처분은 대단히 좋은 제도이기는 하나, 전문가인 변호사에게 의뢰하여 처리토록 하는 것이 바람직하다.

참조사항

- 관련 법규 : 민사집행법 제4장(제276조 내지 제312조)
- 유체동산 : 본래는 구민법상 사용되는 용어로서 현행 민법상의 동산을 말한다. 즉 구민법이 물건을 유체물과 무체물로 나누었으므로 동산에 유체·무체의 구별이 생겼다.

114. 소액심판제도

− 3,000만원 이하의 돈을 쉽게 받으려면

❏ 소액심판의 뜻

민사재판은 절차가 복잡하고 비용이 많이 들며 시일도 오래 걸리기 때문에 일반서민들, 특히 소액의 채권자들이 손쉽게 이용하기 어려운 불편이 있으므로 청구금액이 3,000만원 이하인 사건에 대하여는 보통의 재판절차보다 훨씬 간편하고 신속하게 처리할 수 있도록 소액심판제도가 마련되어 있다. 소액심판은 대여금·물건대금·곗돈·약속어음금 등을 청구하는데 이용하면 편리하다.

❏ 소송제기 방법

법원에 소장 서식용지가 항상 비치되어 있으므로 직접 소장을 작성하여 신청할 수도 있고, 법원의 접수담당 직원에게 구두로 신청할 수도 있다. 그리고 소장을 제출하기 전에 자기의 주장을 증명할 수 있는 증거(증거서류·증인)를 미리 준비해 두었다가 변론기일에 즉시 제출하여야 한다.

❏ 소송비용

소송비용으로 민사소송 등 인지법에 따른 인지대[예를 들어 소가가 3,000만원인 경우라면 140,000원(=3,000만원×0.0045+5,000원)을 납부한다]와 송달료 104,000원[(=5,200원×10회×당사자수(2)]을 각각 납부하여야 한다.

❏ 소송대리

당사자의 편의로 신속한 재판을 위하여 배우자·부모·자식·형제자매 등은 법원의 허가없이도 소송을 대리할 수 있는데, 이 때에는 위임장과 가족관계증명서 또는 주민등록등본을 법원에 제출하여야 한다. 다만, 당사자가 판사의 면전에서 구술로 소송대리인을 선임하고 법원사무관 등이 조서에 이를 기재한 경우에는 위임장을 제출하지 않아도 된다.

❏ 재판

법원은 소장을 접수하는 즉시 변론기일을 지정하여(보통 14일 이내) 알려주고, 심리는 원칙적으로 1회의 변론기일에 종결하도록 되어 있다.

변론기일에 상대방이 정당한 이유없이 출석하지 않든가 답변서를 제출하지 않으면 당일 원고의 승소판결을 선고하며, 반대로 원고가 변론기일에 출석하지 않으면 다시 변론기일을 지정하나, 그 변론기일에도 원고가 출석하지 않으면 소송을 취하한 것으로 간주한다.

❏ 재판의 집행

판결이 선고되었는데도 피고가 돈을 변제하지 않을 때는 집행관이나 집행법원 등 집행기관에 의뢰하여 상대방 재산에 대하여 강제집행을 하면 된다.

참조사항

- 관련 법규 : 소액사건심판법, 소액사건심판규칙
- 집행관 : 지방법원 및 그 지원에 소속되어 법령에 따라 재판의 집행, 서류의 송달 기타의 사무에 종사하는 단독제의 독립기관

115. 공증제도

– 민사상 분쟁을 사전에 예방하려면

❏ 공증의 뜻

공증은 우리의 여러 법률적 행위를 공적으로 증명하는 것으로서 공증인이 작성한 서류를 공정증서라고 한다.

공증제도를 이용하면 앞으로 생길 수도 있는 법률분쟁을 미리 막을 수도 있다.

❏ 공증담당기관

공증인가를 받은 합동법률사무소 · 법무법인 및 공증인사무소에서 할 수 있으며, 이들이 없는 지역은 지방검찰청 또는 지청의 공증인 직무대행을 임명받은 검사가 담당한다.

❏ 공증의 효과

① 계약시 공증인의 상담을 받음으로써 민사상 분쟁을 사전 방지할 수 있고,

② 공증서류는 위조의 염려가 없으므로 재판에 있어 강력한 증거력이 있으며,

③ 특히 어음 · 수표나 금전소비대차 등 일정한 금전 · 대체물 · 유가증권의 지급을 목적으로 한 계약을 공증하면 재판절차를 거치지 않고도 강제집행할 수 있다.

❏ 공증의 종류

공증 중에서 가장 대표적이고 이용가치가 높은 것은 어음 · 수표의 거래

나 돈을 거래할 때 또는 매매계약시 공증인이 이를 공증하고 그 공정증서에 강제집행할 것을 기재하는 공정증서의 작성이고, 그 밖에 사서증서의 인증, 정관 인증, 의사록 인증, 확정일자 부여 등이 있다.

❏ 공증하면 편리한 경우

어음 · 수표를 거래할 때, 매매계약 · 금전대차 · 임대차계약할 때, 유언할 때, 채권을 양도할 때, 질권을 설정할 때 그 계약서를 공증하면 편리하고, 주식회사나 유한회사의 법인설립시 정관과 모든 법인의 등기절차에 첨부되는 의사록은 반드시 공증하여야 한다.

❏ 공증촉탁에 필요한 서류

① 본인이 촉탁할 때는 인장 · 인감증명서나 본인의 주민등록증 또는 사진이 첨부되어 있는 관공서 발행의 신분증명서를 제출하여야 한다.
② 대리인을 통하여 촉탁할 때는 본인의 인감증명서 1통, 위임장 1통, 대리인의 주민등록증과 인장이 필요하다.

참조사항

- 관련 법규 : 공증인법 및 동시행령, 공증인수수료규칙, 공증인서류보존규칙
- 질권 : 채권자가 그 채무의 담보로서 채무자 또는 제3자로부터 받은 물건을 점유하고 채무의 변제가 있을 때까지 유치함으로써 채무의 변제를 간접적으로 강제하는 동시에 채무의 변제가 없는 때에는 그 목적물로부터 우선적으로 변제를 받는 권리(민법 제329조 내지 제355조)

제4편

상사문제

116. 공중접객업자의 책임

– 주인은 손님이 휴대한 물건의 멸실·훼손에 대한 책임을 져야 하고,
  책임없음을 게시한 때에도 그 책임을 면하지 못한다

❏ 공중접객업의 뜻

상법상의 공중접객이란 극장·여관·음식점·목욕탕·이발관·다방·
당구장 등의 시설을 제공하고 이를 이용하는 손님들을 상대로 거래하는
영업인바, 상법은 이들 공중접객업자가 손님의 휴대물에 대하여 어떠한
책임을 지는가에 관하여 규정하고 있다. 누구나 일상생활을 하는 가운데
수시로 이용하고 일어날 수 있는 일이기에 살펴보고자 한다.

공중접객업은 다수의 일반공중이 빈번하게 이용하는 영업이기 때문에
국가가 정책적으로 경찰관서 등 행정청의 허가를 얻도록 한 것이 많고,
개별적으로 규율하는 법이 따로 제정되어 있는 실정이다.

❏ 공중접객업자의 책임

공중접객업자의 손님의 소지품에 대한 책임은 크게 나누이 임치를 받은
물건에 대한 것과, 그렇지 않은 것으로 구분할 수 있다.

(1) 임치를 받은 물건에 대한 책임

상법 제152조 제1항은 공중접객업자는 손님으로부터 임치를 받은 물건
의 멸실·훼손에 대해 불가항력이 아니면 그 손해를 배상할 책임이 있다
고 규정하고 있다. 과거 로마법 이래의 전통의 표현이며 불가항력에 대
하여는 여러 견해가 있지만, 오늘날과 같이 경찰행정이 정비되고 유독
공중접객업자의 책임만을 운송주선인·운송인·창고업자의 책임과 차별

을 두는 것은 온당치 않다는 생각에서 '특정 사업의 외부에서 발생한 사건으로서 보통 필요하다고 인정되는 예방방법을 다하였다고 하더라도 방지할 수 없는 위해'를 불가항력으로 해석하며, 도둑이 호텔비상문을 부수고 침입하여 그 호텔 숙직실 창고에 들어가 투숙객의 일반 휴대물을 절취한 경우 호텔업자에게 책임이 없다고 판시(대법 1965년 2월 23일 선고, 64다1724판결)한 것도 위 견해와 맥을 같이 한 것이라고 볼 것이다. 다만 위와 같은 불가항력의 입증책임은 업자에게 있다 할 것이다. 임치를 받은 물건에 대한 책임은 강행법규가 아니므로 당사자간의 특약에 의해 감면할 수 있으나, 흔히 볼 수 있듯이 시설물 내의 어느 곳에 '객의 휴대물에 대해 책임을 지지 않는다'라는 문구를 게시한 것만으로는 그 책임을 면할 수 없다.

(2) 임치하지 않은 물건에 대한 책임

객이 특히 임치하지 않은 물건이라도 객이 시설 내에 휴대한 물건이 영업주나 사용인의 부주의로 말미암아 멸실·훼손한 때에는 손해배상의 책임을 져야 한다(상법 제152조 제2항). 이것은 여객운송의 경우 여객이 운송인에게 인도하지 않은 수하물에 대한 책임과 동일하다.

(3) 객과 사용인의 범위

객이라 함은 그 설비를 이용할 권리를 취득한 자를 말하며, 그 장소에 들어갔으나 만원 기타의 사유로 그 장소를 떠난 자도 일단 객이라고 볼 것이다. 사용인은 반드시 고용관계에 있을 것을 요하지 않으며 주인의 가족도 사용인이 된다. 일본의 하급심에서는 공중목욕탕이 혼잡한 때 탈의장의 감시원을 충분히 배치하지 않은 경우 업자에게 과실이 있다고 판시한 것이 있다. 임치하지 않은 경우 손님이 업자의 선량한 관리자의 주의의무의 해태사실을 입증하여야 한다.

⑷ 고가물에 대한 책임

특히 주의하여야 할 것은 화폐·유가증권·기타의 고가물에 대하여는 객이 그 종류와 가격을 명시하여 임치 하여야만이 업자가 그 멸실·훼손에 대해 책임을 진다. 왜냐하면 고가물의 고지가 있었더라면 적당한 주의를 할 기회를 가졌을 텐데 그러한 고지가 없었기 때문에 그러한 주의를 하지 않은 것이므로 주인은 책임을 지지 않는 것이다. 주인 또는 사용인에게 경과실이 있는 경우라도 손해배상의 청구를 할 수 없다.

□ 시효

위와 같은 책임은 업자가 물건을 반환하거나 객이 휴대물을 가져간 후 6월이 경과하년 소멸시효가 완성한다. 물건이 전부 멸실된 경우에는 객이 시설을 떠난 때로부터 기산한다. 그러나 이 단기시효는 업자에게(이행보조자도 포함) 악의가 있으면 적용되지 않는다.

> **참조사항**
> ● 관련 법규 : 상법 제151조 내지 제154조
> ● 소멸시효 : 권리자가 자신의 권리를 행사할 수 있음에도 불구하고 일정기간 동안 권리를 행사하지 않은 경우 그의 권리를 소멸시켜 버리는 제도

117. 약속어음의 발행

– 어음의 최소한의 형식요건은 기명날인이다

❏ 어음의 발행

어음의 발행에 관한 규정은 '어음의 형식적 기재방식'(어음은 어떻게 기재하고 무엇을 기재할 수 있는가)에 관한 부분과 '어음행위, 즉 발행의 실질적 효력'에 관한 부분으로 대별할 수 있다.

❏ 어음 요건

형식적으로 약속어음이 유통되기 위하여는
① 약속어음임을 표시하는 문자
② 일정한 금액을 지급할 뜻의 무조건의 약속
③ 만기의 표시
④ 지급지
⑤ 지급을 받을 자 또는 지급을 받을 자를 지시할 자의 명칭
⑥ 발행일과 발행지
⑦ 발행인의 기명날인 또는 서명

등의 어음요건을 모두 기재하여야 하며, 이 중 어느 하나라도 기재가 없으면 어음으로서 통용되지 않는다〔요식성〕.
이 요식성을 요구하는 이유는 권리내용을 형식적으로 판단시켜 유통성을 강화하고자 하는 것이다. 따라서 어음에 있어서는 어음요건을 기재하고 기명날인 또는 서명을 함으로써 비로소 어음권리관계가 성립되는 것이며〔설권성〕, 이 권리내용은 어음에 기재된 것만에 의하여 정하기로 하고 있다〔문언성〕. 그러나 요식성을 너무 엄격하게 해석하여 무효화에 이르게 하는 것이 타당치 아니할 경우가 많다.

❏ 어음요건이 흠결일 때

어음에 형식적으로 요건이 기재된 여부만 판단하면 되고, 수취인이 실존인인지, 발행일이 진실한 일자인지 등은 문제삼을 필요가 없으며(어음외관해석의 원칙), 요건의 기재가 불충분하거나 틀렸더라도 가능한 한 어음소지인의 이익을 위하여 유효하도록 해석하여야 할 것이다(어음유효해석의 원칙). 또 어음금액의 기재에 차이가 있는 경우, 만기의 기재가 없는경우, 지급지·발행지의 기재가 없는 경우에는 보충규정에 의하여 어음은 유효하게 된다. 결국 어음의 요식성은 대폭적으로 완화되어 있으며, 어음요건의 일부 또는 대부분이 기재되어 있지 않다 하여도 후에 기재하기로 하는 약정이 있을 경우에는 어음의 기명날인 또는 서명만 있으면유효한 백지어음도 있다.

❏ 기명날인 또는 서명

그렇다면 어음의 최소한의 형식요건은 어음행위자의 기명날인 또는 서명이라고 할 수 있다. 법률행위인 어음행위는 형식적인 서면행위이며, 어음행위로서의 기명날인 또는 서명임을 인식하여 어음에 기명날인 또는 서명을 하면 어음책임을 지게 된다. 명의인이 실재하지 아니할 때, 어음에 기명날인 또는 서명할 의사가 없을 때, 대리의 형식으로 기명날인또는 서명은 있으나 대리권이 없을 때의 어음행위는 무효가 되지만, 다른 어음행위에 영향이 없으며 각각 따로이 그 효력을 정하게 된다(어음행위 독립의 원칙). 또한 무권대리의 경우에는 본인이 추인하지 않는 한 대리인의 이름을 표시한 자가 어음책임을 지게 된다.

참조사항

- 관련 법규 : 어음법 제75조·제76조
- 만기 : 어음금액이 지급될 날로 어음상에 기재된 일자

---

118. 약속어음의 배서

― 지시금지어음이 아닌 한 배서하면 어음상 권리가 이전된다

❑ 배서의 의의

약속어음을 받은 자는 그 약속어음을 만기까지 소지하지 아니하고 다른
지급에 사용하거나 타인에게 팔거나 하여 현금을 받은 것과 같은 적용
(신용기능)을 시키려고 하는 것이 보통이다.

이를 위하여 '배서'라고 하는 형식에 의하여 기명날인 또는 서명을 하고
어음을 교부하면 어음을 수취한 자가 권리자가 된다고 하는 편리한 양도
방법이 인정되어 있다. 배서를 금지한다는 것을 명백히 기재한 어음(지시
금지어음)을 제외하고 어음을 소지하고 있는 자는 모두 언제나 이 방법에
의하여 어음을 양도할 수 있다(법정된 지시·증권성). 그리고 배서를 받은
자는 어음에 의하여 청구할 수 있는 권리를 취득할 수 있게 된다.

❑ 배서의 효력

배서방식상 최소한의 형식도 배서인이 기명날인 또는 서명을 하는 것이
며, 배서를 하는 것을 인식하고 기명날인 또는 서명을 하면 어음책임을
지게 된다는 것도 어음 발행의 경우와 같다. 다만 이 배서인 위임의 책임
은 이른바 제2차적인 책임이며, 주된 채무자인 발행인이 지급할 수 없을
때에 지급할 것을 담보하는 책임이다. 또 어음을 양수한 자는 자기가 권
리자임을 일일이 증명하지 아니 하더라도 형식적으로 배서의 연속이 있
는 어음을 가지고 있으면 권리자로서 청구할 수 있는 자격을 인정받게
된다(배서연속의 자격증명력).

어음에 의한 권리행사의 방법을 간편하게 하고 있을 뿐만 아니라 소지인
이 형식적 자격자임을 전제로 하여 양도인을 중과실 없이 권리자로 믿고

어음을 양수한 소지인은 가령 양도인이 무권리자였다고 하더라도 권리자로서 보호를 받게 된다고 하는 '선의취득'의 제도도 인정되어 있다. 또 자격자로부터 배서방법에 의하여 어음을 양수한 이상 가령 채무자가 양도인에 대하여 지급을 거절하는 이유(어음항변)가 있더라도 선의의 양수인은 이것에 관계없이 지급을 받을 수 있다(항변제한의 제도).

이와 같이 배서에 의하여 어음을 양수하면 어음의 외관에 의하여 권리관계가 형식적으로 결정되므로 어음은 안전·신속하게 유통될 수 있고 결과적으로 어음은 신용의 도구로써 그의 역할을 크게 하는 것이다.

□ 입질배서

또 이 밖에 어음을 입질하기 위한 배서〔입질배서〕와 추심의 대리권을 부여하기 위한 배서〔추심위탁배서〕도 있다.

입질배서에 관하여는 보통 배서의 경우와 같이 선의취득이나 항변제한의 제도가 인정되어 있으나, 실제상 입질의 사실입증이나 회수곤란이 명백히 나타나고 있는 이 방법은 취해지지 않고 보통의 배서양도의 방법에 의하여 목적을 달성하는 경우가 많다.

참조사항

- 관련 법규 : 어음법 제11조 내지 제20조
- 입질배서 : 어음상의 권리에 질권을 설정할 목적으로 하는 배서

119. 배서의 연속

— 배서가 연속된 어음·수표를 소지한 자는 적법한 소지인으로 본다

☐ 배서의 연속의 뜻

배서의 연속이란 어음·수표의 수취인으로부터 최후의 피배서인에 이르기까지의 배서가 어음·수표면상의 기재에 의해서 끊어짐 없이 계속된 것을 말한다. 즉 어음·수표의 수취인이 제1배서의 배서인이 되고, 제1배서의 피배서인이 제2배서의 배서인이 됨과 같이 하여, 어음·수표의 발행인으로부터 현재의 소지인에 이르기까지 어음·수표의 이전경로가 끊어짐 없이 나타나 있는 것을 말한다.

☐ 법적 의의

배서의 연속은 어음·수표법상 매우 중요한 뜻을 지니고 있으니, 이것은 배서의 자격수여적 효력의 기초를 이루고 있고, 선의취득 및 선의지급제도의 전제가 되고 있다. 즉 배서가 연속되어 있는 어음·수표의 소지인은 실질적으로 진정한 권리자이기 쉽다는 개연성에 착안해서 어음·수표거래의 신속·안전을 도모하기 위하여 배서가 연속된 어음·수표의 점유자를 적법한 소지인으로 추정한다. 그리고 나아가서 그러한 어음·수표소지인에게 만기에 지급을 한 자는 사기 또는 중대한 과실이 없는 한 그 소지인이 무권리자라 하더라도 책임을 면하게 되고, 또 그러한 어음·수표소지인으로부터 배서에 의하여 어음·수표를 취득한 피배서인은 악의 또는 중과실이 없는 한 그 소지인이 무권리자라 하더라도 어음·수표상의 권리를 취득하게 된다.

❏ 요건

배서의 연속을 인정하려면 우선 형식상 유효한 배서가 있어야 한다. 만약 배서의 형식이 불비되어 무효인 경우에는 그 배서는 없는 것으로 인정하는 한편, 배서가 형식상 유효한 이상에는 실질적으로 유효한 배서가 연속되어야 할 필요는 없다. 또한 배서의 연속은 어음·수표상의 기재에 의해서 인정되어야 하며, 어음·수표 외의 사실을 원용하여 연속 유무의 판단을 하여서는 안 된다. 따라서 실질적으로 동일인이라도 기재상 동일인이라고 인정할 수 없는 때에는 배서의 연속은 없다고 본다.

❏ 배서연속의 효력

어음·수표의 점유자가 배서의 연속에 의하여 그 권리를 증명하는 때에는 이를 적법한 소지인으로 추정한다. 어음·수표의 소지와 배서의 연속이라는 외견에 의거해서 권리자로서의 형식적 자격을 인정하는 것인데, 이것을 자격수여적 효력이라고 한다. 따라서 소지인은 자기가 진정한 권리자임을 입증할 필요없이 권리를 행사할 수 있다. 그러나 이것은 형식적 자격을 추정하는 것이므로 채무자가 무권리자임을 입증하면 권리행사를 거부할 수 있음은 물론이다.

이와 같이 배서의 연속이 소지인의 권리행사 요건이므로 배서가 연속되지 않은 어음·수표의 소지인에게는 권리자로서의 형식적 자격이 부여되지 않음은 당연하다. 따라서 소지인이 실질적 권리자라 하더라도 채무자로서는 지급을 거절할 수 있다. 그러나 배서가 연속되지 않은 어음·수표의 소지인이라도 스스로 실질적인 권리자임을 입증한다면 어음·수표상의 권리를 행사할 수 있다.

참조사항

● 관련 법규 : 어음법 제16조 등

120. 배서의 효력

– 권리이전, 담보, 자격수여의 효력

❏ 어음상의 권리의 양도

어음의 배서양도의 성질은 어음상의 권리의 양도이며 이 점에서는 일반채권양도와 다를 바가 없으나, 어음은 당연한 지시증권이며 전전유통하는 것을 본래의 기능으로 하고 있기 때문에, 일반채권양도의 효력을 인정하는 것만으로는 안전 신속한 유통의 요구에 응할 수 없다. 그래서 어음법은 어음의 유통성을 강화하기 위하여 그 전형적 유통수단인 배서에 특별한 효력을 부여하고 있다. 일반적으로 배서의 효력은 권리이전적 효력, 담보적 효력, 자격수여적 효력의 세 가지가 있다.

❏ 권리이전적 효력

배서에 의하여 어음채권이 이전된다는 점에서는 일반채권양도와 다를 바 없으나, 배서에는 채권양도의 통지나 채무자의 승낙 등 대항요건의 문제는 없고, 따라서 배서만으로 완전히 권리이전의 효과가 생기게 된다. 또 배서에 의하여 항변의 절단이 생기고, 피배서인이 그 어음채무자를 해할 것을 알고 어음을 취득한 경우를 제외하고는 종래 배서인에 대하여 가지고 있던 항변을 가지고 피배서인에게 대항할 수 없다.

❏ 담보적 효력

일반채권양도에 있어서는 당사자가 특약을 맺고, 양도인이 채무자의 자력을 담보하거나 보증하지 않는 한 양수인이 채무자로부터 변제를 받지 못할 때에 양도인은 양수인에 대하여 특별한 담보책임을 부담하지 않는다. 그러나 배서에 있어서는 배서인은 원칙으로 당연히 피배서인 및 그 후자 전원에 대하여 인수 및 지급을 담보하고 어음의 인수 및 지급이 없는 경우에는 어음금액을 주로 하는 상환금액을 지급할 의무를 부담한다.

☐ 자격수여적 효력

일반채권양도에 있어서는 채권양수인이 채무자에게 지급을 청구한 경우, 채무자가 그의 자격에 관하여 다툰다면 양수인은 채권의 존재와 자기가 정당한 권리자임을 입증하여야 한다. 채무자도 양수인을 신뢰하고 변제하였더라도 제3자가 자기가 진정한 권리자라고 주장해 오면 변제한 상대방이 진정한 권리자임을 입증하지 않는 한 이중변제의 위험을 부담하게 된다. 그러나 배서에 있어서는 자격수여적 효력이 있고, 형식적으로 연속된 배서의 피배서인 또는 최종배서가 백지식의 경우의 어음소지인은 그것으로써 어음상의 정당한 권리자로 추정되어 어음채무자가 권리자인 자격에 관하여 다툴 경우에는 어음채무자측에서 피배서인에게 권리가 없다는 것을 입증해야 한다. 또 어음채무자는 선의로 형식상 연속된 배서의 피배서인 또는 소지인에게 변제하면 그 자가 무권리자일지라도 책임을 면하게 된다.

이와 같이 어음의 배서에 있어서는 일반채권양도에 비하여 여러 가지의 면에서 특별한 효력이 부여되어 피배서인의 지위가 보호되는 바, 배서를 하면 할수록 어음의 지급이 확실하게 된다고 할 수 있다.

참조사항

- 관련 법규 : 어음법 제14조 · 제15조 · 제16조 · 제17조
- 항변 : 상대방의 신청이나 주장을 배척하기 위해 이와 대립되는 별개의 사항을 주장하여 다투는 일종의 방어방법

121. 기한후 배서

– 기한후 배서도 효력이 있으므로 어음상의 권리를 행사할 수 있다

❏ 기한후 배서의 뜻

기한후 배서란 지급거절증서 작성 후의 배서 또는 작성기간 경과 후의 배서를 말한다. 그러므로 이것은 만기 전의 배서와 동일한 효력이 있는 단순한 만기 후의 배서나 지급거절 후에 한 배서와 다르다.

기한후 배서인가인가의 판단은 어음에 기재된 일자에 의하지 않고 실제로 어음을 배서한 날을 기준으로 하며, 어음의 배서일자와 어음교부의 일자가 다른 경우에는 교부한 시점을 기준으로 결정한다.

그러나 배서일자가 기재된 때는 그 일자에 배서한 것으로 추정되고, 일자의 기재가 없으면 기한 전에 배서한 것으로 추정한다. 최후의 배서가 백지식 배서인 어음에 있어서는 그 교부시점이 기한 후인 때에 기한후 배서가 된다. 기한후 배서에 대한 입증책임은 기한후 배서의 효과를 주장하는 채무자 측에 있다.

❏ 효력

기한후 배서에는 지명채권양도의 효력 밖에 없기 때문에(어음법 제20조 제1항 단서) 담보적 효력은 없고 권리이전적 효력과 자격수여적 효력만이 있다. 또한 항변의 절단이나 선의취득은 인정되지 않는다.

(1) 권리이전적 효력

기한후 배서도 기한전의 배서와 마찬가지로 배서의 본질적인 효력인 권리이전적인 효력이 있다. 그래서 배서인이 갖는 권리는 배서에 의하여 피배서인에게 이전한다. 그러나 기한후 배서에는 지명채권양도의 효력

만이 인정되기 때문에 피배서인은 어음상의 권리가 아닌 배서인이 갖는 권리만을 취득한다. 또한 지급거절증서가 작성된 백지식 배서어음의 교부도 지명채권양도의 효력 밖에 없다.

기한후 배서의 경우에 어음채무자는 기한후 배서의 피배서인의 선의·악의를 불문하고 배서인에게 대항할 수 있는 모든 항변으로써 피배서인에게 대항할 수 있다. 따라서 어음채무자는 그가 기한후 배서의 배서인에 대하여 갖는 채권으로써 상계도 가능하다. 그러나 기한후 배서를 한 다음에 발생한 배서인에 대한 항변으로는 피배서인에게 대항하지 못한다.

그리고 어음에 의하여 청구를 받은 자는 기한후 배서의 배서인의 전자에 대한 인적항변으로써 대항할 수 없다. 즉 기한전 배서에 의해 한번 절단된 항변은 기한후 배서의 피배서인에게 대항하지 못한다.

또한 기한후 배서에는 어음의 유통보호를 할 필요가 없으므로 선의취득도 인정되지 않는다.

(2) 자격수여적 효력

기한후 배서에는 권리이전적 효력이 있기 때문에 당연히 자격수여적 효력도 인정된다. 그래서 기한후 배서의 피배서인에 이르기까지 배서가 연속되어 있는 경우에는, 피배서인은 당연히 어음상의 권리자로 추정되어 실질적인 권리를 증명함이 없이 전자의 권리를 행사할 수 있고 또한 어음채무자도 이러한 형식적 자격을 확인하고 지급한 경우에는 면책된다. 이와 같이 기한후 배서는 어음상의 권리이전이 되기 때문에 약속어음의 발행인에 대하여 어음상의 권리를 행사할 수 있고, 배서인이 지급제시기간 내에 제시하는 등 소구의 조건을 구비하고 있는 때에는 소구권을 행사할 수도 있다.

그러나 기한후 배서에는 담보적 효력이 인정되지 않기 때문에 발행인이 지급을 거절하였다고 해서 기한후 배서인에게 상환을 청구할 수는 없다.

참조사항

- 관련 법규 : 어음법 제20조
- 지급제시 : 어음 또는 수표의 소지인이 지급을 청구하기 위하여 지급인 · 인수인 · 지급보증인 또는 지급담당자에게 지급장소나 지급지에 있어서의 지급인의 영업소 · 주소 또는 거소에서 완성어음 자체를 제시하는 것

122. 어음보증과 지급

– 만기일 또는 그 거래일 내에 지급을 위한 제시를 하여야

❑ 어음보증

발행인과 배서인의 어음채무를 보증하는 것을 표시하고 어음에 기명날
인 또는 서명을 하면 보증인이 되어 독립된 어음채무를 부담하게 된다.
그러나 실제상은 타인의 보증을 하고 있는 것이 명백히 나타나므로 이
런 어음행위를 하지 않고 보통의 배서로서 보증 목적을 달성하는 일이
많다.

❑ 지급

약속어음의 만기에는 확정일출급, 일람출급의 어음, 발행일자후 정기출
급, 일람후 정기출급이 있다. 일람출급의 경우는 발행일자로부터 1년 내
에, 그 이외 어음의 경우는 '지급을 해야 할 날(만기일, 만약 만기일이 휴일
인 경우에는 이에 이은 제1의 거래일)'과 이에 이은 2거래일(2일간, 휴일은 제
외) 내에 한 번은 어음을 발행인의 영업소(또는 주소)에 제시하여 청구해
야 한다. 이렇게 하지 아니하면 발행인에 대한 권리는 별도로 하고 그 이
외의 배서인 등에 대한 소구권을 잃게 되며 또 이와 같이 어음을 제시하
고 청구를 하여 부도가 된 경우에 한하여 발행인에게 만기 이후의 법정
이자를 청구할 수 있다. 특히 약속어음 발행인이 당좌거래가 있는 은행
에 지급사무를 모두 위임하여 그 은행을 지급장소로 하고 있는 경우에는
당좌거래가 있는 은행(지급담당은행)에 어음을 제시해야 하는데, 지급장
소가 처음부터 지급지 외에 있거나 만기가 되어 영업이 다른 은행에 이
전된 때에는 복잡한 문제가 생기나, 발행인의 실제거래가 있는 은행에
제시하면 된다.

또 거래의 실제면에서는 어음지급인이 직접 지급담당은행에 어음을 가지고 가는 일은 없으며, 자기의 당좌거래가 있는 은행에 어음을 예입하고 이것이 어음교환소에서 다른 어음·수표와 함께 지급담당 은행에 제시된다. 어음 제시를 받은 발행인은 소지인에 대해 지급거절할 수 있는 항변(위조, 무권대리, 기명날인 또는 서명의사가 없었다, 소지인이 무권리자다, 어음이 무효다, 배서의 연속이 없다)이 있으면 이를 주장하여 지급을 거절할 수 있으나, 그렇지 않으면 지급을 해야 한다. 지급에 있어서는 이중지급을 피하기 위하여 어음을 반환하라고 요구할 수 있으나(환수상환성), 어음을 환수하지 아니 하고 지급을 한 경우에 만약 제3자가 그 어음으로 청구해 오면 이중으로 지급하게 된다. 특히 일부지급의 경우에는 그 뜻을 어음에 기재해 두어 일부만의 지급을 가지고 제3자에게 주장할 수 있다. 지급담당은행의 경우, 그 은행은 제시된 어음을 가지고 돌아가서 발행인에게 앞에서 설명한 것과 같은 항변이 있는 경우, 발행인과 수치인과의 사이에 계약불이행이 있는 때에도 일단 어음은 부도로 하고 당사자의 다툼에 맡기는 것이지만(신용에 관계없는 부도), 어떤 문제도 없는, 즉 지급자금이 없어서 지급할 수 없는 경우(예금부족, 불거래)에는 부도로 한다.

☐ 선의지급

소지인을 권리자로 믿고 지급을 하였는데, 실은 그 자가 무권리자였을 경우에도 어음법은 어음의 외관을 신뢰한 선의자를 보호하고 있으며, 발행인(또는 지급담당은행)이 배서의 연속이 있는 어음소지인을 사기 또는 중과실 없이 권리자라고 믿고 지급을 하면 이중으로 지급할 염려가 없게 된다고 하는 선의지급의 제도를 두고 있다.

이 제도는 기본적으로 만기에 지급한 경우를 원칙으로 하지만, 예외적으로 지급제시기간경과 후의 지급이 포함되는 경우도 있다(주채무자, 상환의무자). 따라서 만기 전에 발행인이 지급하는 경우와, 기한 후에 지급담당자가 호의적으로 지급하는 경우에는 보호를 받지 못한다.

참조사항

- 관련 법규 : 어음법 제30조, 제38조 내지 제42조
- 일람출급어음 : 일람의 날, 즉 지급을 위하여 제시가 있었던 날을 만기로 하는 어음. 보통 '어음제시 즉시 지급하여 주십시오'·'일람 즉시(또는 청구 즉시) 지급하여 주십시오' 따위로 표시된다.

123. 어음의 선의취득

– 양도인이 무권리자라도 양수인의 어음상 권리를 인정하는 것

❑ 어음의 유통성 확보

어음은 전전유통하는 도중 정당한 소지인의 점유를 이탈하여 무권리자에 의하여 다른 사람에게 양도되는 경우가 있다. 이러한 경우 어음법은 특별한 규정을 두어 어음법에 특유한 유통방법에 의한 양도가 있은 경우에 양도인이 무권리자라 하더라도 양수인이 선의이며 중대한 과실이 없는 한 그 사람으로 하여금 어음상의 권리를 취득시키고 종전의 권리자는 어음의 점유상실 이유를 불문하고 어음의 반환을 청구할 수 없게 하였다. 원래 무권리자의 양도행위에 의하여 양수인은 아무런 권리를 취득하지 못함이 법의 일반원칙이나, 이 원칙을 고수하면 어음의 유통성을 확보할 수 없으므로 현재의 어음소지인을 적법한 소지인으로 추정하여 이러한 추정의 신뢰를 보호하여 어음의 유통성을 확보하자는 것이 이 제도의 취지이다.

❑ 요건

① 어음의 양도인은 무권리자이어야 한다. 그러나 무능력자 · 무권대리인 · 하자 있는 의사표시를 한 사람으로부터 취득하는 경우에는 이들을 보호하는 사법상의 규정으로 미루어보아 선의취득을 인정할 수 없다.

② 어음상의 유통방법에 의하여 취득하여야 한다. 선의취득은 어음유통의 안정을 보호하는 제도이므로 그 적용은 어음 고유의 유통방법에 의한 취득에 한한다. 어음 고유의 유통방법이라 함은 배서를 말하며, 배서가 백지식인 경우나 소지인출급식인 경우에는 증권의 교부에 의

한 양도를 말한다.

③ 배서의 연속이 있어야 한다. 배서의 연속이라 함은 수령인이 제1배서인으로 하고, 제1배서의 피배서인이 제2의 배서인으로 되고 위와 같이 하여 현재의 소지인에 이르기까지 끊임이 없음을 말한다.

④ 양수인에게 악의 또는 중대한 과실이 없어야 한다. 악의란 양수인이 무권리자임을 충분히 알고 있음을 말하며, 중대한 과실이란 이러한 사유가 있음을 알지 못하였음에 중대한 과실이 있는 경우를 말한다.

☐ 효과

어음의 양수인은 양도인이 무권리자인 경우에도 어음상의 권리를 취득한다. 따라서 도난·유실 등의 사유로 자기의 의사에 반하여 어음의 점유를 잃은 어음상의 권리자는 그 권리를 상실한다. 그러므로 선의취득자에 대하여 그 권리를 주장하지 못한다.

참조사항

- 관련 법규 : 어음법 제16조
- 하자있는 의사표시 : 타인의 위법한 간섭으로 인하여 자유롭지 못하게 행해진 의사표시. 이에는 사기에 의한 의사표시와 강박에 의한 의사표시가 있다.

124. 백지어음

– 어음요건을 후에 보충시키기로 하고 발행한 어음

❑ 백지어음의 뜻

백지어음이라 함은 어음을 취득한 사람으로 하여금 후일에 보충시킬 의사로써 어음요건의 전부 또는 일부를 공백으로 발행한 미완성어음이다. 따라서 백지어음은 어음요건의 보충이 보류되어 있다는 점에서 보충권이 없는 불완전 어음과는 다르다. 이것은 어음금액·만기 등이 미확정인 경우에, 확정하기 전에 어음을 유통시키는 경제계의 실제상의 필요에서 상관습법으로서 그 효력이 승인되고 있었으나, 어음법은 이것을 인정하는 것을 전제로 하여 보충권남용의 경우에 관하여 규정을 두고 있다.

❑ 백지어음의 요건

① 백지어음에는 적어도 한 사람의 기명날인 또는 서명이 있어야 한다. 기명날인 또는 서명이 전혀 없는 것은 아직 법률적으로 가치판단의 대상이 될 수 없다. 그러므로 발행인의 기명날인 또는 서명뿐만 아니라 배서인·인수인·보증인 중 한 사람의 기명날인 또는 서명만 있으면 된다.

② 어음요건의 전부 또는 일부가 공백임을 요한다. 만기가 백지인 백지어음도 있는 것이다. 또 어음요건 외의 유익적 기재사항이 백지인 경우에도 준백지어음이라 하여 어음법 제10조의 준용을 인정하여야 한다.

③ 기명날인 또는 서명을 한 사람이 요건흠결을 뒤에 보충시킬 의사로써 발행된 것임을 요한다. 이렇게 기명날인 또는 서명을 한 사람의 보충의사의 유무에 따라 불완전한어음(무효어음)과 미완성어음(백지어음)으

로 구별된다. 따라서 백지어음임을 주장하는 사람이 보충권의 존재를 입증하여야 한다.

❑ 보충권

백지어음의 흠결된 요건을 보충하여 완전한 어음으로 하는 보충권은 형성권으로서 백지어음 행위자와 그 상대방과의 사이에 일반사법상의 계약에 의하여 발생하는 것이다. 그러나 일단 부여된 보충권은 항상 백지어음에 수반하며, 이후 철회할 수 없을 뿐 아니라 어음행위자의 사망 또는 능력상실로 인하여 영향을 받지 아니 한다. 보충권은 형성권이므로 소멸시효기간은 3년이다. 보충권은 만기가 백지인 경우에는 보충권의 시효소멸 전에 행사하여야 하므로 백지어음을 교부한 때로부터 20년 내이고, 만기 외의 요건이 백지인 경우에는 주채무자에 대하여는 그 채권의 소멸시효가 완성하기 전이므로 만기로부터 3년 내, 상환의무자에 대하여는 보전절차를 밟는 기간 내에 행사하여야 한다.

❑ 보충의 효과

보충권자에 의하여 어음요건이 보충될 때에는 백지어음은 완전한 어음으로 되어서 백지어음에 있는 발행·배서보증 등의 어음행위는 보충된 문언에 따라서 그 효력을 발생한다. 이러한 행위 자체는 백지의 보충 전에 완성하고 있으나 효력의 발생이 백지보충이 있을 때까지 정지되어 있는 것이다. 그러므로 어음행위자의 능력의 유무, 대리권의 존부 등은 기명날인한 때를 표준으로 한다.

❑ 보충권의 남용

보충권자가 보충권을 남용하여 행사한 경우라도 백지어음행위자는 어음의 선의 또는 중과실 없는 어음취득자에 대하여 그 부당보충의 항변으로서 대항하지 못한다. 따라서 백지어음의 수수는 강한 신뢰관계를 전제로 하는 것이다. 그리고 악의 또는 중과실이 있는 어음취득자에 대하여 백지어음 기명날인자는 부당보충의 항변으로 대항할 수 있으나, 이 경우에 다시 백지어음으로 환원하는 것이 아니고 보충권의 정당한 행사범위 내에서 백지어음 기명날인자 또는 서명자는 책임을 지는 것이다(예컨대 50만원의 보충권이 있는데 500만원이라고 보충되었을 때에는 백지어음 기명날인자 또는 서명자는 그 남용자나 악의 또는 중과실이 있는 취득자에 대하여 50만원의 책임을 진다).

참조사항

- 관련 법규 : 어음법 제10조
- 선의 · 악의 : 일반적으로 사법상 '선의'라 하면 어떤 사정을 알지 못하는 것, 또 '악의'라 함은 어떤 사정을 알고 있는 것을 말한다.

125. 어음의 위조

– 피위조자가 위조인 줄 모르고 지급한 경우 반환을 청구할 수 있다

☐ 어음의 위조

어음의 위조란 타인의 기명날인을 도용하여 어음행위를 하는 것으로서 발행·인수·배서·보증 등 어떠한 어음행위이든 상관이 없고, 또 그 타인은 실제이든 아니든 묻지 아니 한다. 어음의 위조는 보통 타인의 인장을 위조 또는 도용하여 하거나, 특정한 목적으로 맡겨둔 타인의 인장을 남용하여 하는 것이 일반적이다. 어음의 변조란 권한 없이 기명날인 또는 서명 이외의 어음의 기재사항을 변경하여 어음채무의 내용을 허위로 조작하는 것으로 위조와는 구별된다.

☐ 어음위조의 책임

(1) 피위조자의 책임

위조어음에 있어서 피위조자는 스스로 어음행위를 한 것이 아니므로 누구에 대해서도 책임을 지지 않는다. 그러나 가령 위조자가 피위조자의 기명날인 또는 서명을 대행해 왔다든가 또는 보관하고 있는 도장을 도용하여 어음행위를 하였거나, 또는 보관 중인 어음용지를 이용하여 위조어음을 발행한 경우처럼 피위조자가 어음의 위조에 기여한 때에는 정당한 어음소지인에 대하여 피위조자의 책임을 인정하여야 할 것이다.

(2) 위조자의 책임

위조자는 어음면에 자기의 성명을 표시하지 아니하기 때문에 문언증권성에 의하여 어음상의 책임을 지지 아니 한다. 즉 위조자는 어음상에 기명날인 또는 서명을 하여 자기명의로 어음행위를 한 것이 아니므로 형사

상 또는 불법행위상의 책임을 부담함은 별론이고, 어음상의 책임은 없다고 하는 설이 있다. 그러나 어음위조의 경우에도 무권대리에 준하여 추인을 인정한다면 위조자도 무권대리인과 같은 책임을 인정하여야 한다는 설도 있다.

(3) 은행의 책임

위조어음이나 위조수표를 지급은행이 지급한 경우의 은행책임이 문제로 되는데, 지급사무의 전문가로서 상당한 주의를 다한 경우에는 면책된다. 어음발행·배서 등의 일부에 위조된 기명날인 또는 서명이 있더라도 다른 기명날인 또는 서명을 한 자가 그 기명날인 또는 서명에 따라 어음상 책임을 지는 것은 어음행위 독립의 원칙에 따라 당연한 귀결이다.

❏ 어음반환의 청구

위조어음에 대하여 피위조자는 원칙적으로 지급의무를 지지 않는데, 이를 지급한 경우에는 그 손실부담을 어떻게 할 것인가. 피위조자가 위조인 줄 알면서 어음금을 지급한 때에는 위조의 추인이 되어 그 지급은 유효하지만, 선의로 이행한 경우에는 원칙적으로 소지인에게 그 어음금의 반환을 청구할 수 있다.

그러나 그 지급으로 인하여 어음상의 권리를 보전하지 않고 상실한 선의의 어음소지인에 대하여는 피위조자가 착오로 인한 지급을 이유로 어음금의 반환을 청구할 수 없다. 이는 어음의 외관존중이라는 관점에서 선의의 어음소지인을 보호하기 위함이다.

참조사항

- 문언증권 : 증권상의 권리의 내용이 오직 증권에 기재된 문언에 따라서만 정하여지는 유가증권

126. 수 표

– 지급제시기간이 경과한 후에도 지급할 수 있다

❏ 수표란

수표는 발행인이 일정한 금액의 지급을 지급인에게 의뢰하는 형식의 증권(지급위탁증권)이며, 성질상 환어음과 유사하지만 신용을 이용하는 작용은 인정되지 않으며 전적으로 편리·안전한 지급도구로서의 성격을 가지고 있다.

이 성격을 실현하기 위하여 수표법에서는 은행과 당좌거래를 갖고, 지급자금으로서 당좌예금을 하지 않으면 수표를 발행할 수 없다고 규정하고 있다.

어음이 돈은 없으나 돈으로 지급한 것과 같은 효과를 보는 도구라 할 것 같으면, 수표는 돈이 있는 경우에 안전하게 지급하는 도구라고 할 수 있다.

❏ 수표의 성격

① 수표의 통용기간은 국내수표는 발행일의 다음 날부터 10일간으로 매우 단기간이며 그 기간(지급제시기간) 내에서는 언제든지 지급받을 수 있고, 따라서 일람출급의 성격이 현저하다. 그리고 발행일자를 앞당겨서 발행하고 그 사이의 신용을 얻는 방식(선일자수표)은 앞에서의 수표의 성격에 반하게 되므로 발행일자에 관계없이 언제라도 제시하면 지급을 하여야 하며, 또 발행인의 기명날인 또는 서명 외에 신용의 작용을 강화하는 기명날인 또는 서명을 인정한다는 것은 부적당하므로 수표에서는 인수를 금지하고 있다.

② 특히 인수와 비슷한 제도로서 지급보증이라고 하는 제도가 있는데,

이것은 지급제시기간 전에만 효력이 있으며 실제상으로는 전혀 이용되지 아니 하며 대신에 자기앞수표가 이용되고 있다.

③ 약속어음에 있어서는 지급제시기간이 경과되면 지급담당 은행은 지급권한도 의무도 없다는 것이 보통이나, 수표에 있어서는 지급위탁의 취소(실제는 사고신고의 형식으로 분실대책에 이용)가 행하여지거나 지급하면 곤란하다고 발행인이 말하지 않는 한 지급제시기간이 경과된 후에도 지급은행은 지급할 수 있게 되어 있다. 이것은 수표에서는 반드시 원인거래가 있고(융자수표라는 제도는 없으며 또 있어서도 아니 됨) 원인채권이나 이득상환으로 인하여 어쨌든 발행인은 돈을 지급해야 하는 입장에 서있기 때문에 지급을 한다고 하면 수표에 의하여 안전·편리하게 지급하는 것이 발행인에게 유리하기 때문이다.

❑ 횡선수표

이처럼 수표는 지폐를 대신하는 지급도구이며 통화의 발행을 절약할 수 있는 작용을 갖는 편리한 제도이다. 이 때 지급을 안전하게 하기 위하여 은행과 거래가 없는 자는 수표를 추심할 수 없고 지급도 받을 수 없다고 하는 '횡선수표'의 제도가 매우 중요한 의미를 갖는다 하겠다. 그러나 횡선수표에 있어서도 선의취득의 보호가 없으므로 수표사고의 경우 수표를 완전하게 '안전한 지급도구'로서 지켜나가기 위해서는 수표를 유통성이 적은 것으로 해두는 것을 고려해야 한다.

참조사항

● 관련 법규 : 수표법
● 당좌예금 : 은행이 수표를 발행하려면 그 수표는 일정한 자금의 범위 내에서 지급되는데 그 수표 지급자금을 당좌예금이라고 한다.

127. 횡선수표

– 지급을 은행 또는 지급인의 거래처만으로 제한하는 수표

❑ 횡선수표의 의의

횡선수표란 수표의 표면에 두 줄의 평행선을 그은 수표로서 은행 또는
지급인의 거래처에 대하여만 지급할 수 있는 것을 말한다. 수표는 모두
일람출급식이고 또 소지인 출급식이 대부분이므로 도난·분실 등의 경
우 악의의 소지인이 지급을 받게 되어 발행인이나 지급은행에 손해를 줄
위험이 대단히 크다. 이러한 위험을 방지하기 위하여 고안된 것이 횡선
수표제도이다.

❑ 일반횡선수표와 특정횡선수표

횡선수표에는 일반횡선수표와 특정횡선수표의 두 종류가 있다. 일반횡
선수표는 수표의 표면에 두 줄의 평행선을 그어 그 횡선 안에 아무 것도
기재하지 않거나 단지 은행 또는 이와 동일한 의의가 있는 문자를 기재
한 것을 말하며, 특정횡선수표는 두 줄의 평행선 안에 특정한 은행의 명
칭을 기재한 것을 말한다.

❑ 횡선수표의 효력

(1) 일반횡선수표

일반횡선수표가 발행된 경우 지급인은 은행 또는 지급인의 거래처에 대
하여만 지급할 수 있다. 따라서 은행 또는 지급인의 거래처가 아닌 소지
인에 대하여는 지급이 제한되게 된다. 여기서 거래처라 함은 지급인과
다소 계속적인 거래관계에 있는 자를 말한다.

(2) 특정횡선수표

특정횡선수표가 발행된 경우 지급인은 지정된 은행에 대하여만 또는 지정된 은행이 지급인인 때에는 자기의 거래처에 대하여만 지급할 수 있다. 또 수개의 특정횡선이 있는 경우를 생각할 수 있는 바, 이 경우에는 지급인이 어느 지정된 은행에 대하여 지급할 것인가를 정할 수 없으므로 이를 지급하지 못한다. 그러나 예외적으로 어음교환소에서 추심하기 위하여 제2의 횡선을 하는 것은 상관없다. 그러나 이러한 지급상의 제한은 횡선수표의 부정소지인이 그 수표를 은행에 양도하거나 또는 은행에 그 추심을 위임하여 용이하게 수표의 지급을 받거나 또는 지급을 받은 것과 동일한 목적을 달성함으로써 회피될 염려가 있다. 따라서 수표법 제38조 제3항은 은행은 자기의 거래처 또는 다른 은행에서만 횡선수표를 취득할 수 있다고 규정하고 있다. 또 은행은 이 이외의 자를 위하여 횡선수표의 추심을 하지 못한다고 규정하여 횡선수표의 지급 및 취득에 대한 제한을 가하고 있다. 이러한 횡선수표의 지급 및 취득에 대한 제한에 위반하여 횡선수표를 취득하거나, 거래처 이외의 자에게 지급한 은행이나 지급인은 이로 인하여 생긴 손해에 대해 수표금액의 한도 내에서 배상할 책임을 진다. 그러나 이 책임으로 민법상 배상책임이 배제되는 것은 아니며, 제한위반의 취득이나 지급이 무효로 되는 것은 아니다.

❑ 횡선을 긋지 않은 수표

미리 횡선이 그어진 수표용지에 횡선을 긋지 않은 수표를 발행할 필요가 있을 때, 그 횡선을 말소하여 수표를 발행해도 말소의 효력이 발생하지 않는다. 이 경우에는 횡선수표를 이용하면서 횡선의 효력을 배제하는 합의를 하고 그 편법으로서 발행인이 수표의 뒷면에 은행에 신고된 인감을 찍으면 그가 거래처가 아니더라도 수표금을 지급하게 된다.

참조사항

- 관련 법규 : 수표법 제37조 · 제38조
- 지급인 : 환어음 또는 수표에 있어서 일정한 금액을 지급하도록 발행인에 의하여 지시되어 있는 자. 이때 수표의 지급인은 은행에 한정되어 있는 점에서 환어음의 지급인과 구별된다.

128. 선일자수표

– 발행일자를 현실보다 뒤의 일자로 기재한 수표도 유효하다

❏ 선일자수표의 의의

선일자수표란 발행인이 발행일자를 현실의 발행일보다 뒤의 일자를 기재한 수표를 말한다. 예컨대 6월 1일에 현실로 발행하면서 그 발행일자는 7월 1일로 기재하는 수표를 말하며 보통 '연수표'라고도 한다. 이와 같은 선일자수표는

① 수표의 제시기간을 사실상 연장하기 위한 경우

② 발행인이 발행당시에는 지급은행에 아직 자금을 갖고 있지 않지만 수표면에 기재한 발행일자까지는 은행에 자금을 예금할 예정에서 발행하는 경우 등에 그 효용성이 있다.

❏ 유효성

선일자수표는 수표로서 유효한데 그 이론적 근거는 그 문언성에 있다. 즉 수표상의 기재는 사실의 기재가 아니고 발행인의 의사표시의 내용이 되는 것이므로 수표는 그 기재된 문구에 따라서 권리관계가 창조되는 문언증권이며, 따라서 수표에 기재된 발행일자가 진실이 아닌 선일자수표도 유효한 것이다.

만일 선일자수표를 무효로 한다면 발행일자가 도래한 후에 선의로 수표를 취득한 자가 불측의 손해를 입게 되는 수가 있어 수표의 유통성을 크게 해치게 되므로 선일자수표의 유효성은 이러한 정책적인 관점에서도 인정할 필요가 있는 것이다.

❑ 선일자수표의 지급제시

수표는 모두 일람출급으로 되어 있으므로 선일자수표의 소지인은 발행일자 전이라도 유효한 지급제시를 할 수 있고, 지급제시에 따라 은행이 지급을 하게 되면 그 경제적 효과를 발행인에게 귀속시킬 수 있다.

그리고 만약 은행이 지급에 응하지 않을 경우에는 소지인은 발행인에 대하여 소권을 행사할 수 있으며, 발행인은 자금없이 수표를 발행한데 대해 과태료에 처하게 되고 은행으로부터 거래정지처분을 받게 된다. 뿐만 아니라 부정수표단속법에 의해서 그 발행인은 5년 이하의 징역 또는 수표금액의 10배 이하의 벌금에 처하게 된다.

선일자수표를 발행하는 경우에는 발행인과 수취인 사이에 발행일자 전에는 지급제시를 하지 않는다는 합의가 있는 것이 보통일 것이다. 그런데 그와 같은 합의를 무시하고 수취인이 발행일자 전에 지급제시를 하면 발행인은 수표자금이 없는 경우 부도를 내게 되어 엄중한 제재를 받게 되고, 자금이 은행에 있었다 하더라도 손해를 입게 된다. 이러한 경우에는 수취인의 손해배상책임을 인정하여야 할 것이다.

위와 같이 선일자수표는 발행일자 전이라도 지급제시를 할 수 있으나, 그렇다고 하여 선일자의 발행일자를 기재하는 것이 전혀 무의미하다고는 할 수 없다. 왜냐하면 지급제시기간(10일)의 기산점, 소멸시효기간의 기산점은 기재될 발행일자이기 때문이다.

참조사항

- 관련 법규 : 부정수표단속법
- 기산점 : 만료점에 대하여, 기간의 계산이 시작되는 시점

129. 이득상환청구권

– 어음 또는 수표의 소지인은 권리가 소멸한 때라도 이익의 한도 내에서
  상환청구권을 갖는다

☐ 이득상환청구권이란

어음 또는 수표상의 권리가 시효 또는 절차의 흠결로 인하여 소멸한 때
라도 소지인은 발행인 · 배서인 · 인수인 · 지급보증인에 대하여 그가 얻
는 이익의 한도 내에서 상환을 청구할 수 있다(어음법 제79조, 수표법 제63
조). 이를 이득상환청구권이라 한다. 어음 또는 수표상의 권리가 시효 또
는 절차의 흠결로 인하여 소멸한 경우에 어음상의 의무자가 어음수수로
인하여 취득한 대가 또는 자금을 그냥 가지는 것은 불공평하므로 형평의
견지에서 어음의 소지인에게 인정되는 구제수단으로 어음 또는 수표의
형식적 엄격성을 완화하기 위한 어음 또는 수표법상의 권리이다.

☐ 당사자

권리자는 어음 또는 수표상의 권리가 소멸한 당시의 정당한 어음 또는
수표의 소지인이고, 의무자는 어음 또는 수표의 발행인 · 인수인(환어음
의 경우) · 배서인 · 지급보증인(수표의 경우)이다.

☐ 이득상환청구권의 요건

① 청구자가 형식적으로나 실질적으로나 완전한 어음 또는 수표상의 권
   리자로서 시효 또는 절차의 흠결이 없었더라면 유효하게 어음 또는
   수표상의 권리를 행사할 수 있었음을 요한다. 그러므로 피청구자는
   어음 또는 수표상의 청구에 대하여 대항할 수 있는 모든 항변으로써
   대항할 수 있다.

② 이미 유효하게 존재하고 있던 권리가 절차의 흠결 또는 시효로 인하여 소멸하였음을 요한다.
③ 발행인 · 인수인 · 배서인 · 지급보증인이 이득한 것이어야 한다. 이득이라 함은 어음 또는 수표를 수수한 실질관계에 있어서 현실로 재산상의 이득을 받은 것을 말하고, 대가로서 금전을 취득한 것이든 소극적으로 의무를 면한 경우이든 상관없다. 그러나 단순히 어음 · 수표상의 의무를 면하였다는 것만으로는 곧 이득이 있었다고 할 수 없고, 또 소지인의 손실에서 취득한 것임을 요하지 아니한다. 그러나 배서인의 어음 · 수표의 취득과 양도에 있어서 취득한 차액은 원칙으로 여기에 말하는 이득이 아니다.

❏ 이득상환청구권의 내용

청구권자는 이득을 한 발행인 · 인수인 · 배서인 또는 지급보증인에 대하여 이득의 상환을 청구할 수 있다. 피청구자는 그 받은 이익의 한도에서 반환하여야 한다. 또 채무자는 어음 · 수표의 실효 당시 소지인이 누구인지 알 수 없으므로 이득상환채무도 추심채무라 하여야 할 것이고, 시효 또한 어음 · 수표의 시효에 의하지 아니하고 일반채권의 시효에 의하며, 양도는 지명채권양도의 방법에 의하여 양도할 수 있는 것이다.

❏ 입증책임

소지인이 이득상환청구를 하는 데에는 위에서 말한 권리발생요건인 모든 사실을 입증하여야 하고, 단순히 어음 · 수표상의 권리자이었다는 입증만으로는 부족하다.

참조사항

- 관련 법규 : 어음법 제79조, 수표법 제63조
- 추심채무 : 채무자의 주소 또는 그 영업소에서 이행되어야 할 채무

130. 수표를 도난·분실한 경우의 구제절차

– 발행은행에 지급정지를 의뢰한 후 제권판결을 받아야 한다

❏ 신고

흔히 어음·수표를 분실한 후 사후절차를 어떻게 취하여야 할지를 몰라 당황하는 경우를 흔히 보게 된다.

이러한 경우 우선 관할 경찰서에 수표 도난·분실신고를 한 후, 수표의 발행은행에 사고신고를 하여 지급정지를 의뢰하여야 한다. 단 은행에 대한 사고 신고시에는 어음교환소규약에 따라 수표금 상당액을 예치하여야 한다.

❏ 제권판결

(1) 절차

은행에 사고신고 후 법원으로부터 제권판결을 받아야 하는데, 제권판결 절차는

① 우선 분실한 수표의 번호·금액·분실일시·분실장소·최후 소지인의 성명 등을 신문에 공고한 후

② 이를 첨부하여 관할법원에 공시최고 신청을 하면

③ 법원은 공고일로부터 3개월 이내에 그 수표에 대한 권리신고가 없으면 신청인에게 제권판결을 해주게 된다.

(2) 선고의 효과

일단 제권판결의 선고가 있으면 그 이후는 수표가 무효로 되어 수표로서의 효력이 상실되어 수표용지 자체는 종이조각에 불과하게 된다. 나아가 제권판결의 신청인이 그 수표소지인을 알고 있었던 경우와, 그 수표금

청구의 소송절차가 진행중인 경우에도 제권판결이 선고된 이상 그 판결이 불복의 소에 의하여 취소되지 않는 한 제권판결은 유효하게 된다.

⑶ 선의취득과 제권판결

이러한 제권판결의 효력도 절대적인 것은 아니어서 공시최고 기간중에 제3자가 수표를 선의취득하면 이에 대항할 수 없고, 선의취득자가 공시최고 기간중에 권리의 신고를 하지 아니하여 제권판결이 선고된 경우에 판례는 제권판결취득자가 우선한다는 입장이다. (대판 1994.10.11, 94다 18614 판결)

☐ 사전대책

수표는 평소 그 보관에 유의해야 하고 도난·분실 후에 신속하게 대처하기 위하여 수표의 사본을 미리 작성해 두거나, 수표번호와 발행은행 등을 따로 기록해 두는 것이 좋다.

> **참조사항**
>
> ● 제권판결 : 공시최고절차에 있어서 공시최고 신청인의 신청에 의하여 법원이 하는 실권선고, 법률이 공시최고절차를 허용하여 제권판결이 행해지는 경우로는 유가증권이 분실·도난·멸실되었을 때 그 증서를 무효로 하는 경우와, 등기등록의무자가 행방불명인 때 등기등록의 말소를 하는 경우가 있다.

제5편
형사문제

131. 컴퓨터등 사용사기죄

– 컴퓨터등 정보처리장치를 이용한 범죄

❑ 컴퓨터등 사용사기죄의 의의

컴퓨터 등 정보처리장치에 허위의 정보 또는 부정한 명령을 입력하여 정보처리를 하게 함으로써 재산상의 이익을 취득하거나 제3자로 하여금 취득하게 함으로써 성립하는 범죄를 말한다.

이것은 사람에 대한 기망행위가 없고 재물의 점유이전을 수반하지 않는다는 점에서 사기죄나 절도죄로 처벌할 수 없는 점을 고려하여 새롭게 신설된 구성요건이다.

❑ 어떤 행위가 해당되는가?

(1) 컴퓨터등 정보처리장치

자동적으로 계산 또는 정보처리를 할 수 있는 전자장치를 말하는데, 이는 중앙컴퓨터 뿐만 아니라 네트워크 시스템에서의 단말장치도 포함하므로 은행의 현금지급기도 당연히 포함된다.

(2) 허위정보의 입력

진실에 반하는 내용의 정보를 입력하는 것을 말한다. 예를 들어 입금한 사실이 없는데도 입금한 사실이 있는 것처럼 컴퓨터를 조작한다든가 하는 것을 말한다.

(3) 부정한 명령의 입력

해당된 시스템의 사무처리 목적에 비추어 지시해서는 안 될 명령을 입력하는 것을 말한다. 예를 들어, 예금을 인출해도 잔고가 감소하지 않게 시스템을 조작하거나 타행으로 계좌이체를 해도 잔고가 남아 있도록 하는 등의 조작을 말하는 것이다.

(4) 권한 없이 정보 입력 · 변경

권한 없는 자가 진정한 정보를 임의로 입력하거나 변경하는 행위를 말한다. 예를들어, 인터넷뱅킹을 위해 타인의 ID 및 비밀번호를 이용한 경우를 말한다.

❏ 컴퓨터등 사용사기죄의 처벌

컴퓨터등 사용사기죄의 처벌은 형법 제347조의2에 의하여 10년 이하의 징역 또는 2천만원 이하의 벌금에 처해질 수 있으며, 이 죄의 미수범도 처벌되고, 10년 이하의 자격정지도 병과될 수 있다.

참조사항

● 관련 법규 : 형법 제347조의2, 제352조, 제353조

132. 편의시설부정이용죄

– 자동판매기·공중전화 기타 유료자동설비를 부정이용하는 범죄

❏ 편의시설부정이용죄의 의의

부정한 방법으로 대가를 지급하지 아니하고 자동판매기, 공중전화 기타 유료자동설비를 이용하여 재물 또는 재산상의 이익을 취함으로써 성립하는 범죄이다.

이것은 유료자동설비의 사회적 기능을 보호하고 절도죄나 사기죄의 흠결을 보충하기 위하여 새로 신설된 구성요건이다.

❏ 어떠한 행위가 해당되는가?

(1) 자동판매기, 공중전화 기타 유료자동설비

자동판매기는 대가를 지불하면 기계나 전자장치에 의하여 자동적으로 일정한 물건이 제공되는 일체의 기계설비를 말한다. 커피자동판매기나 담배자동판매기 등이 이에 해당된다고 보면 된다. 유료자동설비는 대가를 지불하면 물건 이외의 편익을 제공하는 자동기계설비를 말한다. 공중전화나 놀이기구, 뮤직박스, 지하철이나 터미널에 있는 무인보관함, 무인자동개찰구 등과 같은 것을 말한다.

(2) 부정이용

대가를 지급하지 아니 하고 자동설비의 메커니즘을 비정상적으로 조종하여 재물 또는 재산상의 이익을 취득하는 것을 말한다. 자동설비의 메커니즘을 조종하는 것이므로 유사통화를 이용하여 편의시설을 이용하는 것 등이 이 부정이용에 해당한다고 말할 수 있다. 그러나 자동판매기를 부수고 그 안의 물건을 가져가는 것은 메커니즘을 조종하는 것이 아니므로 절도죄와 손괴죄의 경합범이 성립한다고 보아야 한다.

□ 편의시설부정이용죄의 처벌

편의시설부정이용죄의 처벌은 위의 요건이 충족하였을 때에 형법에 의
하여 3년 이하의 징역, 5백만원 이하의 벌금, 구류, 과료의 형에 처해
질 수 있으며, 미수범도 처벌되고, 10년 이하의 자격정지도 병과될 수
있다.

참조사항

- 관련 법규 : 형법 제348조의 2, 제352조, 제353조

133. 자동차 등 불법사용죄

– 사용절도를 예외적으로 처벌

❑ 자동차 등 불법사용죄의 의의

권리자의 동의없이 타인의 자동차, 선박, 항공기 또는 원동기장치자전거
(오토바이)를 일시 사용함으로써 성립하는 범죄이다.

이는 자동차가 널리 보급되어 자동차 등의 불법사용이 증가함에 따라 사
용절도를 예외적으로 처벌하는 신설규정이다.

❑ 어떠한 행위가 해당되는가?

(1) 사용의 대상

이 죄에서 사용의 대상이 되는 '자동차등'이라 함은 자동차, 선박, 항공
기 또는 원동기장치자전거(오토바이)이다. 이때 원동기장치자전거로는
이륜이든 삼륜이든 관계없으나, 원동기가 장치되어 있어야 하므로 일반
자전거는 해당되지 않는다.

(2) 권리자의 동의

권리자란 소유자뿐만 아니라 소유자로부터 사용권을 위임받은 사용자도
포함된다.

권리자의 동의는 양해에 해당하며, 이는 명시적·묵시적을 불문한다. 또
한 사전동의이어야 한다.

(3) 일시사용

일시사용이란 자동차 등에 대한 권리자의 점유를 일시적으로 배제하고
자동차 등을 그 본래의 용도인 교통수단으로 사용하는 것을 의미한다.

따라서 남의 차에 들어가 잠을 잔다거나, 음악을 듣는 등의 행위는 이 죄에 해당하지 않는다. 또한 불법적으로 사용을 개시하는 경우에만 해당된다고 보기 때문에 정당하게 사용을 개시한 후 그 범위를 넘어서 사용한 경우에는 해당되지 않는다. 즉 법인택시기사가 택시를 개인적인 용무로 무단사용한 경우나 자동차를 빌린 사람이 소유자의 동의없이 다른 사람에게 사용하게 한 경우는 해당되지 않는다.

❏ 자동차 등 불법사용죄의 처벌

이상과 같은 요건이 충족되면 자동차등 불법사용죄에 해당하므로 법률의 규정에 의하여 3년 이하의 징역, 5백만원 이하의 벌금, 구류 또는 과료의 형을 받을 수 있게 된다.

참조사항

● 관련 법규 : 형법 제331조의2

134. 민사사건의 형사사건화

― 빚을 빨리 받으려고 채무자를 사기죄로 형사고발하는 세태

❑ 재산권 등의 실현을 위한 수단

형사소송은 사인에 대한 국가의 형벌권의 존부의 확정을 목적으로 하는 점에서, 사법상의 권리관계의 확정을 목적으로 하는 민사소송과 구별된다. 양자는 서로 독립된 성격을 갖고 있고 고유한 체계가 있었음에도 우리 사회에서는 순수한 민사문제를 해결하기 위해 고소·고발로 형사입건시켜 재산권 등을 실현하려는 경향이 다분하다.

❑ 고소·고발권의 제도외적 남용

이것은 고소·고발권의 제도외적 남용이라 하겠는데, 이는 채무자측에 심리적 압박을 가하여 이행하게 하거나, 또는 현재 판례의 주류적인 태도가 형사판결은 특별한 사정이 없는 한 민사재판에 있어서 유력한 증거로 인정함에 따라 장차 제기할 민사사건에 대한 증거확보책을 그 목적으로 하는 경우가 많다.

단순한 민사상의 채무불이행에 있어서는 무엇보다 채무자의 책임재산의 존부확인 및 그에 따른 채권보전절차(가압류·가처분 등)를 취함이 급선무임에도 불구하고 이러한 조치를 태만히 한 채, 채무자측에 심리적 압박을 가하기 위한 방편으로 수사기관에 사기죄 등으로 고발만 하는 경우가 허다하며, 상당수는 검찰에서 무혐의 처분으로 종결되고, 이미 채무자는 책임재산을 도피내지 은닉시켜 버려 민사소송을 통해서는 해결책을 전혀 찾을 수 없는 사례가 빈번하게 발생하고 있다.

❏ 사례

재산적 범죄 중 전형적인 사기죄에 관하여 살펴보면 사기죄의 주관적 구성요건인 편취의 범의는 채무자가 자백하지 아니 하는 이상, 범행 전후의 피해자의 재력·환경·범행의 내용·거래의 이행과정 등과 같은 객관적인 사정 등을 종합하여 판단할 수 밖에 없는데, 계속적인 거래 또는 대차관계에 있어서 자금 궁색 등의 이유로 그 채무를 이행하지 못하였다는 사정만으로 편취의 고의가 있다고는 단정하기 어렵고(대법원 1985년 9월 24일 선고, 85도1498호 판결), 채무변제의 의사와 능력이 없음에도 변제할 것처럼 가정하여 돈을 차용하거나 물품을 구입한 경우에만 편취의 범의를 인정할 수 있게 되는데, 예를 들면 기업경영주가 금융혜택을 받지 않는 한 도산이 불가피한 상황에 이르러 특별금융혜택을 받을 수 없게 되었음에도 위 상황을 숨기고 대금지급이 불가능하게 될 가능성을 충분히 인식하면서 피해자로부터 자재물품을 납품받은 경우 사기의 범의를 인정한 사례(대법원 1983년 5월 10일 선고, 89도340호)가 있다.

❏ 결론

이처럼 단순한 채무불이행에 따른 금전적 피해를 입게 된 채권자로서는 손쉬운 고소·고발 등에만 의존하지 말고 채무자의 책임재산에 대한 보전절차를 확실히 한 후 민사소송을 제기함이 문제해결책이 될 뿐더러, 민사문제와 형사문제의 한계를 지워줌으로서 국가수사인력 및 관련인들의 부담을 덜어 주는 길이 될 것이다.

참조사항

● 편취 : 타인의 점유하에 있는 재물을 그 점유자의 하자있는 의사에 기하여 취득하는 범죄

135. 소송사기

– 민사소송에서 법원에 대하여 허위의 주장, 증거를 제출하여
 승소판결을 받은 경우, 사기죄에 해당한다

❏ 소송사기란

소송사기란 민사소송에 있어서 법원에 대하여 허위의 주장을 하거나 또는 허위의 증거를 제출하여 법원을 기망하여 자기에게 유리한 판결을 받고, 이에 기하여 상대방으로부터 재물 또는 재산상의 이익을 취득하는 것을 말한다.

❏ 구체적 사례

(1) 소송절차에 관한 것

판례에 의하면 변조한 공문서를 법원에 서증으로 제출한 경우나 매매계약서를 위조하여 이를 기초로 승소판결을 받는 경우와 같이 적극적으로 증거를 조작하는 경우 뿐만 아니라, 전세계약이 존재함에도 불법점유라고 주장하여 승소판결을 받아 가옥을 명도 받는 경우와 같이 허위의 사실을 적극적으로 주장하는 경우에도 사기죄가 성립한다고 한다.

그러나 정당한 등기명의의 회복을 위하여 허위의 청구원인을 주장한 경우, 예를 들어 부동산의 전전매수인이 당초의 소유권자를 상대로 그로부터 직접 매수한 것처럼 소유권이전등기청구소송을 제기한 경우 등의 경우에는 편취범의를 인정할 수 없다는 이유로 사기죄의 성립을 부정하고 있다.

(2) 독촉절차에 관한 것

허위의 채권으로 지급명령을 신청한 경우에도 사기죄는 성립된다.

⑶ 강제집행, 경매에 관한 것

허위의 채권에 기하여 적법한 배당요구를 한 경우, 채권의 만족을 얻은 자가 집행관에 대하여 그 사실을 숨기고 배당요구를 한 경우 등도 사기에 해당한다.

❏ 실행의 착수시기

소 또는 반소 제기에 의한 소송사기의 경우에는 부실한 청구를 목적으로 법원에 소 또는 반소를 제기하는 때에 실행의 착수가 있고, 구두변론에서 소장 또는 반소장을 진술할 것을 요하지 아니 한다. 또 허위의 주장에 의한 소송사기의 경우에는 법원에 대하여 허위의 주장을 한 때, 지급명령신청에 의한 소송사기의 경우에는 허위의 증서에 의해 지급명령을 신청한 때에 실행의 착수가 있고, 가처분신청을 한 경우에는 본안소송의 제기가 없는 한 실행에 착수한 것이라고 볼 수 없다.

❏ 기수시기

소송사기의 경우 기수시기는 승소판결이 확정된 때이다. 또 허위의 채권에 기하여 압류신청을 하여 채권의 전부명령을 받은 경우에는 제3채무자로부터 현실적으로 금원을 영득한 때가 아니라 제3채무자 및 채권자에게 전부명령이 송달된 때 소송사기죄의 기수에 이른다고 본다.

참조사항

- 변조 : 기존의 물건의 형상 또는 내용에 변경을 가하는 것을 말한다. 예컨대 문서의 변조라는 것은 권한없이 이미 진정하게 성립된 타인명의의 문서내용에 그 동일성을 해하지 않을 정도로 변경을 가하는 것을 말한다.

136. 형의 선고유예와 집행유예

– 일정한 참작사유가 있을 때 선고나 집행의 시일을 유예하는 것

☐ 선고유예

(1) 의의

형의 선고유예란 유죄가 인정되나 범정이 경미한 범인에 대하여 일정한 기간 동안 형의 선고를 유예하고 그 유예기간을 특정한 사고없이 경과하면 형의 선고를 면하게 하는 제도이다.

(2) 요건

자격정지 이상의 형을 받은 전과가 없는 자에게 1년 이하의 징역이나 금고, 자격정지 또는 벌금의 형을 선고할 경우에 범인의 연령·성행·지능·환경·피해자와의 관계, 범행의 동기·수단과 결과, 범행 후의 정황 등을 참작하여 개전의 정이 현저한 때에 법원은 형의 선고를 유예할 수 있다.

(3) 효과

형의 선고유예를 받은 날로부터 2년이 경과되면 면소된 것으로 간주한다. 다만 형의 선고유예를 받은 자가 유예기간중 자격정지 이상의 형에 처한 판결이 확정되거나 자격정지 이상의 형에 처한 전과가 발견되면 유예한 형을 선고하게 된다.

법원은 선고유예를 하는 경우에 재범방지를 위해 지도 및 원호가 필요하다고 인정할 때에는 보호관찰을 명할 수 있으며 그 기간은 1년이다.

❑ 집행유예

(1) 의의

형의 집행유예란 유죄를 인정한 다음, 형의 선고에 있어서 정상에 의하여 일정한 기간 그 형의 집행을 유예하여 특별한 사고없이 그 유예기간을 경과한 때에는 형의 선고는 그 효력을 상실하여 형의 선고가 없었던 것과 동일한 효과를 발생하게 하는 제도이다.

(2) 요건

금고 이상의 형을 선고한 판결이 확정된 때부터 그 집행을 종료하거나 면제된 후 3년까지의 기간에 죄를 범하지 아니한 자에게 3년 이하의 징역이나 금고의 형을 선고할 경우에 위와 같은 사유를 참작하여 1년 이상 5년 이하의 기간 동안 형의 집행을 유예할 수 있다.

(3) 효과

집행유예의 선고를 받은 자가 그 선고의 실효 또는 취소됨이 없이 유예기간을 경과한 때에는 형의 선고는 효력을 잃게 되므로 형의 진행이 면제될 뿐만 아니라 처음부터 형의 선고는 없었던 것과 동일한 상태로 돌아가게 된다.

집행을 유예할 때에는 보호관찰을 받을 것을 명하거나 사회봉사 또는 수강명령 등을 명할 수 있으며 보호관찰의 기간은 집행유예기간으로 한다.

집행유예의 선고를 받은 자가 유예기간 중 고의로 범한 죄로 금고 이상의 형을 선고받아 그 판결이 확정된 때에는 집행유예선고는 효력을 잃게 되므로 유예된 형을 집행하게 되며, 금고 이상의 형을 선고한 판결이 확정된 때부터 그 집행을 종료하거나 면제된 후 3년까지의 기간에 범한 죄가 있는 것이 발각된 때에는 집행유예의 선고를 취소한다. 또한 집행유예와 함께 보호관찰·사회봉사·수강명령을 받은 자가 그 준수사항이나 명령을 위반하고 그 정도가 무거운 때에는 집행유예의 선고를 취소할 수 있다.

참조사항

- 관련 법규 : 형법 제59조 내지 제65조
- 금고 : 수형자를 교도소 내에 구치하여 자유를 박탈하는 것. 그러나 금고는 징역과는 달리 명예를 존중한다는 취지에서 의무적인 정역을 부과하지 않는다.

137. 형의 집행과 실효

– 형의 집행에는 집행·가석방·형집행정지가 있다

❑ 형의 집행

(1) 집행

법원의 판결에 의하여 선고된 형은 검사의 지휘에 의하여 집행하는데 징역형이나 금고형은 교도소에서 집행한다. 그리고 벌금은 판결확정일로부터 30일 이내에 납부하여야 하며, 벌금을 납부하지 않는 경우에는 1일 이상 3년 이내의 범위에서 노역장에 유치하게 되므로 스스로 납부하여 불이익을 면해야 할 것이다.

(2) 가석방

징역 또는 금고의 형을 집행중에 있는 자 가운데 복역성적이 양호하고 뉘우침이 있는 때에는 무기형에 있어서는 20년, 유기형에 있어서는 형기의 3분의 1을 경과한 후에 법무부장관의 행정처분에 의하여 가석방을 할 수 있다. 그러나 가석방 중에 행실이 나쁘거나 다시 죄를 저지르면 가석방이 취소 또는 실효되어 남은 형기를 마저 복역하여야 한다.

(3) 형집행정지

예컨대 형의 집행으로 생명을 보전할 수가 없거나, 잉태 후 6개월 이상인 때, 출산 후 60일을 경과하지 않은 경우, 직계존속이 연령이 70세 이상 및 중병이거나 불구자로 보호할 다른 친척이 없는 경우, 직계비속이 유년으로 보호할 다른 친족이 없는 경우, 또는 연령이 70세 이상인 때 기타 중대한 사유가 있으면 검사는 형집행을 정지시키고 석방할 수도 있다.

❏ 형의 실효

한 번의 잘못으로 형을 받았다고 하더라도 일정한 기간 죄를 저지르지 않으면 전과를 말소하여 정상적인 사회복귀를 보장할 필요가 있다. 징역 또는 금고의 집행을 종료하거나 집행이 면제된 자가 피해자의 손해를 보상하고 자격정지 이상의 형을 받음이 없이 7년을 경과할 때에는 본인이 신청을 하면 재판으로 형의 실효를 선고받을 수 있다.

일반인들은 이 신청절차 등을 모르고 있기 때문에 정부는 '형의실효 등에 관한 법률'을 제정하여 형의 집행을 종료 또는 면제 받은 후 일정기간 동안 자격정지 이상의 죄를 저지르지 않은 경우에는 자동적으로 형을 실효시키도록 하였는 바, 그 기간은 3년을 초과하는 징역·금고는 10년, 3년 이하의 징역·금고는 5년, 벌금은 2년, 구류나 과료는 형의 집행을 종료하거나, 그 집행이 면제된 때이다.

참조사항

- 관련 법규 : 형법 제66조 이하, 형의 실효 등에 관한 법률 제7조
- 구류 : 수형자를 교도소 내에 구치하는 하는 자유형의 일종. 다만, 그 기간이 1일 이상 30일 미만인 점에서 징역이나 금고와 구별된다.
- 과료 : 범죄인에게 일정한 금액의 지급을 강제적으로 부담지우는 재산형의 일종

138. 가석방

– 수형자를 임시로 석방하여 일정기간이 지나면 집행이 종료되는 것

❏ 가석방이란

우리는 개천절 등 국경일을 맞을 때마다 신문지상에서 몇 명이 국경일을 맞아 가석방되었다는 기사를 본다. 또 최근에는 악질범법자를 가석방함으로써 치안유지에 장애가 되고 있다는 이야기도 있다.

가석방이란 형법에 규정되어 있는 제도이다. 징역 또는 금고의 형을 선고받고 집행 중에 있는 사람으로서 무기형을 선고받은 경우에는 20년 이상, 유기형을 선고받은 경우에는 그 형기의 3분의 1 이상을 복역하였을 때에 행형성적이 우수하고 반성하는 빛이 뚜렷하면 법무부장관이 그 사람을 임시로 석방하는 제도이다.

❏ 형집행의 종료로 간주

이렇게 석방된 뒤 아무런 잘못이 없이 석방된 채로 나머지 형기를 경과하면 형집행이 종료된 것으로 간주된다. 가석방의 기간은 무기형에 있어서는 10년으로 하고, 유기형은 남은 형기로 하되 10년을 초과할 수 없다. 또한 가석방된 자는 가석방기간중 보호관찰을 받는다.

형을 복역하는 사람의 입장에서는 사회에서 생활하면서도 법률적으로는 형을 복역한 것처럼 취급되니 행형정책상 바람직한 방법이다.

❏ 가석방 대상자의 선정

현실적으로 가석방 대상자를 선정하는 방법은 형집행법에 자세히 규정되어 있다. 즉 법무부차관을 위원장으로 하여 판사 · 검사 등으로 구성된 가석방심사위원회에서 가석방 대상자를 선정하여 법무부장관에게 가석방 허가를 신청하면 법무부장관은 그 허가 신청의 정당성 여부를 참작한 뒤

가석방을 결정한다.

이와 같이 가석방제도를 운영하는 이유는 수형자들에게 자극을 줌으로써 수형자들의 교화를 촉진시키고, 수형 후 교육형의 결과로 재범의 우려가 극소해진 사람은 사회로 복귀시켜 조속히 범법자를 건전한 사회인으로 적응시킬 수 있기 때문이다.

❏ 가석방의 취소

가석방된 사람은 가석방자관리규정에 따라 거주지 관할경찰서장의 보호와 감독을 받아야 하며, 거주지를 이전하거나 1개월 이상 여행을 할 때는 관할 경찰서장에게 신고하여야 하고, 이러한 규칙을 위반하면 가석방 처분이 취소될 수 있다.

❏ 가석방된 사람의 유형

그러면 이와 같은 가석방 혜택을 받는 사람들은 실제 어떤 사람들인가. 법무부에서는 우선 죄질로 보아 가정파괴사범 등 흉악범들의 경우에는 원천적으로 가석방대상에서 제외시켜 왔으며, 가석방된 사람의 대부분은 형기의 90% 이상을 복역한 사람들로 되어 있다. 따라서 가석방제도로 인하여 흉악범들이 형기보다 일찍 출소하는 일은 없었을 뿐 아니라, 가석방 제도의 혜택을 받은 사람의 경우에도 출소기간의 단축으로 인해 사회에 악영향을 끼치는 경우는 발생하기 어렵다.

참조사항

- 관련 법규 : 형법 제72조 내지 제76조, 형의 집행 및 수용자의 처우에 관한 법률, 가석방자관리규정
- 교육형 : 형벌은 범인을 선량한 국민으로 개선할 수 있는 교육이어야 함을 강조함으로써 범죄인의 재범을 방지하는 것을 형벌의 목적으로 하는 이론

139. 형의 실효

― 일정기간 경과 후에 전과를 말소하여 정상적인 사회복귀를 돕는 것

❑ 형의 소멸의 한 가지 경우

형의 실효는 형의 소멸의 한 경우로서, 재판상 형의 실효, 재판상 복권, 법률상 형의 실효, 사면, 집행유예기간의 경과 등으로 나눌 수 있다. 여기서는 국민들이 가장 많이 부딪치는 재판상 형의 실효와 법률상 형의 실효에 대하여 주로 살펴보기로 한다.

❑ 입법취지

과거의 한순간의 잘못으로 전과자가 된 사람들의 전과를 말소시켜 줌으로써 전과자의 사회복귀를 용이하게 하려는데에 있는 바, 형의 실효 등에 관한 법률은 일정기간 경과시 형이 자동적으로 실효되도록 하여 더욱 사회복귀를 용이하도록 하였다.

❑ 재판상 형의 실효

(1) 규정

형법 제81조는 '징역 또는 금고의 집행을 종료하거나 집행이 면제된 자가 피해자의 손해를 보상하고 자격정지 이상의 형을 받음이 없이 7년을 경과한 때에는 본인 또는 검사의 신청에 의하여 그 재판의 실효를 선고할 수 있다'라고 규정하고 있다.

(2) 요건

① 형집행의 종료 · 면제

집행의 종료에는 실제로 형의 집행을 종료한 경우뿐만 아니라 형의 집

행을 종료한 것으로 간주되는 경우(형법 제76조)를 포함하고, 집행이 면제된 경우라 함은 형의 시효가 완성된 경우(형법 제77조), 특별사면에 의하여 형의 집행이 면제된 경우(사면법 제5조 제1항 제2호), 재판확정 후 법률의 변경에 의하여 그 행위가 범죄를 구성하지 아니 하는 경우(형법 제1조제3항) 등이다.

② 7년 경과

자격정지 이상의 형을 받음이 없이 7년을 경과하여야 하는 바, '형을 받음이 없이'라 함은 '형이 확정됨이 없이'라는 의미이다. 또한 기간의 기산점은 그 익일이 아닌 집행종료일 또는 면제일로부터 기산된다고 해석된다.

③ 손해보상

보상의 시기는 불문하고, 장물이 압수되어 피해자에게 환부한 경우도 피해자의 손해를 보상한 경우에 해당한다(대결 1969.4.17. 69초1590). 손해의 보상은 피해자에게 손해보상이 가능한 범죄에 한한다. 따라서 국가보안법위반죄, 뇌물죄, 도주죄, 아편소지죄 등은 손해의 보상이 본조의 요건에 해당되지 아니 한다.

⑶ **절차**

① 본인 또는 검사의 신청

변호사도 본인을 대리하여 신청할 수 있다. 신청의 방식은 신청의 취지와 이유를 명시하여 실효를 구하는 형을 특정하여 서면으로 신청하여야 한다.

② 법원의 재판

관할법원은 그 사건에 관한 기록이 보관되어 있는 검찰청에 대응하는 법원이고, 법원은 신청이 있는 경우 결정하여야 하는데 그 결정에 대하여는 각하의 경우를 제외하고는 항고할 수 없다(형사소송법 제337조).

(4) 효과

① 형의 실효

형의 실효선고에 의해서 형의 선고에 기한 법적효과가 장래를 향하여 소멸한다(대판 1974.5.14. 74누2). 따라서 형의 선고로 인하여 상실된 자격이 소급하여 회복되는 것이 아니다.

② 전과의 말소

형이 실효된 때에는 등록기준지에서 관리하는 당해자에 대한 수형인명표는 폐기하고, 검찰청에서 관리하는 수형인명부는 해당란을 삭제한다(형의실효등에관한법률 제8조 제1호).

❏ 법률상 형의 실효

(1) 의의

법률상 형의 실효라 함은 형의 선고를 받은 자가 형의 집행을 종료하거나 집행이 면제된 후 일정한 기간이 경과되면 당연히 형이 실효되는 점에서 재판상 형의 실효와 다르다. 이에 대한 규정으로 형의 실효 등에 관한 법률이 있다.

(2) 대상

실효되는 대상이 되는 형은 징역 · 금고 뿐만 아니라 벌금 · 구류 · 과료도 포함되는 점이 재판상 형의 실효제도와 다르다.

(3) 실효기간

형의 집행을 종료하거나 집행이 면제된 후 자격정지 이상의 형을 받음이 없이 일정한 기간이 경과하여야 하는데, 3년을 초과하는 징역 · 금고는 10년, 3년 이하의 징역 · 금고는 5년, 벌금은 2년, 구류 · 과료는 집행 종료 또는 면제시이다.

⑷ 효과

위 재판상 형의 실효와 같다.

참조사항

- 관련 법규 : 형법 제81조, 형의 실효 등에 관한 법률
- 각하 : 소가 소송요건을 구비하지 못한 경우, 상고가 그 요건을 구비하지 못한 경우에 소 또는 상소를 부적법한 것으로 하여 본안의 재판을 하지 않고 소송을 종료시키는 것

140. 불심검문

– 당사자는 동행이나 소지품 검사를 거절할 수 있다

❑ 불심검문의 뜻

불심검문은 경찰관이 수상한 거동 기타 주위의 사정을 합리적으로 판단하여 어떠한 죄를 범하였거나 또는 범하려 하고 있다고 의심할만한 상당한 이유가 있는 자, 또는 이미 행하여진 범죄 혹은 행하여지려고 하는 범죄에 관하여 그 사실을 안다고 인정되는 자를 정지시켜 질문하는 것을 말한다.

불심검문 결과 특정한 범죄에 관하여 혐의가 있게 되면 수사가 개시된다. 따라서 불심검문은 과거의 범죄의 해명을 목적으로 하는 사법경찰활동과, 장래의 범죄의 예방을 목적으로 하는 사법경찰활동의 양자와 관련되어 있다.

❑ 불심검문의 한계

(1) 정지

질문을 위한 정지의 한계는 사태의 급박성 및 질문의 필요성에 따라 결정된다. 일반적으로는 언어에 의한 요구나 설득에 그쳐야 할 것이지만, 사태가 급박하고 범죄가 중대하며 또 그 혐의가 농후한 경우에는 긴급성을 요건으로 하여 설득의 전제로서 어느 정도의 실력행사는, 어디까지나 임의처분이어야 하지만 인정할 수밖에 없을 것이다. 그러나 그 실력행사는 신체구속이라고 볼 수 있는 정도에 달해서는 안 된다.

(2) 소지품 검사

불심검문과 관련된 문제로서 소지품 그 복장이나 휴대품의 바깥면을 가

넓게 만져 그 이상의 유무를 확인하는 것은 직무질문에 부수하는 행위로서 적법하다고 하겠다. 또 상대방에게 그 내용의 제시를 요구하는 것도 강요적인 언동을 수반하지 않는 한 무방하다고 본다. 그러나 제시요구에 좇지 않는다고 실력을 행사하여 소지품의 내용을 조사하는 것은 원칙적으로 부적법하다고 할 것이다.

❏ 자동차 검문

불심검문의 한 변형으로서 자동차 검문이 있는데, 이는 보통 복수의 경찰관이 일정한 장소에서 통행자 일반을 대상으로 하여 질문을 실시하는 것으로서 검문의 목적이 도로교통법 위반의 단속에 있는 경우 교통검문 또는 범죄일반의 예방이나 단속을 목적으로 하는 경우 경계검문 및 중대한 범죄가 발생한 후 범인의 체포내지 정보의 수집을 목적으로 하는 경우 긴급수배검문 등이 있다. 이러한 불심검문은 경찰관 직무집행법 제3조에 근거하고 있다.

참조사항

● 관련 법규 : 경찰관 직무집행법 제3조
● 혐의 : 범죄의 수사개시의 동기가 되는 범죄사실의 존재의 개연성

---

141. 내사와 입건

– 내사 결과 혐의가 있으면 입건된다

❏ 내사

① 내사란 신문기사 · 풍문 등의 내용이 범죄의 혐의유무를 조사할 만한 가치가 있다고 판단될 때 그 진상을 밝히기 위하여 조사하는 단계를 말한다. 이처럼 내사는 수사의 전단계로서 내사한 결과 범죄의 혐의가 있다고 판단되면 입건하게 된다. 그러나 입건 전에 반드시 내사 단계를 거쳐야 하는 것은 아니고 간단한 사건이나 내사를 거치지 않더라도 범죄의 윤곽이 명확히 드러나는 사건은 바로 입건하는 경우도 많다.

② 내사는 보통 신문 · 잡지 등 출판물의 기사, 익명의 신고, 풍설, 진정 등이 있을 때 시작된다. 익명 또는 허무인 명의의 진정 · 투서에 대하여는 내용을 정확히 판단하여 수사단서로서의 가치가 없다고 인정되면 내사하지 않을 수 있다.

사법경찰관은 수집한 자료에 의해 내사할 필요가 있다고 판단되면 내사활동을 개시한다.

③ 내사 결과 범죄의 혐의가 있고 또 입건할 가치와 필요가 있을 때에는 범죄인지보고서를 작성하여 입건하고, 범죄의 혐의가 없거나 입건할 필요가 없을 때에는 내사를 종결한다.

❏ 입건

① 입건이란 수사기관이 사건을 수리하여 수사를 개시함을 말하는데, 실무상으로는 사건부에 사건을 처음 기재하게 되는 단계를 가리킨다. 입건한 때부터 혐의자는 '피의자'로 불리게 된다.

② 입건은 범죄인지, 고소 · 고발의 접수 등이 있을 때에 하게 된다. 사법 경찰관이 인지에 의하여 수사에 착수한 때에는 범죄인지보고서를 작성하여야 한다(특별사법경찰관리집무규칙 제23조).

참조사항

- 관련 법규 : 특별사법경찰관리 집무규칙 제11조 · 제23조 등
- 고소 : 범죄의 피해자 또는 그와 일정한 관계가 있는 고소권자가 수사기관에 대하여 범죄사실을 신고하여 범인의 처벌을 구하는 의사표시
- 고발 : 고소권자와 범인 이외의 사람이 수사기관에 대하여 범죄사실을 신고하여 그 소추를 구하는 의사표시

❑ 입건

수사기관이 수사를 개시할 때에는 각 수사기관에 비치하고 있는 '사건부' 라는 장부에 일련번호를 붙여 사건명·인적사항 등을 기재하게 되는데 이를 입건한다고 하며, 이와 같이 입건이 되어 사건부에 이름이 오르게 되면 그 사람을 형사소송법상 피의자라고 한다.

그런데 우리는 가끔 내사라는 말과 용의자라는 말을 듣게 된다. 아직 범 죄의 혐의가 뚜렷하지 않아서 정식으로 입건하기에는 이르지만 진정이 나 투서가 있다든지 또는 진정 등이 없더라도 범죄혐의 유무를 조사해 볼 필요가 있는 경우 정식입건을 하지 않고 내부적으로 조사를 할 때가 있는데 이를 흔히 내사라고 하며, 내사를 할 때에도 내사사건부에 기재 함은 물론이다.

그리고 예컨대 살인사건이 났다고 할 때 범인이 아닌가 하는 상당한 의 심이 가는 자가 있으나 범인이라는 뚜렷한 혐의가 아직 발견되지 않은 경우 흔히 그를 용의자라고 부른다. 이에 대하여 조사가 더 진행되어 범 죄의 혐의가 인정됨으로써 정식으로 입건되면 그때부터 그는 피의자의 신분이 되는 것이다.

❑ 송치

형사입건된 모든 사건은 사건의 종류나 경중의 구별이 없이 수사의 주 재자인 검사만이 수사를 종결할 수 있다. 사법경찰관은 수사를 종결하 고 범죄의 혐의가 있다고 인정되는 경우에는 수사서류와 증거물을 검사 에게 송부해야 하고 만약 피의자를 구속한 경우에는 10일 이내에 피의자

도 함께 검찰에 보내야 하는데 이를 사건의 송치라고 한다. 일반인 중에
는 간혹 경찰서에서 조사를 받고 다 끝났는데 검찰청에서 또 부르는 것
은 무슨 까닭인가라고 묻는 경우가 있는데 그것은 검사만이 수사를 종결
할 수 있다는 것을 이해하지 못한 때문이다.

그리고 사법경찰관이 사건을 검찰에 송치할 때에는 그 동안 수사한 결
과를 종합하여 사법경찰관으로서의 의견(예컨대 기소, 불기소 또는 기소유
예, 무혐의 등)을 표시하게 되어 있는데 이를 송치의견이라고 한다. 이 의
견은 검사가 수사를 종결하는데 참고가 되지만 그 의견에 구속되는 것은
아니며, 검사는 그 책임하에 사건에 대하여 범죄혐의의 유무 등의 종국
결정을 하여야 한다.

❏ 불송치

이전에는 사법경찰관은 범죄의 혐의가 인정되는지 여부와 관계없이 수
사한 모든 사건을 검사에게 송치(기소 또는 불기소 의견을 단 송치의견서
를 첨부하여) 하여야 했다. 그러나 검·경 수사권 조정의 일환으로 2020.
2. 4. 형사소송법이 일부 개정되었는데, 그 개정된 내용을 살펴보면, 사
법 경찰관은 수사를 종결하고 범죄의 혐의가 없다고 인정되는 사건에 대
해서는 검사에게 송치하지 아니하는 결정을 할 수 있도록 되었다. 이를

"불송치 결정"이라고 한다. 그리고 사법경찰관이 불송치 결정을 한 경우에는 그 이유를 명시한 서면과 함께 증거물을 검사에게 송부하고, 고소인 등에게는 검사에게 송치하지 아니하는 취지와 이유를 통지하도록 하였다. 그런데 피고소인의 처벌을 바라고 고소하였던 고소인 등로서는 사법경찰관의 불송치 결정에 대해 쉽사리 수긍하지 못하거나 상당히 실망스러울 수도 있다. 이러한 고소인 등을 위한 불복방법으로 이의를 신청할 수 있도록 하였다. 이의 신청은 위 통지를 받은 날로부터 7일 이내에 사법경찰관이 소속한 경찰서 민원실에 불송치 결정 이의 신청서를 제출하면 된다. 고소인 등이 이의 신청을 하면 사법경찰관은 지체 없이 검사에게 사건을 송치하도록 하였다. 한편 사법경찰관의 불송치 결정이 위법 또는 부당한 때에는 검사로 하여금 사법경찰관에게 재수사를 요청할 수 있도록 사법경찰관의 불송치 결정에 대한 견제 장치를 두기도 하였다.

참조사항

- 관련 법규 : 형사소송법 제202조
- 기소 : 법원에 대하여 특정한 형사사건의 심판을 요구하는 검사의 법률행위적 소송행위

143. 피의자의 지위

– 피의자는 유죄의 판결이 있을 때까지 무죄로 추정된다

☐ 피의자의 의미

피의자란 어느 형사사건에 관하여 형사책임을 져야 할 자라는 혐의를 받고 수사기관의 수사의 대상으로 되어 있는 자로서 그 사건에 관하여 공소가 제기되지 아니 한 자를 말한다.

피의자는 특정사건에 관한 구체적인 혐의를 받고 있는 자라는 점에서 단순한 내사단계에 있어서의 피내사자와 구별되고, 공소가 제기되지 아니 한 자라는 점에서 소송단계에 있어서의 당사자의 하나인 피고인과 구별된다.

☐ 지위

(1) 조사의 객체로서의 피의자

범인의 도망·증거인멸 등의 방지를 위하여 신속한 절차를 요하는 수사절차에서의 피의자는 공판절차에서의 당사자인 피고인과는 달리 수사기관에 대등한 지위에 있지 아니 하고 일차적으로 수사기관의 조사의 객체라는 지위가 두드러진다.

그러므로 피의자는 수사기관에서 필요한 조사를 받아야 하고, 죄를 범하였다고 의심할 만한 상당한 이유가 있고, 일정한 주거가 없거나 증거를 인멸할 염려가 있거나, 도망 또는 도망할 염려가 있을 때에는 판사가 발부한 영장에 의하여 구속될 수도 있으며, 범죄수사에 필요한 때에는 판사가 발부한 영장에 의하여 압수·수색·검증의 대상이 된다.

(2) 당사자에 준한 지위

수사에 있어서도 장차 원고로 될 검사와 장차 피고인으로 될 피의자의

대립이 존재하고 그 사이에 법률관계가 생기며 이러한 점에서 피의자에게는 일정한 범위에서 준당사자적 지위가 인정된다.

즉 피의자가 비록 수사기관에서 조사의 객체라고 하더라도 중세 규문주의 아래서의 규문(죄를 살펴 물음)의 객체로서의 지위와는 구별되며, 형사상 자기의 정당한 이익을 방어할 권리가 보장된다.

이런 견지에서 피의자는

① 자기의 방어력을 보충하기 위하여 변호인을 선임할 수 있는 권리(변호인 선임권)

② 수사기관에서의 신문에 대하여 진술을 거부할 수 있는 권리(진술거부권)

③ 미리 증거를 보전하지 아니 하면 그 증거를 사용하기 곤란한 사정이 있는 때에는 제1회 공판기일 이전이라도 판사에게 서면으로 그 사유를 소명하여 압수·수색·검증·증인신문 또는 감정을 청구할 수 있는 권리(증거보전청구권)

④ 수사기관에서 작성한 신문조서를 열람하고, 조서기재의 정확성에 대하여 이의를 진술하고, 서명날인을 거부할 수 있는 권리

⑤ 변호인 등과의 접견교통권 등이 각 인정되고, 한편

⑥ 구속영장에 의하여 구속된 피의자 또는 그 변호인, 법정대리인, 배우자, 직계친족, 형제자매, 가족이나 동거인 또는 고용주에게는 관할법원에 구속의 적부심사를 청구할 수 있는 권리(구속적부심사청구권)가 인정된다.

□ 피의자의 무죄추정

피의자는 유죄의 판결이 확정될 때까지 무죄로 추정된다.

이러한 무죄추정의 원리는 형사절차의 전과정을 지배하는 지도이념으로 수사절차에 있어서 피의자에 대한 고문·폭행·협박·모욕 등 부당한 취급의 배제를 요구한다.

참조사항

- 관련 법규 : 형사소송법 제30조·제184조·제200조·제209조·제214조의2·제244조의 3 등
- 구속적부심사 : 수사기관의 피의자에 대한 구속의 적부를 법원이 심사하여 그 구속이 위법·부당하다고 인정되는 경우 구속된 피의자를 석방하는 제도

144. 구속피고인의 석방제도

– 일정한 사유가 있는 때 구속된 피고인을 종국재판 전에
  석방하는 방법

❏ 석방제도의 유형

구속피고인을 종국재판 이전에 석방하는 제도에는 보석·구속집행정
지·구속취소가 있다.

❏ 보석

(1) 의의

보석은 보증금의 납부를 조건으로 구속의 집행을 정지하고 구속피고인
을 석방하는 제도이다.

구속영장의 효력을 그대로 존속시킨다는 점에서 구속취소와 다르며, 보
증금의 납부를 조건으로 한다는 점에서 구속집행정지와 다르다.

(2) 청구와 허가

보석청구권자는 피고인·피고인의 변호인, 법정대리인, 배우자·직계친
족·형제자매·가족·동거인 또는 고용주 등이고, 보석의 청구가 있는
때에는 법원은 피고인이 사형·무기 또는 장기 10년이 넘는 징역이나 금
고에 해당하는 죄를 범한 때, 누범에 해당하거나 상습범인 죄를 범한 때,
죄증을 인멸하거나 인멸할 염려가 있다고 믿을 만한 충분한 이유가 있
는 때, 주거가 분명하지 아니 한 때, 피고인이 도망하거나 도망할 염려
가 있다고 믿을 만한 충분한 이유가 있는 때, 피고인이 피해자, 당해 사
건의 재판에 필요한 사실을 알고 있다고 인정되는 자 또는 그 친족의 생
명·신체나 재산에 해를 가하거나 가할 염려가 있다고 믿을 만한 충분한

이유가 있는 때 이외의 경우에는 보석을 허가하여야 한다(필요적 보석). 또한 법원은 필요적 보석의 예외가 되어 있는 경우라 할지라도 상당한

이유가 있는 때에는 직권 또는 보석청구권자의 청구에 의하여 결정으로 보석을 허가할 수 있다(임의적 보석).

법원은 보석에 관한 결정을 함에는 검사의 의견을 물어야 하는데 검사는 지체 없이 의견을 표명하여야 한다. 형사소송규칙 제54조 제1항은 검사는 특별한 사정이 없는 한 의견요청을 받은 날의 다음 날까지 의견을 제출해야 하는 것으로 규정하고 있다.

다만, 법원의 보석결정(허가 또는 불허결정)에 대하여 검사 또는 보석청구권자는 보통 항고를 할 수 있다. 보석을 허가하는 결정에 대하여 검사는 즉시항고를 할 수 없다.

(3) 보증금

법원이 보석을 허가하는 경우에는 피고인의 출석을 보증할 만한 보증금을 정해야 하는데, 피고인의 자산정도로는 납부하기 불능한 보증 금액을 정할 수 없으며, 보석허가결정은 보증금을 납입한 후가 아니면 집행할 수 없다.

법원은 피고인이 도망한 때, 도망 또는 죄증을 인멸할 염려가 있다고 믿을 만한 충분한 이유가 있는 때, 소환을 받고 정당한 이유없이 출석하지 아니한 때, 주거의 제한 기타 법원이 정한 조건을 위반한 때에는 직권 또는 검사의 청구에 의하여 결정으로 보석을 취소할 수 있고, 보석을 취소

할 때에는 결정으로 보증금의 전부 또는 일부를 몰취할 수 있다. 구속 또는 보석을 취소하거나 구속영장의 효력이 소멸된 때에는 몰취하지 아니한 보증금을 청구한 날로부터 7일 이내에 환부하여야 한다.

❏ 구속집행정지

구속집행정지는 법원이 상당한 이유가 있는 때에 결정으로 구속피고인을 친족·보호단체 기타 적당한 자에게 부탁하거나, 피고인의 주거를 제한하여 구속의 집행을 정지하고 구속피고인을 석방하는 제도이다. 구속집행정지는 실제에 있어 구속피고인이 중병으로 구금생활을 감당하기 어려운 상태에 있을 때 주로 행하여 지고 있다.

구속집행정지는 법원의 직권에 의해서만 행해지는데 구속집행정지결정을 함에는 급속을 요하는 경우를 제외하고 검사의 의견을 물어야 한다. 구속집행정지는 보석의 경우와 동일한 사유에 의하여 취소할 수 있다.

❏ 구속취소

구속의 사유가 없거나 소멸된 때에는 법원은 직권 또는 검사·피고인·변호인, 피고인의 법정대리인, 배우자·직계친족·형제자매 등의 청구에 의하여 결정으로 구속을 취소해야 한다(구속취소). 이러한 구속취소에 관한 결정을 함에는 보석의 경우와 마찬가지로 검사의 의견을 물어야 하는데 검사는 지체 없이 의견을 표명하여야 한다. 형사소송규칙 제54조 제1항은 검사는 특별한 사정이 없는 한 의견요청을 받은 날의 다음 날까지 의견을 제출해야 하는 것으로 규정하고 있다.

참조사항

- 관련 법규 : 형사소송법 제93조 내지 제105조, 형사소송규칙 제4조 제1항
- 누범 : 금고 이상의 형을 받아 그 집행을 종료하거나 면제를 받은 후 3년 내에 금고 이상에 해당하는 죄를 범한 자

145. 압수장물의 피해자 환부

– 범죄에 의하여 취득한 재물을 그 피해자에게 돌려주는 것

❏ 피해자환부의 존재이유

국가형벌권의 적정한 실현을 목적으로 하는 형사절차에서는 민사소송절차와는 달리 사인간의 실체법상의 권리관계에 관여하지 아니 함을 원칙으로 한다.

따라서 압수물에 관하여서도 이를 몰수하지 않는 한 그 실질적 권리자가 누구이냐를 묻지 않고 피압수자 및 제출인에게 환부함을 원칙으로 한다. 이를 제출인환부의 원칙 또는 피압수자환부의 원칙이라고 한다.

그러나 압수물이 장물이고 그 장물을 피해자에게 환부하여야 할 이유가 명백한 경우에도 제출인환부의 원칙을 고수하여 장물을 피압수자인 범인 등에게 환부하고, 피해자로 하여금 민사소송에 의하여 장물인도를 청구하도록 한다는 것은 구체적 정의에 현저히 반한다.

여기에 압수된 장물에 관한 피해자환부제도의 존재이유가 있다.

❏ 피해자에게 환부할 수 있는 경우

압수장물의 피해자환부는 '피해자에게 환부할 이유가 명백한 때'에만 허용되는 바(형사소송법 제134조·제333조 제1항), 이는 피해자가 사법상 무조건으로 압수된 장물의 인도를 청구할 권리가 있음이 명백한 경우를 말한다. 장물이 도품이거나 유실물이고, 피압수자 또는 제출인이 본범인 경우가 그 전형적인 경우이다.

따라서 장물의 권리관계에 대하여 이해관계인간에 다툼이 있고 그 권리관계가 명백하지 아니 한 경우, 또는 피해자의 장물에 관한 사법상의 반환청구가 반대급부와 동시이행관계에 있고 피해자가 반대급부를 이행하

지 아니 한 경우에는 압수된 장물을 피해자에게 환부하여서는 안 된다.
사기 또는 강박에 의한 법률행위는 이를 취소하지 않는 한 유효하므로
사기죄·공갈죄의 장물은 그 취소가 있기 전에는 피해자에게 환부할 수
없다.

❑ 피해자가 수인일 때

장물로 압수된 현금에 대하여 피해자가 수인이고 그 현금이 전체 피해액
의 일부에 불과할 경우에 피해액을 기준으로 하여 피해금액의 일부를 각
피해자에게 환부할 수 있느냐가 문제된다. 피해자 전원이 비례배분을 승
낙한 경우에 한하여 피해금액을 기준으로 하여 환부할 수 있다고 본다.
그러나 피해자 중의 한 사람이라도 비례배분에 이의를 제기한 경우에는
'피해자에게 환부할 이유가 명백한 때'에 해당하지 아니하므로 어느 피해
자에게도 환부할 수 없다.

❑ 당사자

환부의 주체는 수사기관·법원·수명법관이며 장물을 그 대상으로 하는
바, 여기서 장물이란 재산죄인 범죄행위에 의하여 취득한 재물로서 피해

자가 법률상 반환청구할 수 있는 것을 말한다. 장물을 처분하여 취득한 대가, 예컨대 장물의 매각대금은 장물은 아니나 압수장물의 피해자 환부에 있어서는 장물에 포함된다.

환부의 상대방은 피해자로서 압수된 장물에 관하여 피해자가 수인인 경우에는 압수 이전의 상태를 고려하여 법익의 직접적인 피해자에게 환부하여야 한다. 피해자가 사망한 경우에는 그 상속인에게 환부할 수 있으며, 피해자가 소재불명 또는 신원불명인 경우에도 법원은 환부결정을 할 수 있다고 본다.

참조사항

- 관련 법규 : 형사소송법 제134조 · 제333조
- 유실물 : 점유자의 의사에 의하지 않고 그의 점유를 떠난 물건으로서 도품이 아닌 것. 유실물법은 특히 '범죄자가 놓고 간 것으로 인정되는 물건', '착오로 인하여 점유한 물건', '타인이 놓고 간 물건', '일실한 가축'을 유실물에 준하는 것으로 한다.

146. 증언거부권

– 증인적격이 있는 자로서 자기에게 불리한 진술은 거부할 수 있다

❑ 증언거부권이란

증언거부권이란 증인이 법률상 일정한 사유에 기하여 그 증언을 거부할 수 있는 권리를 말한다. 따라서 이는 증인적격이 인정되는 증인의 증언의무의 존재를 전제로 하여, 이 점에서 처음부터 증인적격이 배제되는 경우와는 구별된다.

사실의 인정은 증거에 의하여야 한다는 증거재판주의원칙과 증인 경험의 비대체성으로 인하여 증인의 증언은 실체적 진실발견을 위하여 필요불가결하므로 현행법은 증인의 증언의무를 인정하고 있는 반면, 자기보호 또는 가족적 신분적 정의보호 기타 공무상, 업무상의 비밀보호를 위하여 증언거부권을 인정하고 있다.

❑ 증언거부권의 범위

현행법상 증인에게 인정되는 증언거부권의 범위는 다음과 같다.

(1) 모든 국민

'모든 국민은 형사상 자기에게 불리한 진술을 강요당하지 아니 한다'는 헌법상의 요청에 따라 누구든지 자기가 형사소추 또는 공소제기를 당하거나 유죄판결을 받을 사실이 발로될 염려가 있는 증언은 거부할 수 있다(형사소송법 제148조).

(2) 근친간

근친간의 정의를 보호하기 위하여 누구든지 자기의 친족 · 가족 또는 이

러한 관계가 있던 자, 법정대리인·후견감독인의 형사책임에 관하여 불이익한 증거로 될 증언은 거부할 수 있다(형사소송법 제148조).

⑶ 공무상 인정되는 자

공무상 비밀보호의 필요에 따라 공무원 또는 공무원이었던 자가 그 직무에 관하여 알게된 사실에 관하여 본인 또는 당해 공무소가 직무상 비밀에 속한 사항임을 신고한 때에는 그 소속공무원 또는 감독관공서의 승낙없이는 증인으로 신문하지 못하도록 되어 있다(형사소송법 제147조 제1항). 다만 그 소속공무소 또는 당해 감독관공서는 국가의 중대한 이익을 해하는 경우를 제외하고는 승낙을 거부하지 못한다(형사소송법 제147조 제2항).

⑷ 업무상 인정되는 자

업무상 비밀보호의 필요에 따라 변호사·변리사·공증인·공인회계사·세무사·대서업자·의사·한의사·치과의사·약사·약종상·조산사·간호사·종교의 직에 있는 자 또는 이러한 직에 있었던 자가 그 업무상 위탁을 받은 관계로 알게 된 사실로서 타인의 비밀에 관한 것은 증언을 거부할 수 있다. 단 본인의 승낙이 있거나 중대한 공익상 필요가 있는 때에는 예외로 한다(형사소송법 제149조).

❏ 증언거부권의 고지

증인이 증언거부권자에 해당하는 경우에는 재판장은 신문 전에 증언거부권이 있음을 고지하여야 한다(형사소송법 제160조). 대법원판례는 증언거부권의 불고지는 증언의 효력에 영향을 미치지 아니 한다는 견해를 취하고 있으나, 증언거부권의 불고지는 증언거부권의 침해이며, 특히 자기부죄적인 증언의 거부는 헌법상의 요청이므로 증언거부권의 보장과 적정절차의 법리에 비추어 그 증언의 증거능력을 부정함이 타당하다는 학설도 있다.

아무 근거없이 증언거부권을 빙자하여 증언을 거부하는 것을 방지하기 위하여 증언을 거부하는 자는 즉시 그 사유를 소명하여야 한다고 현행 형사소송법상 규정되어 있다(동법 제150조).

증언거부권이 있는 경우에도 증언을 거부하느냐 증언을 하느냐는 증인의 자유이므로, 일부의 진술을 한 뒤에 그 이후의 증언을 거부할 수 있고, 증언거부권이 있더라도 이를 행사하지 않고 증언을 하면 적법한 증언으로 되며, 이 경우에 허위의 진술을 하면 위증죄가 성립된다.

참조사항

- 관련 법규 : 형사소송법 제147조 내지 제150조, 제160조
- 신문 : 법원 또는 당사자가 증인 · 반대당사자 등에 대하여 하는 질문

147. 증거보전절차

– 증거의 사용이 불능 또는 곤란하게 될 사유가 있을 때 당사자는
미리 증거조사를 청구할 수 있다

❑ 증거보전절차란

공판기일에 있어서 정상적인 방법에 의한 증거조사가 있을 때까지 증거
에 대한 아무런 조치를 취하지 않으면 나중에 그 증거의 사용이 불능 또
는 현저하게 곤란한 사정이 생길 염려가 있는 경우에, 공판기일에서의
절차와는 별도로 미리 당사자의 청구에 의하여 법관에게 미리 증거조사
를 청구할 수 있는 바, 이를 증거보전절차제도라 한다.

❑ 증거보전의 의의

피의자는 공판절차에서는 피고인으로서 검사와 대립하는 당사자로 된
다. 그러나 수사단계에 있어서는 검사측에는 범죄수사상의 강력한 권한
이 있고 앞으로의 공판을 위하여 필요한 증거를 수집보전하는 것이 허용
되어 있는데, 그 반대 당사자인 피고인(피의자)에게도 자기에게 유리한
방어의 준비를 할 길이 마련되어져야 함은 현행 형사소송법의 당사자주
의적 소송구조로 보아 당연하다. 그래서 인정된 것이 바로 이 증거보전
제도인 것이다. 검사측에도 그 청구권이 인정되기는 하지만, 주로 피고
인측에 그에 유리한 증거의 수집 · 보전을 가능케 하는 점에서 중요한 의
의가 있는 것이다.

❑ 청구권자

증거보전을 청구할 수 있는 자는 검사 · 피의자 · 피고인 또는 변호인이
다. 수사단계에 있어서 피의자는 당사자로서의 지위를 가지지 못하며 검

사에 비하여 그 지위가 열악하여 당사자주의 이념을 피의자에게 확장하기 위하여 증거보전청구권을 인정하였다. 또한 피고인은 공판에서는 증거조사청구를 할 수 있으나, 현실적으로 제1회 공판기일 전에는 불가능하기 때문에 이를 인정한 것이다.

❑ 증거를 사용하기 곤란한 사정이 있을 때

증거보전의 청구는 미리 증거를 보전하지 않으면 그 증거를 사용하기 곤란한 사정이 있을 때 이를 할 수 있다. 예컨대 증거물의 멸실 · 훼손 · 변경의 위험성, 진술자의 생명이 위독하다든가 또는 장기간 해외여행을 가기 때문에 공판준비절차나 공판기일에 출석하여 진술하는 것이 불가능하다고 예상되는 경우가 이에 속한다.

❑ 청구시기

증거보전의 청구는 제1회 공판기일 전에 한하여 이를 할 수 있다. 제1회 공판기일 전이면 족하기 때문에 공소제기의 유무를 불문하나, 다만 어느 절차까지 절차를 진행하면 제1회 공판기일이라고 할 수 있는가는 문제가 된다. 일반적으로 검사가 모두진술에 들어간 때에는 증거보전을 청구할 수 없다고 본다.

❑ 청구의 방법

증거보전의 청구는 그 사건을 관할하는 지방법원 판사에게 그 사유를 서면으로 소명 하여야 하는데, 이 경우 판사는 증거보전의 필요성을 인정하면 보전절차에 들어가면 족하나, 그렇지 않은 경우 결정으로 청구를 기각한다. 청구를 기각하는 결정에 대하여는 3일 이내에 항고할 수 있다.

증거보전처분에 의하여 얻은 서류나 증거물은 당해 처분을 한 판사가 소속하는 법원에 보관하게 되며, 검사나 피고인 또는 피의자·변호인 등이 그 처분을 한 판사의 허가를 얻어 이를 열람 또는 등사할 수 있다.

참조사항

- 관련 법규 : 형사소송법 제184조 이하, 민사소송법 제346조 이하
- 피의자와 피고인 : 피의자는 범죄의 혐의를 받아 수사기관에 의하여 수사의 대상으로 되어 있는 자로서 아직 법원에 공소제기되지 않은 자를 말하고, 피고인은 검사에 의하여 형사책임을 져야 할 자로 공소가 제기된 자를 말한다.

148. 수사기관의 검증

– 검증은 원칙적으로 영장이 있어야 하나, 긴급강제처분으로
  검증과 임의검증(공도상의 검증 · 승낙검증)의 예외가 있다

❑ 수사기관의 검증

수사기관의 검증이란 수사기관이 직접 장소 · 물건 · 신체 등의 존재와
상태를 오관의 작용으로 실험 · 인식하는 처분을 말한다. 현행 형사소송
법상의 검증에는 수사기관이 행하는 검증 외에 수소법원이 행하는 검증,
증거보전을 위하여 판사가 행하는 검증이 있다.

❑ 종류

수사기관의 검증에는 강제처분의 성질을 갖는 것도 있고 임의처분의 성
질을 갖는 것도 있는 바, 강제력을 행사하여 상대방의 의사를 제압하는
경우는 강제처분이며, 승낙검증 · 공도상의 검증과 같이 임의적인 방법
으로 행하여지는 경우에는 임의처분이다.

❑ 대상

검증의 대상에는 제한이 없으며 장소 · 물건, 사람의 신체는 물론 사체도
검증의 대상으로 된다. 신체의 내부 예컨대 항문 · 질 내도 검증의 대상
으로 된다고 본다.
검증은 범죄수사에 필요한 경우에 한하여 허용되는 것으로 그 필요성이
없음에도 불구하고 행한 검증은 위법한 검증이다.

❑ 영장에 의하지 아니한 검증

검사 또는 사법경찰관은 지방법원 판사가 발부한 영장에 의하여 검증을

실시할 수 있다(형사소송법 제215조 제1항 · 제2항).

영장에 의하지 아니한 검증으로는 긴급강제처분으로서의 검증과, 임의 수사로서 행하는 검증의 두 가지가 있는 바, 전자는 체포현장에서의 검증(형사소송법 제216조 제1항 제2호), 범죄장소에서의 검증(형사소송법 제216조 제3항), 긴급 체포시의 검증(형사소송법 제217조)과 같이 검증의 긴급성에 대처하기 위하여 영장주의의 예외가 인정되는 경우를 말하며, 후자는 공도상의 검증과 승낙검증으로 나눌 수 있으니, 공도상의 검증은 특정인의 법익을 침해할 염려가 없으므로 임의수사로서 허용되는 것으로 주로 교통사고현장에서 실황조사의 방법으로 행하여지는 경우가 많다. 공도상의 검증에 관하여도 교통방해를 이유로 영장에 의하지 아니한 검증은 허용되지 아니 한다는 견해도 있으나, 통설인 허용설이 타당하다고 본다. 승낙검증의 경우 승낙은 대부분의 경우 완전한 의미의 법익포기의 승낙이 아니고 영장주의에 대한 수사기관의 탈법행위로 이용될 위험성이 있으므로 상대방의 승낙이 있는 경우에도 영장에 의하지 아니한 검증은 허용되지 아니 한다는 견해도 있지만, 승낙의 임의성이 인정되는 경우에는 임의수사로서 허용된다고 본다. 그러나 신체검증 특히 여자의 신체검사에 관하여 승낙이 있는 경우에도 영장없이는 허용되지 아니 한다는 입법적 해결이 요망된다. 검증을 승낙한 자는 검증이 착수된 후에 승낙을 철회하고 검증의 중지를 요구할 수 있다고 본다.

❑ 검증조서

수사기관이 검증을 실시하는 경우에는 강제처분으로 하는 경우이냐, 임의처분으로 하는 경우이냐를 불문하고 검증조서를 작성하여야 하며(형사소송법 제49조), 검증조서에는 검증목적물의 현상을 명확하게 하기 위하여 도화나 사진을 첨부할 수 있다(형사소송법 제49조 제2항). 수사기관이 작성한 검증조서는 적법한 절차와 방식에 따라 작성된 것으로서 피고인 또는 변호인이 그 내용을 인정할 때에는 증거능력이 있다(형사소송법 제312조 제1항).

참조사항

● 관련 법규 : 형사소송법 제49조 · 제215조 · 제216조 · 제217조 · 제312조 등

149. 거짓말탐지기 검사

– 거짓말을 할 때의 반응을 측정하여 진술의 진실성을 판단하는 것

❑ 거짓말탐지기 검사는 반드시 피검사자의 동의를 얻어야

거짓말탐지기(Polygraph, Lugendetektor)는 검사관이 피검사자에 대하여 질문을 할 때 나타나는 피검사자의 생리적 반응을 분석·해석함으로써 피검사자의 진술의 진위 여부를 가려내는 생리심리학적 과학수사장비이다.

거짓말탐지기 검사는 반드시 피검사자의 동의를 얻어야만 실시할 수 있는 임의수사의 한 종류이다. 검사나 사법경찰관이 피검사자로부터 거짓말탐지기 검사에 대한 동의를 받았다 하더라도 검사 실시직전에 검사관이 다시 피검사자의 동의를 얻어 검사를 실시한다.

❑ 원리

사람이 의식적인 거짓말을 하게 되면 심리적으로 불안·초조·흥분·공포·갈등상태에 이르는 것이 보통이다. 이같은 심리상태가 일어나면 체내에서 에피네프린(Epineephrine)이라는 물질의 분비가 촉진되어 동공확대·혈압상승·호흡변화·맥박증가 등의 현상이 초래된다.

거짓말탐지기는 이러한 생리적 변화를 기록하고, 검사관이 이 기록을 종합적으로 분석·해석함으로써 피검사자의 진술이 거짓인지의 여부를 판단하는 것이다.

❑ 효용성

거짓말탐지기는 가급적 수사 초기단계에서 활용하는 것이 바람직하다. 왜냐하면 진술의 진위를 초기에 가려내어 수사의 범위를 축소시킬 수 있

을 뿐만 아니라 피검사자의 심리적 반응이 수사 초기일수록 신뢰성이 높기 때문이다.

거짓말탐지기 검사는 피의자와 참고인, 피의자 상호간, 참고인 상호간에 진술이 서로 대립되는 사안을 수사함에 있어서 심증형성에 크게 도움을 준다.

☐ 사용절차

수사담당자가 거짓말탐지기 검사를 실시할 것인지를 신중히 판단·결정한 다음, 검사실시에 대한 검사대상자의 동의를 받아, 수사대상인 사건기록을 거짓말탐지기 주임검사관에게 송부한다. 검사관은 검사대상자에게 질문을 하면서 이 반응을 분석하고 해석하여 검사결과를 검사의뢰자에게 통지한다. 검사관은 수사자가 아니기 때문에 객관적인 검사를 실시함에 불과하고 범행을 추궁할 수는 없다.

검사 또는 사법경찰관은 검사결과를 참작하여 계속 추궁 여부 등 수사방향을 정한다.

참조사항

● 심증 : 재판의 기초인 사실관계의 존부에 대한 법관의 주관적 의식상태 내지 확신의 정도

150. 검찰사무에 관한 지휘 · 감독

– 담당검사가 교체되어도 절차를 갱신할 필요없이 동일한 법적효과

❏ 계층적으로 결합된 피라미드형의 기능상의 구조

검사는 단독으로 검찰권행사의 권한을 가진 관청이지만 검찰총장을 정점으로 하여 각급 검찰청 검사장 및 지청장의 지휘감독권에 의하여 계층적으로 결합된 피라미드형의 기능상의 구조를 형성하고 있으며, 또 독립의 관청인 1인의 검사의 사무를 검찰총장, 검사장, 지청장이 가지는 직무승계 및 이전권을 매개로 하여 별개의 관청인 다른 검사가 취급할 수 있고, 이 경우 1인의 관청이 사무를 처리한 것과 같은 법적효과가 부여되고 있는 바, 이를 검찰사무에 관한 지휘 · 감독이라 한다.

❏ 제도적 표현

(1) 검찰권 행사 과정에 있어서의 지휘 · 감독권

검사는 전국적으로 통일적 계층제를 구성하는 조직체로서 소속상급자의 지휘 · 감독에 따른다. 즉 검찰총장과 검사장 또는 지청장은 각 그 검찰청 또는 지청의 사무를 관장하고 소속공무원을 지휘 · 감독하며, 특히 검찰총장은 전국의 검찰사무를 통할한다. 따라서 검사는 검찰총장 · 검사장의 지휘, 감독에 따르지 않으면 안 된다.

이에 관하여 검사는 구체적 사건과 관련된 지휘 · 감독의 적법성 또는 정당성 여부에 대하여 이견이 있는 때에는 이의를 제기할 수 있다.

(2) 검사 직무의 위임 · 이전 및 승계

검찰총장, 각급 검찰청의 검사장 및 지청장은 소속검사로 하여금 그 권한에 속하는 직무의 일부를 처리하게 할 수 있으며, 소속검사의 직무를

자신이 처리하거나 다른 검사로 하여금 처리하게 할 수 있다.

(3) 직무대리권

각급 검찰청의 차장검사는 검찰총장을 보좌하며 검찰총장이 사고가 있을 때에는 특별한 수권이 없어도 그 직무를 대리한다.

❏ 효과

검찰사무에 관한 지휘·감독의 원칙이 채용되고 있는 결과, 법관의 경우와 달리 어떤 특정사무의 취급과정에서 담당검사가 전보, 퇴관 등의 사유로 교체되어도 그 절차를 갱신할 필요가 없고, 검사에 대하여는 제척 또는 기피 등의 제도는 인정되지 아니 한다.

참조사항

- 관련 법규 : 검찰청법 제7조 이하
- 관청 : 국가의 의사를 결정하고 이를 표시하는 권한을 가진 국가기관을 말한다. 보조기관은 행정관청으로부터 그 권한의 일부를 위임받은 범위 내에서는 행정관청으로 간주되나, 지방자치단체는 국가기관이 아니므로 관청이 아니다. 입법관청·행정관청·사법관청이 있다.

151. 긴급체포

☐ 긴급체포의 뜻

긴급체포란 수사기관이 현행범인이 아닌 피의자를 체포영장없이 체포하는 것을 말한다. 현행범인의 체포는 긴급체포의 개념에서 제외되며 피고인에 대해서는 긴급체포가 허용되지 않는다.

긴급체포는 체포의 긴급성에 대처함으로써 수사의 합목적성을 실현하기 위한 제도이다. 즉 영장주의의 원칙을 고수하려다 중대범죄의 범인을 놓치는 결과를 방지하려는 데에 긴급체포제도의 목적이 있다.

☐ 인권보장적 견지에서 제한

그러나 긴급체포는 인신구속에 있어서 영장주의의 예외를 인정하는 것이므로 긴급체포에 대해서는 인권보장적 견지에서 제한을 가할 필요가 있다. 따라서 현행법은 긴급체포의 요건을 엄격히 제한하고 수사기관의 긴급체포에 대한 사법적 통제라는 견지에서 사후영장제도를 채택하고 있다.

현행법상 긴급체포를 하기 위하여는

① 피의사건의 범죄가 사형·무기 또는 장기 3년 이상의 징역이나 금고에 해당하여야 한다.

② 죄를 범하였다고 의심할 만한 상당한 이유가 있어야 한다. 이때 범죄의 혐의는 공소를 제기하기에 충분할 정도의 객관적 혐의가 있음을 요하지 아니하나, 수사기관의 주관적 혐의만으로는 부족하고 범죄혐의에 대한 객관적·합리적 근거가 있어야 한다.

③ 피의자가 증거를 인멸할 염려가 있거나 도망 또는 도망할 염려가 있어야 하는데, 단순히 주거가 부정하다는 이유만으로 긴급체포의 요건이 되지 않는다.

④ 긴급을 요하여 지방법원 판사의 구속영장을 받을 시간적 여유가 없는 경우라야 하는데, 이 경우 긴급을 요한다 함은 피의자를 우연히 발견한 경우 등과 같이 체포영장을 받을 시간적 여유가 없는 때를 말한다.

⑤ 사법경찰관이 피의자를 체포한 경우에는 즉시 검사의 승인을 얻어야 한다.

⑥ 검사 또는 사법경찰관은 피의자를 체포한 경우에는 즉시 긴급체포서를 작성하여야 하는데, 긴급체포서에는 범죄사실의 요지·긴급체포의 사유 등을 기재하여야 한다.

❑ 효과

위와 같은 요건이 갖추어져 긴급체포를 함에 있어서 검사 또는 사법경찰관은 그 사유를 고하고 체포영장없이 피의자를 체포할 수 있고, 필요한 때에는 일정한 한도 내에서 실력행사나 무기사용이 허용되며, 피의자를 체포하기 위하여 수색영장없이 타인의 주거에 들어가서 수색할 수 있다.

❑ 사후영장

검사 또는 사법경찰관이 긴급체포를 한 경우에는 긴급체포한 때로부터 48시간 이내에 사후영장을 발부받아야 한다.

사후영장을 발부받지 못하면 즉시 석방하여야 하고, 석방된 자에 대하여 체포영장없이 동일한 피의사건으로 다시 체포할 수 없다.

사후영장의 청구는 사법경찰관의 신청에 의하여 검사가 하여야 하며 사후영장의 청구를 받은 판사는 체포를 계속할 필요가 있다고 인정한 때에 한하여 체포영장(사후영장)을 발부하여야 한다.

따라서 사후영장은 긴급체포의 적법성에 관한 승인장인 동시에 체포의 계속에 대한 허가장의 성질을 갖는 체포영장이다.

긴급체포 되었다가 사후영장의 기각으로 인하여 석방된 피의자라 할지라도 그 후 법관으로부터 체포영장(사전영장)을 발부받으면 다시 체포할 수 있다.

❑ 구속영장 청구와 피의자 심문제도

① 체포영장에 의한 체포·긴급체포 현행법 체포된 피의자에 대하여 구속영장을 청구받은 판사는 지체 없이 피의자를 심문하여야 하며, 이 경우 특별한 사정이 없는 한 구속영장이 청구된 날의 다음 날까지 심문하여야 한다(제201조의2 제1항).

② 피의자심문을 하는 경우 법원이 구속영장청구서 등을 접수한 날부터 구속영장을 발부하여 검찰청에 반환한 날까지의 기간은 사법경찰관 및 검사의 구속기간에 산입하지 아니한다(제201조의2 제7항).

참조사항

- 관련 법규 : 형사소송법 제200조의3·제200조의4
- 영장주의 : 강제처분을 함에는 원칙적으로 정당한 이유가 있는 경우에 검사의 청구에 따라 법원 또는 법관의 사전영장을 필요로 한다는 주의

152. 구속적부심과 보석

– 구속적부심은 기소 전에, 보석은 기소 후에 청구

❑ 구속적부심

(1) 의의

일단 영장에 의하여 수사기관에 구속되었다 하더라도 피의자는 구속적
부심절차에 따라 법원으로부터 구속의 적부여부를 심사받을 수가 있다.
이 절차에서 구속이 부당하다고 하여 법원이 석방을 명하면 피의자는 즉
시 석방되며 이에 대하여 검사는 항고를 하지 못한다.

(2) 청구권자

구속적부심의 청구는 피의자 본인이나 변호인은 물론 법정대리인 · 배우
자 · 직계친족 · 형제자매 · 가족, 나아가 동거인이나 고용주도 피의자를
위하여 청구할 수가 있다.

(3) 제한

구속적부심은 사건이 경찰에 있는가 검찰에 있는가를 가리지 아니 하고,
검사가 법원에 기소를 하기 전이면 청구할 수 있다는 점에서 기소 후에
인정되는 보석과 다르다.
구속적부심을 청구받은 법원은 청구서가 접수된 때부터 48시간 이내에
구속된 피의자를 심문하고 증거를 조사하여 결정을 하여야 하는데, 청구
권자가 아닌 자가 청구하거나 동일한 영장에 대하여 재청구한 때, 수사
방해의 목적이 분명한 때 등에는 청구를 기각하게 된다. 이 기각결정에
대하여 피의자는 항고하지 못한다.

❑ 보증금 납입부 피의자 석방

(1) 의의

체포·구속적부심 심사과정에서 구속된 피의자는 일정한 보증금의 납입을 조건으로 석방결정을 받을 수 있는 바 이를 보증금납입부 피의자 석방제도라고 한다(제214조의2 제5항 본문). 체포·구속적부심심사청구 방식과 결합하지 않는 한 피의자를 위한 별도의 보석청구는 인정되지 않는다.

(2) 청구권자

피의자에게 보석을 조건으로 석방결정을 청구할 권한은 인정되지 않으며 단지 법원이 직권으로 보증금납입을 조건으로 피의자의 석방을 명할 수 있을 뿐이다.

(3) 내용

보증급납입을 조건으로 하는 피의자 석방의 경우에 보증금의 결정이나 집행절차에 관하여 보석에 관한 규정이 준용되며(제214조의2 제7항), 법원은 석방결정을 하는 경우에 주거제한, 법원, 또는 검사가 지정하는 일시·장소에 출석할 의무 기타 적당한 조건을 부가할 수 있다(제214조의2 제6항).

참조사항

- 관련 법규 : 형사소송법 제214조의2, 제94조 내지 제105조
- 항고 : 판결 이외의 재판인 결정·명령에 대한 불복신청

153. 고 소

— 고소권자는 피해자이며, 친고죄의 경우에는 고소가 없으면
처벌할 수 없다

❏ 고소의 의의

고소란 범죄의 피해자 등 고소권을 가진 사람이 수사기관에 대하여 범죄사실을 신고하여 범인을 처벌해 달라고 요구하는 것이다.

❏ 고소권자

고소권자는 범죄의 피해자와 그 법정대리인이며 피해자가 사망한 경우에는 배우자 · 직계친족 · 형제자매 등이 고소권자인데, 이 경우 피해자의 명시한 의사에 반하여 하지는 못한다. 또한 자기 또는 배우자의 직계존속을 고소할 수는 없다.

고소는 고소권자 이외의 제3자가 수사기관에 대하여 범죄사실을 신고하여 범인을 처벌하여 달라는 고발과 단순히 피해를 신고하는 것과는 다른 것이다.

❏ 고소의 방식

고소를 하는 방식은 특별한 제한이 없으므로 구두로 고소할 수도 있고, 서면으로 할 수도 있다. 고소장도 일정한 양식이 없고 고소인과 피고소인의 인적사항 · 피해내용 · 처벌희망의사만 있으면 되고 무슨 죄에 해당하는지 여부를 밝힐 필요는 없다. 다만 가명이나 허무인 또는 다른 사람의 명의를 도용하여 고소하여서는 안 된다.

153. 고 소 **455**

❑ 고소인의 권리

고소인은 고소한 후에는 수사기관에 출석하여 고소사실을 진술할 권리가 있고, 한편으로는 수사에 협조할 의무가 있다. 즉 검사가 고소사건을 불기소처분하면 그 처분통지를 받을 권리가 있고, 불기소처분의 사유를 알고 싶으면 그 사유를 알려달라고 요구할 수 있으며, 불만이 있으면 상급 고등검찰청과 대검찰청에 항고 및 재항고를 할 수 있다. 그리고 2007년 6월 1일 형사소송법 개정이 이전에는 일정한 범죄에 대하여만 재정신청을 할 수 있도록 하였으나 개정 후에는 재정신청의 대상범죄를 모든 범죄로 확대하여 고소권자는 범죄 종류와 관계없이 재정신청을 할 수 있다.

❑ 내용

고소인이 고소를 함에 있어서는 사실 그대로 고소하여야 한다. 허위의 사실을 신고하는 것은 국가기관을 속여 죄없는 사람을 억울하게 처벌받게 할 우려가 있을 뿐만 아니라 국가기강을 흔들리게 하는 것이므로 무고죄로 엄단하고 있다. 설령 고소인이 고소라는 명칭을 사용치 아니 하였다 하여도 실질상 고소인 경우에도 무고죄로 처벌하고 있음에 유의하여야 한다.

❑ 친고죄

범죄 중에는 모욕죄·사기죄·횡령죄·배임죄 등과 같이 피해자의 명예 등을 고려하여 고소가 없으면 처벌을 할 수 없는 죄가 있는데 이를 친고죄라고 한다. 친고죄는 범인을 알게 된 날로부터 6개월이 지나면 고소를 할 수 없다. 또 한 번 고소를 취소하면 다시 고소를 할 수 없고, 1심 판결이 선고된 후에는 고소를 취소하더라도 소용이 없다. 그리고 공범이 있는 경우에는 고소인 마음대로 일부만을 고소하거나 취소할 수 없다.

참조사항

- 관련 법규 : 형사소송법 제223조 내지 제233조, 제236조 내지 제239조
- 무고죄 : 타인으로 하여금 형사처분 또는 징계처분을 받게 할 목적으로 공무소 또는 공무원에 대하여 허위의 사실을 신고함으로써 성립하는 범죄

154. 고소의 취소

– 취소는 1심 판결 선고 전까지

☐ 범인과 피해자 사이의 사적인 화해를 고려하여 인정한 제도

고소의 취소는 일단 제기한 고소를 철회하는 고소인의 수사기관 또는 법원에 대한 의사표시로서 그 법률적 성질은 법률행위적 소송행위이다. 고소취소제도는 범인과 피해자 사이의 사적인 화해를 고려하여 인정한 제도로서 실제에 있어서 피해자의 권리구제에 중대한 역할을 하고 있다. 고소취소제도가 피해자에 대한 손해배상을 강제하는 제도는 아니나, 고소의 취소는 친고죄의 경우에는 불기소처분 또는 공소기각의 사유로 되며, 비친고죄의 경우에도 피의자 또는 피고인에게 유리한 자료(예컨대 기소유예·집행유예 등의 사유)로 되므로 실제에 있어서 피해자가 피의자 또는 는 피고인으로부터 손해배상·위자료를 받는 기능, 즉 피해자에 대한 구제적 기능을 하고 있는 것이다.

☐ 취소권자

고소를 취소할 수 있는 자는 고소를 제기한 자 즉 고소인이며, 그 밖에 피해자도 고유의 고소권자로서 고소권의 대리행사권자가 제기한 고소를 취소할 수 있다.

☐ 고소 취소의 방식

고소의 취소는 서면 또는 구두로 할 수 있으며, 공소제기 전에는 수사기관에, 공소제기 후에는 수소법원에 하여야 한다. 고소의 취소는 고소를 취소[철회]한다는 명시적 의사표시가 있음을 요하므로 단지 범인의 처벌을 희망하지 아니한다는 의사표시는 고소의 취소라고 볼 수 없으나, 서류의 제목이 합의서·진정서라 할지라도 그 내용에 고소를 취소[철회]한다는 취지의 기재가 있으면 고소의 취소라고 보아야 한다. 따라서 예컨대 '상호간에 원만히 해결되었으므로 민·형사간에 어떠한 이의도 제기하지 아니할 것을 합의한다'는 취지의 합의서에 대해서도 고소취소의 효력이 인정된다.

❑ 취소기간

고소는 제1심 판결선고 전까지 취소할 수 있다. 다만 공범 중 일부에 대하여 제1심 판결이 선고된 후에는 아직 판결을 받지 아니한 다른 공범자에 대한 고소의 취소는 허용되지 않는다고 본다. 이와 같이 고소취소의 시기를 제한한 것은 국가 사법권이 장기간 사인의 의사에 의해서 좌우됨을 방지하려는 데 그 취지가 있다.

❑ 고소 취소의 효과

고소의 취소에 의해서 고소권이 소멸하므로 고소를 취소한 자는 다시 고소하지 못하며, 따라서 고소를 취소한 자에 의한 재고소는 무효이다.

친고죄의 경우에는 고소취소는 불기소처분의 사유 또는 공소기각의 사유로 된다. 즉 공소제기 전에 고소가 취소된 경우에는 검사는 공소권이 없음을 이유로 불기소처분을 하여야 하며, 공소제기 후에 고소가 취소된 경우에는 법원은 소송조건의 결여를 이유로 공소기각의 판결을 하여야 한다. 이에 비해서 비친고죄의 경우에는 양형의 자료로 됨에 불과하다.

고소취소의 경우에도 불가분의 원칙이 적용되어 친고죄의 공범 중 일부에 대한 고소취소는 다른 공범자에 대해서도 효력이 있으며, 1개의 범죄사실의 일부에 대한 고소취소는 그 전부에 대해서도 효력이 미친다.

155. 기 소

– 사건을 재판에 회부하는 처분으로, 약식기소의 경우에는
 구속된 피의자를 석방한다

❑ 기소의 뜻

검사는 사법경찰관으로부터 송치받은 사건이나, 고소·고발 또는 직접
인지 등으로 수사한 사건에 대하여 피의자가 유죄임이 인정되고 범죄의
경중에 비추어 유죄의 재판을 받게 함이 마땅하다고 판단하는 경우에는
그를 법원의 재판에 회부하게 되는데 이를 공소제기 즉 기소한다고 하
며, 검사에 의하여 기소된 사람을 피고인이라고 한다.

❑ 약식기소

검사는 여러 가지 사정을 고려하여 피의자를 징역형이나 금고형에 처하
는 것보다 벌금·과료·몰수형에 처함이 상당하다고 생각되는 경우에

는 법원에 대하여 벌금형에 처해 달라는 뜻의 약식명령을 청구할 수 있는데, 이를 약식기소라고 한다. 따라서 구속된 사람에 대하여 검사가 약식기소를 하는 경우에는 그를 석방하여야 한다. 이 경우 판사는 정식공판절차를 거치지 않고 수사기록만으로 재판을 하게 된다. 그러나 판사가 약식절차에 의하는 것이 불가능 또는 부적당하다고 생각하는 경우에는 정식재판에 회부하여 공판을 열어 재판할 수도 있다. 피고인이나 검사는 판사의 약식명령에 대하여 불복이 있으면 7일 내에 정식재판을 청구할 수 있다.

참조사항

- 관련 법규 : 형사소송법 제448조 등(제4편 제3장 약식절차)
- 약식명령 : 약식절차에 의하여 재산형을 과하는 재판

156. 불기소처분

– 검사가 공소를 제기하지 않는 처분으로, 고소인 등은 이에 불복할 수 있다

❏ 불기소처분의 뜻

불기소처분이라 함은 검사가 피의사건에 대하여 공소를 제기하지 않은 처분으로서 타관이송처분(형사소송법 제256조)을 제외한 것을 말한다. 이는 수사종결처분의 일종으로서 현행법상 검사의 전권에 속한다.

❏ 불기소처분의 유형

현행법상 검사의 불기소처분에는 혐의없음(범죄인정안됨, 증거불충분), 죄가안됨, 공소권없음, 각하, 기소유예가 있다.

(1) 혐의없음

혐의없음은 피의사건에 대하여 공소를 제기함에 충분한 범죄의 객관적 혐의가 없는 경우에 행하는 것으로서, 피의자의 자백에 대하여 보강 증거가 없는 경우, 피의사실을 특정할 수 없는 경우도 이에 해당한다.

(2) 죄가안됨

'죄가안됨'은 피의자가 형사미성년자나 심신상실자임이 판명된 경우, 정당행위 · 정당방위 · 긴급피난에 해당함이 판명된 경우에 행하는 것이나, 범죄의 성립여부가 명백하지 않은 경우로 무혐의에 해당한다.

(3) 공소권없음

'공소권없음'은 피의사건에 대하여 소송조건이 구비되지 아니 한 경우에 행하는 것이다.

(4) 각하

고소인 또는 고발인의 진술이나 고소장 또는 고발장에 의하여 혐의없음, 죄가안됨, 공소권없음, 기소유예의 각 사유에 해당함이 명백한 경우, 동일 사건에 관하여 검사의 불기소처분이 있는 경우, 고소인 또는 고발인이 출석요구에 불응하거나 소재불명되어 고소·고발사실에 대한 진술을 청취할 수 없는 경우 등이 이에 해당한다.

(5) 기소유예

기소유예는 피의사건에 대하여 소송조건이 구비되고 범죄의 객관적 혐의가 충분한 경우에도, 검사가 범인의 연령·성행, 지능과 환경, 피해자에 대한 관계, 범행의 동기, 수단과 결과, 범죄 후의 정황 등을 참작하여 공소를 제기하지 않는 것으로서 기소편의주의의 제도적 표현이다.

❑ 재기소

기소유예처분을 한 사건을 검사가 다시 기소할 수 있느냐에 대하여는 학설이 대립하나, 기소유예처분은 행정관청인 검사의 처분에 불과하여 기판력과 같은 법적 효력이 인정되지 아니 하고, 공소의 취소에 관한 규정

을 기소유예한 사건에 준용한다는 실정법적 근거가 없으므로, 기소유예 처분한 사건에 대하여 검사는 재량에 의하여 제기 후 기소할 수 있다고 보는 것이 통설이자 실무상의 관행이다.

❏ 불기소처분에 대한 불복

검사의 불기소처분에 대하여 불복이 있는 고소인 또는 고발인은 불기소처분통지를 받은 날로부터 30일 이내에 관할고등검찰청의 장에게 항고할 수 있고, 항고를 기각하는 처분에 대하여는 항고기각통지를 받은 날로부터 30일 내에 다시 검찰총장에게 재항고 할 수 있다.

또한 검사의 불기소처분이 있는 경우 고소권자로서 고소를 한 자(형법 제123조부터 제125조까지의 죄에 대하여는 고발을 한 자를 포함한다)는 그 불기소처분의 통지를 받은 날로부터 30이내에 불기소처분을 한 검사가 속하는 관할 고등검찰청 검사장에게 항고를 하고, 위 항고가 기각된 경우 재항고 결정을 거치지 않고 항고기각 결정을 통지받은 날로부터 10일 내에 관할 고등법원에 그 당부에 관한 재정신청을 할 수도 있다.

참조사항

- 관련 법규 : 형사소송법 제247조·제259조·제260조 등, 검찰청법 제10조
- 기소편의주의 : 기소법정주의에 대한 개념으로, 검사가 기소여부를 결정함에 있어서 범죄의 혐의가 충분하고 소송조건이 구비된 경우에도 검사의 재량에 의한 불기소처분을 인정하는 원칙
- 소송조건 : 사건에 대한 실체적 판단을 하기 위한 전제조건으로서, 법원은 소송조건이 결여될 경우 공소기각의 판결(형사소송법 제327조) 또는 공소기각의 판결(형사소송법 제328조)을 한다.

157. 공소시효

― 확정판결 전에 일정기간이 지나면 형벌권이 소멸되는 것

❏ 공소시효란

공소시효란 확정판결 전에 일정한 시간의 경과에 의하여 형벌권이 소멸되는 것을 말한다. 공소시효도 형의 시효와 같이 형사시효의 일종이지만, 확정판결 전의 형사시효라는 점에서 확정판결 후의 형사시효인 형의 시효와 다르다. 즉 공소시효가 미확정인 형벌권을 소멸시키는 제도임에 대해, 형의 시효는 확정된 형벌권을 소멸시키는 제도이다.

그리하여 공소시효가 완성되면 면소의 판결이 선고되나, 형의 시효가 완성되면 형의 집행이 면제되게 되며, 또한 공소시효에 관해서는 형사소송법에서 규정하고 있으나, 형의 시효에 관해서는 형법에서 규정하고 있다.

이러한 공소시효제도는 일정한 시간의 경과로 인하여 생긴 사실상의 상태를 존중하자는 것이 주된 존재이유이다. 즉 시간의 경과로 인해서 범죄의 사회적 영향이 미약화되었음과 동시에 유죄 또는 무죄의 증거가 산일됨으로써 공정한 재판을 기대하기 곤란하다는 점에 그 존재이유가 있다.

❏ 기간

공소시효의 기간은 범죄의 경중에 의하여 장단의 차이가 있는데, 현행법상 최장기간은 30년이며, 최단기간은 1년이다. 구체적으로 보면(형법 제8조)

1. 사형은 30년
2. 무기의 징역 또는 금고는 20년
3. 10년 이상의 징역 또는 금고는 15년
4. 3년 이상의 징역이나 금고 또는 10년 이상의 자격정지는 10년
5. 3년 미만의 징역이나 금고 또는 5년 이상의 자격정지는 7년

6. 5년 미만의 자격정지, 벌금, 몰수 또는 추징은 5년
7. 구류 또는 과료는 1년

❏ 기간의 산정

공소시효는 범죄행위가 종료한 때로부터 진행하며, 공범의 경우에는 최종행위가 종료한 때로부터 전 공범에 대한 시효기간을 기산한다. 시효기간의 계산에 있어서는 초일은 시간을 계산함이 없이 1일로 산정하고, 기일의 말일이 공휴일 또는 토요일에 해당하는 날이라도 시효기간에 산입한다.

❏ 시효의 정지

한편 공소시효는 공소제기에 의해서 그 진행이 정지된다. 그 공소제기가 적법·유효한 경우 뿐 아니라 무효인 경우에도 공소시효의 진행이 정지된다. 그 밖에 재정신청이 있는 때에도 고등법원의 재정결정이 있을 때

까지 공소시효의 진행이 정지된다. 공소제기에 의해서 그 진행이 정지된 공소시효는 공소기각 또는 관할위반의 재판이 확정된 때로부터 다시 진행한다.

❑ 시효의 완성

공소의 제기없이 공소시효 기간이 경과되면 공소시효가 완성되며, 공소가 제기된 경우에도 공소기각 또는 관할위반의 재판이 확정된 후 재차 공소시효가 진행되어 공소시효의 잔여기간이 경과하면 공소시효가 완성된다. 그리고 공소가 제기된 범죄는 판결의 확정이 없이 공소가 제기된 때로부터 25년을 경과하면 공소시효가 완성된 것으로 간주한다. 공소시효가 완성되면 법원은 사건의 실체에 대한 판단을 할 필요없이 면소의 판결로써 소송을 종결하여야 한다.

참조사항

- 관련 법규 : 공소시효(형사소송법 제249조 이하), 형의 시효(형법 제77조 내지 제80조)
- 관할위반 : 재판의 신청을 받은 법원이 그에 대하여 관할권을 갖지 아니 한 상태

158. 법정경찰권

– 법정질서유지를 위한 재판장의 권한

□ 법정경찰권의 뜻

법정경찰권이란 법정의 질서를 유지하고 심판의 방해를 제지·배제하기 위하여 법원이 행하는 권력작용을 행할 수 있는 권한을 말하며, 피고사건의 내용과는 실질적인 관계가 없다는 점에 그 특색이 있다.

법정경찰권은 본래 법원의 권한에 속하는 것이지만 질서유지의 신속성과 기동성을 고려하여 재판장의 권한으로 하고 있다(법원조직법 제58조 제1항, 형사소송법 제281조).

□ 법정경찰권의 내용

① 예방작용 : 법정의 존엄과 질서를 해할 우려가 있는 자의 입정의 금지 또는 퇴정을 명하거나, 기타 법정의 질서를 위하여 필요한 명령을 발할 수 있다(법원조직법 제58조 제2항). 또 방청권의 발행, 소지품 검사(법정에서의 방청·촬영등에관한규칙 제2조), 경찰관의 파견요청(법원조직법 제60조), 간수명령(형사소송법 제280조 단서) 등이 이에 해당한다.

② 방해배제작용 : 법정의 질서를 회복하기 위한 퇴정의 제지(형사소송법 제281조 제1항), 퇴정명령(법원조직법 제58조 제2항), 공판정에서의 녹화·촬영·중계방송의 제한(법원조직법 제59조) 등이 이에 해당한다.

③ 제재작용 : 법정질서 문란행위에 대한 20일 이내의 감치 또는 1백만원 이하의 과태료에 처하거나 이를 병과할 수 있다(법원조직법 제61조 제1항).

❏ 이의신청

법정경찰권에 기한 재판장의 처분에 대하여 검사 또는 피고인·변호인는 법령의 위반이 있음을 이유로 하여서만 이의신청을 할 수 있으며(형사소송규칙 제136조), 감치처분에 대하여는 이의신청·항고·특별항고를 할 수 있고(법원조직법 제61조 제5항), 법원은 법정경찰권에 기하여 구속한 경우에는 24시간 이내에 감치에 처하는 재판을 하지 않으면 즉시 석방하여야 한다(법원조직법 제61조 제2항).

❏ 행사의 범위

법정경찰권은 심리의 개시로부터 종료까지 실제로 심리가 행하여지는 시간 내와 심리에 접착한 심리 전의 시간 내에 한하여 행사할 수 있으며, 법정 내는 물론 심리의 방해행위가 행하여지는 법정 외에서도 행사할 수 있고, 그 심리절차에 관계되는 모든 사람에 대하여 미친다.

참조사항

● 관련 법규 : 형사소송법 제280조·제281조, 제304조, 법원조직법 제58조·제59조·제60조·제61조, 형사소송규칙 제136조 등

159. 고소불가분의 원칙

– 범죄가 수개이거나 공범에 대하여 고소가 미치는 효력의 범위

❑ 고소불가분의 원칙이란

고소불가분의 원칙이라 함은 고소 또는 그 취소의 효력이 미치는 범위에 관한 원칙으로 고소를 소송조건으로 하는 친고죄에 특히 의의가 있다. 친고죄에는 범인이 피해자와 일정한 신분관계가 있는 경우에 비로소 친고죄가 되는 상대적 친고죄와 범죄사실 그 자체의 성질상 친고죄로 되는 절대적 친고죄가 있는데, 상대적 친고죄는 친족상도례의 경우가 이에 해당되고, 절대적 친고죄는 임의적 공범뿐만 아니라 필요적 공범 등이 이에 해당된다.

❑ 고소불가분의 원칙의 유형

고소불가분의 원칙에는 주관적 불가분의 원칙과 객관적 불가분의 원칙이 있다.

(1) 주관적 고소불가분의 원칙

주관적 불가분의 원칙은 친고죄의 공범 중 그 일인 또는 수인에 대한 고소 또는 그 취소는 다른 공범자에 대해서도 그 효력이 있다는 것을 말한다. 이 원칙은 절대적 친고죄에 대해서는 예외없이 적용되고, 상대적 친고죄의 공범 전원이 신분관계가 있는 자인 때에는 역시 이 원칙이 적용됨은 당연하다. 그러나 상대적 친고죄에 있어서 비신분자에 대한 고소 또는 그 취소는 신분관계 있는 공범자에 대해서는 이론상 효력이 미치지 아니한다. 다만 공범 중 일부에 대하여 제1심 판결이 선고된 후에 제1심 판결선고 전의 다른 공범자에 대하여 고소취소의 효력이 미칠 수 있는가에

대하여는 이를 부정하는 것이 우리 대법원판례의 입장이다.

(2) 객관적 고소불가분의 원칙

객관적 불가분의 원칙은 한 개 범죄사실의 일부에 대한 고소 또는 그 취소는 그 전부에 대하여 그 효력이 미친다는 것을 말한다. 이 원칙은 단순일죄에 대하여는 예외없이 적용되나, 과형상일죄인 경우에는 제한적으로 적용된다. 즉 과형상일죄의 각 부분이 모두 친고죄이고 피해자가 동일인인 경우에는 그 일부에 대한 고소는 그 전부에 대해서 효력이 미치나, 피해자가 다른 경우에는 피해자 수인 중 일인이 한 고소의 효력은 다른 피해자에 대한 범죄사실에 미치지 아니 한다. 마찬가지로 과형상일죄의 일부만이 친고죄인 경우에 비친고죄에 대한 고소의 효력은 친고죄에 대해서는 미치지 아니 한다. 고소의 객관적 불가분의 원칙은 한 개의 범죄사실을 전제로 한 원칙이므로 경합범의 경우에는 적용되지 않는다. 즉 경합범의 일부에 대한 고소의 효력은 다른 죄에 대하여 미치지 않는다. 즉 경합범의 일부에 대한 고소의 효력은 다른 죄에 대해서 미치지 않는다.

참조사항

- 관련 법규 : 형법 제37조 · 제328조 · 형소법 제233조 등
- 과형상일죄 : 본래 수죄이지만 과형상일죄로 처벌하는 범죄
- 경합범 : 판결이 확정되지 아니 한 수개의 죄 또는 금고 이상의 형에 처한 판결이 확정된 죄와 그 판결확정 전에 범한 범죄

160. 진술거부권

– 진술거부권은 포기할 수 없으며, 진술을 거부한 것으로
  유죄추정을 받지 않는다

☐ 진술거부권이란

피고인 또는 피의자에게는 수사기관의 조사 및 공판 등에서 시종 침묵을 지키거나 또는 개개의 질문에 대하여 진술을 거부할 수 있는 권리가 인정되는 바, 이를 흔히 묵비권이라고도 한다. 우리 헌법은 제12조 제2항 후단에서 '모든 국민은 형사상 자기에게 불리한 진술을 강요당하지 아니 한다'라고 규정하여 이러한 진술거부권을 국민의 기본적 권리로서 보장하고 있고, 당사자주의를 채용하고 있는 현행 형사소송법도 헌법의 취지를 더욱 넓게 이해하여 피의자 또는 피고인에게 불리한 진술을 거부할 수 있는 권리를 인정하고 있으며, 그 행사의 기회를 주기 위하여 수사단계나 공판단계에서 피의자나 피고인에게 진술거부권을 행사할 수 있음을 고지하도록 규정하고 있다.

☐ 인정신문에서의 진술거부

피의자 또는 피고인은 소위 인정신문에 있어서 자기의 성명 · 주거 · 직업 등과 같은 인적사항에 대해서까지도 진술거부권을 행사할 수 있을 것인가. 일반적으로는 성명 · 직업 등이 피의자 또는 피고인에게 불리한 진술이라고 할 수는 없겠지만, 형사소송법이 진술거부권을 인정하고 있는 취지로 미루어 볼 때 성명 · 직업 등을 알림으로써 당해 범죄가 당연히 자신의 범행이라는 것이 판명되어지거나 또는 이로 인하여 자신에게 불이익한 증거자료를 발견할 수 있는 단서가 제공되어지는 경우 등에는 위와 같은 인적사항에 대하여도 당연히 진술거부권을 인정함이 타당할 것이다.

❑ 진술거부의 효과

진술거부권은 그 당연한 귀결로서 형벌 기타의 제재로서 진술을 강요당하지 않는다는 효과를 가지므로 진술거부권을 침해하여 강요된 진술이 이루어졌다면 그것은 임의성을 결하는 것으로서 증거능력이 없고 따라서 유죄의 증거로 할 수 없다.

그리고 진술거부권의 행사는 법률상 인정된 권리이므로 묵비한 것을 이유로 유죄의 증거로 한다든가, 또는 그것으로 인하여 유죄의 추정, 즉 유죄의 심증을 형성하는 것은 허용되지 아니한다. 그러나 위와 같은 진술거부권의 효과로서 진술거부권의 행사를 양형상 불이익하게 고려하는 것이 절대 금지되는 것은 아니며, 범죄사실에 관한 피고인의 진술태도상의 차이에 따라 양형상 처우를 달리하는 것은 진술거부권을 침해하는 것이 아니라고 본다.

그리고 피의자나 피고인에게 진술거부권이 있다고 하여 허위진술을 할 권리까지 인정되느냐라는 문제가 있으나, 피의자나 피고인의 허위진술에 대해서는 제재규정이 없다는 것 뿐이지 그것이 진술거부권의 내용을 이루는 것은 아닐 것이다.

□ 진술거부권의 포기

피고인이 진술거부권을 포기하고 자기의 형사사건에 대하여 선서한 후 증인으로서 증언을 할 수 있을 것인가라는 문제가 있으나, 우리나라에서는 피고인이 자기 사건의 증인으로 되는 것을 인정하지 아니 하며, 또 피고인은 일단 임의로 진술하여도 그 후에 개개의 질문에 대해 진술을 거부할 수 있으므로 현행법상으로는 진술거부권을 포기하는 것이 인정되지 않는다고 보아야 할 것이다.

참조사항

- 관련 법규 : 형사소송법 제148조 · 제149조 · 제177조 · 제244조의3 · 제283조의2, 헌법 제12조 제2항 등
- 당사자주의 : 형사소송에 있어서 소송당사자에게 소송의 주도적 지위를 인정하여 당사자 상호간의 공격 · 방어를 중심으로 심리가 진행되고 법원은 제3자적 입장에서 양 당사자의 주장과 입증을 판단하는 주의
- 인정신문 : 재판장이 공판기일에서 실질적인 심리에 들어가기 전에 피고인으로 출석한 자가 공소장에 기재된 피고인과 동일인인가를 확인하는 절차

161. 공소장 변경

– 공소사실의 동일성을 해하지 않는 범위에서

❑ 공소장 변경의 뜻

공소장변경이란 공소제기 후에 검사가 공소장에 기재된 공소사실과 적용법조를 추가·철회·변경하는 것을 말한다. 공소장의 변경은 공소사실의 동일성이 인정되는 범위 내에서만 허용된다는 점에서 추가기소나 공소의 취소와 구별되며, 공소사실의 내용에 실질적인 영향을 미치는 정도의 추가·철회·변경이라는 점에서 공소장의 정정과도 다르다.

이러한 공소장변경 제도는 형사소송의 동적 발전적 성격에 대처함으로써 실체적 진실의 발견에 기여하고 동시에 피고인의 방어준비를 용이하게 하려는 취지에서 인정된 제도이다.

❑ 공소장 변경의 내용

공소장변경의 내용은 공소사실과 적용법조의 추가·철회·변경이다. 물론 죄명의 변경도 공소장변경에 포함된다.

❑ 공소장 변경의 한계

공소장변경은 무한정 허용되는 것이 아니라 공소사실의 동일성을 해하지 않는 한도내에서 허용된다. 공소사실의 동일성이라 함은 공소사실의 기초가 되는 사회적 사실관계가 기본적인 점에 있어서 동일한 것을 말한다.

❑ 공소장 변경의 방식

검사가 법원의 허가를 얻어 공소장을 변경할 수 있는데, 공소장변경 신청의 방식은 서면에 의하도록 되어 있다. 또한 법원은 공소사실의 동일성을 해하지 않는 한도에서 공소장변경을 허가하여야 한다. 검사의 신청에 의한 공소장변경 방식 외에도, 법원은 사건의 심리경과에 비추어 상당하다고 인정할 때에는 검사에게 공소사실 또는 적용법조의 추가·변경을 요구하도록 하고 있다.

❑ 공소장 변경의 시기

공소장변경의 시기는 사건의 변론종결 전에 하여야 한다. 법원은 공소장변경을 한 때에는 그 사유를 신속히 피고인이나 변호인에게 고지하여야 하며, 공소장의 변경이 피고인의 불이익을 증가할 염려가 있는 때에는 법원은 직권 또는 피고인이나 변호인의 청구에 의하여 결정으로 피고인의 방어준비에 필요한 기간 동안 공판절차를 정지할 수 있다.

또한 공소장변경은 항소심에서도 허용된다. 그리고 재판상의 준기소절차에 의하여 심판에 회부된 사건의 경우에도 공소장변경이 인정된다.

우리 판례를 보면 처음에 어떤 물건을 장물인 줄 알면서 남에게 양여했다 하여 장물양여죄로 공소를 제기했다가, 나중에 그 물건을 절취한 사실을 이유로 야간주거침입절도나 절도죄로서 공소장에 기재된 공소사실을 변경하는 것은 그 공소사실에 있어서 동일성을 해하는 것이라고는 볼 수 없다고 한다.

참조사항

- 관련 법규 : 형사소송법 제298조
- 추가기소 : 형사사건의 제1심 계속 중 검사가 동일 피고인의 다른 범죄를 계속 법원에 추가로 기소하는 것

162. 공판절차의 갱신

–이미 시작된 공판을 판사의 경질 등을 이유로 다시 하는 것

❏ 공판절차의 갱신이란

공판절차의 갱신이란 이미 행하여진 공판절차를 일단 무시하고 이를 다시 하는 것을 말한다.

공판개정 후 판사의 경질이 있을 때에는 공판절차를 갱신하여야 한다. 여기서 공판개정 후란 공판을 개정하여 실체심리를 개시한 후를 의미하며, 단지 공판개정 후 인정신문만 하였을 경우는 제외된다. 재판이 내부적으로 성립한 후에 판결만 선고하는 경우에는 실체형성은 완료된 후이므로 판사의 경질이 있어도 공판절차를 갱신할 필요가 없다.

❏ 갱신사유

공판개정 후 판사경질의 경우와 간이공판절차가 취소가 되면 공판절차를 갱신하여야 한다. 단 후자의 경우 검사 · 피고인 또는 변호인의 이의가 없는 때에는 갱신하지 않는다.

이외에 공판갱신을 인정할 필요가 있는 경우로 공판개정 후 장기간 개정하지 못할 경우를 들 수 있는데, 이 때에는 피고인의 방어권의 보호 견지에서 역시 공판절차의 갱신을 인정함이 옳을 것이다. 다만 이 경우는 공판개정 후 판사경질의 경우와 달라 필요적인 것은 아니며, 법원이 필요하다고 인정하는 때에 임의로 할 수 있다고 보아야 할 것이다.

국민의 형사재판 참여에 관한 법률에 의하여 실시되는 국민참여재판의 경우에 공판절차가 개시된 후 새로이 재판에 참여하는 배심원 또는 예비배심원이 있는 때에는 공판절차를 갱신하여야 한다.

❑ 갱신방식

공판절차를 갱신함에는 구술주의·직접주의를 해치지 않는 한도에서 검사의 기소요지의 진술 이후의 절차를 새로 반복하는 것이나, 반드시 구체적으로 갱신 전과 동일한 절차를 반복할 필요는 없다. 예컨대 증인의 증언을 증거로 하는 경우에 있어서 반드시 그 증인을 다시 심문할 필요는 없고, 그 증언을 녹취한 공판조서를 증거서류로서 증거조사를 하여 채증하여도 무방하다. 요컨대 새로 심증을 얻음에 필요하고 충분한 한도에서 절차를 갱신하면 족하다.

❑ 갱신의 효과

갱신은 원칙적으로 실체면에 관한 것이며 절차면에 대하여는 영향을 받지 않는다. 예컨대 갱신 전에 한 변호인의 증거조사의 신청·이의신청 등은 갱신 후에도 효력을 잃지 않는다. 이에 반하여 갱신 전의 공판기일에 있어서의 피고인 또는 증인의 진술 등은 그대로 증거로서 판결의 기초로 할 수 없다. 그러나 이를 기재한 공판조서는 증거서류로서의 효력을 보유하며, 이에 대하여 갱신 후의 공판기일에 형사소송법 제292조에 규정한 증거조사방식의 절차에 의하여 이를 판결의 기초로 할 수 있다. 요컨대 갱신 전의 실체형성행위는 무효이나 절차형성행위는 그 효력을 잃지 않는다.

참조사항

- ● 관련 법규 : 형사소송법 제292조·제301조
- ● 구술주의 : 소송심리의 기본원칙 중의 하나로서, 변론 및 증거조사에 관한 당사자 및 법원의 소송행위를 구술로 하여야 하는 것

163. 면소판결

– 확정판결 · 사면 · 공소시효완성 · 형의 폐지 등 소송조건이 결여된 경우

❑ 면소판결의 뜻

면소판결은 형사피고사건에 대하여 실체적 소송조건이 결여된 경우에 선고하는 판결이다. 면소판결은 실체적 소송조건의 흠결을 이유로 하는 재판이라는 점에서, 형식적 소송조건의 흠결을 이유로 하는 순절차적 형식재판과 구별되며, 구체적 형벌권의 존부를 판단의 대상으로 하지 않는다는 점에서 유죄 · 무죄의 실체판결과도 구별된다.

❑ 면소판결의 본질

양면적 요소를 가지고 있는 면소판결의 본질에 대하여는 형식재판설 · 실체관계적 형식재판설 등의 학설이 대립하는 바, 면소판결은 사건의 실체를 판단하는 재판이 아니므로 본질적으로 형식재판이지만, 실체적 소송조건의 존부를 판단함에 있어서는 사건에 대하여 어느 정도 실체적 심리가 행하여지므로 순절차적 형식재판과도 구별되는 실체관계적 형식재판이라고 하는 실체관계적 형식재판설이 통설이다.

❑ 면소판결을 할 수 있는 경우

면소판결은 실체적 소송조건의 흠결, 즉 실체형성을 할 이익이 없고 실체형성을 끝까지 진행시키는 것을 부적당하게 하는 사유가 있을 때 선고된다.

이러한 면소판결의 사유는 다음과 같다.

① 확정판결이 있을 때 : 약식명령 · 즉결심판 · 군사법원판결 · 경범죄처벌법 또는 도로교통법상의 통고처분을 받은 자가 범칙금을 납부한 경

우 등을 포함한다.

② 사면이 있을 때 : 특별사면은 형이 확정된 자에 대하여 형의 집행을 면제하는 사면이므로 여기서의 사면은 일반사면만을 의미한다.

③ 공소시효의 완성

④ 형의 폐지 : 범죄결과 발생 이후에 형이 폐지된 때이다. 형의 폐지란 명문으로 벌칙을 폐지하는 경우에 한하지 않고, 법령에 정하여진 유효기간의 경과로 전법이 후법에 저촉됨으로써 실질상 벌칙의 효력이 상실되었다고 인정되는 경우도 포함한다. 한시법에 있어서 유효기간 내의 범죄행위를 그 유효기간 경과 후에도 처벌할 수 있느냐에 대하여는 학설의 대립이 있으나, 통설인 절충설에 의하면 국가의 법률이념의 변경에 따라 종래의 처벌자체가 부당하였다거나 과형이 과중하였다는 반성적 고려에서 법령을 개폐한 경우에는 처벌할 수 없으나, 경제사정의 변경에 따라 그때 그때의 특수한 필요에 대처하기 위하여 법령을 개폐함에 불과한 경우에는 처벌하여야 한다고 한다(대법원판례의 입장도 동일함).

❑ 면소판결이 선고되면 구속영장의 효력이 상실

면소판결이 선고되면 구속영장의 효력이 상실되며, 확정된 경우에는 기판력이 발생한다. 면소판결에 대해서는 검사는 상소할 수 있지만, 면소판결을 받은 피고인은 학설의 대립이 있기는 하지만 상소의 이익이 없어 상소할 수 없다는 것이 대법원 판례의 입장이다.

참조사항

- 관련 법규 : 형사소송법 제326조
- 한시법 : 폐지 전에 미리 유효기간을 예정하여 그 기간이 지나면 당연히 실효되도록 한 법규

164. 불이익변경금지의 원칙

– 피고인이 항소한 경우에 원심보다 중한 형을 선고할 수 없다

□ 불이익변경금지의 원칙

형사소송법은 피고인이 항소(또는 상소)한 사건이나 피고인을 위하여 항소한 사건에 대하여는 원심판결의 형보다 중한 형을 선고할 수 없다고 규정하고 있다. 이러한 원칙을 불이익변경금지의 원칙 또는 중형변경금지의 원칙이라고 한다. 이 원칙은 유럽대륙에서 규문주의 말기인 18세기 전반에 피고인의 이익보장을 위하여 인정되었던 것이 프랑스혁명 당시 고조된 인권옹호의 사상에 따라 형사소송에 있어 불가결의 원칙으로 되었다. 이 원칙은 피고인의 상소권을 보장한다는 정책적 이유에 그 존재이유가 있다. 즉 상소심의 판단에 이러한 원칙이 없는 경우에는 피고인이 정당한 상소제기까지도 주저할 염려가 있기 때문이다.

□ 적용범위

① 이 원칙의 적용범위는 피고인이 항소(상고)한 사건 또는 피고인을 위하여 항소·상고한 사건에 한한다. 따라서 검사가 상소한 사건 또는 쌍방이 각각 독립하여 상소한 사건에는 적용되지 않는다.

② 이 원칙의 존재이유는 피고인의 상소권 보장에 있고, 검사는 본래 이 원칙의 존재로 인하여 상소권의 행사에 어떠한 제약을 받아야 할 지위에 있는 것은 아니고, 공익을 대표하여 법원에 대한 법령의 정당한 적용의 청구자로서 피고인의 이익여부에 불문하고 상소할 수 있는 지위에 있다 할 것이므로 검사가 피고인의 이익을 위해 상소한 경우에는 불이익변경금지의 원칙은 적용되지 아니한다고 본다.

③ 불이익변경금지의 원칙은 피고인의 정당한 상소권 행사를 보장한다

는 정책적인 이유에 의한 것이고, 변론주의의 원칙에서 오는 것은 아니므로 상소의 이유가 반드시 양형부당에 있어야 하는 것은 아니다. 한편 약식명령에 대한 정식재판의 청구는 엄격한 의미에서 상소라고 볼 수 없고 또 현행법상 명문의 규정도 없으므로 불이익변경금지의 원칙이 적용되지 않는다고 본다.

④ 불이익변경금지는 판결주문에서 과형 또는 피고인의 부담을 원심에 비하여 중하게 하는 것은 허용하지 않는다는 취지이고, 판결이유까지 대상으로 하는 것은 아니다. 따라서 판결의 이유 즉 사실인정이나 법령적용, 형의 선택에 있어서는 상소심의 심증문제이므로 그 내용에 있어서 제1심보다 불이익하게 변경하여도 결과적으로 선고한 형의 변경이 없는 한 중형에 해당하지 아니 한다.

❏ 형의 경중

중형금지에서의 형의 경중은 형법 제50조에 의하여 결정할 것이고, 이것이 표준이 되지 않을 때에는 구체적으로 실질적인 이익·불이익을 비교하여 판단한다. 그리하여 자유형이 벌금형으로 변경된 경우에는 벌금형의 노역장 유치일수가 자유형의 기간을 초과하여도 불이익변경이 아니다.

참조사항

- 관련 법규 : 형사소송법 제368조 · 제396조
- 양형부당 : 선고형이 구체적인 사안의 내용에 비추어 너무 중하거나 너무 경한 경우

165. 약식명령의 청구

– 검사가 복잡한 공판절차를 거치지 않고 벌금형 등에 처하기 위해 청구

❏ 벌금 · 과료 · 몰수의 형에 처하는 약식명령을 청구

약식명령의 청구라 함은 검사가 공소의 제기와 동시에 법원에 대하여 공판절차를 거치지 아니하고 검사가 제출한 자료만을 토대로 하는 약식절차에 의하여 피고인을 벌금 · 과료 · 몰수의 형에 처하는 약식명령을 청구하는 것을 말한다. 약식명령은 경미한 사안에 대하여 벌금 · 과료 등의 형을 과함으로써 단기자유형의 폐단을 방지할 수 있고, 부수적으로 국고수입을 증대시킬 수 있을 뿐만 아니라, 피고인이 다투지 아니 하는 사안에 대하여 번잡한 공판절차를 거침으로서 파생되는 절차와 시일을 절약할 수 있어 소송경제상으로도 유익하다 하겠으나, 그 반면에 적정한 적용을 하지 못하면 형벌권을 약화시킬 뿐만 아니라 인권옹호에 소홀할 위험이 있다고 하겠다.

❏ 약식명령을 청구할 수 있는 경우

실무상 약식명령청구가 주로 활용되고 있는 사건으로는 법정형이 벌금 · 과료 밖에 없는 사건, 조세범처벌법 위반사건 등과 같이 벌금형이 자유형보다 오히려 더 실효를 거둘 수 있는 사건, 교통사고 사건이나 단순폭행사건, 상해사건 등으로서 사안이 경미하고 피해자와 합의가 성립된 사건 등이 있다.

❏ 청구시기

약식명령의 청구는 공소제기와 동시에 서면으로 하여야 하는 바(형사소송법 제449조), 실무상으로는 공소장에 '아래와 같이 공소를 제기하여 약

식명령을 청구합니다'라고 기재하여 동일서면을 이용하고 있으며, 이 서면을 '약식공소장'이라고 한다.

❑ 확정판결과 동일한 효력

한편 정식재판청구기간을 도과한 경우, 정식재판청구를 취하한 경우, 정식재판청구의 기각결정이 난 경우 확정판결과 동일한 효력이 있다.

참조사항

- 관련 법규 : 형사소송법 제448조 이하
- 미결구금일수 : 구금된 날로부터 판결확정일까지 실제로 구금된 일수를 말한다.

166. 형집행정지

– 정지처분이 취소되면 잔여형기를 집행한다

❑ 형 집행의 일시 정지

형집행정지란 일정한 법정원인이 존재하는 경우에 형의 집행을 일시 정지하는 것을 말한다.

❑ 사형집행정지와 자유형집행정지

형집행정지에는 사형집행정지와 자유형집행정지가 있다.

(1) 사형집행정지

사형집행정지란 사형의 선고를 받은 사람이 심신의 장애로 의사능력이 없는 상태에 있거나, 잉태 중에 있는 여자인 때에 법무부장관의 명령으로 심신장애가 회복되거나 출산 후까지 사형집행을 정지하는 것을 말한다.

(2) 자유형집행정지

자유형집행정지란 검사가 징역·금고·구류의 선고를 받은 사람에게 일정한 사유가 있는 때에 형의 집행을 정지하고 이를 석방하는 것을 말한다. 자유형집행정지에는 검사가 법률상 반드시 집행을 정지해야 하는 경우와, 그 재량에 의하여 집행을 정지할 수 있는 경우가 있다.

전자에 해당하는 경우에는 자유형을 선고받은 사람이 심신장애로 인하여 의사능력이 없는 때로 검사는 심신장애가 회복될 때까지 형의 집행을 정지하여야 한다.

후자에 해당하는 경우는 자유형을 선고받은 사람이

① 형의 집행으로 인하여 현저히 건강을 해하거나 생명을 보전할 수 없
   는 염려가 있는 때
② 연령 70세 이상인 때
③ 잉태 후 6월 이상인 때
④ 출산 후 60일이 경과하지 아니한 때
⑤ 직계존속이 연령 70세 이상 또는 중병이나 장애인으로 보호할 다른
   친족이 없는 때
⑥ 직계비속이 유년으로 보호할 다른 친족이 없는 때
⑦ 기타 중대한 사유가 있는 때로 검사는 재량에 의하여 형의 집행을 정
   지할 수 있다.

자유형집행정지자에 대한 집행정지사유가 없어진 때에는 검사가 집행정
지처분을 취소하고 교도소장에게 잔형집행을 지휘하며 관할 경찰서장에
게 그 취소사실을 고지한다.
자유형집행정지처분이 취소된 경우에는 잔여형기가 집행되며 형집행정
지기간 중 형의 시효는 정지된다.

참조사항

● 관련 법규 : 형사소송법 제469조 · 제470조 · 제471조

167. 형사보상

– 억울한 구금에 대한 보상청구

☐ 구금에 대한 보상청구

형사소송법에 의한 일반절차 또는 재심이나 비상상고절차에서 무죄재판을 받은 자가 미결구금되었을 때에는 형사보상법에 의하여 국가에 대하여 구금에 대한 보상을 청구할 수 있다.

이를 쉽게 표현한다면 범죄자로 인정되어 구속되었다가 법원에서 무죄판결을 받은 경우에, 구속되어 있던 기간에 대한 보상을 받을 수 있다는 것이다.

☐ 보상하지 아니할 수 있는 경우

구속되었던 피고인이 무죄판결을 받은 경우에도 다음과 같은 경우에는 법원은 재량에 의하여 보상청구의 전부 또는 일부를 기각할 수 있다.

① 형사미성년자에 해당되거나 또는 심신장애의 상태에서의 범행에 해당되어 무죄재판을 받은 경우

② 본인이 수사 또는 심판을 그르칠 목적으로 허위의 자백을 하거나 또는 다른 유죄의 증거를 만듦으로써 기소·미결구금 또는 유죄재판을 받게 된 것으로 인정된 경우

③ 한 개의 재판으로써 경합범의 일부에 대하여 무죄재판을 받고, 다른 부분에 대하여 유죄재판을 받은 경우

☐ 보상의 내용

구금에 대한 보상에 있어서는 그 일수에 따라 1일 5천원 이상 대통령령이 정하는 금액(최저임금액의 5배) 이하의 비율에 의한 보상금을 그러나

실제로는 최저임금액의 2내지 3배 정도에서 지급하는데, 예를 들어 한 달(30일) 미결구금되었다면 11,856,000원[=9,880원(2024년 최저시급액)×8(시간)×30(미결구금일수)×5배]을 최고 한도로 지급받을 수 있다.

❑ 피의자보상

예전에는 법원에서 무죄재판을 받은 경우만 보상받을 수 있었는데, 1988년 2월 25일부터는 피의자로 구금되었던 자가 검사로부터 불기소처분을 받은 자로서 사실상 죄를 범하지 아니 하였다고 인정할 명백한 이유가 있거나, 구금된 때로부터 불기소처분을 할 사유가 존재한 경우에도 국가에 대하여 그 구금에 대한 보상을 청구할 수 있다.

그러나 구속되었던 피의자가 위의 요건에 해당되더라도 다음에 해당되는 경우에는 보상을 청구할 수 없는 바, 그 예를 보면

① 본인이 수사 또는 재판을 그르치게 할 목적으로 허위의 자백을 하거나 다른 유죄의 증거를 만듦으로써 구금된 것으로 인정되는 경우

② 구금기간중에 다른 사실에 대하여 수사가 행하여지고 그 사실에 대하여 범죄가 성립하는 경우

③ 보상을 하는 것이 선량한 풍속 기타 사회질서에 반한다고 인정할 특별한 사정이 있는 경우 등을 들 수 있다.

❏ 보상청구의 절차

피고인보상의 청구는 무죄재판 등을 한 법원에 대하여 하며, 보상청구는 무죄재판이 확정된 사실을 안 날로부터 3년, 무죄재판이 확정된 때부터 5년 이내에 하여야 한다. 피의자보상청구는 불기소처분의 고지 또는 통지를 받은 날로부터 3년 이내에 해야 한다.

보상청구를 할 수 있는 자가 청구를 하지 아니하고 사망한 경우에는 그 상속인이 보상청구를 할 수 있으며, 또는 대리인에 의한 보상청구도 가능하고, 보상의 결정에 대하여 불복할 수 있다.

참조사항

- 관련 법규 : 형사보상법
- 형사미성년자 : 14세가 되지 아니한 자. 형법은 형사미성년자에 관한 일반적 규정을 두어 만 14세가 되지 아니한 자의 행위는 그 책임능력의 흠결을 이유로 일체의 형사처벌을 하지 않는다.

□ 범죄행위로 인하여 발생한 손해의 배상

형사배상명령이란 형사 제1심 또는 제2심의 공판절차에서 소송촉진등에관한특례법 제25조 제1항에 규정된 범죄에 관하여 유죄판결을 선고할 경우에 법원이 직권 또는 피해자나 그 상속인의 신청에 의하여 피고사건의 범죄행위로 인하여 발생한 직접적인 물적 피해 및 치료비손해의 배상을 명하는 것을 말한다.

이는 진행중인 형사재판절차에서 그 범죄행위로 인하여 발생한 손해에 관한 소송을 병합 심판함으로써 분쟁의 일회적 해결과 민사재판과 형사재판 상호간의 모순·저촉을 방지하고 범죄행위로 인한 손해를 간이·신속하게 배상해 준다는데 그 취지가 있는 것이다.

□ 배상명령의 종류

배상명령에는 피고인과 피해자 사이에 합의가 없는 경우의 배상명령과 합의된 손해배상액에 대한 배상명령이 있다.

□ 배상명령의 요건

피고인과 피해자 사이에 합의가 있는 경우에는 별다른 요건이 필요하지 않지만, 합의가 없는 경우에는 다음의 요건들이 필요하다.

① 제1심 또는 제2심의 형사공판절차에서 일정한 범죄에 관하여 유죄판결을 선고할 경우일 것

여기서 일정한 범죄란 상해·중상해죄, 상해치사·폭행치사상죄, 과실치사상의 죄, 절도와 강도의 죄, 사기와 공갈의 죄, 횡령과 배임의

죄, 손괴의 죄, 성폭력 방지 및 피해자보호 등에 관한 특례법상 업무상 위력추행, 공중밀집장소추행, 통신매체이용음란, 카메라등이용 촬영 및 그 미수범, 아동 청소년의 성보호에 관한법률(성매수, 성매매 강요) 등이다.

이러한 범죄가 가중처벌되는 특별법, 예컨대「폭력행위등 처벌에 관한 법률」위반이나「특정범죄 가중처벌 등에 관한 법률」위반 등의 범죄에 대하여도 배상명령을 할 수 있다.

이상 열거한 범죄는 유죄판결을 선고하는 경우에 한하기 때문에 무죄·면소 또는 공소기각의 재판을 하는 경우에는 배상명령을 할 수 없다.

② 피고사건의 범죄행위로 인하여 물적 피해나 치료비 손해가 발생하였을 것.

③ 소극적 요건

피해자의 성명·주소의 불명, 피해금액의 불특정, 피고인의 배상책임의 유무 또는 그 범위의 불명, 형사공판절차가 현저히 지연될 우려가 있거나 형사소송절차에서 배상명령을 하는 것이 상당하지 않을 때에는 배상명령을 할 수 없다.

④ 범죄사건으로 인하여 발생한 피해에 관하여 민사소송 등 다른 절차에 의한 손해배상청구를 계속하고 있지 않을 것

❏ 배상명령의 절차

① 배상명령의 신청

직권으로 배상명령을 하는 경우를 제외하고, 배상명령의 신청은 피해자 또는 그 상속인이 할 수 있다. 배상명령의 신청은 형사사건의 1심 또는 제2심의 공판의 변론종결시까지 사건이 계속된 법원에 신청할 수 있고, 이 경우에는 인지를 붙일 필요가 없다. 그러나, 피해자는 피고사건의 범죄행위로 인하여 발생한 피해에 관하여 다른 절차에 의한 손해배상청구가 법원에 계속중인 때에는 배상명령을 신청할 수 없다. 신청은 서면에 의하는 것이 원칙이나 피해자가 법정에 출석한 때에는 구술로도 신청할 수 있고 신청을 하게 되면 민사소송에 있어서의 소의 제기와 동일한 효력이 인정된다.

② 배상명령의 재판

배상명령신청이 부적법한 때 또는 그 신청이 이유없거나 배상명령을 함이 상당하지 아니 하다고 인정되면 법원은 결정으로 신청을 각하한다.

그러나 신청이 이유있을 때는 형사사건의 유죄판결의 선고와 동시에 배상명령을 하여야 하며, 만일 피고인이 유죄판결에 대하여 상소를 하게 되면 배상명령 역시 상급심으로 따라가 확정차단의 효력이 생기며, 피고인은 배상명령에 대하여서만 불복할 수도 있다.

③ 배상명령의 효력

확정된 배상명령이 기재된 유죄판결의 정본은 강제집행에 관하여는 집행력있는 판결정본과 동일한 효력이 있다. 따라서 확정된 배상명령은 집행력이 인정되는 것이다.

참조사항

- 관련 법규 : 형법 제257조 · 제258조 · 제259조 · 제262조 등, 소송촉진 등에 관한 특례법
- 손괴죄 : 타인의 재물 또는 문서를 손괴 또는 은닉 기타의 방법으로 그 효용을 해하는 것을 내용으로 하는 범죄

169. 법률구조제도

❏ 법률구조제도란

우리나라 법 제도상 모든 국민은 자신의 권리가 침해된 경우에 그 권리를 구제받기 위해서는 반드시 재판절차를 통하여 해결하도록 되어 있다. 그런데 현실적으로 재판을 하려면 비용과 시일이 다소 소요되고 또 전문적인 법률 지식이 없는 경우에는 변호사까지 선임하여야 하므로 생활이 어려운 처지에 있는 사람들은 자신의 정당한 권리를 침해당하고도 재판절차를 이용하지 못해 억울한 사람들이 많이 있다. 그래서 국가에서 그러한 사람들을 위하여 재판에 필요한 소송비용을 대신 내어주고 또한 변호사까지 선임하여 재판을 대신하게 함으로써 모든 국민이 평등하게 법의 보호를 받을 수 있도록 한 것이 법률구조제도이다.

❏ 구조를 받을 수 있는 사람

법률구조공단은 소득과 재산, 대상 유형을 고려하여 구조대상자를 선정하고 있는데, 구조대상 및 자격 해당 여부는 전국 각 법률구조공단 지부 및 출장소에 직접 방문하여(미리 전화 또는 홈페이지에 접속하여 예약을 해두어야 한다) 상담하거나 공단 홈페이지(www.klac.or.kr)를 통해 확인할 수 있다.

❏ 구조신청방법

법률구조를 받고자 하는 사람은 전국 각 법률구조공단지부 및 출장소에 구두 또는 서면으로 신청하면 되는데, 신청인은 자신의 주민등록등(초)본, 구조대상자임을 증명하는 서류, 피해를 증명할 수 있는 자료를 제출하여야 한다.

❏ 구조절차

신청인의 주장에 대하여 사실조사를 한 다음, 구조의 필요성 및 피해가 인정되면 즉시 변호사를 선임하여 소송을 제기토록 하고, 법원으로부터 승소판결을 받아 상대방의 재산에 대하여 집행을 하여 종국적으로 피해를 구제해 주게 된다.

❏ 소송비용상환

신청인이 피해를 완전히 구제받게 되면 신청인을 위하여 대신 내주었던 소송비용은 상환하여야 한다.

❏ 법률상담

법률구조공단에서는 일반인을 상대로 법률상담을 하고 있다. 일상생활, 특히 금전거래나 부동산매매 등에 대해 미심쩍은 사항은 주저말고 사전에 충분한 상담을 하여 불의의 피해를 보지 않도록 하자.

참조사항

● 관련 법규 : 법률구조법 및 동시행령

170. 갱생보호제도

❏ 갱생보호제도의 뜻

갱생보호제도는 교도소 등에서 출소한 자에게 재차 범행을 하지 않도록 자립의지를 길러주고, 선량한 시민으로 사회에 복귀할 수 있도록 생활기반을 마련해 주어 공공의 질서와 복리를 증진시키고자 하는 사회복지제도이다.

갱생보호사업을 하고자 하는 자는 법무부장관의 허가를 받아야 하는데, 법무부장관은 다음의 기준에 적합하지 아니 할 때에는 갱생보호사업의 허가를 하여서는 아니 된다.

· 갱생보호사업에 필요한 경제적 능력을 가질 것
· 갱생보호사업의 허가신청자가 사회적 신망이 있을 것
· 갱생보호사업의 조직 및 회계처리기준이 공개적일 것

❏ 갱생보호를 받을 수 있는 사람

교도소 또는 구치소에서 출소한 사람, 소년원에서 퇴원한 사람, 가정법원에서 보호처분을 받은 사람, 치료감호소에서 치료위탁된 사람 등으로서, 자립갱생을 위한 숙식 제공, 주거 지원, 창업 지원, 직업 훈련 및 취업 지원 등 보호의 필요성이 인정되는 사람은 갱생보호를 받을 수 있다.

❏ 보호의 방법

① 숙식제공

생활관 등 갱생보호시설에서 갱생보호대상자에게 숙소 · 음식물 및 의복 등을 제공하는데, 숙식제공은 6월을 초과할 수 없으나 6월의 범위 내에서 1차 연장할 수 있다.

② 여비지급

목적지까지 여비를 지급하는 것으로 하되, 필요한 경우 의복을 지급할
수 있다.

③ 생업도구 · 생업조성금품의 지급 또는 대여

최소한의 자립을 위한 생업도구 · 생업조성금품을 지급하거나 대여해
준다.

④ 직업훈련

직업훈련소 · 사설학원 등에 위탁하여 적성에 맞는 기능교육을 받도록
도와준다.

⑤ 취업알선

사업을 경영하는 독지가에 의뢰하여 기능과 적성에 맞는 취업처를 알
선해 준다.

⑥ 기타 자립지원

사회복지시설에의 의탁알선, 입양, 의료시혜, 가족관계등록이 되어
있지 않거나 주민등록이 되어 있지 않는 출소자에 대하여 가족관계등
록 창설과 주민등록을 해주고 합동결혼식 등 갱생보호대상자의 자립
을 위하여 필요한 사항을 지원해 준다.

❑ 보호절차

보호대상이 되는 사람은 보호관찰소장·갱생보호사업의 허가를 받은 자 또는 갱생보호공단에 직접 보호신청을 할 수 있고, 검찰청·교도소·소년원·감호소 등 관계기관의 장도 보호대상자를 선별하여 보호관찰소장·갱생보호사업의 허가를 받은 자 또는 갱생보호공단에 보호를 의뢰할 수 있다.

보호신청이나 보호의뢰를 받은 자는 지체없이 보호할 필요여부를 심사하고 보호방법을 결정하여 보호대상자의 성별·연령 또는 사회적 신분 여하에 관계없이 공평하게 보호를 실시한다.

참조사항

● 관련 법규 : 보호관찰 등에 관한 법률 제65조~제98조, 동시행령 제40조~제50조

171. 선도조건부 기소유예제도

– 미성년자에 대하여 선도조건으로 하는 기소유예제도

❑ 제도의 의의

범죄를 저지른 소년에 대하여 검사가 청소년 범죄예방위원 선도를 조건으로 기소를 하지 않고 용서해 주는 제도이다.

❑ 청소년 범죄예방위원

지역사정에 밝고 사회적 신망이 두터운 인사 중 법무부장관이 위촉한 독지가로서 선도조건부 기소유예를 받은 소년을 물심양면으로 지원하여 그들의 재범을 방지하고 건전한 사회인으로 복귀시키는 활동을 임무로 하는 민간봉사자를 말한다.

❑ 선도조건부 기소유예 대상자

재범 가능성이 희박한 18세 미만의 범죄소년
단, 공안사범, 흉악범, 조직적 또는 상습적 폭력배, 치기배 등은 제외된다.

❑ 절차

① 범죄를 저지른 소년은 담당검사가 죄질, 범죄 후의 태도, 생활환경 등 제반사정을 고려하여 뉘우치는 마음이 현저하고 또 다시 범죄를 저지를 가능성이 희박하다고 판단되는 경우 선도조건부 기소유예를 결정한다.

② 담당검사가 범죄를 저지른 소년의 선도를 선도위원에게 위촉하고 그 소년이 저지를 죄를 용서한다.

③ 용서를 받은 소년은 일정기간 동안 청소년 범죄예방위원의 지도를 받아야 한다.
④ 다시 범죄를 저지르거나 청소년 범죄예방위원의 지시에 순응하지 아니 하는 경우에는 일단 용서받은 범행에 대하여 처벌받게 된다.

□ 선도조건부 기소유예 처분을 받은 소년의 준수사항

① 청소년 범죄예방위원을 월1회 이상 방문하여 청소년 범죄예방위원의 지시에 순응하여야 한다.
② 선도보호조치기간 중 임의로 주거지를 이동, 이탈하여서는 아니 되고 주거지를 이동하거나 장기 출타시 청소년 범죄예방위원에게 신고하여야 한다.
③ 청소년 범죄예방위원은 선도보호조치기간 동안 대상 소년에 대해 준수사항 위반 여부를 점검하고 지도한 결과를 담당검사에게 통보하는데, 만약 대상 소년이 위 기간 중에 재범하거나 준수 사항을 위반하면 담당검사는 청소년 범죄예방위원의 의견을 듣고 선도보호조치를 취소한 후에 대상 소년에 대한 기소유예 사건을 재기수사 한다.
④ 그러나 대상 소년이 선도보호조치기간 동안 재범이나 준수사항을 위반하지 않고 무사히 경과하면 선도보호조치를 해제해 준다.

제6편

교통사고

172. 교통사고와 합의

– 합의는 서두르지 말고 합의 후의 변동을 충분히 고려하여야

❑ 합의의 필요성

교통사고 등으로 인신을 사상한 경우에 가해자측에서는 형사책임을 감
경하기 위해서, 피해자측으로서는 치료비의 조속한 조달이나 민사소송
에 소요되는 노력과 비용의 절감 및 당장 필요한 생활비의 해결을 위하
여, 보험회사측에서는 가급적 적은 금액으로 분쟁이 조속히 종결될 수
있도록 이른바 합의라는 것에 응하게 된다.

❑ 합의 후의 추가청구

합의라는 것은 결국 손해배상책임의 유무 및 그 범위에 관한 당사자의
의사의 합치에 다름 아니다. 사망의 경우에는 변동될 요소가 적으나, 상
해의 경우에는 치료기간 · 완치여부 · 후유증 · 장애정도 등은 합의 후에
얼마든지 변할 수 있는데 피해자의 추가청구가 가능하느냐의 여부가 문
제된다. 원래 합의의 목적이 어느 정도 부동적인 분쟁상태를 확정적으로
종결시키려는 것이므로 피해자의 구조만을 위해 추가청구가 가능하다면
법적 안정성을 해하게 되지만, 합의시의 당사자들의 예상이 완전히 무너
진 경우에까지도 추가청구 등을 허용하지 않는 것은 너무 가혹하다는 생
각이 지배적으로 됨에 따라 양자를 합리적으로 규율하는 이론과 판례가
등장하게 되었다.

① 가해자가 제시한 금액이 진심에서 나온 의사표시가 아니었고 또한 피
해자도 허위임을 알면서 형식상으로 응낙하여 이루어진 합의는 민법
제107조에 따라 효력이 없다고 하는 견해이다. 그러나 이는 합의서라
는 처분문서의 가치를 부당히 감소시키는 측면이 있다.

② 우리 법은 법률행위의 내용의 중요부분에 착오가 있는 때에는 취소할 수 있다고 하는 한편, 합의는 손해배상에 관한 민법상 화해계약이므로 화해당사자의 자격 또는 화해의 목적인 분쟁 이외의 사항에 착오가 있는 때에만 취소할 수 있다. 현실적으로 성립된 합의의 형성과정을 구체적으로 보면 당사자들은 합의시의 의사의 소견을 기초로 하고 예기치 못한 치료의 장기화나 후유증의 발생(혹은 합의 후 피해자의 사망) 등은 고려함이 없이 합의금을 정하므로 합의시에 장래에 발생가능한 모든 사례를 전부 예상하였다고 볼 수 없어 일정한 경우 합의를 취소할 수도 있다고 하겠다.

③ 한편 가해자측은 대기업이나 전문가이고, 피해자측은 여러 가지 사회적으로 열악한 상태에 있을 때, 이른바 '당사자의 궁박·무경험·경솔 등으로 인하여 현저하게 공정을 잃은 법률행위는 무효로 한다'라는 규정을 원용하여 합의의 효력을 부인한 것도 있다.

합의에 대한 법적규제는 법적 안정성과 피해자의 구제라는 두 가지의 이익의 조화에 있다. 계약이라는 것은 항상 위험이 수반되어 있으며 특히 합의에 있어서는 이러한 현상이 현저하므로 합의시에는 어느 정도의 위험을 인수하여야 한다. 따라서 피해자측은 모든 상황을 충분히 감안하여 신중을 기하여 합의에 임하여야 할 것이다.

❑ 재판상 화해나 확정판결 후의 추가청구

재판상 화해나 확정판결 후에도 추가청구가 허용되느냐가 문제될 수 있다. 원칙적으로 일부청구임을 명시적으로 전소에서 표하지 않는 한 기판력으로 인하여 추가청구가 불가하다고 한다. 그러나 화해시(변론종결시) 치료기간의 연장이 전혀 예상할 수 없었음에도 추가청구를 원천적으로 봉쇄한다면 이는 너무 피해자에게 가혹한 것이 아니냐 하는 문제가 발생한다. 이에 판례는 '전소송의 변론종결 후에 어떤 적극적 손해가 발생하고, 그 발생이 변론종결시에는 전혀 예견할 수 없었고 그 부분 청구를 포기하였다고 볼 특단의 사정이 없으면, 이는 전소송의 소송물과는 별개의 소송물이므로 추가청구가 전소송의 기판력에 저촉된 것이라고는 할 수 없다'(대법원 1980년 11월 25일 선고, 80다1671)고 한다.

❑ 합의시 유의할 점

일반적으로 합의시 유의할 점을 살펴본다면 다음과 같다. 교섭에 임하여서는 냉정하여야 하고, 손해의 범위나 과실의 비율이 명백해질 때까지 서두르지 말아야 하며, 후유증의 발생이 예상되는 경우 이러한 것을 가볍게 다루어서는 안되며, 손해가 이미 발생한 것이 있고 또한 증명할 수 있으면 이는 전소송의 소송물과는 별개의 소송물이므로 그 증거를 확보하고 이를 제시하여 합의금에 포함시키도록 하며, 가급적 합의내용은 서면으로 해두는 점 등이다.

173. 자동차사고와 손해배상

- 자동차손해배상 보장법상 책임주체는 자동차 운행에 대한 지배권과
그 운행에 의한 이익이 자기에게 귀속되는 자

❑ 자동차사고 피해자의 보호

오늘날 자동차의 증가 및 그 사고의 빈번한 발생에 따라 이의 미연의 방지는 물론, 그 사후의 대책으로서 자동차사고의 피해를 신속 적정하게 구제하는 것이 중요한 사회문제로 등장하자, 자동차손해배상 보장법이라는 특별법을 제정하여 자동차사고로 인하여 손해를 입은 피해자의 보호를 꾀하고 있다. 그러므로 여기서는 이 법을 중심으로 자동차사고의 손해배상에 관한 문제를 보기로 한다.

❑ 손해배상책임의 성립

(1) 자기를 위하여 자동차를 운행하는 자

이 법에서는 책임주체를 '자기를 위하여 자동차를 운행하는 자'로 규정하고 있다. 여기에서 '자기를 위하여 자동차를 운행하는 자'란 자동차운행에 대한 지배권과 그 운행에 의한 이익이 자기에게 귀속되는 자를 말한다. 그리고 객관적으로 소유자의 운행지배관계에 있다고 하기 위하여는 명의대여 · 운행허용 등 소유자에게 책임을 돌릴 수 있는 일정한 외형이 있어야 한다. 또 운행이란 사람이나 물건의 운송여부에 관계없이 자동차를 당해 장치의 용법에 따라 사용하는 것을 말한다.

(2) 타인의 생명 · 신체에 대한 침해

타인이란 자동차의 소유자와 운전자 및 운전보조자 이외의 모든 사람을 말하므로 운전수나 안내양은 타인이 아니다. 그러나 안내양은 운전자의

과실을 이유로 회사에 대하여 사용자책임을 물을 수 있을 것이다. 또한 손해와 행위 사이에는 인과관계가 있어야 하며, 이 법이 적용되기 위하여는 그 손해가 생명·신체에 대한 손해이어야 한다.

(3) 면책사유의 부존재

승객이 아닌 자가 사망하거나 부상할 경우에 있어서 자기 및 운전자가 자동차의 운행에 있어서 주의의무를 게을리 하지 아니하고, 피해자 또는 자기 및 운전자 이외의 제3자에게 고의 또는 과실이 있으며, 자동차의 구조상의 결함이나 기능에 장해가 없다는 것을 증명한 때, 승객이 사망 또는 부상한 경우 그 사망 또는 부상이 그 승객의 고의 또는 자살행위로 말미암은 것인 때에는 자동차를 운행하는 자에 대한 책임은 면책되나, 이에 대한 입증책임은 자동차 보유자에게 있다.

❏ 손해배상책임의 내용

(1) 청구권자

자동차사고로 인한 손해의 배상청구권자는 일차적으로 피해자 본인이다. 이 밖에 생명을 침해당한 자의 직계존속·직계비속 및 배우자이다. 또한 태아는 이 경우에 있어서 이미 출생한 것으로 되어 손해배상청구권자가 될 수 있다.

(2) 손해배상의 범위

자동차사고로 인한 손해배상의 범위는 그 사고와 상당인과관계에 있는 모든 손해가 포함되며, 이에는 재산적 손해와 정신적 손해로 구분된다.

❑ 보유자 불명 자동차의 손해배상

국가는 보유자를 알 수 없는 자동차의 운행으로 말미암아 사망하거나 부상한 자에 대하여 피해자의 청구에 따라 책임보험금의 한도 안에서 그가 입은 손해를 보상한다.

참조사항

● 관련 법규 : 자동차손해배상 보장법

174. 교통사고에 있어 상당인과관계

❑ 교통사고와 피해자의 손해와의 관계

교통사고의 해결은 형사적으로는 가해자의 처벌·불처벌로 결론이 나고, 민사적으로는 가해자의 피해자에 대한 손해배상 또는 불배상으로 결론이 난다. 결국 당사자 사이에서는 손해를 얼마나 배상을 해줄 것인가 하는 것이 문제가 되는 것이다. 이 때 가해자의 교통사고 하나로만 피해자가 손해를 입었을 경우는 별로 큰 문제가 없다. 그런데 가해자가 교통사고를 내고 피해자가 손해를 입었으나, 교통사고와 손해 사이에 제3자가 개입되어 손해의 발생에 영향을 주었을 경우 이를 어떻게 처리할 것인가가 문제된다.

예컨대, 1)피해자가 교통사고로 인하여 피해를 입고 병원에서 치료를 받던중 의사의 의료과실로 인하여 피해자가 사망을 한 경우 교통사고의 가해자는 피해자의 사망에 대하여 손해를 배상하여야 할 것인가, 2)갑이라는 가해자가 피해자를 들이받아 피해자가 길바닥에 쓰러져 사망하지 아니한 상태에서 을이라는 또 다른 가해자가 피해자를 역과하여 피해자가 사망한 경우, 갑은 피해자의 사망에 대하여 책임을 져야 할 것인가 하는 문제이다. 이를 해결하기 위해서는 '인과관계'라는 법률용어를 이해하여야 한다.

❑ 조건설과 상당인과관계설

인과관계에 관하여는 학설적으로 조건설과 상당인과관계설이 있다. 이를 간단히 설명하면, 조건설은 인과관계를 선행사실과 후행사실과의 사이에 선행사실이 없으면 후행사실이 없다는 관계가 성립하는 경우 인과관계가 있다는 설이고, 상당인과관계설은 선행사실로부터 후행사실로 이어지는 것이 일반적인 경우에 한하여 인과관계가 있다는 것이다.

위의 예에서 그 차이를 살펴보면, 1)의 경우에 조건설에 의하면 교통사고가 없었다면 병원에 갈 일도 없었을 것이기 때문에 가해자는 피해자의 사망에 대하여 책임을 져야 하는 것이다. 2)의 경우에는 갑은 당연히 피해자의 사망에 대하여 책임을 져야 할 것이다.

그러나 1)의 경우에 있어서 가해자가 피해자의 사망에 대하여 책임을 지는것은 너무 억울하다고 아니 할 수 없을 것이다.

이러한 불합리점을 해결하기 위하여 나온 이론이 상당인과관계설이다. 1)의 경우와 같이 교통사고로 인하여 사망한 것이라고 할 수 없을 때에는, 즉 피해자를 치료한 의사가 의사로서의 지식을 갖추고, 의사로서의 주의의무를 다하였다면 피해자가 사망하지 아니 하였을 상황인데, 의사가 그렇지 못하여 피해자가 사망하였을 경우에는 교통사고의 가해자는 피해자에게 상해의 점에 대하여만 배상을 할 의무가 있고, 사망에 대하여는 책임을 지지 아니 하는 것이다. 즉 일반인이 판단하여 원인과 결과라고 인정할 만한 사건의 경과라고 인정되면 책임을 인정한다는 것이다. 위 사안에서 통상 1)상황의 경우에는 피해자가 사망한다고 볼 수 없고, 2)의 상황에서는 피해자가 사망할 가능성이 많다는 것이다.

교통사고의 가해자 또는 피해자는 손해에 대한 책임을 지거나 손해배상을 받지 못하는 것이 억울하다고 생각될 때에는 한 번쯤 교통사고와 손해 사이에 상당인과관계의 유무를 살펴보는 것이 좋을 것이다.

참조사항

● 주의의무 : 구체적인 행위로부터 발생할 수 있는 보호법익에 대한 위험을 예견하고 구성요건적 결과의 발생을 회피할 의무

175. 교통사고에 있어 과실상계

– 배상액에서 피해자의 과실만큼을 삭감하는 것

❑ 손해와 피해자의 과실

과실상계란 손해배상의 책임 및 금액을 정함에 있어 채무불이행 또는 불법행위로 인한 손해의 발생에 피해자의 과실이 기여한 정도에 따라서 이를 참작하는 것을 말한다(민법 제396조 · 제763조).

교통사고의 손해배상금을 정함에 있어 많은 경우 피해자의 과실의 정도를 참작하여 손해배상금의 일정액을 삭감하게 되는데, 이는 교통사고의 대부분이 운전자의 일방적인 과실에 의하여 일어난다기 보다는 운전자의 과실과 피해자의 과실이 경합되어 일어나기 때문이다.

흔히 피해자들은 교통사고로 인하여 입었다고 생각하는 손해액의 전액이 배상되지 아니하는 것에 대하여 이상하게 생각하는 경우가 많은데, 이는 대부분 과실상계에 의하여 그 손해배상액이 삭감되었기 때문이다.

❑ 과실상계의 방식

과실상계의 방법에 대하여 살펴보면, 법률상으로는 피해자의 과실참작만 하도록 되어 있을 뿐 그 구체적인 기준을 정하고 있지 않다. 따라서 실무적으로는 법원에서 손해의 발생과 확대에 있어서 피해자의 과실의 기여정도를 고려하여 대부분 손해액의 몇 퍼센트로 정하고 있다.

구체적인 사례를 보면

① 신호기의 보행신호에 따라 횡단하던 중 적색신호로 바뀌어진 경우 이를 무시하고 뛰어 건너다가 사고가 발생한 때는 보행자에게 20퍼센트의 과실이 인정되었고(서울고법 1983년 9월 29일 선고, 83나1480)

② 신호기의 신호가 보행자 주의신호인 때 왕복 6차선 도로를 뛰어 횡단하다 사고가 발생한 경우에는 보행자에게 30퍼센트의 과실을 인정하

였고(서울민사지법 1983년 12월 29일 선고, 83가5215)

③ 신호기 없는 횡단보도에서 좌우 안전을 잘 살피지 않은 채 뛰거나 걸어서 횡단하다가 사고를 당한 경우에는 대체로 보행자에게 10퍼센트의 과실을 인정하고 있다.

④ 또 승객의 경우에는 안전벨트를 착용하지 아니 하였을 때 피해자의 과실을 5퍼센트에서 10퍼센트까지 참작하고 있다.

❑ 제3자의 과실

과실상계에 있어서 피해자의 과실은 대부분 피해자 본인의 과실을 말하지만 예외적으로 피해자가 아닌 제3자의 과실이 문제되는 경우도 있다. 예컨대 유아가 교통사고를 당한 경우에는 유아의 감독의무자인 친권자의 과실이 고려된다(대법 1968년 4월 16일 선고, 67다2653).

또 피해자의 피용자가 과실을 범하여 손해발생에 영향을 주었을 때에는 그 피용자의 과실도 피해자의 과실에 포함되어 참작된다.

❑ 과실의 입증

손해배상액이 클 경우에는 이 과실상계의 정도에 따라 실제 배상받는 금액이 현저하게 차이가 나므로 피해자의 과실정도는 재판과정에서 중요한 문제가 된다.

따라서 가해자의 입장에서는 적극적으로 피해자의 과실을 입증하여야 할 것이고, 피해자의 입장에서는 자신에게 과실이 없음을 입증하여야 할 것이다. 당사자간에 합의를 할 때에도 피해자나 가해자가 손해발생액만을 따질 것이 아니라, 상호간의 과실의 정도를 고려하면 훨씬 수월하게 합의에 도달할 수 있어 불필요한 쟁송을 피할 수 있다.

참조사항

● 관련 법규 : 민법 제396조 · 제763조

176. 뺑소니 운전

– 사고 후 당황하지 말고 적절한 조치로 책임을 가볍게

❑ 관련규정

교통사고처리특례법(이하 '특례법'이라고 한다)은 자동차 등의 운전자에 대하여 위 특례법 제3조 제2항 단서의 12가지 예외사유(무면허·신호위반·음주운전 등)에 해당하지 않고 피해자가 사망하지 않았다면 위 법에서 정하고 있는 보험 등에 가입한 경우, 사고관여자와의 합의가 있을 경우 등에는 형사처벌의 대상에서 제외시키는 파격적인 입법인 것이다. 자동차의 필요불가결성, 피해의 신속한 회복, 보험제도 등의 발달 등에 부응한 입법이라고 볼 수 있다.

한편으로는 교통량의 증대는 교통사고의 현저한 증가를 가져왔고 그 중에 이른바 뺑소니운전은 피해자의 생명·신체에 심대한 악영향을 줄 뿐만 아니라 피해보상의 곤란 등 사회적인 문제점을 드러내기에 이르렀다. 점증하는 사회적 여론에 부응키 위해 1973년 2월 24일 법률 제2550호로써 「특정범죄 가중처벌 등에 관한 법률」(이하 '특가법'이라 한다) 제5조의3에 도주운전자의 가중처벌규정을 신설하였고, 그 후에 제정된 위 특례법에도 교통사고 야기자가 도로교통법 제54조 제1항에서 정한 적절한 구호조치를 취하지 아니 하고 도주한 경우에는 사고관여자의 합의여부·보험가입여부, 위 특례법의 12가지 예외사유에 해당되었는지의 여부에 관계없이 처벌을 하고 있다. 위 특가법은 일반교통사고범의 처벌기준(5년 이하의 금고 또는 2천만원 이하의 벌금)과는 비교할 수 없을 만큼 엄하게 다스리고 있다. 위 특가법 제5조의3 제1항에서는 치사 후 도주 또는 도주 후 피해자가 사망한 경우에는 무기 또는 5년 이상의 징역, 치상의 경우에는 1년 이상의 유기징역 또는 500만원 이상 3천만원 이하의

벌금에 처하도록 규정하고 있고, 제2항에서는 위 제1항에 대한 가중처벌 규정으로 피해자를 사고장소로부터 유기한 경우에는 사형까지 처할 수 있도록 하고 있다.

❑ 뺑소니에 해당하는 차량

도로교통법 제2조에 규정된 자동차·원동기장치자전거 또는 궤도차가 이에 해당한다.

① '자동차'란 철기 또는 가설된 선에 의하지 않고 원동기를 사용하여 운전되는 차(견인되는 자동차도 자동차의 일부로 본다)로서 자동차관리법 제3조의 규정에 의한 승용자동차·승합자동차·화물자동차·특수자동차·이륜자동차 및 건설기계관리법 제26조 제1항 단서의 규정에 의한 건설기계(중기)를 말한다.

② '원동기장치자전거'란 자동차관리법 제3조의 규정에 의한 이륜자동차 중 배기량 125cc 이하의 이륜 자동차와 125cc 이하의 원동기를 단 차를 말한다.

③ '궤도차'는 철길·레일 또는 가설된 삭도에 의하여 육상을 움직이는 기차·전차 및 케이블카 등을 말한다.

자전거·우마차·경운기 등과 선박·항공기 등은 「특정범죄 가중처벌 등에 관한 법률」의 뺑소니 차량에 해당되지 않는다.

❑ 사고처리

교통사고가 발생하여 부상자가 생긴 경우에는 당사자는 흔히 당황하여 평소와는 달리 냉정을 잃고 필요하고도 적절한 조치를 취하지 못하는 경우가 많다. 사고시의 흥분·경악, 처벌의 두려움 등으로 도주하는 어리석음을 저지르는 경우가 많다. 원칙적으로 위 특례법에서 정한 보험 등에 가입되어 있는 경우 12개 예외사유에 해당하지 않고, 피해자가 사망하거나 음주측정 요구에 불응하지 않았다면 형사소추를 받지 않으며, 예

외사유에 해당된다 하더라도 보험가입여부·합의여부, 사고 후 조치 등에 따라 관대한 처분을 받을 수 있음에도 불구하고, 순간적인 판단잘못으로 사고시 부상자 구호 등의 적절한 조치를 취하지 아니 하고 도주함으로써 자신에게 엄청난 불행을 초래할 수 있는 것이다.

일단 사고시에는 피해자의 경상·중상에 관계없이 가장 우선적으로 구호조치를 취하여야 한다. 부상자를 병원에 옮긴다든가 구급차를 부르는 등 가능한 방법을 전부 동원해야 할 것이며, 경상일 경우에도 의사의 진단을 받게 하여 진단서 등을 받아 놓는 것이 후일을 위해 상책일 경우가 많다. 대수롭지 않게 생각한 나머지 태만한 행동을 하다가는 억울하게 도주운전자로 몰려 돌이킬 수 없는 지경에 빠질 수도 있다. 의사 등 전문가가 아닌 입장으로서는 사고 후 피해자의 외모 등으로 보아 쉽게 그 부위와 정도를 알 수 없고, 사고현장에서는 원만하게 처리되어 그냥 헤어진 후 그 부상이 악화되어 가해자에게 연락하여 과도한 합의금을 요구하거나 이에 응하지 않을 경우 도주차량으로 수사기관에 신고하겠다고 위협할 가능성도 배제할 수 없다. 특히 피해자가 사리를 정확하게 변식할 수 없는 사람일 경우에는 단순히 피해자의 '이 정도 상처는 문제없다'는 말만 믿고 사고장소를 이탈하였을 때 추후 그 보호자와의 사고처리과정에 있어서 큰 불이익을 안게 되는(예를 들어, 과도한 합의금지급) 수도 있는 바, 각별한 주의가 요망된다고 할 것이다.

❑ 구체적 사례

대법원판례를 중심으로 구체적인 사례를 살펴보기로 하자.

① 운전자가 차주에게 단순한 사고발생의 보고를 하기 위하여 사고장소를 이탈하였다 할지라도 피해자구호 등의 조치가 없었으면 위 특가법의 죄책을 면할 수 없다고 판단하였고(1974년 9월 24일 선고, 72도2013)

② 버스운전자가 트럭이 운행하는 차선전방에 갑자기 진입하여 트럭과 충돌하면서 이로 인해 그 트럭이 중앙선을 넘어서 마주 오던 승용차와 충돌한 사고가 발생된 사실을 알면서 그대로 진행해 갔다면 동 사고로 인한 사상자 구호조치를 취함이 없이 도주한 경우라고 할 것이며(1983년 8월 23일 선고, 83도1328)

③ 트럭운전자가 좌측후사경으로 피해자가 들고 있던 막대기를 충격하여 피해자를 도로에 넘어뜨리고 뒤따라오던 다른 트럭운전자가 위 피해자를 역과하여 사망케 한 경우 피해자의 사망의 직접적인 원인은 뒤따라오던 운전자에게 있다고 할 것이나 피해자가 1차로 지면에 전도되었을 때 무슨 상해를 입었다면 첫 운전자의 죄책은 면할 수 없다고 판시하였고(1985년 9월 10일 선고, 85도1642)

④ 피해자가 교통사고 당시 자기의 버스에 피해자가 충격되어 땅바닥에 넘어졌다가 일어난 것을 본 이상 피해자가 위 충격으로 인하여 상해를 입을 수도 있을 것이라는 예견을 할 수 있다 할 것이므로 피해자가 상해를 입었는지의 여부, 구호의 필요여부를 검토하여야 함에도 이러한 조치를 취함이 없이 피해자가 걸어가는 것을 보고 그대로 버스를 운행해 간 운전자를 위 특가법의 죄책에 해당된다고 판시하였고(1987년 8월 25일 선고, 87도1118)

⑤ 그 외에 사고현장에서 정차할 마땅한 장소가 없어 사고지점으로부터 약 150 내지 200미터 전진하여 정차한 뒤 사고현지 쪽으로 약 50미터 정도 되돌아오다 뒤쫓아온 사람과 마주쳐 피해자를 병원에 신고 간 경우, 운전자가 지나가던 택시에게 피해자를 병원으로 운송해 줄 것을 의뢰하고 사고지점으로부터 약 200미터 떨어진 골목길에 주차 시킨 경우 등이 대법원에서까지 도주여부가 다투어진 경우이다.

또한 사고운전자가 피해자를 경찰서나 병원정문 앞에 두고 간 경우, 지나가는 택시에 태운 것만으로는 도로교통법 제50조 제1항에서 정하는 구호조치를 취하였다고 보기는 어렵다고 할 것이다.

❏ 주의할 점

사고시 침착하게 피해자를 구호하고 경찰서에 신고 등을 하면 자신에게 가하여질 형사처벌을 극소화할 수 있고 금전보상도 최대한 줄일 수 있음에도 순간적인 어리석음 또는 적절치 못한 행동으로 세인의 비난을 받을 필요는 없는 것이다. 또 한 가지 첨언할 것은 인사사고 외 단순한 대물사고의 경우에도 도로교통법에서 정한 필요한 조치를 취하지 아니 하고 도주하였을 경우에는 특례법의 특혜를 받을 수 없고, 도로교통법 제148조에 의하여 5년 이하의 징역 또는 1천 5백만원 이하의 벌금에 처하여 질 수 있다는 사실을 알아야 할 것이다.

참조사항

● 관련 법규 : 도로교통법, 교통사고처리 특례법, 특정범죄 가중처벌 등에 관한 법률

177. 음주운전

❑ 음주운전의 위험성

자가운전이 보편화되면서 남성은 물론 여성운전자들마저 음주운전으로 패가망신하는 경우를 종종 목도하게 된다.

음주운전은 형사처벌을 떠나 자신의 생명과 가정은 물론 타인의 생명까지 위협하는 살인행위이다. 일단 술을 마시면 무조건 운전대를 잡지 않는 운전문화가 하루빨리 이 땅에 정착되어야 하겠다.

❑ 음주운전

운전면허를 받은 사람이라도 혈중 알콜농도가 0.03% 이상인 경우의 자동차 운전을 말한다.

자동차에는 일반자동차는 물론 건설기계(중기)와 원동기장치자전거도 포함된다. 그러나 자전거와 경운기는 포함되지 않는다.

또 운전에는 비탈진 내리막길에서 핸드 브레이크를 푸는 행위, 차가 조금이라도 전진했다가 시동이 꺼진 경우도 해당된다. 그러나 운전대에 앉아 있거나, 엔진시동만 걸고 있는 경우는 이에 해당되지 않는다.

❑ 음주운전의 기준

알콜농도 0.03% 이상에 해당하는 경우로서, 이를 계산하는 방법으로는 흔히 주취측정 위드마크공식이 사용된다. 즉,

음주운전사고의 경우

$$C = \frac{A}{P \times r}$$

C : 혈중 알콜 농도

P : 음주자의 체중

r : 성별계수(남자 : 0.7, 여자 : 0.6)

A : 섭취한알콜의 양(음주량㎖ × 술의 농도% × 0.7894)

성별·개인별 차이가 있으나 대략 65㎏ 성인 남자의 예를 들면, 소주(25°) 115㎖(60㎖잔으로 1.92잔), 맥주(6°) 480㎖, 위스키(41°) 70㎖, 청주(16°) 180 ㎖ 정도이다.

□ 처벌

혈중 알콜농도 0.03% 이상 0.08% 미만의 주취중 운전(도로교통법 제44 조 제1항)을 하다가 적발되면 1년 이하의 징역이나 5백만원 이하의 벌금 에 처하고, 경찰공무원의 음주측정에 불응한 사람은 1년 이상 5년 이하

의 징역이나 5백만원 이상 2천만원 이하의 벌금에 처하며(동법 제148
조 의2 제2항, 제3항, 제3호), 사고를 내어 치사 · 치상하면 운전면허취소
와 함께 5년 이하의 금고 또는 2천만원 이하의 벌금에 처한다(교통사고
처리 특례법 제3조 제2항 제8호). 또 사고를 내지 않았더라도 혈중알콜농
도 0.08% 이상의 상태에서 운전하거나, 음주측정에 불응하고 다시 혈
중알콜농도 0.03% 이상의 상태에서 운전하면 운전면허가 취소되며,
0.03% 이상 0.08% 미만의 상태에서 운전한 경우에는 100일간 면허가
정지된다.

참조사항

- 관련 법규 : 도로교통법 제148조의 2 제항, 제3항, 제3호
- 교통사고처리 특례법 : 제3조 제2항 제8호

178. 무면허 운전

– 면허증상의 교부일자에 면허를 취득한 것으로 본다

☐ 무면허 운전이란

요즈음은 운전 잘못에 대하여 벌금 등 형사처벌을 과할 뿐 아니라 운전면허의 정지나 취소 등의 행정처분이 이루어지기 때문에 운전하는 분들의 입장에서는 무면허운전이 무엇인가가 자주 논의된다. 소박하게 말하면 무면허운전이라는 것은 운전면허 없이 도로에서 자동차를 운전하는 것이다.

☐ 운전면허의 시점

그렇다면 언제부터 운전면허를 가지고 있는 것이 되는 걸까? 도로교통법은 지방경찰청장의 운전면허를 받지 아니 하거나 운전면허의 효력이 정지된 경우에는 자동차 등을 운전하여서는 아니 되고(동법 제43조), 운전면허를 받고자 하는 사람은 운전면허시험에 합격하여야 하며, 그 합격한 사람에 대하여는 운전면허증을 교부한다(동법 제85조)고 규정하고 있다. 운전면허의 효력시점에 대하여 과거에는 대법원 판례로 운전면허증상의 발행일자라고 하였으나, 현재는 도로교통법에서 운전면허증을 본인 또는 그 대리인에게 교부한 때로부터 발생한다고 규정하고 있다(동법 제85조 제5항). 따라서 운전면허시험 합격 후 면허증 교부일 전에 운전을 한 경우에는 무면허운전이 되는 것이다.

☐ 면허정지와 취소에 있어서의 무면허 운전

도로교통법을 살펴보면, 지방경찰청장은 운전면허자가 교통사고를 야기하는 등의 잘못을 범하였을 때 운전면허를 취소하거나 1년 이내의 범위에서 운전면허의 효력을 정지할 수 있고(동법 제93조), 이러한 경우 그 정지나 취소처분을 받을 사람에게 행정안전부령이 정하는 바에 의하여 처분의 당사자에게 처분의 내용 및 의견제출의 기한 등을 미리 통지하여야 하며, 그 처분을 한 때에는 행정안전부령이 정하는 바에 의하여 처분의 이유와 행정심판을 제기할 수 있는 기간 등을 통지하여야 한다.

다만, 적성검사를 받지 아니하거나 운전면허증의 갱신교부를 받지 아니하여 운전면허를 취소하거나 정지하고자 하는 때에는 행정자치부령이 정하는 바에 의하여 처분의 당사자에게 적성검사 또는 갱신교부를 할 수 있는 날의 만료일 전까지 적성검사 또는 갱신교부를 받지 아니 하면 운전면허가 취소되거나 정지된다는 사실의 조건부 통지로 처분의 사전 및 사후 통지를 갈음할 수 있다(동법 제93조 제4항).

운전면허가 취소·정지된 경우에는 사유가 발생한 날부터 7일 이내에 주소지를 관할하는 지방경찰청장에게 그 운전면허증을 반납하여야 한다(동법 제95조).

그 정지기간이 만료되면 그 즉시 반납받았던 운전면허증을 당사자에게 돌려준다(동법 제95조).

❏ 무면허운전의 결과

무면허운전인 경우 보험혜택을 받기가 어려울 뿐 아니라 교통사고처리특례법 제3조 제2항의 단서에 의하여 피해자와 합의가 되더라도 처벌을 받는 등 그 불이익이 매우 크다. 따라서 무면허운전으로 의심받게 된 경우에는 전문가와 상의하여 자신이 무면허운전에 해당하는지를 살펴보는 것이 필요하다.

참조사항

● 관련 법규 : 도로교통법 제43조·제85조·제93조·제95조, 동시행령 제53조

179. 교통사고에 관한 제문제

– 피해자와의 합의가 있어도 처벌되는 경우는

❏ 교통사고와 형사책임

최근 자가운전자가 증가하면서 교통사고를 냈을 때 어떤 형사적인 책임을 지게 되는가 하는 것이 관심의 대상이 되고 있다. 교통사고를 내었을 때의 형사적인 책임관계를 규율하는 법으로는 교통사고처리 특례법·도로교통법·「특정범죄 가중처벌 등에 관한 법률」등이 있다.

(1) 접촉사고

접촉사고만을 내었을 경우에는 도로교통법상의 과실재물손괴죄로, 인사사고(상해 또는 사망)의 경우에는 교통사고처리 특례법에 의하여 처벌된다.

(2) 인사사고

인사사고를 내고 사고현장에서 도주한 때에는 「특정범죄가중처벌등에관한법률」에 의하여 무겁게 처벌되며, 원칙적으로 구속된다. 따라서 인사사고를 내었을 때는 무조건 피해자를 구호하는 조치, 예를 들면 피해자를 택시 등에 태워서 병원에 후송하는 조치를 하여야 한다. 이러한 조치를 하지 아니 한 때에는 도주차량으로 인정되어 상해의 정도가 경미하더라도 구속되는 불이익을 입게 되기 때문이다.

(3) 접촉사고 후 도주

접촉사고를 내고 현장에서 도주한 때에는 도로교통법에 의한 신고불이행죄로 처벌을 받게 된다. 따라서 어떠한 경우라도 사고를 내었을 경우에는 현장에서 도주하지 말고 피해자를 구호하거나 경찰관서에 신고하는 조치를 취해야 한다.

⑷ 처벌 면제사유
가해차량이 종합보험에 가입되어 있어 피해자가 그 손해 전액을 보상받을 수 있는 경우 혹은 피해자와의 합의가 되어 가해자에 대한 처벌을 원하지 않는 경우에
① 접촉사고의 경우에는 어떤 경우에도 형사적인 처벌을 받지 않으며
② 인사사고의 경우에는 후술하는 사고 이외에는 형사적인 처벌을 받지 않는다. 다만 경찰관서로부터 안전운전의무불이행을 이유로 통고처분(속칭 딱지)을 받는 것은 면제되지 않는다.

❏ 반드시 형사처벌되는 경우
종합보험에 가입되어 있거나 피해자와 합의가 되어도 처벌되는 인사사고에는 다음의 11가지 경우가 있다.

⑴ 횡단보도사고
횡단보도로 선이 그어져 있는 곳에서 사고가 난 경우를 말하며, 선밖에서 사고가 난 경우에는 이에 해당하지 않는다.

⑵ 중앙선 침범사고
도로 중앙에 설치된 중앙선을 침범하여 상대방향에서 오는 차량을 충돌함으로써 사고를 낸 경우이다.

⑶ 신호위반사고
모든 신호에 위반한 경우이며, 비보호좌회전신호의 경우 상대방의 직진차량과 충돌한 때에는 신호위반의 책임을 지고, 가변차선 신호를 위반하여도 신호위반의 책임을 진다.

(4) 음주운전 중 사고

혈중 알콜농도가 0.03% 이상의 주취상태에서 운전하다가 사고를 낸 경우이며 주취의 정도에 따라 처벌의 경중이 가려진다.

(5) 무면허사고

면허를 받지 않았거나 면허정지기간중의 사고는 무면허사고이다.

(6) 제한시속 20킬로미터 이상 위반사고

(7) 추월방법위반사고

추월은 반드시 좌측차선으로 하게 되어 있으므로 이를 위반한 사고이다.

(8) 철도건널목 일단멈춤 위반사고

철도건널목에서는 일단정차하도록 되어있으며 이를 위반한 사고이다.

(9) 피해자 사망사고

피해자가 사망한 때에는 종합보험에 가입되었거나 합의가 되어도 처벌된다.

(10) 보도침범 및 보도횡단방법 위반사고

(11) 승객의 추락방지의무 위반사고

(12) 어린이 보호구역의무 위반사고

(13) 자동차의 화물이 떨어지지 아니하도록 필요한 조치 의무 위반

참조사항

● 관련 법규 : 도로교통법, 교통사고처리특례법, 특정범죄 가중처벌 등에 관한 법률

180. 자동차보험약관의 해석

– 보험약관의 해석은 고객에게 유리하게

❑ 보험약관의 의의

자동차의 급격한 증가와 그로 말미암은 사고의 격증은 오늘날 손해배상의 태반을 차지한다고 할 것이다. 특히 교통사고처리 특례법이 손해배상금 전액을 전보하는 내용의 보험에 가입한 경우 몇 가지 예외 사유를 제외하고는 형사처벌의 특례를 규정하고 있어 자동차손해배상 보장법에서 정한 책임보험 외 임의보험이 격증하고 있어 앞으로의 자동차사고의 법적처리는 보험쪽으로 이전될 가능성이 농후하며, 다른 법률관계와 마찬가지로 보험약관이 보험금지급의무의 존부 및 범위에 결정적인 역할을 한다. 보험약관은 일반계약과는 달리 특수성을 지니고 있으며, 법적규제에 있어서도 특별한 주의가 요망된다.

❑ 보험약관의 성질

보험약관은 여러 학설이 있기는 하지만 그 보험단체 내의 자치법규라고 보는 것이 온당할 것 같다. 주무관청의 인가가 없는 경우에도 당사자간에 약관 흡수합의가 있는 경우 원칙적으로 약관의 효력이 인정된다 할 것이며, 계약체결 전후에 약관변경이 있었을 경우 원칙적인 경우 계약체결 당시에 효력이 있는 약관에 의하되 특수한 사정이 있을 경우 종전 약관에 의한다고 인정되는 경우도 있을 수 있다.

❑ 약관해석의 방법

약관해석의 방법도 기본적으로 계약의 해석이므로 당사자의 합리적인 의사를 기본으로 하지만, 약관에 있어서는 고객의 구체적인 의사가 흠결되어 있어 몇가지 특수원칙이 강조되고 있다.

① 다른 계약과는 달리 개개 당사자의 구체적인 사정보다는 거래참여집단의 총체적 이해관계를 중시하여야 하며(객관적 해석의 원칙)

② 보험약관의 규정이 애매하거나 불명료하여 임의적인 해석이 가능한 때에는 보험회사측에 불리하게 하며(작성자 불이익의 원칙)

③ 법이 인정하는 고객의 권리를 제한하거나 할 경우 이를 엄격하게 해석하여야 하며(제한적 해석의 원칙)

④ 개성이 중시되지 않는 보험계약에 있어서는 드문 일이겠으나, 보험계약체결과정에 있어서 보험사의 직원들의 착오 등으로 약관내용과 다른 합의를 할 경우 등 개별약정이 있는 때에는 이를 우선한다는(개별적 약정 우선의 원칙) 해석의 방법 등이 있다.

❑ 약관의 무효

보험약관이라고 하여 전부 유효한 것은 아니라고 할 것이다.

강행법규에 위반된 것(예 : 상법 제663조)이나, 드물기는 하겠지만 공서양속에 위반되는 경우(민법 제103조) 등이며, 일반계약이라면 유효한 것으로 인정될 경우라도 약관의 경우에는 보다 엄격한 해석이 가하여진다.

약관을 작성하는 기업은 고객의 이익도 함께 고려하여야 할 의무가 있으며, 자신의 이익만 고려하여 형평에 반하게 한 경우 무효라는 판정을 받을 수도 있다. 감독관청의 판정을 받았다고 하여 반드시 사법적인 관점에서 상당하다고 인정을 받을 수는 없다할 것이다.

그러나 한편 보험제도란 대수의 법칙에 의하여 보험단체 안에서 보험료 수입과 보험료지급의 균형이 이루어져야 하며, 보험금의 과다한 지출은 결국 보험료의 인상요인으로 작용하게 되며 전체 보험가입자의 부담으로 된다. 아무리 자동차 보험에 있어서 피해자 또는 피보험자의 이익을 우선한다 할지라도 피해자의 보호만을 무작정 내세울 수 없는 이유가 여기에 있다. 자동차보험은 자동차사고라는 사회적 위험을 많은 보험가입자들에게 분산시키는 것이므로 양측의 이익이 조화를 이룰 수 있어야 하겠다.

참조사항

- 책임보험 : 피보험자가 제3자에 대하여 보험기간중에 생긴 사고로 인하여 손해배상책임을 지게 되는 경우에 그 손해를 보험자가 보상할 것을 목적으로 하는 손해보험

181. 음주측정방해

– 음주측정 방해 행위는 음주측정 거부행위 만큼이나
   죄질이 나쁘다

❏ 술타기 수법

도로교통법은 음주운전행위를 엄하게 처벌하고 있는데다 음주운전을 하다 사람을 다치게 하거나 사망케 하면 특정범죄 가중처벌 등에 관한 법률상 위험운전 등 치사상죄 규정을 적용하여 가중 처벌한다. 따라서 음주운전 사고자는 처벌을 피하기 위한 꼼수를 찾으려는 유혹에 빠지기 마련이고 이때 등장한 것이 바로 음주측정 방해행위인 일명 '술타기 수법'이란 것이다. 이는 음주운전 사고를 낸 운전자가 도주한 후 나중에 음주측정 받을 것에 대비하고 고의로 술을 더 마셔 음주측정을 방해하는 행위를 하는 것을 말한다. 이렇게 되면 결국 사고 당시의 혈중알콜농도를 특정할 수 없어(위드마크 공식 조차 적용할 수 없게 되므로) 음주운전행위로는 처벌할 수 없게 되므로 법의 공백이 발생하게 된 것이다.

❏ 도로교통법 음주측정방해죄 신설

최근 모 연예인에 대한 술타기 수법 시도 의혹과 모방 범죄까지 나오게 되면서 음주측정 방해행위를 강력히 처벌해야 한다는 비난 여론이 들끓자 그 동안 입법불비로 인한 공백을 메워 음주측정 방해행위를 막기 위해 2024. 11. 24. 국회 본회의에서 '음주운전 처벌을 피하기 위해 술 또는 약물을 추가로 먹거나 사용하는 행위를 처벌하는 내용의 도로교통법 일부 개정안이 통과되었다. 한편, 개정안은 음주측정 방해행위를 음주측정 거부행위와 형량이 동일하게 1년 이상 5년 이하의 징역이나 5백만원 이상 2천만원 이하의 벌금에 처하도록 하였다.

제7편

일반행정

182. 헌법재판제도

– 국민의 기본권 침해에 대한 구제제도

□ 헌법재판제도의 기능

진정한 민주화를 위한 국민적 합의에 따라 개정된 새로운 헌법은 국민의 기본권을 최대한 보장하고, 자유민주주의 정치이상을 실현하는 것을 최대목표로 삼고 있으며, 이러한 목표달성을 위한 제도적 장치의 하나로서 헌법수호의 최고기간으로 헌법재판소를 창설하였다. 새 헌법에 마련된 헌법재판제도는 헌법재판소의 위헌법률심사 기능을 실질적으로 확대 강화하고, 특히 공권력의 행사나 불행사로 인하여 헌법상 보장된 국민의 기본권이 침해된 경우에 최종적으로 그 권리를 구제받을 수 있도록 하는 헌법소원심판제도를 새로 도입함으로써 헌법재판소가 헌법수호와 기본권 보장의 최후의 보루로서의 기능과 역할을 수행할 것으로 기대되고 있다.

□ 헌법재판소의 직무

헌법재판소에서 행하는 직무내용을 살펴보면

① 위헌법률심판으로서, 국회에서 제정된 법률이 헌법에 위반되어 국민의 자유와 권리를 침해하는 경우가 있는 바, 이러한 법률이 재판의 전제가 된 때에는 그 사건을 담당하는 법원은 대법원을 경유하여 헌법재판소에 그 법률의 위헌여부를 제청할 수 있는 바, 만약 담당법원이 위헌제청을 하지 않을 경우에는 소송당사자는 법원에 위헌심판제청을 신청할 수 있으며, 그 신청이 기각될 경우에는 변호사를 대리인으로 선임하여 헌법재판소에 직접 헌법소원심판을 청구할 수 있다.

헌법재판소에서 법률이 위헌으로 결정될 경우 그 결정이 있는 날로부터 그 법률의 효력은 상실(형벌에 관계되는 법률은 소급하여 효력상실)되고, 유죄판결을 받은 자는 재심을 청구하여 침해된 권리를 구제받을 수 있다.

② 헌법소원심판으로서, 공권력의 행사 또는 불행사로 인하여 헌법상의 기본권을 침해받은 국민은 그 처분관서나 주무관서에 청원 또는 행정심판의 청구를 하거나, 법원에 소송을 제기하여 그 권리를 구제받을 수 있지만, 이와 같은 방법에 의하여도 침해받은 기본권을 구제받지 못하였을 때에는 헌법재판소에 헌법소원심판을 청구할 수 있다. 다만 법원에 재판이 계속중이거나, 확정된 사건은 헌법소원대상에서 제외된다.

③ 헌법소원의 인용결정의 효력은 모든 국가기관과 지방자치단체를 기속하게 되어 결정취지에 따라 침해된 권리를 구제받을 수 있게 된다.

이외에 헌법재판소는 탄핵심판 · 정당해산심판 · 권한쟁의심판 등을 주요 직무내용으로 하고 있다.

참조사항

- 관련 법규 : 헌법 제111조 이하, 헌법재판소법
- 탄핵심판 : 보통의 파면절차에 의하여서는 파면이 곤란하거나 검찰기관에 의하여서는 소추가 사실상 곤란한 고급공무원을 국회에서 소추하여 헌법재판소에서 행하는 심판

183. 행정심판전치주의

– 행정소송을 제기하기 전에 거쳐야 하는 행정심판

❑ 행정심판전치주의의 뜻

행정심판전치주의란 법령에 의하여 위법 · 부당한 행정행위에 대한 행정심판이 인정되고 있는 경우에 그 행정심판을 행정소송의 제기를 위한 전심절차로 하는 제도를 말한다. 우리 행정소송법은 행정소송을 제기하기 전에 반드시 심판절차를 거쳐야 하는 필요적 행정심판전치주의를 취하다가 임의적 행정심판전치주의의 입장으로 개정되었다.

행정심판전치주의는 권력분립 내지 행정의 자기통제와 준사법절차에 의한 사법기능을 보완하기 위해 인정하는 제도이다.

❑ 적용대상

행정심판전치주의의 적용대상인 행정소송에는 취소소송과 부작위위법확인소송이 해당된다. 그러나 공법상의 법률관계인 당사자소송 및 무효등확인소송은 그 대상에서 제외된다. 그리고 무효선언의 뜻에서의 취소소송 및 행정행위의 상대방이 아닌 제3자가 위 취소소송 등을 제기하는 경우에도 그 적용이 있다고 할 것이다.

❑ 행정심판전치주의의 예외

(1) 행정심판의 재결을 거칠 필요가 없는 경우

① 행정심판을 청구한 후 60일이 경과하여도 재결이 없는 때

② 처분의 집행 또는 절차의 속행으로 생길 중대한 손해를 예방하여야 할 때

③ 법령의 규정에 의한 행정심판기간이 의결 또는 재결을 하지 못할 사

유가 있는 때

④ 그 밖의 정당한 사유가 있는 때

(2) 행정심판을 거칠 필요가 없는 경우

① 동종사건에 관하여 이미 행정심판의 기각재결이 있는 때

② 서로 내용상 관련되는 처분, 또는 같은 목적을 위하여 단계적으로 진행되는 처분 중 어느 하나가 이미 행정심판의 재결을 거친 때

③ 사실심의 변론종결 후 행정청이 소송의 대상인 처분을 변경하여 그 변경된 처분에 대한 행정소송을 제기하는 때

④ 처분청이 행정심판을 거칠 필요가 없다고 잘못 고지한 때

□ 전치요건의 충족여부에 대한 판단

(1) 법원의 직권조사사항

(2) 판단기준시

행정심판 전치요건은 소송제기 당시에 요구되는 것이고, 그때에 충족하지 못하면 당해 행정소송은 부적법한 것으로 각하를 면치 못한다. 그러나 판례는 사실심변론종결시까지 그 요건을 충족하면 그 하자의 치유를 인정하고 있다.

참조사항

- 관련 법규 : 행정소송법 제18조 · 제38조 제2항
- 기각재결 : 행정심판청구사건에 대하여 행정심판위원회가 심리 · 의결한 내용에 따라 재결청이 판단하는 행위를 재결이라고 하는데, 이에는 그 내용에 따라 각하 · 기각 · 인용이 있다. 기각재결이라 함은 본안심리의 결과 행정심판청구가 이유없다고 인정하여 원처분을 시인하는 재결을 말한다.

184. 공용수용의 절차 및 효과

– 보상을 전제로 개인의 재산권을 강제적으로 취득하는 것

❏ 공용수용의 개념

공용수용이란 특정한 공익사업을 위하여 보상을 전제로 개인의 특정한 재산권을 강제적으로 취득하는 것을 말한다. 일명 공용징수라고도 한다. 공용수용에 관한 일반법으로는 공익사업을 위한 토지 등의 취득 및 보상에 관한 법률이 있다.

공용수용의 당사자는 수용의 주체인 수용권자(사업시행자)와 수용목적물인 재산권의 주체인 피수용자(토지소유자·관계인)이다.

❏ 공용수용의 절차

사업준비, 사업인정, 토지조사, 협의, 재결 또는 화해, 행정소송

(1) 사업준비

사업시행자는 공익사업의 준비를 위하여 타인이 점유하는 토지에 출입하여, 측량·조사를 하거나 장애물의 제거·토지 시굴 등을 할 수 있다.

(2) 사업인정

사업의 인정이라 함은 사업이 공익사업을 위한 토지 등의 취득 및 보상에 관한 법률 제4조의 공용수용을 할 수 있는 공익사업에 해당함을 인정하여, 사업시행자를 위하여 그 후의 일정한 절차를 거칠 것을 조건으로 하여 일정한 내용의 수용권을 설정하는 행위로서 수용의 '제1단계 절차'이다.

사업인정은 국토교통부장관이 하며, 사업인정을 한 때에는 그 내용을 지

체없이 사업시행자·토지소유자·관계인 및 관계 시·도지사에게 통지하고, 그 내용을 관계 특별시·광역시 또는 도에서 발행하는 관보에 고시하며 이때부터 사업인정의 효력이 발생한다. 사업인정의 효력이 발생되면 이 때부터 수용목적물의 범위가 확정되고, 토지의 형질변경이 금지되며, 허가 없이는 건물을 지을 수 없다.

(3) 토지조사

사업시행자는 토지조서 작성의 의무를 지며 이를 위하여 허가없이 출입하여 측량조사할 수 있는 권리를 가진다.

(4) 협의

사업인정의 고시가 있은 후, 그 토지에 관하여 권리를 취득하거나 소멸시키기 위하여, 사업시행자는 토지소유자 및 관계인과 협의하여야 한다. 협의는 수용을 위한 '제2단계 절차'로서, 수용할 토지의 범위·수용시기·손실보상 등에 관한 사업시행자와 피수용자 사이의 교섭행위이다. 협의는 쌍방의 합의에 의하여 이루어지며, 사업시행자의 일방적인 행위에 의하여 이루어질 수 없다.

협의가 성립되면 수용의 절차는 이로써 종결되고, 토지 수용의 효과가 발생한다. 즉 사업시행자는 수용의 시기까지 보상금을 지급 또는 공탁하고, 피수용자는 그 시기까지 토지를 사업시행자에게 인도 또는 이전함으로써 사업시행자는 목적물에 관한 권리를 취득하며 피수용자는 그 권리를 상실한다.

(5) 재결·화해

① 재결

협의의 불성립 또는 협의불능(권리자 또는 그 소재의 불명 등)의 경우에는 사업시행자는 사업인정의 고시가 있은 날로부터 1년 이내에 관할 토지수용위원회(국토교통부에는 중앙토지수용위원회, 광역시 및 도에는 지방토지수용위원회)에 재결을 신청할 수 있다.

재결신청은 사업시행자만이 할 수 있는 것이나, 토지소유자는 사업시행자에 대하여 재결신청을 조속히 할 것을 청구할 수 있으며, 이러한 청구가 있을 때에는 60일 이내에 재결을 신청하여야 한다.

재결은 원칙적으로 심의개시일로부터 14일 이내에 하여야 하며, 재결서를 사업시행자 및 토지소유자에게 송달한다. 재결의 가장 주된 것은 손실보상액을 얼마로 할 것인가가 될 것이다. 재결이 있으면 사업시행자 및 토지소유자의 불복이 없는 한, 수용절차는 이로써 종결되고 수용의 효과가 발생한다.

사업시행자가 수용시기까지 재결한 보상금을 지급 또는 공탁하지 아니 하였을 때에는 그 재결은 효력을 상실한다.

② 화해

토지수용위원회는 그 재결이 있기 전에는, 언제든지 그 위원 3인으로써 구성되는 소위원회로 하여금 사업시행자와 토지소유자에게 화해를 권하게 할 수 있다. 화해가 성립되어 화해조서에 서명날인한 사업시행자나 토지소유인은 후에 화해의 효력을 다툴 수 없다.

화해는 소위원회의 권고로써 쌍방의 임의적 합의에 의하여 성립하는 것으로서, 그 효력은 협의의 성립이나 재결이 있는 것과 같은 효력을 발생한다.

(6) 재결에 대한 불복절차

재결에 불복하는 자는 행정쟁송의 절차에 따라 원재결의 취소 또는 변경을 청구할 수 있다.

행정쟁송에는 이의신청과 행정소송이 있으며, 이의신청을 하더라도 사업의 진행 내지 토지수용을 정지시키지는 아니 한다.

한편 토지수용위원회의 재결에 따라 사업시행자가 재결된 보상금을 공탁한 때에, 토지소유자가 아무런 이의를 유보하지 아니 한 채 그 공탁금을 수령하면 그 토지소유자는 토지수용위원회의 재결에 승복한 것으로 인정되므로 그 재결에 대한 불복절차를 취할 수 없다.

① 이의신청

지방토지수용위원회의 재결에 대하여 불복이 있는 자는 재결서의 정본의 송달을 받은 날로부터 30일 이내에 당해 지방토지수용위원회를 거쳐 중앙토지수용위원회에 이의를 신청할 수 있다.

이의신청이 있는 경우에 원재결이 위법 또는 부당하다고 인정할 때에는 중앙토지수용위원회는 원재결의 전부 또는 일부를 취소 또는 변경하거나 보상액을 변경할 수 있다.

② 행정소송

(수용)재결에 대하여 불복이 있는 사업시행자, 토지 등 소유자 등은 재결서를 받은 날로부터 60일 이내에, 이의신청에 대한 중앙토지수용위원회의 재결에 대하여 불복이 있는 때에는 그 재결서가 송달된 날로부터 1월 이내에 행정소송법이 정하는 바에 따라 행정소송을 제기할 수 있다.

❑ 공용수용의 효과

수용자측은 권리취득을, 피수용자측은 손실보상청구권을 취득하게 된다. 한편 토지소유자는 수용된 자기의 토지가 그 사업에 불필요하게 되었을 때에는 환매권을 가지게 된다.

(1) 수용자의 권리취득

수용자는 보상금의 지급 또는 공탁을 조건으로 하여 수용의 개시일에 토지의 소유권을 취득한다. 수용에 의한 권리취득의 효과는, 협의수용의 경우에는 협의의 성립에 의하여, 재결수용의 경우에는 토지수용위원회의 재결에 의하여 발생한다.

⑵ 손실보상

보상액은 수용할 토지에 대한 보상은 재결당시의 인근토지의 거래가격 등을 고려한 적정가격으로 하도록 되어 있는데, 개발이익을 배제하여 재결당시의 공시지가에 의하여 보상한다. 손실보상은 금전으로 하며, 수용의 시기까지에 지급하거나 공탁하여야 한다(사전보상원칙).

⑶ 환매권

환매권이란 공용수용의 목적물이 당해 공익사업에 대하여 불필요하게 되었을 때에 원래의 피수용자가 일정한 요건 아래 다시 그를 매수하여 소유권을 회복할 수 있는 권리를 말한다.

환매할 수 있는 경우로서는 사업인정 후 협의취득일 또는 수용일로부터 10년 이내에 사업의 폐지·변경 기타의 사유로 인하여 수용한 토지의 전부 또는 일부가 불필요하게 되었을 때, 사업인정 후 협의취득일 또는 수용일부터 5년을 경과하여도 수용한 토지의 전부를 사업에 이용하지 아니 한 경우 등이다.

참조사항

- 관련 법규 : 공익사업을 위한 토지 등의 취득 및 보상에 관한 법률·시행령
- 사업시행자 : 토지의 수용 또는 사용을 필요로 하는 공익사업을 행하는 자

185. 국가배상제도

– 공무원의 직무상 불법행위로 국민이 손해를 입었을 때

☐ 공무원의 국민에 대한 손해배상

국가배상제도는 공무원의 직무상 불법행위로 국민이 손해를 입었을 경우 이에 대하여 공무원에 대신하여 국가 또는 지방자치단체 등이 그 손해를 배상하여 주는 제도이다.

국민이 국가를 상대로 국가배상을 청구할 때에는 종전에는 배상심의회의 배상결정을 거친 후에 이 법에 의한 손해배상의 소송을 제기할 수 있도록 하였으나, 현재는 배상심의회에 배상신청을 하지 아니 하고도 바로 소송을 제기할 수 있다(국가배상법 제9조). 지구심의회의 배상결정 이전에 배상금의 일부를 사전지급할 수 있는 손해의 대상에 수리비를 추가하였으며, 부득이한 사유가 있을 때에는 지구심의회의 위원장이 직권으로 사전지급의 결정을 할 수 있다.

종전에는 배상신청사건에 대하여 배상금지급 또는 기각의 결정만 허용되었으나, 국가배상법의 개정으로 요건을 갖추지 못한 배상신청 등에 대하여는 각하의 결정도 할 수 있도록 함으로써 불필요한 행정력의 낭비를 방지하도록 하였다.

☐ 권리의 양도금지

생명·신체에 해를 입은 경우에 발생한 국가배상청구권은 이를 다른 사람에게 양도하거나 제3자가 이를 압류할 수 없다. 이는 생명·신체에 해를 입은 피해자를 보호하기 위한 것일 뿐 아니라, 법률브로커에 의한 농간으로 국가배상청구권을 양도받아 국가배상청구를 하는 일이 없도록 하기 위한 것이다. 그러나 법률의 규정에 의하여 배상청구권이 이전되는

경우, 예를 들면 국가배상청구권의 상속 등은 허용된다.

❏ 배상금의 결정

국가배상심의회의 배상금 지급결정기준은

① 생명의 해를 입은 경우에는 월급액(월실수액 또는 평균임금)에 장래 취업가능기간을 곱하여 중간이자를 공제한 유족배상과, 시행령이 규정하는 장례비를 지급하고

② 신체에 상해를 입은 경우에는 필요한 치료를 받기 위하여 지불해야할 요양비, 요양기간의 월급액으로 산정한 휴업배상, 피해자가 완치후 신체에 장해가 남은 경우 그 장해로 인하여 상실한 노동력에 대하여 장래취업가능기간을 월급여액에 곱하여 중간이자를 공제한 장해배상을 지급하며

③ 재물손괴의 경우에는 그 물건의 수리 또는 교환에 들어가는 비용과 그 물건의 수리로 인하여 수입손실이 있는 경우 수리기간에 대한 휴업배상을 지급한다.

④ 손해는 사고와 상당인과관계에 있는 범위 내에서 배상하며, 피해자에게 과실이 있는 때에는 과실상계할 수 있다.

⑤ 생명·신체에 해를 입은 경우에는 시행령이 규정하는 소정의 위자료를 지급한다.

위에 설명한 취업가능기간, 장해의 등급 및 노동력상실율 등은 국가배상법시행령에 법정하여 배상심의회마다 그 지급결정기준이 달라지는 것을 방지하였다.

참조사항

● 관련 법규 : 국가배상법, 동시행령

186. 환경오염으로 인한 피해의 구제

– 법절차에 의하지 않고 보다 신속하게 구제받을 수 있는 방법은?

❑ 구제방법

환경오염으로 인한 피해는 일반적으로 대기·물·토양 등의 매개체를 통하여 발생하는 간접적인 피해로서 대개 서서히 그리고 계속적 침해를 통하여 피해를 발생케 하므로, 개개의 오염발생원인으로부터 적은 양이 배출되더라도 그 양이 누적되어 심각한 피해를 초래하는 경우가 많고, 또 오염이 확산되어 피해범위가 넓고 피해대상이 불특정 다수인이기 때문에 그 배상액도 막대한 액수에 달하며 피해내용도 복잡다양한 것이 특성이다.

이렇게 환경오염으로 인한 피해를 입은 사람이 구제를 받는 방법은 여러 가지가 있으나, 여기서는 그 중 행정적인 구제제도인 환경오염분쟁조정제도에 관하여 알아보기로 한다.

❑ 분쟁조정기관

분쟁조정을 담당할 기관으로 환경부 산하에 중앙환경분쟁조정위원회, 특별시·광역시 및 도에 지방환경분쟁조정위원회를 두고 있는데, 조정절차는 비공개로 진행된다.

❑ 분쟁조정방법

(1) 알선

분쟁당사자의 일방 쌍방이 신청하고 3인 이내의 알선위원이 피해당사자 간에 합의가 이루어질 수 있는 여건의 조성 등을 한다.

⑵ 조정

분쟁당사자의 일방 또는 쌍방이 신청할 수 있는데 3인으로 구성된 조정위원회가 조정안을 작성하고 30일 이상의 기간을 정하여 당사자에게 수락을 권고하며, 기간 내 수락거부 의사표시가 없으면 조정안에 대하여 합의가 성립된 것으로 간주한다.

다만, 대통령령이 정하는 경미한 사건의 조정은 위원장이 지명하는 1인의 위원이 행할 수 있다.

⑶ 직권조정

중앙조정위원회는 중대한 환경피해가 발생하여 이를 방치하면 사회적으로 중대한 영향을 미칠 우려가 있다고 인정되는 경우의 분쟁으로서 대통령령이 정하는 분쟁에 대하여는 당사자의 신청이 없는 경우에도 직권으로 조정절차를 개시할 수 있다(환경분쟁조정법 제30조).

⑷ 재정

피해당사자 또는 알선 · 조정이 중단된 경우의 분쟁당사자가 신청할 수 있으며, 5인으로 구성되는 재정위원회가 심문의 기일을 정하여 당사자에게 의견질문을 하게 하고 조정에 회부하는 것이 적합하다고 인정되는 때에는 당사자의 동의를 얻어 직권으로 직접 조정하거나 지방환경분쟁조정위원회에 송부하여 조정하게 할 수 있고 재정의 신청이 부적합한 경우에는 각하한다.

다만, 대통령령이 정하는 경미한 사건의 재정은 3인으로 구성되는 재정위원회에서 행할 수 있다.

재정위원회가 재정을 행한 경우 재정문서의 정본이 당사자에게 송달된 당사자 쌍방 또는 일방으로부터 관련소송이 제기되지 아니 하거나 그 소송이 철회된 때 또는 지방조정위원회가 행한 재정에 불불하여 60일 이내에 중앙조정위원회에 재정신청하지 아니 한 때에는, 그 손해배상에 대하여 당사자간에 재정내용과 동일한 합의가 성립된 것으로 본다.

이상의 환경오염분쟁조정제도는 당사자간의 분쟁을 간이한 절차에 의하여 신속히 처리할 수 있으므로 손해배상청구소송 등의 사법절차 이전에 본 제도의 적극활용을 검토해 볼 것을 권장한다.

참조사항

● 관련 법규 : 환경분쟁 조정법 · 동시행령 · 동시행규칙

187. 소비자보호제도

– 구입한 물건에 하자가 있을 때

☐ 소비자피해

현대사회는 대량소비의 사회라고 한다. 사람들이 옛날처럼 집에서 만든 물건이 아니라 기업체에서 대량생산하는 상품을 사서 쓰는 사회인 것이다. 이러한 사회에서는 기업이 생산하는 상품에 문제가 있어 소비자에게 피해가 발생할 경우에 약한 소비자의 힘으로 막강한 재력을 가진 기업을 상대로 피해의 원인을 밝혀 보상을 받는다는 것은 사실상 어려우므로 소비자를 특별히 보호할 필요가 있게 된다.

☐ 소비자보호단체

지금까지 우리나라에서는 많은 민간소비자단체들이 소비자들의 권익옹호를 위하여 활동하여 왔으나, 그 규모가 적고 재정도 튼튼하지 못하여 전국민에 대한 조직적 체계적인 봉사를 하지 못하였고 활동에 따른 다툼도 적지 않았다.

☐ 한국소비자원의 발족(과거 소비자보호원)

한국소비자원은 1987년 7월 1일 소비자기본법에 따라 국가예산의 뒷받침을 받는 소비자보호 전문기구로 발족하였는데, 소비자에 대한 피해구제활동 뿐만 아니라 교육상담·상품에 대한 시험 등도 하고 있다.

(1) 소비자상담

한국소비자원의 소비자상담과에서는 소비자문제에 관한 각종 상담과 질의에 응답해 준다.

⑵ 분쟁조정

한국소비자원의 주된 기능으로서의 분쟁조정에 관하여 보면 다음과 같다. 우선 소비자피해에 대한 고발은 구두·우편·전화로 할 수 있다. 한국소비자원은 서울에만 있으므로 지방의 소비자들은 시청이나 도청의 소비자상담실을 통하여 고발할 수도 있고, 민간소비자단체에 의뢰할 수도 있다. 고발을 할 때에는 제품과 제조기업의 이름, 구입날짜와 장소, 피해의 내용, 보상요구사항, 고발하는 사람의 인적사항과 연락처 등을 상세히 알려야 한다.

이에 대해 한국소비자원에서는 고발된 내용을 해당기업에 알려주고 그에 대한 해명을 요구하게 된다. 기업에서 잘못을 인정하고 소비자의 요구에 응한다면 일이 끝나게 되지만, 기업에서 소비자의 요구를 거절하게 되면 한국소비자원에서는 서로 합의를 보도록 여러 가지로 주선을 해주고 그래도 합의가 안 되면 사건을 분쟁조정위원회로 넘기게 된다.

⑶ 분쟁조정위원회

분쟁이 생길 경우에 피해를 본 쪽에서는 흔히 무리한 요구를 하는 경우가 많고, 가해자쪽에서는 최소한도의 보상만 하려고 한다. 사법기관이 아니고 행정기관인 한국소비자원에서 소비자와 기업사이의 분쟁을 조정하는 이유는 재판절차가 공정성과 객관성은 보장되지만 시간과 돈이 많이 들기 때문에 소비자에게는 신속한 보상을 받게 하고 기업측에게는 재판에 따른 낭비를 막고 재판과정에서 일어나는 기업의 명예와 손상을 방지해 주는 이점이 있기 때문이다.

그러나 조정도 어느 정도의 객관성과 공정이 없다면 원만한 합의가 이루어지기 어려우므로 한국소비자원에서는 수많은 사례에 대한 객관적인 기준을 정해 놓고 있다. 예를 들면 가구를 산지 1년 이내에 문짝이 고장이 나면 무상으로 수리를 해주어야 한다든지, 가스렌지에 제조상의 잘못이 있다면 새 것으로 바꾸어 주어야 한다든지 하는 것이다.

뿐만 아니라 분쟁조정위원회는 대학교수·검사·판사·변호사·소비자 단체의 임직원 경력이 있는 사람 등 소비자문제에 관한 전문지식이 있고 중립적인 인사로 구성하여 그 공정성에 형평을 기하고 있다.

조정이 성립되고 나서 15일 이내에 양쪽에서 수락을 하게 되면 그 조정은 재판에서 화해한 것과 마찬가지의 효력을 갖게 된다. 그러나 조정에 불만이 있으면 민사소송을 제기하여 사건을 해결할 수밖에 없다. 당초부터 한국소비자원에 피해신고를 하지 않고 바로 민사소송을 제기할 수 있음은 물론이다.

참조사항

● 관련 법규 : 헌법 제124조, 소비자기본법(구 소비자보호법)

188. 상속과 세법

– 상속세액의 산출과 납부방법

❏ 상속세란

상속세란 자연인의 사망을 계기로 무상으로 이전되는 재산에 그 재산의 취득자(상속자 또는 유증을 받은 수유자)에게 과세되는 조세를 말한다. 재산을 상속받은 상속인이 납세의무자이며, 상속받은 재산의 범위 내에서 상호 연대하여 상속세를 납부할 의무가 있다. 상속세는 상속개시지 즉 사망자의 사망 당시의 주소지를 관할하는 세무서에 납부한다.

❏ 세액 및 납부방법

상속세는 상속개시일(피상속인의 사망일)이 속하는 달의 말일부터 6개월 이내에 관할세무서에 신고하면 신고세액의 3%의 세액공제 혜택을 받으며, 신고하지 않으면 산출세액의 20%의 신고불성실 가산세를 추가로 부담하게 된다. 상속세 납부방법 중 분할납부는 납부할 세액이 1천만원을 초과하는 경우 세액의 일부를 납부기한이 지난 후 2개월 이내에 납부를 할 수 있다. 납부할 세금이 2천만원 이하인 경우에는 1천만원을 초과하는 금액에 대해 분할납부가 가능하고, 납부할 세액이 2천만원을 초과하는 경우에는 납부할 세액의 50% 이하의 금액을 나누어 낼 수 있다. 상속세 납부방법 중 연부연납은 납부할 세액이 2천만원을 초과하는 경우 납부기한 내에 일부를 납부하고 나머지는 세무서에 담보를 제공하고 연부연납기간 내에 나누어 내는 방법이다. 상속세 납부방법 중 물납은 상속받은 재산 중 부동산과 유가증권의 가액이 전체 재산가액의 1/2을 초과하고 납부세액이 2천만원을 초과하며 상속세 납부세액이 상속재산 중 금융재산의 가액을 초과하는 경우 상속받은 부동산이나 유가증권으로 세금을 납부할 수 있도록 하는 것을 말한다.

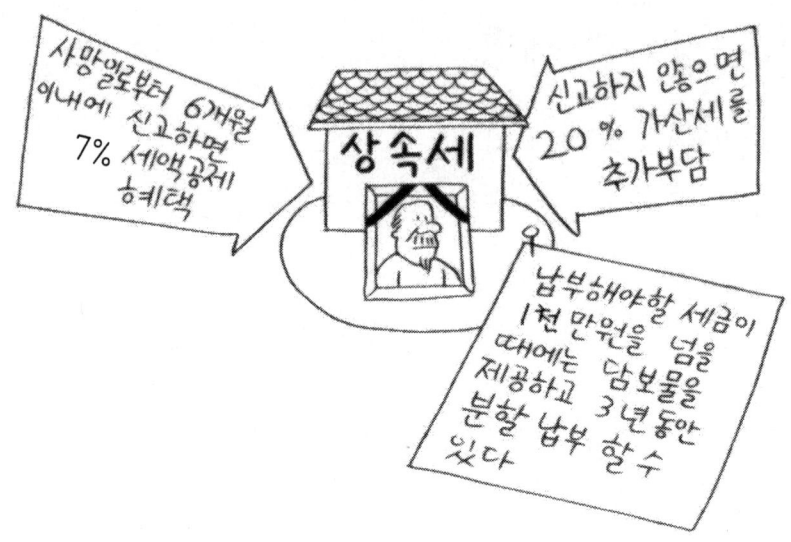

☐ 세액산출

상속세액은 상속재산에 공제를 한 후 세율을 곱하여 산출하는데 웬만한 부자가 아니면 크게 걱정할 필요가 없다.

상속재산의 가액은 사망일 현재의 시가로 평가한다. 그러나 시가가 분명하지 않은 경우에는 대부분 시가표준액으로 평가하고 국세청에서 지정한 특정지역에 대하여는 별도의 기준시가로 평가한다. 피상속인이 상속인에게 상속개시일전 10년 이내에 증여한 재산은 상속재산에 합산된다. 다만 국가나 공공단체에 기증한 재산, 공익사업에 출연한 재산, 유족이 지급받은 산업재해보상보험금 등에 대해서는 상속세가 부과되지 않는다.

참조사항

- 관련 법규 : 상속세및증여세법, 동시행령, 민법 상속편
- 증여 : 당사자의 일방이 무상으로 상대방에게 준다는 의사를 표시하고 상대방이 이를 승낙함으로써 성립하는 계약

– 1세대 2주택이라고 모두 양도소득세가 부과되는 것은 아니다

❑ 양도소득세의 목적

상인이 원가 1백원의 상품에 50원의 이윤을 붙여 1백50원에 판다면 50원의 소득이 생기지만 그 소득은 양도소득이 아니라 사업소득이 된다.

그런데 예전에 1억원을 주고 샀던 집이 몇 년 동안에 값이 올라 1억5천만원에 팔았을 때 그 차액인 5천만원은 양도소득이라고 부른다. 양도소득은 인플레이션 때문에 물가가 올라서 아무런 노력없이 소득을 올린 것처럼 보이지만, 엄밀히 따지고 보면 그 집을 그대로 갖고 있어도 1억5천만원의 가치가 있는 것이므로 팔아서 현금으로 바꾸었다고 하여 이익이 되는 것은 아니다.

즉 양도소득은 엄밀히 말해서 소득으로 볼 수 없으므로 정상적으로 부동산을 사고 파는 과정에서 물가가 올라 차액이 생긴다고 세금을 부과하는 것은 모순이다. 그런데 그 동안 우리나라에서는 경제성장으로 형성된 부의 일부가 제대로 산업에 투자되지 않고 부동산에 몰려다니면서 일시에 가격을 올리게 되고, 이러한 가격차액만을 전문적으로 노리고 투기를 일삼는 무리들이 나타나게 되었다. 이러한 사람들은 정부의 힘이 미치지 못하는 틈을 타서 투기로 떼돈을 벌어 활개를 치게 되고, 이로 인하여 물가가 더욱 올라 일정한 소득을 가진 서민들은 점점 더 집 장만을 하기 힘들게 되었다. 이러한 현상은 노력하여 돈을 벌려는 근로정신과 기업의욕을 감퇴시키고 요령과 기회주의 풍토를 만연시키게 되어 국가경제에 나쁜 영향을 미치게 되었다.

그리하여 이러한 양도차익을 세금으로 흡수하여 투기를 근절하기 위한 목적으로 만들어진 제도가 양도소득세이다.

□ 과세대상

양도소득세의 과세대상이 되는 양도의 목적물은 토지 또는 건물, 부동산에 관한 권리(지상권·전세권·등기된 부동산임차권·아파트당첨권과 같이 장차 부동산을 취득할 수 있는 권리), 골프장회원권, 콘도미니엄 회원권 등의 특정시설이용권, 영업권, 점포임대차권리금, 특정주식 등이다. 양도소득세의 취지가 투기의 조절에 있으므로 정당하게 부동산을 사고 파는 경우 등은 이를 과세대상에서 제외하게 된다.

또한 부동산 등의 자산과 유가증권 등의 자산으로 나누어 각 자산별로 각각 250만원을 공제한다.

□ 과세대상에서 제외되는 경우

① 파산선고에 의한 재산의 처분으로 인하여 발생하는 소득은 비과세 된다.

② 다음의 각 경우에 해당하는 경우에 해당하는 농지의 교환 또는 분합으로 인하여 발생하는 소득은 비과세 된다.

   ⅰ) 국가 또는 지방자치단체가 시행하는 사업으로 인하여 교환 또는 분합 하는 농지

   ⅱ) 국가 또는 지방자치단체가 소유하는 토지와 교환 또는 분합 하는 농지

   ⅲ) 경작상 필요에 의하여 교환하는 농지. 단, 교환에 의해 새로이 취득하는 농지를 3년 이상 농지소재지에 거주하면서 경작하는 경우에 한함

   ⅳ) 농어촌정비법·농지법·농어촌진흥공사및농지관리기금법또는 농업협동조합법에 의하여 교환 또는 분합 하는 농지

③ 거주자 및 그 배우자가 그들과 동일한 주소 또는 거소에서 생계를 같이하는 가족과 함께 구성하는 1세대가 양도일 현재 국내에 1주택을 보유하고 있는 경우로서 당해 주택의 보유기간이 2년 이상인 1세대 1

주택과 이에 부수되는 토지로서 건물이 정착된 면적에 지역별로 대통령령이 정하는 배율을 곱하여 산정 한 면적 이내의 토지의 양도로 인하여 발생하는 소득에는 과세하지 않는다. 단, 1세대 1주택이라도 실지 거래가액이 12억원을 초과하는 고가주택은 12억원 초과부분에 대하여 과세한다.

참조사항

● 관련 법규 : 소득세법 제4조 제1항 제3호 · 제89조 제1항 · 제103조 제1항 등, 동시행령, 동시행규칙

법률상식콘서트

2025년 5월 15일 초판 1쇄 인쇄
2025년 5월 25일 초판 1쇄 발행

저   자   김동근 · 최나리
발 행 인   김용성
발 행 처   **법률출판사**
　　　　　　서울시 동대문구 휘경로2길 3, 4층
　　　　　　☎ 02) 962-9154   팩스 02) 962-9156
등 록 번 호   제1-1982호
ISBN   978-89-5821-459-5   13360
e-mail :   lawnbook@hanmail.net